上海市线下一流课程《管理运筹学》配套教材

高等学校经济管理类主干课程教材

管理运筹学

管理科学方法

（第4版）

谢家平　梁　玲　张广思　编著

OPERATIONS: RESEARCH FOR MANAGEMENT

中国人民大学出版社
· 北京 ·

图书在版编目（CIP）数据

管理运筹学：管理科学方法/谢家平，梁玲，张广思编著. --4版. --北京：中国人民大学出版社，2021.10
高等学校经济管理类主干课程教材
ISBN 978-7-300-29909-9

Ⅰ.①管… Ⅱ.①谢… ②梁… ③张… Ⅲ.①管理学-运筹学-高等学校-教材 Ⅳ.①C931.1

中国版本图书馆CIP数据核字（2021）第193960号

上海市重点课程“管理运筹学”配套教材
高等学校经济管理类主干课程教材
管理运筹学：管理科学方法（第4版）
谢家平　梁　玲　张广思　编著
Guanli Yunchouxue：Guanli Kexue Fangfa

出版发行	中国人民大学出版社		
社　址	北京中关村大街31号	**邮政编码**	100080
电　话	010－62511242（总编室）		010－62511770（质管部）
	010－82501766（邮购部）		010－62514148（门市部）
	010－62515195（发行公司）		010－62515275（盗版举报）
网　址	http://www.crup.com.cn		
经　销	新华书店		
印　刷	北京宏伟双华印刷有限公司	**版　次**	2010年2月第1版
开　本	787 mm×1092 mm　1/16		2021年10月第4版
印　张	21.75 插页1	**印　次**	2025年12月第5次印刷
字　数	485 000	**定　价**	49.00元

前言 FOREWORD

在这个充满变革的时代，人们面临着前所未有的机遇与挑战。党的二十大指出“贯彻新发展理念，着力推进高质量发展，推动构建新发展格局，实施供给侧结构性改革，制定一系列具有全局性意义的区域重大战略，我国经济实力实现历史性跃升”。这就要求统筹兼顾、综合平衡，突出重点、带动全局，有的时候要抓大放小、以大兼小，有的时候又要以小带大、小中见大。这种管理思想是大国治理必须具备的，也是管理运筹的学科学建模指引思想。

管理本身既是科学又是艺术。管理决策是问题导向的，由管理者作出，决策质量的高低决定了管理的效率，所以科学决策对企业管理尤为重要。党的二十大报告指出，必须坚持守正创新，必须坚持问题导向，必须坚持系统观念，不断提出真正解决问题的新理念新思路新办法，为前瞻性思考、全局性谋划、整体性推进党和国家各项事业提供科学思想方法。我们要将这些思想融入实践，在解决问题过程中注重系统观念、科学决策，不断优化资源配置，以提高企业管理水平和竞争力。正确的决策需要获取决策信息，再由管理科学提供定量的解决方法，运用合理的科学分析手段来改善决策，为管理决策的选择与优化提供方法技术层面的支持，更好地帮助企业持续改进与创新。

20 世纪 50 年代，一批数学家将运筹学引入我国，率先进行推广与普及。运筹学的数学色彩一直很浓，人们把运筹学看作应用数学，寻求模型算法的完美与精致。管理运筹学着重介绍运筹学的主要方法在工商管理中的实际应用，突出应用性特色。优化算法固然重要，但对于管理者而言，更要突出实用性和广适性。因此，管理运筹学这门学科主要用于解决经济和管理活动中能用数量关系描述的管理系统优化问题。其学科特点是以定量分析为主来研究管理问题，对管理决策问题进行量化分析，为决策者提供决策依据。其目的是在企业经营所受内外部环境的限制下，实现资源效用的最优化配置。

在国内外的商学院中，管理运筹学一直是管理类专业包括工商管理硕士在内的学科基础课程之一，主要是帮助学习者掌握定量分析方法，获取最优决策依据。其工作程序是针对企业管理领域中存在的问题，首先在定性分析的基础上进行量化分析，建立数学模型；然后通过运筹学优化软件进行求解；最后对求解结果加以分析与评价，为决策提供定量依据和决策实施过程的策略建议。因此管理运筹学的重点在于模型构建及对结果的评价分析，前者是把实际管理问题提炼为一个合适且可以用定量分析方法研究的数学模型；而后者是对计算机求解的结果进行参数变化分析，以作出切合实际的管理策略建议。

管理运筹学课程的教学目标就在于：培养学生的创造性思维能力；强化针对实际问题建立管理优化模型的能力；强化解决问题的方案以及对模型解的分析与应用能力。管理运筹学课程的教学目标与习近平总书记对教育的期望高度契合。习近平总书记多次指出，教育引导学生培养综合能力，培养创新思维。教师在教学过程中，应重点关注学习者基本理论知识的培养，淡化数学推证；重视基本理论、基本方法的实际应用。每个章节都要介绍典型应用案例和案例分析过程，形成优化方法、模型介绍和经济管理应用相互融合的教学体系。对学习者来说，重点在结合管理实际的方法模型应用；培养理论联系实际的能力；掌握管理运筹学软件的使用并学会对模型求解，并且要理解各种优化算法的基本原理，掌握其中常用优化模型的建模及其解的分析。

本书 2019 年被认定为上海市高等学校重点课程建设项目；第 3 版获 2021 年度上海财经大学优秀教材一等奖；据此建设的上海财经大学一流本科课程，2021 年被上海市教育委员会认定为上海高等学校线下一流本科课程；第 4 版获 2023 年度上海财经大学优秀教材一等奖。

本书主要面向商科院校的工商管理、物流管理、市场营销、财务管理和人力资源管理等专业的本科生和硕士生（包括工商管理硕士），也可以作为理工科学生了解管理科学方法应用的自学教材。本书集作者 30 余年的管理运筹学教学和咨询经验，从管理者视角讲解管理运筹学。全书结构清晰合理，体系完整，淡化数学算法，运用软件求解。为了突出应用特色，每章都配有开篇案例和案例分析，力求让学习者充分理解学习管理运筹学的目的不是单纯地做数学题，而是要解决企业实际问题和进行科学决策。本书包括绪论和四个部分，其中，内基篇介绍不关注时间维度的静态规划论，如线性规划、对偶规划和整数规划；理念篇主要关注科学决策内容，分为单属性决策、多属性决策和目标规划三部分；职能篇包括可以图示化的网络分析、网络计划和库存控制；进阶篇是在掌握基础理论知识和科学决策方法后的提升部分，关注动态规划在内的阶段维度规划理论，包括动态规划、非线性规划、对策理论和排队理论。

本教材由上海财经大学谢家平教授、上海对外经贸大学梁玲副教授、新疆财经大学张广思博士组织编写，河北地质大学田亚明副教授、新疆财经大学宋明珍副教授、上海财经大学浙江学院胡强副教授、上海政法学院李璟博士、上海对外经贸大学魏礼红博士、上海应用技术大学朱卫君博士以及上海财经大学研究生张婷婷、秘玲玲、李青霖等参与本次改版与校对工作。

华东师范大学吕君副教授，山东财经大学刘鲁浩副教授，上海理工大学刘宇熹副教授，上海海事大学张为四、刘娟娟和孟燕萍博士，上海应用技术大学刘娟博士，电子科技大学夏宇博士后，浙江农林大学刘笑萍博士，烟台大学赵忠博士，浙江树人大学董国姝博士等参与了本书之前版本的编写工作，在此表示衷心感谢！本书 LINDO/LINGO 软件应用部分主要由河北地质大学田亚明副教授组织编写。谢家平、梁玲和张广思负责本次改版框架结构的策划和修改统稿工作。

在编写过程中，阅读并参考了许多国内外的学术论著，借鉴了众多学者的学术观点。文献未能一一列出，在此我们一并表示诚挚的感谢！

目 录 CONTENTS

理念篇

职能篇

绪 论

管理运筹学是一门研究如何提高系统效率并寻求最优或次优决策方案的学科，在运筹学的基础上发展而来。运筹学（Operations Research/Operational Research，OR）是实现有效管理、正确决策和现代管理的重要方法之一，其主要目的是在决策时为管理人员提供科学依据。1953 年，美国成立了管理科学学会，并创办了《管理科学》杂志，开始进行管理运筹学的理论研究，因此，管理运筹学也常常被国外学者称为管理科学（Management Science）。在中国，Operations Research 被译为“运筹学”，取自汉高祖刘邦对张良的评价“运筹帷幄之中，决胜千里之外”中的“运筹”二字，充分体现了这门学科“运心筹谋、策略取胜”的精髓。早期的管理运筹学主要是用来解决实际管理中碰到的优化问题，如今随着产品的更新速度越来越快，人们对产品质量的要求也越来越高，先进的硬件和软件技术的迭代周期缩短，既提升了制造的柔性、物流的及时性和信息的有效性，也增加了管理的复杂性，因此如何优化其中的问题也让管理运筹学方法受到了越来越广泛的关注。如今管理运筹学不仅用于定量分析具体的管理问题，还同自然科学与社会科学相结合，借助管理信息系统建立数学模型或计算机仿真，优化管理决策进而提高管理效益。因此，常把管理运筹学称为狭义的管理科学。

一、管理运筹学的学科演进

管理运筹学是运筹学与人文科学交叉后形成的管理科学，是运筹学的一个重要组成部分，发展历史源远流长，运筹学的研究能够最大限度解决资源配置最优化的问题，能够提高系统效率、获得最大效益，因此运筹学的发展非常迅速。

（一）发展历史

人们普遍认为，运筹学是近代应用数学的一个分支，其思想的产生可以追溯到古代。

《史记》中记载："运筹帷幄之中，决胜千里之外"，因而，20 世纪 50 年代，我国将"Operations Research/Operational Research"正式译作"运筹学"。运筹学的思想在我国古代已有体现，如《孙子兵法》、田忌赛马、丁渭修皇宫和沈括运粮等。

1. 孙子兵法

我国古代著名军事家孙武是有史料记载的我国最早的运筹思想的实践者。早在 2 500 年前，他在《孙子兵法》中就提出了许多关于合理运用人力、物力获取战争胜利的见解，其中体现了丰富的军事运筹思想，他将"道、天、地、将、法"作为预知战争胜负的五点依据，灵活地运用整体性原则研究军事问题，采用定量分析方法谋划战争，运用优化原则进行科学决策。

2. 田忌赛马

战国时期，齐王与大将田忌赛马，约定双方各从上、中、下三个等级的马中选出一匹比赛，田忌的马都比齐王的马稍逊一筹，每次赛马田忌总输。有一次，田忌又与齐王赛马，每局赌注一千金。田忌求助于谋士孙膑。孙膑献策：比赛时用田忌的下等马对齐王的上等马（输），用中等马对齐王的下等马（赢），用上等马对齐王的中等马（赢），结果一负二胜。由于孙膑运筹有方，田忌以弱胜强，劣势之下反赢得一千金。这个故事说明，凡事要讲求谋略和策划，才能获取胜利。

3. 丁渭修皇宫

宋真宗年间，皇宫失火，大臣丁渭奉命重建。他摆脱了传统的先清理后重建的思路，命人在城中街道上取土，形成一条大沟，又把汴河水引入沟中，经这条大沟运送各种物料。皇宫建完后，再将拆除旧皇宫及营建新皇宫所产生的废弃物回填到沟中，修复大街。他把取土、运料、清废三项既定任务进行统筹规划，既缩短了工程周期，又节省了费用。这个故事说明，凡事要统筹谋划，相互协调，才能实现系统优化。

4. 沈括运粮

北宋时期，沈括率兵抗击西夏军队的侵扰，他研究军队的人数及其行军的天数与所需粮食之间的数量关系，量化思考挑夫与士兵的配比和行军天数的关系。沈括认为，自运军粮不仅费用多，而且难以载粮远行，后经多次论证，他指出军队远征时从敌方获取军粮是最要紧的任务，从而在指挥作战实践中作出"因粮于敌"的决策。这个故事说明凡事要经过反复论证，利用最小成本获取最大收益。

（二）发展阶段

在运筹学的发展过程中，首先是军事运筹学阶段，随后衍生出管理运筹学。

1. 军事运筹学阶段

1936 年，英国航空部在萨福克郡建立了鲍德西庄园研究站，用来研究如何将最新开发的雷达技术用于对敌机的控制拦截，同年，一支团队在肯特的比根希尔机场工作，研究如何最有效地使用雷达设备。1935—1938 年被广泛认为是运筹学概念的发展启蒙时期。第二次世界大战初期，英国陆军在战争中遇到很大挫折，又受到德国空军和海军的封锁，形势危急，虽然已成功研制出雷达、高射炮和新式作战飞机等武器，但由于雷达和高射炮之间缺乏科学合理的布局，防空系统的效率并不高，为解决这个问题，1940 年，英国的军事部门组织了以著名物理学家、诺贝尔奖获得者布莱克特（Blackett）为核心的开展战术实验等研究的小组，该作战研究小组包括四位物理学家、两位数学家、三位生理学家、一位测量员和一位军官，其开展的研究作战和武器运用的工作被称为"Operational Research"，美国和加拿大的军事部门也同样成立了这种研究小组协助指挥官研究战略战术问题，其开展的工作被称为"Operations Research"。

第二次世界大战期间，运筹学成功解决了许多重要作战问题。如军事运筹学小组研究了雷达与火炮的布局问题，有效地遏制了德国空军的偷袭；研究了驱逐舰与运输船的编队问题，以及当船队遇到潜艇攻击时如何使损失最小的问题，提出了船队在受到敌机攻击时，大船应急转弯，小船缓慢转向逃避的方法，中弹率由 47%降到 29%；研究了运输船上武器防卫系统的配置问题，运输船的损失率由 25%降到 10%；研究了反潜艇深水炸弹的合理深度，德国潜艇被摧毁数增加了 400%；研究了轰炸机与战斗机的组合编队问题，提高了轰炸目标的成功率。

2. 管理运筹学阶段

第二次世界大战结束之后，各国经济都亟待恢复。由于战争的破坏和损耗，经济建设所需资源严重短缺，因此，合理调配资源并充分利用稀缺资源以取得最佳经济效果成为关键问题。很多从事军事运筹学研究的科学家转向了经济建设问题的研究，一些科学家回到大学，针对原先建立的运筹优化方法开展基础理论研究和传授，许多大学开设了管理运筹学或管理科学方法课程；一些科学家受聘于企业，使运筹优化方法应用在企业管理方面，重点研究如何用一定的投入得到更多的产出，或一定的产出如何用更少的投入来实现，解决资源最优分配的问题。一些大公司率先建立了管理运筹学组织，随后一些中型企业也设专人从事管理运筹工作。随着计算机的问世和普及，管理运筹学逐渐发展成为一个门类齐全、理论完善、应用广泛的学科，在军事、企业、政府、银行、医院、科研、教育等领域都有广泛的应用。

20 世纪 50 年代中期，钱学森、许国志等科学家将运筹优化方法引入我国，华罗庚等一大批数学家加入运筹优化研究队伍，巡回演讲，推广统筹法和优选法，这门学科在我国制造、建筑、物流、航空、宾馆、邮政等行业都有应用。在运输问题上，我国学者提出了表上作业法；在研究邮递员投递路线问题上，管梅谷提出了"中国邮递员问题"。改革开放以来，管理运筹学被列为我国经济管理及部分技术专业的必修课，管理运筹学的推广应用又前进了一大步。

3. 运筹学发展的过程节点

运筹学自二战时期提出以来发展迅速，是一门现代管理科学的运筹优化方法，其发展过程也经历了一系列重要节点。

1948 年，英国首先成立了运筹学会。

1952 年，美国成立了运筹学会；同年，莫尔斯（Morse）和金博尔（Kimball）出版的《运筹学方法》标志着运筹学作为一门新兴的学科正式诞生。

1955 年，我国正式将"Operations Research/Operational Research"译为"运筹学"。

1956 年，我国第一个运筹学小组在中国科学院力学研究所成立。

1959 年，英国、美国、法国三国发起成立国际运筹学联合会（IFORS）。

1980 年，中国数学会运筹学分会成立。

1982 年，我国加入国际运筹学联合会。

1991 年，中国运筹学会成立。

1999 年，中国运筹学会组织了第 15 届国际运筹学联合会学术大会。

运筹学的快速发展为世界各国的经济建设和学术研究作出了极大贡献。

二、管理运筹学的学科特点

（一）学科作用

从学科发展历史可以看出，管理运筹学是用数量方法研究管理系统最优化问题的学科。它因现实中的需要而诞生，又因实用性强而发展。尽管学界同仁从不同的角度给出了不同的管理运筹学定义，但其基本点是一致的，即对管理系统的资源进行统筹安排，为决策提供有科学依据的最优方案建议。

1. 量化管理的重要性

决策意识的科学性对企业的经营层和管理层尤为重要。美国企业协会的一项调查报告显示，在企业的成功要素中，观念意识占 47%，企业文化占 35%，技术优势仅占 18%。可见观念意识对于美国的企业家而言非常重要。对中国企业管理者而言，更应思考成功决策意识和正确决策意识的选择问题。这两种决策意识的差异在于对决策失误风险的态度。常言道：没有风险就没有收益。但是如果追求单次决策的成功，而不注意风险损失的承受能力，长期下去终将走向失败。所以，每次决策都要谨慎思考风险损失的承受能力，这才是正确的决策理念。每次都获得一定的收益，而不是单纯追求高风险高回报，长期坚持下去企业将会逐步成长与发展。这就需要定量测度风险损失，而不只是凭经验直觉进行决策。

从定性分析到定量分析，数量界限很重要，量变可引起质变。詹姆斯·哈林顿（H. James Harrington）认为量化管理是第一步，只有数量化才能有效实施控制，并最终实现改进。如果管理问题不能被量化，就不能正确认识和理解它；如果不能正确理解，就不能控制；如果不能控制，也就无法改进。

作为狭义管理科学的管理运筹学，就是对与定量因素有关的管理问题通过应用科学的方法进行辅助管理决策的一门学科。其目的在于用科学方法分析管理问题，为管理者决策提供依据，目标是在企业经营内外部环境的限制下，实现资源效用最大化配置。

2. 量化思考使人理性

冰激凌实验的决策思考。冰激凌 A 有 70 克，装在 50 克的杯子里，看上去要溢出了；冰激凌 B 是 80 克，装在 100 克的杯子里，看上去还没装满。单凭经验判断，相信眼见为实，在相同的价格上，人们普遍选择 A，然而事实上 B 的价值更大。没有数量的界定，我们单凭观察，很难正确区分出重量的差异，所作出的购买决策也就不是理性决策。如果量化思考，根据它们的重量，理性选择必将是 B。

听一场音乐会。网上订票的票价为 500 元/人，不去可以网上退票。情况 1：在你就要出发的时候，发现最近买的价值 500 元的电话卡丢了，你是否还会去听这场音乐会呢？情况 2：假设上周网上支付 500 元获得今晚音乐会的交费取票单，而在你出发时，发现取票单丢失，如果去听音乐会，就必须再花 500 元买票，你去还是不去？调查表明，对于情况 1 而言，大部分的回答者仍旧会去听；但对于情况 2 而言，结果却是大部分人回答说不去了。这两种情况，就资金损失而言，都是 1 000 元，为什么人们的选择不同呢？这就是人们没有进行数量化思考的非理性决策的结果。

3. 量化分析辅助决策

如果问你提高企业利润的策略有哪些，你的回答可能非常零乱。量化分析可以帮你理清思路。在盈亏平衡分析中，企业实现的税前利润等于销售收入减去运作费用支出，如图 0-1 所示。

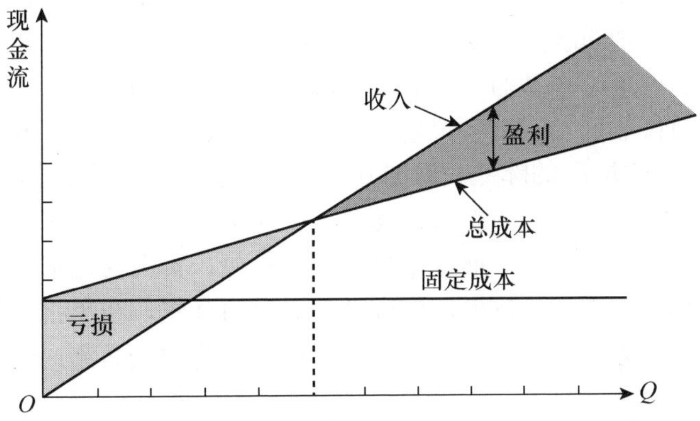

图 0-1　盈亏平衡分析

销售收入是销售价格 P 和销售数量 Q 的乘积；运作费用按成本类型分为固定成本 F 和变动成本 C；变动成本又细分为单位材料变动成本 C_m 和单位人力变动成本 C_h。因此，企业利润 I 的数量关系可以表述为：

$$I=(P-C_m-C_h)Q-F$$

为了提高企业的盈利，主要策略如下：

策略 1 售价：销售数量 Q、固定成本 F、单位材料变动成本 C_m 和单位人力变动成本 C_h 不变，但销售价格 P 上涨，则利润提高。为了通过提价而获得更大利润，企业需要创造“相对垄断”的市场，应采取领先者战略，开发和上市竞争对手难以推出的创新产品，实现差异化，从而获得竞争优势。请大家注意：采取追随者战略是难以通过提价获取利润的。除了价格弹性小的产品，由经济学的供求关系可知，需求是价格的函数，价格提高，需求量降低，利润不会增长。

策略 2 规模：销售价格 P、固定成本 F、单位材料变动成本 C_m 和单位人力变动成本 C_h 不变，但随着销售数量 Q 的增加，即图 0-1 中产量向右移动，则利润额更大。面对需求比较稳定的大规模市场，企业为了增加利润，需要采取扩大规模的策略，通过大量生产的规模化经营来实现。然而，面对细分市场，如何实现规模经济呢？这就需要分析细分市场的产品差异特性，把各细分市场所需产品的共同部分（通用性产品），按大量生产来实现规模化经营；而把各细分市场产品差异化的部分，采取成组技术或延迟化策略，按订单装配成型，实现范围经济，从而在产品的规模上实现利润增长。

策略 3 成本：销售数量 Q、销售价格 P、固定成本 F 和单位人力变动成本 C_h 不变，但随着单位材料变动成本 C_m 的降低，即图 0－1 中将总成本曲线向下压，以降低总成本曲线的斜率，企业采取低成本竞争策略实现利润增加。面对大规模市场，低成本才有低价格，低价格才能争取用户。企业为了增加利润，采取机械化生产方式，实现物尽其用，提高材料利用率和产品合格率，从而使单位产品的生产成本降低，获得第一利润源。

策略 4 效率：销售数量 Q、销售价格 P、固定成本 F 和单位材料变动成本 C_m 不变，但随着单位人力变动成本 C_h 的降低，也就是将图 0－1 中的总成本曲线向下压，以降低总成本曲线的斜率，则企业利润增加。面对细分市场，企业为了增加利润，采取柔性生产方式，例如 U 型单元的生产布局，实现员工“人尽其用”，降低单位产品的人力成本。通过员工的多技能性，实现单位产品的生产成本降低，获得第二利润源。

策略 5 投资：销售数量 Q、销售价格 P、单位材料变动成本 C_m 和单位人力变动成本 C_h 不变，但随着固定成本 F 的降低，即图 0－1 中固定成本曲线向下平移，则企业利润增加更直接，幅度更大。面对多变的需求市场，企业为了增加利润，采取只做自己最擅长的核心业务方式，通过信息化技术，推行非核心业务外包，实现固定成本大幅降低；或者通过信息网络化技术和第三方物流技术，推行供需双方的合作，在小批量供货降低库存成本的同时，采取并单组合运输实现规模效应，达到材料采购和成品流通领域的物流运作成本的降低，获得第三利润源。

例如，某企业今年的财务数据如下：销售收入 1 100 万元，物料成本 700 万元，员工工资 200 万元，管理费用 100 万元，可以计算的税前利润为 100 万元。如果企业明年的经营目标是税前利润增加 50 万元，则利润实现的方法有：（1）销售收入增加 5%；（2）员工工资减少 25%；（3）管理费用减少 50%；（4）物料成本减少 7.1%。量化分析之后容易找到实现方法及其组合。如果选择降低物料成本，则只需将采购、运输或仓储等物流作业成本降低 7.1%，容易实现；如果选择裁减工资，需要减少 25%，又要保证原有生产任务如期完成，显然难度较大；如果选择增加销售收入，需要把销售数量扩大 50%，难度可能更大。

（二）学科性质

长期以来，运筹学研究中有两种倾向：一是把运筹学看成应用数学，寻求模型算法的完美与精致；二是将运筹学看成解决现实问题的方法，只要能够解决问题，都在应用之列。优化算法研究固然重要，但对于管理者而言，更要突出实用性和通俗化。因此，管理运筹学被称为狭义的管理科学，关注的重点在于各种优化方法的管理实践应用，解决具体的实际管理问题。它是一门应用性学科，是科学、量化的决策方法。

1. 研究对象

管理运筹学研究的对象是经济和管理活动中能用数量关系描述的有关运营、规划与组织管理问题及其解决的理论模型和优化方法实践。管理运筹学通过对管理问题的识别与分析，透过各种因素之间错综复杂的数量关系，选择主要作用因素，建立合适的量化模型，运用计算机软件实现算法的优化求解，从而得到合理方案的决策建议。

同时，主因的识别和量化需要多学科、多部门和多人员的密切合作，相互协调地解决问题。从全局的角度分析管理问题，即从系统全局的视角来思考哪些是主要因素，主要限制又是什么，并以此为基础建立量化关系模型，寻求解决问题的方法和途径，力图找到一个最有利于系统整体效益的方案。

例如，在现有的资源约束或市场需求约束条件下，确定企业生产任务的产出计划，以谋求生产总利润最大或生产总成本最小。又如，运输问题中，确定合理的调运方案、运输线路或运输工具，使总运输成本最小或运输效率最高。再如，仓储问题中，分析物资的供需特性，确定合理订货批量或库存水平，使得与储存有关的费用之和为最小。或如人员配比问题中，对人员的需求进行预测分析，确定合理的人员编制，根据现有人员合理地进行任务指派等。

2. 主要特征

管理运筹学的主要特征有：

（1）强调科学性和定量分析。应用管理运筹学解决实际问题时，应进行科学的定量和定性分析，强调以定量分析为基础的可靠性和科学性，避免想当然，尽量寻求最好的结果，即达到通常所说的最优性。在实际中有时“最优”过于理想化，难以达到，这时也可用“次优”或“满意”取代。

（2）强调应用性和实践性。管理运筹学是一门面向应用的实践性学科。既要对企业经营面临的各种问题进行创造性的科学研究，又涉及组织的实际管理问题。离开实践，它就失去了存在的价值和意义，它的任务就是为决策者提供合理的建议和方案。

（3）强调从整体上进行把握。把所要解决的问题看作一个系统，而不是孤立地去认识它。要考虑到有关的各种主要因素和条件，从相互联系中尽量全面地去考察问题，强调总体效果，而不是某个方面的局部最优。它总是使系统的产出最大化，使投入与产出的比例实现最佳。

三、工作流程

管理运筹学采取科学的研究方法，分析与定量因素有关的管理问题，从而辅助管理决策。科学方法具有客观性、现实性、规范性、概括性，这就需要减少人为主观倾向、反映现实问题、遵从研究范式、抽象主要因素。处理过程遵循识别问题、量化分析、建立模型、软件求解、结果分析等程序，如图 0－2 所示。工作程序的每一个步骤都要扎扎实实地进行，任何疏忽大意都可能导致量化管理工作的失败。

（一）问题识别分析

1. 识别问题

弄清要解决的问题，明确预期实现的目标。管理运筹学的目的就是解决经济管理过程

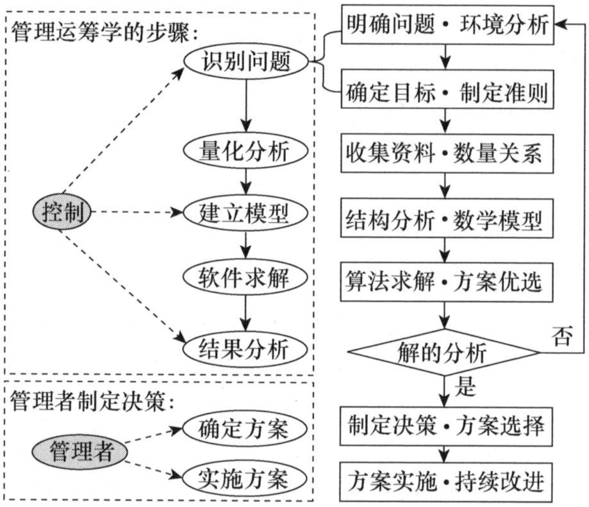

图 0－2　科学研究方法的程序

中的现实问题，要解决问题就必须先确定问题。一旦明确了需要解决的问题，就必须从客观事实出发分析问题。首先，确定当前提出的问题能否通过现有的技术和资源条件解决，如果不具备技术可行性，问题就无法圆满地解决。另外，需要确定解决这个管理问题的经济成本，即收集资料、建立模型、算法求解、结果分析等方面的费用支出是否可以接受，会不会因经费所限而难以完成。

2. 量化分析

分析所处环境和约束，取得统计数据资料。在定性分析的基础上，进行数据统计与关系量化分析，这是管理运筹学分析问题的关键程序。因此，为了更真实地反映现实问题，建立模型前需要收集大量的数据资料。收集数据与量化分析两者是紧密联系的。我们根据拟采用的模型筛选主要因素，进而收集和整理有关数据，梳理数量关系，必须强调所使用数据的客观性和精确性。若不能获取正确的数据，即使所用模型能正确表述实际管理现象，也将导致错误的结果。对于大型问题，收集准确的数据往往是一件费时费力的艰巨工作。

（二）模型优化求解

1. 建立模型

管理模型是对管理问题的抽象和简化。定量优化一般需要抽象为数学模型或仿真模型，并以数学模型为主。数学模型是对现实管理系统结构和行为的一种定量描述和本质抽象，它包含参数、变量或随机因素，构成决策目标和限制条件的函数关系。因此，主要任务在于确定决策变量、建立目标函数、构造约束方程，从而得出合适的数学模型。目标函数可以是单目标，也可以是多目标；目标可以是极大极性，也可以是极小极性。限制条件根据问题的性质和决策者的意愿确定，一般是多个约束，称为约束条件。若模型不含随机因素，称它为确定性模型，否则称为随机性模型。当变量只取离散值时，称为离散模型，否则称为连续模型。实际问题通常比较复杂，而模型只是根据一些理论和前提条件对现实问题的简化表述。因此，建立的模型往往要经过多次修改才能在允许的限度内符合实际情况。实际上，有时由于难以得到足够的所需数据而必须改变拟采用模型的结构或类型。

2. 软件求解

随着科学技术的进步和管理水平的提高，现代管理人员和数学模型打交道的机会越来越多。但对于一般的管理者来说，也并不要求深入到建立复杂的数学模型和求解中，只要求能有效地利用那些常用的各种模型和算法就可以了。一个只要求少量数据但适用的近似算法，往往比一个虽然更精确但对数据要求太高的模型算法更受欢迎。模型算法的实用性是管理科学学者需要牢记的准则。至于模型求解的过程可以利用专门的计算机软件来完成，这不是管理者关注的重点，而是理论研究学者的领域。

3. 结果分析

由于模型和实际之间总是存在一定的差异，因此必须通过验证和解的分析进行检验。检查建模的变量、目标和约束是否恰当，算法求解过程有无错误，分析求解结果是否符合现实问题。尤其是模型的参数多是统计或预测的，本身会存在误差或变动，这就需要对所得的解进行灵敏度分析，分析这些参数的允许变化范围，考察参数值变动对所得结论的影响，从而指出优化方案在实施过程中需要重点监管的因素。对于敏感性的模型参数，在实践过程中需要重点关注，而非敏感性因素只需一般关注。在将参数的实际变化和允许变动范围进行比较后，可以作出是否进行方案调整的执行决策。因此要将求解结果表现为管理人员能够理解和执行的形式，从而保证问题的解决。

之后的程序是实际方案的确定和方案的实施，这是管理者决策和执行的问题，不属于管理运筹学的决策范围。

四、管理运筹学的学科体系

量化理论和方法模型来源于实践，服务于实践。为了理解学科体系的构成，我们先梳理企业管理中常见的管理决策问题。

（一）管理问题

管理问题有很多，不同企业遇到的管理问题可能不同，常见的企业管理问题如表 0-1 所示。对这些问题的定量分析和优化，可以借助管理运筹学的定量分析理论和方法。

表 0-1 企业管理中的常见问题

问题类型	典型的管理问题
需求预测	产品的市场需求量有多大？需求类别如何？对企业盈利有何影响？
生产计划	在有限资源约束下，生产什么、生产多少获利最大？
资源配置	需要哪些资源？如何进行最优配置？资源紧缺程度如何？以什么代价获取？
作业排序	作业的重要次序如何？作业的顺序安排如何？
市场营销	广告预算、媒介选择、产品定价、销售计划等如何安排？
运输问题	最佳运输线路是哪条？物流配送积载如何优化？物流设施布局如何设置？
设施选址	运营点如何选择？需要哪些运营设施？设施如何布局？

续表

问题类型	典型的管理问题
库存控制	应保持多大库存量？何时应进行订货？订货批量多少为宜？
项目规划	项目完工工期多长为宜？哪些作业起关键性作用？资源如何分配？
设备更新	设备运转状况如何？运行可靠性如何？何时以及如何更新或改造？
人力资源	人员需求预测状况如何？技能要求如何？编制与任务指派情况如何？绩效测评结果如何？人员留用多长时间？
财务资金	投放资金的数量为多少？从何处融资？资金成本是多少？
排队问题	队列多长？有无容量限制？多少服务台为宜？能提供什么水平的服务？

（二）学科内容

管理运筹学经过半个多世纪的发展，已经形成了一个完整的知识体系，如表0－2所示。

表0－2　管理运筹学的主要内容

模型类型	解决的典型办法
线性规划	在线性目标和约束条件间取得最优化结果
整数规划	在线性目标和约束条件间寻求整数决策最优
目标规划	在相对立的目标间寻得多目标妥协的满意解
动态规划	寻求多阶段动态系统的整体决策优化问题
网络分析	寻求网络路径、流量分布、网络瓶颈及其改进
网络计划	用各种作业和结点的网络排列来说明项目实施计划
库存模型	寻求订货、储存和缺货等库存成本降至最低的经济批量
管理决策	依据决策准则权衡比较备选方案的决策结果
对策理论	研究多个决策主体的行为发生相互作用下的决策行为以及这种竞争性行为的最终结局
统计方法	从一个抽样得到普遍结果的推论和曲线拟合
排队理论	分析正在等待的队列特点及其运行指标
仿真模拟	动态观察复杂的管理问题的行为，模拟管理系统的结构关系

随着管理运筹学科的发展，有些分支逐渐成熟而独立成为一门学科，如随机理论、马尔可夫过程、系统分析等；有些则被其他学科所吸收，如预测、抽样、回归分析被统计学吸收，盈亏平衡分析被管理会计吸收，对策论被经济博弈论吸收，排序理论被运营管理吸收，等等。由于管理运筹学作为管理科学方法的学科支持特性，这种趋势还将继续。

一本教材难以包容所有的模型和算法。为了突出企业管理的实用性，本书没有编入随机规划、随机网络和仿真模拟。本书首先介绍不关注时间维度的静态规划，如线性规划、对偶规划、整数规划和目标规划；其次介绍关注阶段维度的动态规划；最后介绍可以图示化的网络分析和网络计划以及库存控制、动态规划、非线性规划、对策理论和排队理论。

（三）学科应用

管理既是科学又是艺术，低层管理的科学成分较多，高层管理的艺术成分较多；运营管理需要较多管理科学，人力资源管理需要较多管理艺术；例行管理需要较多管理科学，例外管理需要较多管理艺术。管理决策是问题导向的，由管理者制定决策，但需要科学的决策信息；管理科学提供定量解决方法，运用合理的科学分析来改善决策的制定，为管理决策的方案选择与优化提供方法技术的支持。在企业管理中，管理科学主要用于解决职能层面的管理问题，如需求预测、生产计划、作业排序、进度安排、库存控制、方案优选、设施选址，以及人员测评、任务分配、产品定价和投资优化等，如图 0－3 所示。

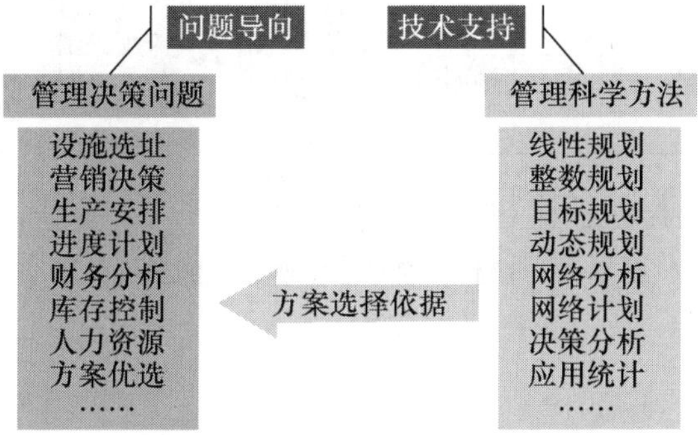

图 0－3　管理决策问题与管理科学方法之关系

五、管理运筹学的学习要求

（一）学科地位

管理运筹学的基础知识，是以数学知识（高等数学、概率统计、线性代数等）、技术科学（如加工技术、工程技术、设施设备、信息技术等）、管理学科基础理论（如经济学、管理学、行为科学）为基础（如图 0－4 所示），以计算机为解题的手段。为了学好管理运筹学相关理论和方法，学习之前应对数学和管理学相关基础知识进行概览性的温习。管理运筹学与计算机的发展密切相关，没有计算机学科的发展，就不可能有管理运筹学的推广和应用。

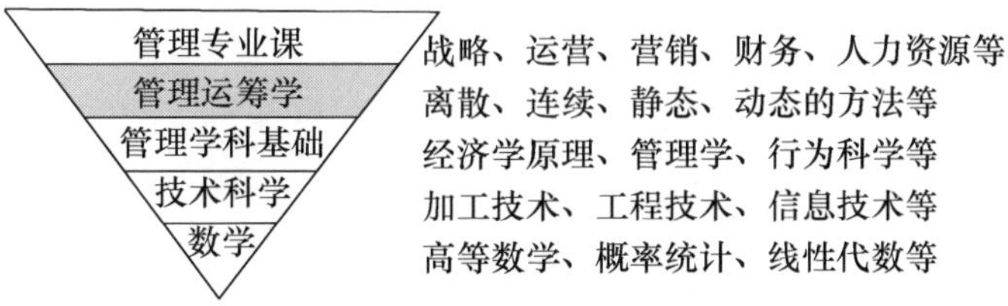

图 0－4　管理运筹学的学科地位

管理运筹学是一门应用性的方法类学科，在商科管理专业主要课程中，其后续课程为运营管理、市场营销、质量管理、物流管理、供应链管理、项目管理等管理专业课程，如图 0－5 所示。

管理运筹学方法的应用表现出多学科性，模型的正确应用会涉及财务管理、运营管理、市场营销、企业资源计划、物流管理、项目管理等学科知识。

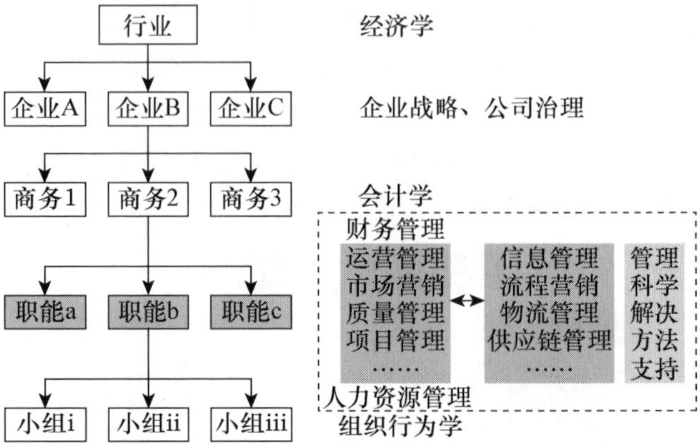

图 0-5　商科管理专业主要课程的结构关系

（二）学习方法

管理运筹学的学习重点是结合管理实际问题的应用，不要被一些概念、理论的困难吓倒，要用好计算机这个强有力的计算工具。

学习管理运筹学重点在于针对管理类的实际问题运用运筹学的方法构建模型，培养学生理论联系实际的能力，强化结合实际问题建立管理优化模型的能力，强化针对模型解的分析与应用能力，充分借用管理运筹学教学软件进行模型算法求解。

内基篇

01

Chapter

第 1 章

线性规划

学习要点

- 掌握线性规划模型的结构及建模步骤
- 理解线性规划的图解法及解的可能性
- 了解线性规划的标准型及其转换方法
- 掌握线性规划的单纯形法和解的判定
- 理解目标函数和约束条件的表达技巧
- 了解企业管理中线性规划模型的应用

引入案例

某市一家整车制造厂的主营业务为机动汽车的生产加工制造，主要工艺流程为：冲压—焊接—涂装—总装。该厂生产的成品汽车型号多样，可满足多个行业消费者的运输需求，全国市场占有率为 10%，年实现利润 6.5 亿元。

近年来，新能源汽车的发展更符合环保要求，因而政府大力支持汽车制造企业转型，这尤其有利于规模较大的制造商。为了扩大市场占有率，进一步提高企业知名度，为下一步开拓市场做好准备，该厂拟对主营业务再制造分厂实行资产经营，要求主管业务部门拿出一份经营报告书。需要明确分析的问题包括：最大盈利能力；合理的制造计划；年汽车专用钢进口总量；等等。

如果你是该部门主管，在掌握各环节详细数据的基础上，你会从哪几个方面分析问题？这份报告如何写才能获得实行资产经营的资格？

相信通过本章的学习，一定会给你带来启发。

第 1 节 线性规划的数学模型

线性规划（linear programming，LP）是运筹学中最成熟的一个分支，并且是应用最广泛的一个运筹学分支。线性规划属于规划论中的静态规划，即单周期决策，是一种重要的优化工具，能够解决有限资源的最佳分配问题。在历史上，由线性规划引申出的很多概念，启发了数学优化理论的核心概念，诸如"对偶""凸性"等。同样，在微观经济学和商业管理领域，线性规划被大量应用于解决各种情况下有限资源的最佳分配问题。

线性规划问题最早是苏联学者康德洛维奇于 1939 年提出的，但他的工作在当时并未广为人知。第二次世界大战期间，美国空军的一个研究小组在研究战时稀缺资源的最优化分配这一问题时，提出了线性规划问题。到 1947 年，乔治·丹齐格（George Dantzig）开发了一种解决线性规划问题的有效方法——单纯形法（simplex method），使线性规划在理论上趋于成熟，应用日益广泛。自单纯形法开发出来，银行、教育、林业、石油和运输等各种行业就一直在用线性规划解决最优化问题。特别是在用计算机处理具有成百上千个约束条件的大规模线性规划问题后，线性规划的适用性更强，应用更加广泛和深入。

在运用线性规划方法来解决企业运营中的实际问题时，需要先将实际问题转化为数学问题，即通过建立数学模型、运用数学方法去解决问题。同时，不同类型的企业运营、决策现状、产生的问题等不尽相同，针对种类繁杂的问题则需要建立不同的线性规划模型去应对。本章将通过具体的案例来学习线性规划的建模方法和解题思路。

一、线性规划的三要素

在学习如何求解线性规划问题，使用线性规划工具之前，首先要了解线性规划问题的三个要素：决策变量、约束条件、目标函数。这是认识线性规划问题的前提与基础。

决策变量（decision variable）是决策问题待定的量值。决策变量应当完全描述出此问题应当作出的决策，按照实际应用取值一般为非负，但从理论研究的角度也有可能是负值。

约束条件（constraint conditions）是指决策变量取值时受到的各种资源条件的限制。因为任何管理决策问题都是限定在一定的条件下求解，把各种限制条件表示为决策变量的一组等式或不等式，成为决策方案可行的保障。特别需要注意的是：线性规划中的约束条件均为决策变量的线性函数。

目标函数（objective function）是指决策变量的函数表达式，表示决策者希望实现的目标。它是衡量决策优劣的准则，例如利润最大化、成本最小化、时间最短等。线性规划的决策目标是单一的；同时，目标函数也是决策变量的线性函数。与决策准则对应的是，有的目标要实现极大值，有的则要求极小值。目标函数中变量的系数称为价值系数，反映出每个决策变量单位取值对目标的贡献程度。

二、线性规划的模型

线性规划模型是目标函数和约束条件都是决策变量的线性函数的最优化数学模型。根据线性规划问题三要素的特点，合理确定决策变量是模型建立过程中重要的一步，一旦界定了决策变量，在满足决策变量的非负性（在实际运用中）前提下就可以构造出线性目标函数以及一组线性的约束条件。线性规划的应用范围广泛，涵盖了生产计划、合理资源配置、物流优化和经济规划等领域的问题，下面通过两个实例来进一步说明线性规划的建模过程。

（一）一般模型

［例 1－1］　生产计划问题

某厂生产甲、乙两种产品，生产工艺路线为：各自的零部件分别在设备 A、B 加工，最后都需在设备 C 上装配。经测算得到相关数据如表 1－1 所示。

表 1－1　甲、乙单位产品的生产消耗

设备	工时消耗（小时）		工时成本（元/小时）	生产能力（小时）
	甲	乙		
A	2	0	20	16
B	0	2	15	10
C	3	4	10	32

据市场分析，甲、乙单位产品的销售价格分别为 73 元和 75 元，试确定获利最大的产品生产计划。

解　建立模型过程如下：

（1）决策变量：此问题是要确定甲、乙两种产品的产量，这些待定的量值就称为决策变量。设：

x_1＝生产甲产品的产量

x_2＝生产乙产品的产量

（2）约束条件：生产产品受到现有设备能力的制约，能力需求量不能突破有效供给量。

如果只考虑目标函数，则随着决策变量 x_1 和 x_2 值的增大，目标函数的值也会很快增大，但是决策变量 x_1 和 x_2 的值受到三种设备加工能力的限制。

约束条件 1：生产单位甲产品需耗 2 小时的设备 A，设备 A 加工能力不能超过 16 小时，则设备 A 的约束条件表达为：

$$2x_1 \leqslant 16$$

约束条件 2：设备 B 的加工能力约束条件表达为：

$$2x_2 \leqslant 10$$

约束条件 3：设备 C 的装配能力也有限，其约束条件表达式为：

$$3x_1 + 4x_2 \leqslant 32$$

（3）目标函数：目标是企业利润最大化，用 Z 表示利润。

根据 ABC 作业成本法，由表 1－1 的数据可以计算出产品的生产成本。生产单位甲产品需要消耗设备 A 的小时数为 2 小时，设备 C 的小时数为 3 小时；而设备 A 的工时成本为 20 元/小时，消耗设备 C 的工时成本为 10 元/小时，因此单位甲产品的生产成本为 70 元（2×20＋3×10），即单位甲产品的获利为 3 元（73－70）。同理。单位乙产品的生产成本为 70 元（2×15＋4×10），即单位乙产品的获利为 5 元（75－70）。

企业生产总利润是决策变量 x_1 和 x_2 的线性函数，即

$$\max Z=3x_1+5x_2$$

（4）非负约束：甲、乙产品的产量为非负，表述为：

$$x_1\geqslant 0,\quad x_2\geqslant 0$$

在线性规划数学模型中，决策变量的取值一般会有符号的限制，但如果有些决策变量的取值可以取任意值，既可以取负值，也可以取正值，称该决策变量为无约束变量或自由变量。一般而言，从生产的角度，决策变量的取值都应满足非负的约束。

综上所述，该问题的线性规划模型可以表示为：

$$\max Z=3x_1+5x_2$$
$$\text{s. t.}\begin{cases}2x_1\leqslant 16\\2x_2\leqslant 10\\3x_1+4x_2\leqslant 32\\x_1,x_2\geqslant 0\end{cases}$$

“max”是英文单词“maximize”的缩写，含义为“最大化”；“s. t.”是“subject to”的缩写，表示“满足于……”。因此，上述模型的含义是：在给定的条件限制下，求使得目标函数 Z 达到最大的 x_1，x_2 的取值。

满足上述全部约束的 x_1 和 x_2 的任意值构成了一个可行解集，否则就是不可行解集。线性规划模型的目标是寻找到最优的可行解，称为最优解。如上例确保生产总利润达到最大的产量组合。

［例 1－2］ 物资运输问题

某产品商有两个货源地分布在两座城市 W_1、W_2，有三个区域目标市场（销地或销售商）R_1、R_2、R_3。已知各生产厂的产量、各经销商的销售量及从 W_i 到 R_j 的每吨产品运费为 C_{ij}，见表 1－2。为发挥集团优势，公司要统一筹划运销问题，求运费最小的调运方案。

表 1－2 各厂运量分布　　单位：吨

货源地	销地			产量
	R_1	R_2	R_3	
W_1	3	4	5	15
W_2	2	2	3	5
销量	5	10	5	

解　建立模型过程如下：

(1) 决策变量：设从 W_i 到 R_j 的运输量为 x_{ij}。

(2) 目标函数：目标是运费最小化，用 Z 表示运费，则

$$\min Z=3x_{11}+4x_{12}+5x_{13}+2x_{21}+2x_{22}+3x_{23}$$

(3) 约束条件：产量之和等于销量之和，故要满足以下条件：

供应平衡条件：

$$\begin{cases}x_{11}+x_{12}+x_{13}=15\\ x_{21}+x_{22}+x_{23}=5\end{cases}$$

销售平衡条件：

$$\begin{cases}x_{11}+x_{21}=5\\ x_{12}+x_{22}=10\\ x_{13}+x_{23}=5\end{cases}$$

非负性约束：

$$x_{ij}\geqslant 0,\quad i=1,2;j=1,2,3$$

因此，该问题的线性规划模型可以表示为：

$$\min Z=3x_{11}+4x_{12}+5x_{13}+2x_{21}+2x_{22}+3x_{23}$$

$$\text{s. t.}\begin{cases}x_{11}+x_{12}+x_{13}=15\\ x_{21}+x_{22}+x_{23}=5\\ x_{11}+x_{21}=5\\ x_{12}+x_{22}=10\\ x_{13}+x_{23}=5\\ x_{ij}\geqslant 0,\quad i=1,2;j=1,2,3\end{cases}$$

综上，通过这两个案例，可以看出，线性规划的一般模型可以表示为用一组非负决策变量表示的一个决策问题；存在一组等式或不等式的线性约束条件；有一个希望达到的目标，可表示成决策变量的线性函数，可能是最大化，也可能是最小化。线性规划的一般模型代数式如下：

$$\max(\min)Z=c_1x_1+c_2x_2+\cdots+c_nx_n$$

$$\text{s. t.}\begin{cases}a_{11}x_1+a_{12}x_2+\cdots+a_{1n}x_n\leqslant(=,\geqslant)b_1\\ a_{21}x_1+a_{22}x_2+\cdots+a_{2n}x_n\leqslant(=,\geqslant)b_2\\ \cdots\cdots\\ a_{m1}x_1+a_{m2}x_2+\cdots+a_{mn}x_n\leqslant(=,\geqslant)b_m\\ x_1,x_2,\cdots,x_n\geqslant 0\end{cases}$$

其中，$Z=c_1x_1+c_2x_2+\cdots+c_nx_n$ 为目标函数；x_1，x_2，…，x_n 为决策变量；c_1，

c_2，…，c_n 为目标函数系数；a_{mn} 为决策变量约束系数；b_m 为右端约束系数。

（二）模型隐含假定

作为严密的数学模型，线性规划蕴含着以下假定：

1. 线性化假定

当且仅当对于某组常数 c_1，c_2，…，c_n，与决策变量 x_1，x_2，…，x_n 的函数关系式满足 $f(x_1,x_2,\cdots,x_n)=c_1x_1+c_2x_2+\cdots+c_nx_n$ 条件时，称 $f(x_1, x_2, \cdots, x_n)$ 是线性函数。

例如，$f(x_1, x_2)=3x_1+5x_2$ 是 x_1 和 x_2 的线性函数，而 $f(x_1, x_2)=x_1x_2^2$ 则不是 x_1 和 x_2 的线性函数。对于不等式也应当满足这样的性质。在经济学中，大多考虑函数的非线性特性，如长期成本曲线和利润曲线，一般都是非线性的，通过偏导数寻求最优解。然而，在企业的实际运营决策中，一般考虑某个较短时期的作业计划安排，因此线性化更便于方法的应用。

我们知道，在描述设备生命周期的磨损情况时，存在一条设备故障率和运行时间的浴盆函数曲线，如图 1-1 所示。这是一个非线性函数。

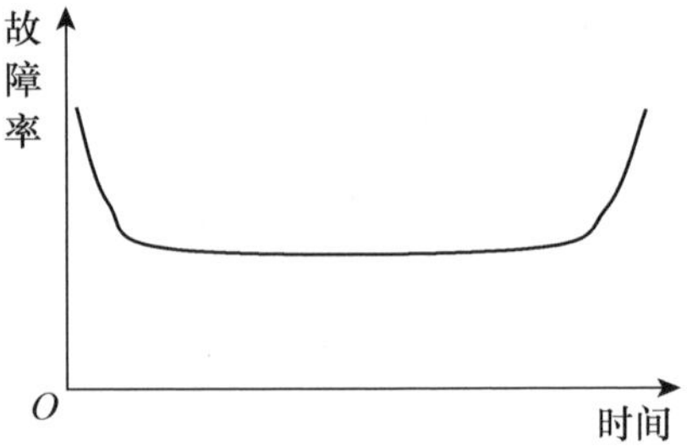

图 1-1　设备磨损浴盆曲线

图 1-1 是考察设备全生命周期情况，但如果具体到某年或某月的生产计划，设备的磨损就可以满足线性化原则。尤其是在正常磨损时期，比例系数几乎不变。

在企业实践中，建立线性规划模型的技巧在于：将非线性的函数进行分段化处理，使之线性化。

2. 同比例性假定

决策变量变化引起目标函数的改变量和决策变量的改变量成比例；同样，每个决策变量的变化引起约束方程左端值的改变量和该变量的改变量成比例。例如，生产 1 个单位的甲产品需耗费设备 A 为 2 小时，设备 C 为 3 小时，那么生产 10 个单位的甲产品需耗费设备 A 为 20 小时，设备 C 为 30 小时，即它们的耗费是线性成倍变动的。由此假定可以看出，它忽略了经济学中的规模报酬规律。这是因为线性规划只是考虑某一短期内的情况，例如年度生产计划的规划安排，而不是企业长期生产的规模优化。

在图 1-1 中，如果具体到某一较短时段，设备的磨损就可以满足同比例性原则。同样，虽然产品售价与时间的关系也有一条长尾曲线（如图 1-2 所示），但在某一具体较短的时期，也服从同比例性原则。

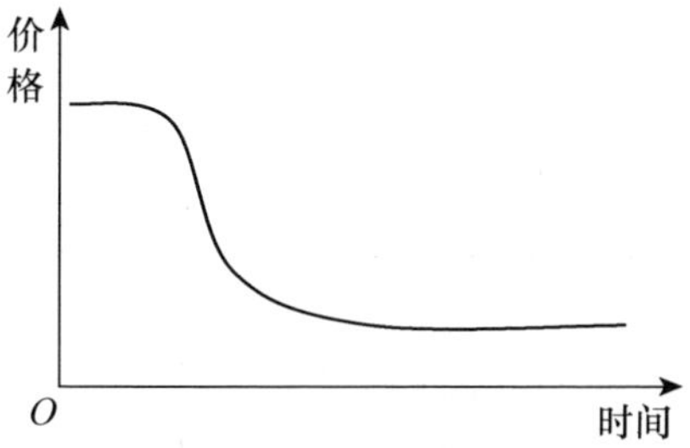

图 1-2　产品售价的长尾效应曲线

3. 可加性假定

每个决策变量对目标函数和约束方程的影响是独立于其他变量的。按照价值属性的可加性原理，目标函数值是每个决策变量对目标函数贡献的总和。例如，生产总利润与甲产品的产量 x_1 和乙产品的产量 x_2 之间为加法合成关系。

4. 连续性假定

线性规划问题中的决策变量应取连续值。一般来说生产甲产品的数量 x_1 和生产乙产品的数量 x_2 只能取整数值，但是为了数学求解方便，假定 x_1 和 x_2 的取值是连续的。如果 x_1 和 x_2 取值不连续，只能取整数，这一情形会在整数规划一章中加以研究。

5. 确定性假定

线性规划问题中的所有参数都是确定的参数。线性规划问题不包含随机因素。如果对生产中的一些数值不确定，这有悖于线性规划模型的基本假定。

三、线性规划的图解方法

本书将为读者介绍线性规划的两种求解方法，即图解法和单纯形法。单纯形法将在第 2 节中详细介绍。本节主要通过图解法，讨论线性规划的可行域、最优解、解的可能情况及其处理策略。

图解法就是用图示的方法来求解线性规划问题。一个二维的线性规划问题，可以在平面图上求解，三维的线性规划则要在立体图上求解，这就比较麻烦，而维数再高以后就不能图示了。这里不是将图解法作为一种解题方法来介绍，而是试图通过二维问题的图示，使大家对线性规划问题及其相关概念有一个感性直观的认识。

(一) 线性规划的可行域

在学习图解法之初，首先需要理解可行域的概念。可行域是指满足所有约束条件的解的集合，即所有约束条件共同围成的区域。满足所有约束条件的解，称为可行解。

例 1-1 中的生产计划问题只有两个决策变量，属于二维空间范畴，可以在平面坐标系中表示出来，其围成的可行域如图 1-3 所示。

如图所示，$3x_1+4x_2=32$ 是平面（x_1，x_2）上的一条直线，而 $3x_1+4x_2\leqslant 32$ 是直线 $3x_1+4x_2=32$ 下方的一个半平面，$x_1\geqslant 0$ 是纵轴右侧的半平面，$x_2\geqslant 0$ 是横轴上方的半平面。所有约束条件的半平面的公共部分，就构成了满足约束条件的解的集合，称为可行

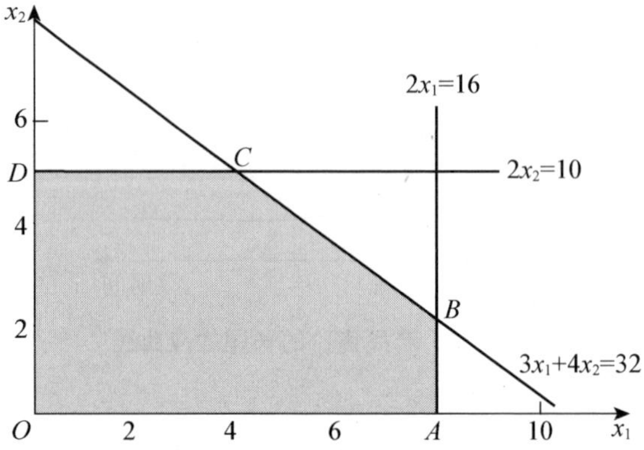

图 1-3　图解法可行域

域，即图 1-3 中的阴影部分。

五边形 $OABCD$ 内（含边界）的任意一点（x_1，x_2）都是满足所有约束条件的一个解，称为可行解。

（二）线性规划的最优解

在确定可行域后就可以进行最优解的求解。可以将目标函数 $Z=3x_1+5x_2$ 视作代表以 Z 为参数的一簇平行线画在图中，随着 Z 值的不断增大平行线向右上方移动，见图 1-4。

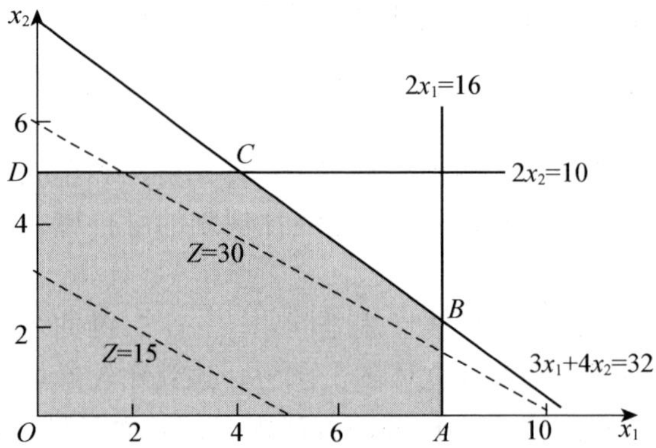

图 1-4　最优解的确定

线性规划问题是寻求一组既满足约束条件又使目标函数最优的解，这组解一定在可行域上，究竟是哪一点要由目标函数来判断。目标函数等值线离原点越远，Z 值越大，当移至点 C 时，与可行域只有一个交点，如果继续上移则与可行域不相交，此时的解便不是可行解。故点 $C(4, 5)$ 是可行解当中使 Z 值（$Z=37$）最大的解。我们把可行解中使目标函数最优（极大或极小）的解称为最优解。

这里对图解法求解线性规划问题的步骤进行总结：

首先，在图中画出已建立模型的约束条件对应的等式，按照约束条件不等式的范围在图中标明可行解的范围。

其次，将目标函数对应的直线画在图中，平移目标函数线，定位于最优解点。

最后，通过联立方程求解最优解点的值。

（三）线性规划解的特性

通过图解法可以看到，对于两个决策变量的线性规划：

第一，由线性不等式组成的可行域是凸多边形（凸多边形是凸集）。

凸集的定义是：集合内部任意两点连线上的点都属于这个集合。如图 1－5 所示，（c）和（d）是凸集，而（a）和（b）都不是凸集。

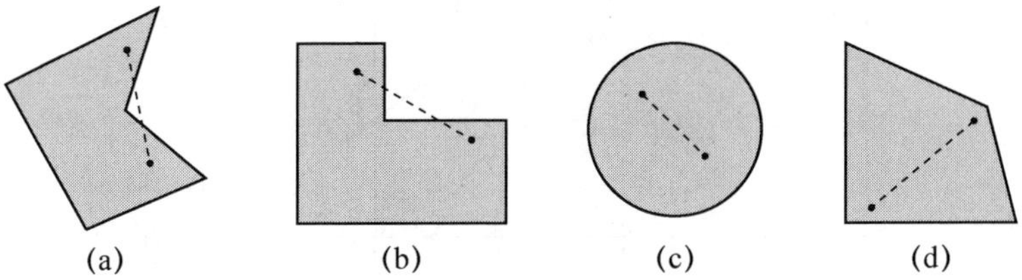

图 1－5　凸集与非凸集

第二，可行域有有限个顶点。

设线性规划问题有 n 个变量，m 个约束，则顶点的个数不多于 C_n^m 个。线性规划问题的唯一最优解在一个顶点上得到，如图 1－4 所示。

第三，目标函数最优值一定在可行域的边界达到，而不可能在其区域的内部。

四、线性规划解的可能性

在线性规划问题的图解法中，我们可以看出线性规划的解无非存在四种情况。

（一）唯一最优解

唯一最优解是在一个顶点上得到最优。在图 1－4 的数学模型中，由于只有一个最优点使目标函数值达到最大，这种情况就是线性规划图解法中最优解唯一的情况。

（二）多重最优解

多重最优解是指在两个顶点上同时得到最优，其连线上任意一点都可使目标函数最优，即为无穷多最优解。例如，例 1－1 中，由于单位乙产品的盈利性比单位甲产品好，有更多供货商加入竞争，致使供求关系发生变化，当单位乙产品市场价格下降到 74 元，其数学模型变为：

$$\max Z=3x_1+4x_2$$

$$\text{s.t.}\begin{cases}2x_1\leqslant 16\\2x_2\leqslant 10\\3x_1+4x_2\leqslant 32\\x_1,x_2\geqslant 0\end{cases}$$

在图 1－6 中画出可行域与目标函数等值线。这里目标函数为 $Z=3x_1+4x_2$，目标函数线与 $3x_1+4x_2=32$ 线平行，Z 值最大时目标函数线与 BC 线段重合，即在两个顶点上同时达到最优，这时 BC 线段上所有的点都是问题的最优解，即有多重最优解。

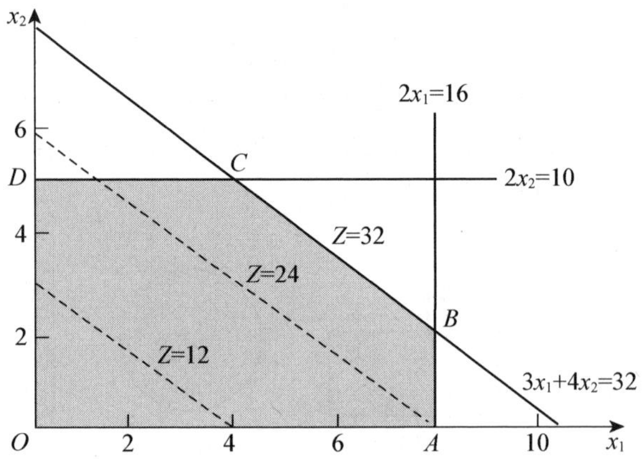

图 1－6　多重最优解

对于多重最优解的情况，管理者如何据此作出合理决策呢？这就需要分别寻求图 1－6 中的点 C 和点 B 坐标，点 C 为（4，5），点 B 为（8，2），把最优解进行线性组合，如下：

$$\begin{bmatrix} x_1^* \\ x_2^* \end{bmatrix}=\alpha\begin{bmatrix} 4 \\ 5 \end{bmatrix}+(1-\alpha)\begin{bmatrix} 8 \\ 2 \end{bmatrix},\quad 0\leqslant\alpha\leqslant 1$$

然后，根据市场供求状况，预测计划期的需求和竞争变动趋势，考察线性组合中不同点的供应竞争风险，作出合理的生产决策。

（三）无界解

无界解是指线性规划问题的可行域无界，并且目标函数无最优解。

由于缺乏必要的约束，使可行域无界，目标值随着目标函数等值线的移动而无限增大，被称为无界解。如下面的数学模型：

$$\max Z=3x_1+5x_2$$

$$\text{s. t.}\begin{cases} 2x_1\leqslant 16 \\ x_1,x_2\geqslant 0 \end{cases}$$

其可行域如图 1－7 所示，目标函数 $Z=3x_1+5x_2$ 对应的等值线可以无限上移，无最优解。

由于数学模型是现实管理系统的抽象，而建立数学模型时，一般只是将主要影响因素表示为约束限制。如果出现线性规划模型是无界解，则说明分析管理问题时遗漏了主要的约束条件，需要重新审视建模过程，看约束条件是否有疏漏。例如，企业生产产品的市场占有量都是有限的，系列产品的总装配车间的生产能力也是有限的，只要管理问题分析准确，一般不会出现无界解的情况。

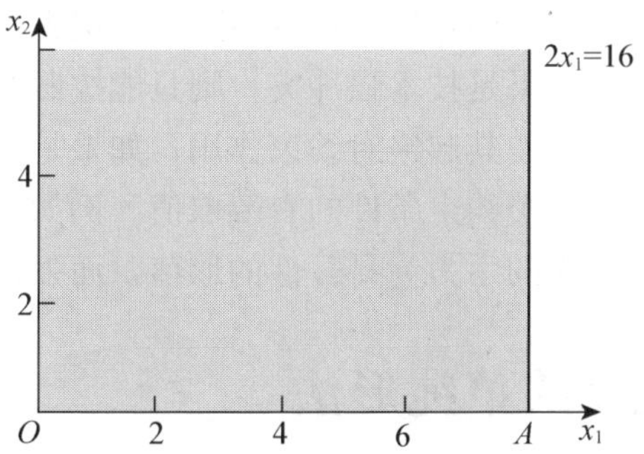

图 1-7　无界解

(四) 没有可行解

无可行解是指线性规划问题的可行域是空集。

当约束条件相互矛盾时，可行域为空集，也就没有最优解。如下面的数学模型：

$$\max Z = 3x_1 + 5x_2$$

$$\text{s. t.} \begin{cases} x_1 + x_2 \leqslant 5 \\ 3x_1 + 4x_2 \geqslant 24 \\ x_1, x_2 \geqslant 0 \end{cases}$$

将上面的数学模型用二维平面表示，如图 1-8 所示，没有共同的区域，其可行域为空集。

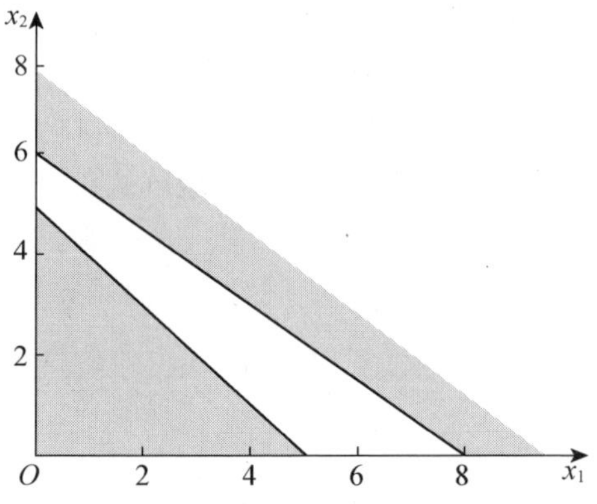

图 1-8　没有可行解

在管理系统中，常常存在目标冲突，需要进行权衡。所谓目标冲突是指同时要达到两个互斥的目标。如果发生无可行解情况，首先应重新审查建模过程，检查是否存在约束条件设定错的情况。如果约束条件设定无误，仍然没有共同的区域，则需要思考系统约束冲突的解决机制。由于两个约束条件是背道而驰的，因此不可能同时达到而引起互斥冲突。

约束条件的冲突可以分为技术性冲突和利害性冲突。后者是因为经济利益而相互矛盾，可以采取经济补偿来解决。也就是将一方的损失加到另外一个约束之中，进行权衡和妥协。技术性冲突是因为技术因素而互斥，可以通过设定优先次序的方式解决，又可细分为技术强冲突和技术弱冲突。如果是技术强冲突，则只能按照约束的重要性进行取舍，放弃其一，保留另一个约束条件，使其起绝对约束作用；如果是技术弱冲突，则限制一个约束的右端有效取值，而调整另一个约束条件的右端取值。例如车门的易开性和密封性就是技术弱冲突约束，可以以普通人的手力为易开性的取值，而强化密封性约束。

第 2 节　线性规划的单纯形法

从上一节的图解法中我们可以知道，如果线性规划存在可行解，这样的可行解是无穷多个的，如何在无穷多个解中寻找一个最优解，采用枚举法显然不可行，需要有效率更高的算法来求解最优解，这个算法就是单纯形法。单纯形法是 1947 年由乔治·丹齐格提出的一种解决线性规划问题的有效方法，这种方法简捷、规范，是举世公认的解决线性规划问题行之有效的方法。

一、线性规划的标准型

前面介绍的线性规划模型有各种不同的数学形式，如目标函数有极大化和极小化；约束条件有≤、≥和＝三种情况；决策变量一般有非负性要求，但有些情况下没有。

为了求解方便，特规定一种线性规划的标准形式，非标准型可以转化为标准型，单纯形法是基于标准型展开的。不同教材规定的标准形式各不相同，这并不影响问题的求解，只要本书中统一要求即可。因此，本书设定的标准形式为：目标函数极大化，约束条件为等式，右端常数项 $b_i \geqslant 0$，决策变量满足非负性。

（一）标准型表达方式

标准型的表达方式有三种：代数式、向量式、矩阵式。

1. 代数式

$$\max Z=\sum_{j=1}^{n} c_j x_j$$

$$\text{s. t.}\begin{cases}\sum\limits_{j=1}^{n} a_{ij} x_j=b_i, & i=1,2,\cdots,m \\ x_j \geqslant 0, & j=1,2,\cdots,n\end{cases}$$

2. 向量式

$$\max Z=CX$$

$$\text{s. t.}\begin{cases}\sum\limits_{j=1}^{n} P_j x_j=b \\ x_j \geqslant 0, & j=1,2,\cdots,n\end{cases}$$

式中，$C=(c_1, c_2, \cdots, c_n)$，$X=\begin{pmatrix} x_1 \\ x_2 \\ \vdots \\ x_n \end{pmatrix}$，$P_j=\begin{pmatrix} a_{1j} \\ a_{2j} \\ \vdots \\ a_{mj} \end{pmatrix}$，$b=\begin{pmatrix} b_1 \\ b_2 \\ \vdots \\ b_m \end{pmatrix}$。

3. 矩阵式

$$\max Z=CX$$
$$\text{s.t.}\begin{cases} AX=b \\ X\geqslant 0 \end{cases}$$

式中，C，X，b 同上；$A=(P_1, P_2, \cdots, P_n)=\begin{pmatrix} a_{11} & a_{12} & \cdots & a_{1n} \\ a_{21} & a_{22} & \cdots & a_{2n} \\ \vdots & \vdots & & \vdots \\ a_{m1} & a_{m2} & \cdots & a_{mn} \end{pmatrix}$。

A 称为技术系数矩阵，简称系数矩阵；b 代表可以利用的资源量，称为资源向量；C 反映决策变量对决策目标的贡献程度，称为价值向量；X 称为决策向量。

（二）标准型转化方法

通过上面转化为标准型的例子，我们可以引申出非标准型向标准型转化的一般方法。

1. 目标转换

如果原问题为目标函数求极小值：$\min Z=CX$，则令 $Z'=-Z$，转化为求 $\max Z'=-CX$。如果用几何图形来表示见图1-9，例如求 $f(x)$ 的最小值在点 A，如果取反的话，正好变为求最大值点 A'。

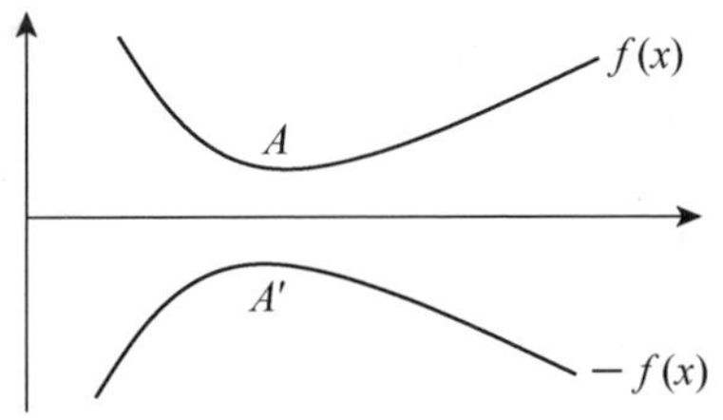

图1-9 max与min的关系

2. 约束转换

若某个右端常数 $b_i<0$，则以-1乘该约束两端，这样就可以使右端资源限量变为满足非负性的要求。

若某约束为“$\leqslant$”型的不等式约束，则在左端加上一个非负变量，使其变为等式。我们把人为加的这个变量称为松弛变量（slack variable）；若某约束为“$\geqslant$”型，则在左端减去一个非负剩余变量，使不等式转化为等式。为什么称其为松弛变量呢？如果加入的这个非负变量取值为非零，则说明该约束限定没有约束力，对企业来说不是紧缺资源，所以称为松弛变量；剩余变量取值为非零，则说明“$\geqslant$”型约束的左边取值大于右边规划值，出现剩余量。

3. 变量转换

若某决策变量 x_k 自由或者无约束，即没有非负性要求，令 $x_k=x'_k-x''_k$，$x'_k\geqslant 0$，$x''_k\geqslant 0$，用 x'_k，x''_k取代模型中的 x_k，则既符合了非负性要求，又在 x'_k，x''_k此消彼长的关系中体现了 x_k 的自由变量特征。如果某决策变量 $x_k\leqslant 0$，令 $x'_k=-x_k$，则 $x'_k\geqslant 0$，可把模型中的 x_k 用$-x'_k$代换。

将例 1－1 标准化，得

$$\max Z=3x_1+5x_2+0x_3+0x_4+0x_5$$

$$\text{s. t.}\begin{cases}2x_1+0x_2+x_3 \qquad\quad =16\\0x_1+2x_2 \quad +x_4 \quad =10\\3x_1+4x_2 \qquad\quad +x_5=32\\x_1,x_2,x_3,x_4,x_5\geqslant 0\end{cases}$$

式中，x_3，x_4，x_5 分别代表约束条件的资源没有被使用，所以对生产利润而言没有贡献，它们在目标函数中的价值系数为 0，一般情况下在目标函数中可以不写。

二、线性规划之解的概念

针对标准化的线性规划模型，m 个方程线性无关，即矩阵 A 的秩为 m；又设右端 $b_i\geqslant 0$，根据线性代数的定理可知，若 $m<n$，则方程组有多个解，这也正是线性规划寻求最优解的余地所在。

为了直观起见，我们结合例 1－1 来说明有关线性规划解的概念。例 1－1 的约束方程组为：

$$\begin{cases}2x_1+0x_2+x_3+0x_4+0x_5=16\\0x_1+2x_2+0x_3+x_4+0x_5=10\\3x_1+4x_2+0x_3+0x_4+x_5=32\\x_1,x_2,x_3,x_4,x_5\geqslant 0\end{cases}$$

其系数矩阵为：

$$A=\begin{bmatrix}2&0&1&0&0\\0&2&0&1&0\\3&4&0&0&1\end{bmatrix}$$

在矩阵 A 中有C_5^3 个 3×3 阶子矩阵。例如，取子矩阵

$$B_0=\begin{bmatrix}1&0&0\\0&1&0\\0&0&1\end{bmatrix}$$

这是一个非奇异的子矩阵（线性无关），称为一个基矩阵 B。与之对应的变量 x_3，

x_4，x_5 称为基变量，其余的变量 x_1，x_2 称为非基变量。

令所有非基变量 $x_1=x_2=0$，得出基变量的唯一解，我们把这个解称为基解。即

$$\begin{bmatrix}1 & 0 & 0\\0 & 1 & 0\\0 & 0 & 1\end{bmatrix}\begin{bmatrix}x_3\\x_4\\x_5\end{bmatrix}=\begin{bmatrix}16\\10\\32\end{bmatrix}$$

由线性代数的克莱姆法则容易求得 $x_1=0$，$x_2=0$，$x_3=16$，$x_4=10$，$x_5=32$。

又如，取如下线性无关的子矩阵

$$B_1=\begin{bmatrix}0 & 1 & 0\\2 & 0 & 0\\4 & 0 & 1\end{bmatrix}$$

与之对应的变量 x_2，x_3，x_5 为基变量，其余的变量 x_1，x_4 则为非基变量。同理求得 $x_1=0$，$x_2=5$，$x_3=16$，$x_4=0$，$x_5=12$。

再如，取如下线性无关的子矩阵

$$B_2=\begin{bmatrix}0 & 1 & 0\\2 & 0 & 1\\4 & 0 & 0\end{bmatrix}$$

同理求得 $x_1=0$，$x_2=8$，$x_3=16$，$x_4=-6$，$x_5=0$。

可见，基变量是相对于所选的基矩阵而言的。结合对例 1－1 的图解法所绘制的图 1－4，求解的这三个基解分别对应于此线性规划可行域的点 O、点 D 和点（0，8）。

线性规划标准型有一个非负性约束，满足约束方程又满足非负性约束的解就是可行解，其对应的基矩阵为可行基。例如上述的 B_0 和 B_1 为可行基，因为其基解满足非负性约束（均为正分量），故称为基可行解；然而，上述的 B_2 为非可行基，因为其基解中 $x_4=-6$，不满足非负性约束，故称为基非可行解。

（一）线性规划解之关系

可行解、基解、基可行解三者之间的关系可用图 1－10 表示。

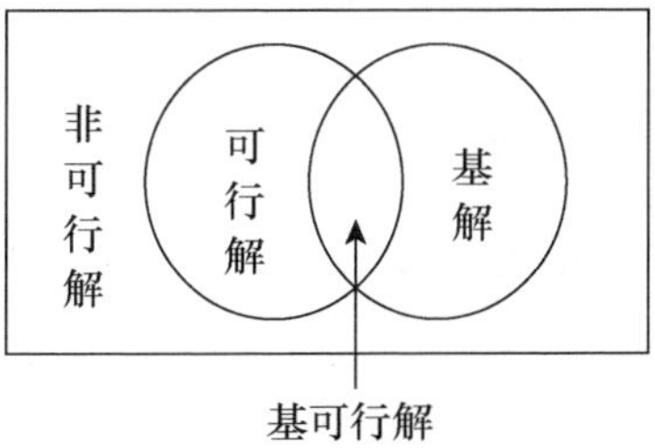

图 1－10　线性规划解之关系

通过上例中的实际数据我们对线性规划解的概念有了初步的感观了解，下面给出一般

性的定义。

基矩阵：系数矩阵 A 中任意 m 列所组成的 m 阶非奇异子矩阵（线性无关），称为该线性规划问题的一个基矩阵，简称为一个基，用 B 表示，称基矩阵的列为基向量，用 $P_j(j=1, 2, \cdots, m)$ 表示。

基变量：与基向量 P_j 相对应的变量 x_j 称为基变量，其余的变量为非基变量。

基解：令所有非基变量等于零，对 m 个基变量求解，对应一个特定的基矩阵能求得一组唯一解，这个对应于基的解称为基解。

可行解：满足约束条件 $AX=b$，$X\geqslant 0$ 的解，称为可行解。

基可行解：满足非负性约束的基解，称为基可行解。

可行基：对应于基可行解的基，称为可行基。

最优解：使目标函数最优的可行解，称为最优解。

最优基：最优解对应的基矩阵，称为最优基。

综上，设变量 x_1，x_2，…，x_m 为基变量，记为 X_B；设 x_{m+1}，x_{m+2}，…，x_n 为非基变量，记为 X_N；基变量对应的基阵为 $(P_1, P_2, \cdots, P_m)$，记为 P；非基变量对应的剩余各列组成的子阵记为 N，则 $A=(P, N)$；对应方程可以写为 $BX_B+PX_N=b$。

可以考虑问题：

$$\min Z=x_1-x_2$$

$$\text{s.t.}\begin{cases}2x_1-x_2-x_3=-2\\x_1-2x_2+x_4=2\\x_1+x_2+x_5=5\\x_i\geqslant 0,\quad i=1,2,3,4,5\end{cases}$$

系数矩阵为：

$$A=\begin{bmatrix}2 & -1 & -1 & 0 & 0\\1 & -2 & 0 & 1 & 0\\1 & 1 & 0 & 0 & 1\end{bmatrix}$$

基阵为：

$$B_1=\begin{bmatrix}-1 & 0 & 0\\0 & 1 & 0\\0 & 0 & 1\end{bmatrix},\quad B_2=\begin{bmatrix}2 & 0 & 0\\1 & 1 & 0\\1 & 0 & 1\end{bmatrix}$$

对应的基解分别为 $x^1=(0, 0, 2, 2, 5)^{\mathrm{T}}$ 和 $x^2=(-1, 0, 0, 3, 6)^{\mathrm{T}}$，其中 x^1 为基可行解，而 x^2 不是基可行解。

（二）线性规划基本定理

由图解法，可以得知线性规划解的一些性质，如可行域为凸多边形时，线性规划的最优解是在一个顶点上得到，但图解法只能感性地看见，而且只适用于两个决策变量的情况。鉴于本书的对象主要是经济管理类的学生，对于一般性的线性规划的基本定理，在此只列示，而不作推证。

定理 1　若线性规划问题存在可行域，则其可行域一定是凸集。

引理 1　线性规划问题的可行解为基可行解的充分必要条件是其正分量对应的系数列向量线性无关。

定理 2　线性规划问题的基可行解对应可行域的顶点。

引理 2　若可行域是有界凸集，则凸集内任何一点都可以表示为凸集顶点的凸组合。

定理 3　若可行域有界，线性规划的目标函数一定可以在可行域的顶点上达到最优。

定理 4　线性规划如果有可行解，则一定有基可行解；如果有最优解，则一定有基可行解是最优解。

（三）线性规划解题思路

至此，我们从感性和理性上已经给出了线性规划解的基本情况。由线性规划的图解法和定理 4 可知，线性规划存在最优解必然在可行域凸集的顶点上得到，那么，如果能够找到凸集的所有顶点，然后在所有顶点的目标函数值中找到一个最优的（最大或最小），就可以找到线性规划的最优解。而可行域凸集的顶点又与基可行解一一对应，要找到所有顶点，则必须找出所有基可行解，要找出所有基可行解，则必须找出所有基解，但是，当 n，m 较大时，C_n^m 非常大，不可能把这么多基解一一求出来加以比较找出基可行解。

那么能不能先找到一个初始基可行解，也就是找到一个初始可行基，想办法判断这个基可行解是不是最优解？如果是最优解，就得到这个线性规划问题的最优解；如果判断出不是最优解，就由这个可行基按一定规则变化到下一个可行基，然后再判断新得到的基可行解是不是最优解；如果还不是，再接着进行下一个可行基变化，直至得到最优解。这就是下面要讲的单纯形法的基本思路。

三、单纯形法的基本原理

单纯形法求解有代数、表格、矩阵三种形式。这三种方法各有优缺点，代数解法主要是为了让大家更容易理解单纯形法的基本原理；表格法简洁规范，一目了然；矩阵形式主要用于计算机编程计算。

为了便于大家理解，首先结合实例用代数解法说明求解单纯形法的解题原理，然后再论述单纯形法的一般步骤。

（一）单纯形的代数解法

对于例 1－1 的生产计划问题，下面用单纯形的代数解法求解此问题。

$$
\begin{aligned}
2x_1+0x_2+x_3 \qquad\qquad &=16\\
0x_1+2x_2 \qquad +x_4 \qquad &=10\\
3x_1+4x_2 \qquad\qquad +x_5 &=32\\
-Z+3x_1+5x_2+0x_3+0x_4+0x_5&=0
\end{aligned}
$$

其约束方程的系数矩阵 A 中取变量 x_3，x_4，x_5 的系数矩阵为 B_0，显然这是一个单位矩阵，必定为线性无关的非奇异子矩阵，可以作为一个初始基。

1. 初始基可行解

初始基 B_0 对应的变量 x_3，x_4，x_5 为初始基变量，x_1，x_2 则为非基变量。将基变量用非基变量线性表示，即

$$\begin{cases} x_3=16-2x_1 \\ x_4=10-2x_2 \\ x_5=32-3x_1-4x_2 \end{cases}$$

令所有非基变量都为 0，即 $x_1=x_2=0$，很容易得到一个初始的基可行解：$x_1=0$，$x_2=0$，$x_3=16$，$x_4=10$，$x_5=32$。结合图 1－4 来看，正好是坐标原点 O。

这个基可行解就是一个生产方案，在上述方案中两种产品都不生产，设备 A，B 及 C 全部剩余，没有使用，所以利润 $Z=0$。$x_3=16$ 表示设备 A 的工时富余 16 小时，$x_4=10$ 表示设备 B 的工时富余 10 小时，$x_5=32$ 表示设备 C 的工时富余 32 小时，这显然不是个好的生产方案。

2. 第一次迭代

第一，确定进基变量。

考察此时的目标函数行 $-Z+3x_1+5x_2+0x_3+0x_4+0x_5=0$，可以看出，非基变量 x_1，x_2 在目标函数行中的系数均为正数（分别为 3 和 5）。只要 x_1，x_2 有一个为非零，就可以使目标函数值得到改进，生产利润会增大。

一般而言，因为此时 x_2 的系数大于 x_1 的系数，即生产单位乙产品比单位甲产品利润会更高一些，故选择优先生产乙产品。

第二，确定离基变量。

x_2 由非基变量变成基变量，而基变量的个数只能有 m 个（本例 $m=3$），那么原来的基变量 x_3，x_4，x_5 中必须有一个变为非基变量，即迫使原来的基变量 x_3，x_4，x_5 中必须有一个取值为 0。

让 x_2 进基作为基变量，则原来的非基变量 x_1 仍然为非基变量，取值仍为 0，即有

$$\begin{cases} x_3=16 \\ x_4=10-2x_2 \\ x_5=32-4x_2 \end{cases}$$

x_2 由非基变量变为基变量，则必须仍然保证 x_3，x_4，x_5 满足非负，即

$$\begin{cases} x_3=16\geqslant 0 \\ x_4=10-2x_2\geqslant 0 \\ x_5=32-4x_2\geqslant 0 \end{cases}$$

即

$$\begin{cases}\text{与 } x_2 \text{ 无关} \\ x_2 \leqslant \dfrac{10}{2}=5, \quad \text{记 } \theta_2=5 \\ x_2 \leqslant \dfrac{32}{4}=8, \quad \text{记 } \theta_3=8\end{cases}$$

在变量 x_3，x_4，x_5 非负前提之下，要使 x_2 由 0 变为正数，并尽可能多地生产。x_2 最多只能增大到 $\min\limits_i \theta_i=\theta_2=5$。当 x_2 由 0 变为 5 时，这时 x_4 的取值由原来的 10 变为 0，即 x_4 离基，由基变量变为非基变量。

第三，进行基变换。

用进基变量 x_2 替代离基变量 x_4，进基变量 x_2 所在列为主列，离基变量 x_4 所在行为主行，主行和主列相交元素 $a_{22}=2$ 称为主元。

主列

$$\begin{array}{lr} 2x_1+0x_2+x_3 \qquad\qquad =16 & ① \\ 0x_1+2x_2 \qquad +x_4 \qquad =10 \quad \text{主行} & ② \\ 3x_1+4x_2 \qquad\qquad +x_5=32 & ③ \\ -Z+3x_1+5x_2+0x_3+0x_4+0x_5=0 & ④ \end{array}$$

现在的基变量变为 x_3，x_2，x_5，然后进行初等行变换，变主元为 1，主列为单位列向量，即把 x_3，x_2，x_5 前的系数变为单位矩阵，因为初等行变换不影响线性方程组解的性质。用初等变换将式②/2＝式②′，式③－式②×2＝式③′，式④－式②′×5＝式④′，得

$$\begin{array}{lr} 2x_1+0x_2+x_3 \qquad\qquad =16 & ①' \\ 0x_1+x_2 \qquad +\dfrac{1}{2}x_4 \qquad =5 & ②' \\ 3x_1+0x_2 \qquad -2x_4 +x_5 =12 & ③' \\ -Z+3x_1+0x_2+0x_3-\dfrac{5}{2}x_4+0x_5=-25 & ④' \end{array}$$

再将基变量用非基变量线性表示，即

$$\begin{cases}x_3=16-2x_1 \\ x_2=5-\dfrac{1}{2}x_4 \\ x_5=12-3x_1+2x_4\end{cases}$$

令现有所有非基变量取值为 0，即 $x_1=x_4=0$。这样得到一个新基可行解：$x_1=0$，$x_2=5$，$x_3=16$，$x_4=0$，$x_5=12$。其经济意义是生产 5 单位乙产品，设备 B 的资源全部耗尽，但设备 A 和 C 的工时分别富裕 16 和 12 小时。

结合图解（见图 1-4）来看，即由可行域的顶点 O 换到了顶点 D。因为每一次换一个变量，所以问题的解是从一个顶点向邻近的另一个顶点转移。

3. 第二次迭代

第一，再次确定进基变量。

考察此时的目标函数行$-Z+3x_1+0x_2+0x_3-\frac{5}{2}x_4+0x_5=-25$，可以看出，非基变量$x_1$，$x_4$在目标函数行中的系数$\sigma_1=3$，$\sigma_4=-\frac{5}{2}$。由于$\sigma_1=3$为正，因此只要$x_1$进基变为非零，就可以使目标函数值再次得到改进，生产利润会进一步增大，说明没有得到最优解。

注意：由于x_4前面的系数$\sigma_4=-\frac{5}{2}$为负数，如果x_4由 0 变为非零，反而使目标函数值进一步减小，与其这样，不如保持其仍为 0。

第二，再次确定离基变量。

x_1由非基变量变成基变量，而基变量的个数也只能有$m=3$个，那么原来的基变量x_2，x_3，x_5中必须有一个变为非基变量（取值为 0）。

让x_1进基作为基变量，则原来的非基变量x_4仍然为非基变量，取值仍为 0，即有

$$\begin{cases}x_3=16-2x_1\\x_2=5\\x_5=12-3x_1\end{cases}$$

x_1由非基变量变为基变量，则必须仍然保证x_3，x_2，x_5满足非负，即

$$\begin{cases}x_3=16-2x_1\geqslant 0\\x_2=5\geqslant 0\\x_5=12-3x_1\geqslant 0\end{cases}$$

即

$$\begin{cases}x_1\leqslant\frac{16}{2}=8, & \text{记 } \theta_1=8\\ \text{与 } x_1 \text{ 无关} & \\ x_1\leqslant\frac{12}{3}=4, & \text{记 } \theta_3=4\end{cases}$$

在变量x_3，x_2，x_5非负前提之下，要使x_1由 0 变为正数，并尽可能多地生产。x_1最多只能增大到$\min\limits_i\theta_i=\theta_3=4$。当$x_1$由 0 变为 4 时，这时$x_5$的取值由原来的 12 变为 0，即$x_5$离基，由基变量变为非基变量。

第三，再次进行基变换。

用进基变量x_1替代离基变量x_5，进基变量x_1所在列为新的主列，离基变量x_5所在行为新的主行，主行和主列相交元素$a'_{31}=3$为新的主元。

主列

$$
\begin{array}{lr}
2x_1+0x_2+x_3 \qquad\qquad\qquad =16 & ①' \\
0x_1+x_2 \qquad +\frac{1}{2}x_4 \qquad =5 & ②' \\
3x_1+0x_2 \qquad -2x_4+x_5=12 \quad \text{主行} & ③' \\
-Z+3x_1+0x_2+0x_3-\frac{5}{2}x_4+0x_5=-25 & ④'
\end{array}
$$

现在的基变量变为 x_3，x_2，x_1，然后进行初等行变换，变主元为 1，主列为单位列向量，即把 x_3，x_2，x_1 前的系数变为单位矩阵。用初等变换将式③′/3＝式③″，式①′－ 式③″×2＝式①″，式④′－ 式③″×3＝式④″，即

$$
\begin{array}{lr}
0x_1+0x_2+x_3+\frac{4}{3}x_4-\frac{2}{3}x_5=8 & ①'' \\
0x_1+x_2 \qquad +\frac{1}{2}x_4 \qquad =5 & ②'' \\
x_1+0x_2 \qquad -\frac{2}{3}x_4+\frac{1}{3}x_5=4 & ③'' \\
-Z+0x_1+0x_2+0x_3-\frac{1}{2}x_4-x_5=-37 & ④''
\end{array}
$$

再将基变量用非基变量线性表示，即

$$
\begin{cases}
x_3=8-\frac{4}{3}x_4+\frac{2}{3}x_5 \\
x_2=5-\frac{1}{2}x_4 \\
x_1=4+\frac{2}{3}x_4-\frac{1}{3}x_5
\end{cases}
$$

令现有所有非基变量取值为 0，即 $x_4=x_5=0$。这样得到一个新基可行解：$x_1=4$，$x_2=5$，$x_3=8$，$x_4=0$，$x_5=0$。

由上式可以看出，目标函数也可表示成一个常数和非基变量的表达式。x_4，x_5 前面的系数都为负数，如果 x_4，x_5 由 0 变为非零，反而使目标函数值进一步减小，与其这样，不如保持其仍为 0。说明此式可得到的是最优解。其经济意义是生产甲产品 4 个单位，乙产品 5 个单位，盈利 37 元。为了实现这一生产计划，设备 B 和 C 的工时全部耗尽，但设备 A 的工时富余 8 小时；$x_4=0$，$x_5=0$，说明设备 B 和 C 是企业的瓶颈资源，而 $x_3=8$ 说明设备 A 是非瓶颈资源。

（二）单纯形的一般步骤

第一步，确定初始基可行解。

观察技术系数矩阵 A 中是否存在一个单位矩阵。若存在，则以此作为初始基；如果

不存在，就采用人造基的办法，构造出一个单位矩阵（此种方法在后面讲解）。初始基选择单位矩阵的原因在于：一是单位矩阵肯定线性无关；二是单位矩阵的逆矩阵也是单位矩阵；三是进行初等行变换，把可行基变换为单位矩阵后，初始基所在列的新系数就是可行基的逆矩阵（线性代数矩阵求逆的方法之一）。

可行基记为 B，对应的基变量为 X_B；非基变量记为 X_N，其系数矩阵为 N。系数矩阵 $A=(B, N)$，则约束方程可以写成 $BX_B+NX_N=b$。进行初等行变换，由上面的代数解法中可以看出，每一次的可行基都可通过行变换转化为单位矩阵。基变量用非基变量线性表示为：$X_B=B^{-1}b-B^{-1}NX_N$。

第二步，最优性检验与解的判别。

将上述这一组解代入目标函数，有

$$\begin{aligned} Z &=CX=C_BX_B+C_NX_N \\ &=C_B(B^{-1}b-B^{-1}NX_N)+C_NX_N \\ &=C_BB^{-1}b+(C_N-C_BB^{-1}N)X_N \end{aligned}$$

令 $Z_0=C_BB^{-1}b$，$\sigma_N=C_N-C_BB^{-1}N$，即 $\sigma_j=c_j-C_BB^{-1}P_j=c_j-\sum_{i=1}^{m}C_{Bi}a'_{ij}$；由于基变量的检验数 $\sigma_B=C_B-C_BB^{-1}B=0$，则 $Z=Z_0+\sum_{j=1}^{n}\sigma_jx_j$。可见，$Z_0$ 是否最大，取决于 σ_j 的正负，因此 σ_j 是判别最优解的准则，一般称为检验数。

通过检验数可以判断以下几种情况：

（1）所有非基变量的检验数为负数，即 $\sigma_j<0$，则该问题已求得唯一最优解。

（2）若所有非基变量的检验数 $\sigma_j\leqslant 0$，且存在某个非基变量 x_{Nk} 的检验数 $\sigma_k=0$，让其进基，目标函数的值仍然保持原值。如果同时存在最小 θ 值，说明有离基变量，则该问题在两个顶点上同时达到最优，为无穷多最优解。

（3）若某个非基变量 x_{Nk} 的检验数 $\sigma_k>0$，但其对应的系数列向量 $P_k{}'$ 中，每一个元素 $a'_{ik}(i=1, 2, 3, \cdots, m)$ 均非正数。有进基变量但找不到离基变量，这时该线性规划问题解无界。

（4）若存在非基变量 x_{Nk} 的检验数 $\sigma_k>0$，其对应的系数列向量 P'_k 中，至少有一个 $a'_{ik}>0$，既有进基变量又有离基变量，问题还没有得到最优解，应进行下一步。

第三步，进行基变换。

（1）进基变量的确定。在 $\sigma_j>0$ 中一般选择较大的一个，即 $\max\limits_j\{\sigma_j \mid \sigma_j>0\}=\sigma_k$，则以 σ_k 对应的非基变量 x_{Nk} 作为进基变量，当然也可以任选，或选脚标最小的一个。

（2）离基变量的确定。进基变量 x_{Nk} 原是非基变量，取值为 0；现在将其作为基变量，取值为正。要保持除 x_{Nk} 以外的原非基变量继续为 0，迫使某个原基变量取值为 0，即从基变量变为非基变量。为了保持原基变量取值仍然满足非负性约束，以保持解的可行性，则取最小 θ 值。

$$\theta=\min_i \theta_i=\min_i\left\{\frac{b'_i}{a'_{ik}} \mid a'_{ik}>0\right\}=\frac{b'_l}{a'_{lk}}$$

当取 $x_{Nk}=\theta$ 时，将迫使原基变量 $x_{Bl}=0$，这时就将 x_{Bl} 从基变量中替换了出来。由此完成了从一组基可行解到另一组基可行解的变换，或称完成了一次基变换。

第四步，进行函数迭代。前一阶段确定了 x_{Nk} 为进基变量，x_{Bl} 为离基变量，通过系数矩阵的初等变换把主列变为单位列向量。

令非基变量 x_{N1}，x_{N2}，…，x_{Bl}，…，$x_{N(n-m)}$ 为 0，就得到一个新的基可行解。转入第二步。

（三）单纯形的表格形式

表格单纯形法是对前面讨论的方法步骤进行具体化、规范化、表格化的结果，它以单纯形表的形式，将所有相关内容凝结为一体，使复杂的求解过程简练、直观。

单纯形表的表格形式如表 1-3 所示。计算步骤与前面所讲单纯形法的一般步骤是一致的。首先找出初始可行基，建立初始单纯形表。

表 1-3　单纯形表

c_j			c_1	c_2	…	c_j	…	c_n	θ_i
C_B	X_B	b	x_1	x_2	…	x_j	…	x_n	
C_{B1}	x_{B1}	b_1	a_{11}	a_{12}	…	a_{1j}	…	a_{1n}	θ_1
C_{B2}	x_{B2}	b_2	a_{21}	a_{22}	…	a_{2j}	…	a_{2n}	θ_2
⋮	⋮	⋮	⋮	⋮		⋮		⋮	⋮
C_{Bm}	x_{Bm}	b_m	a_{m1}	a_{m2}	…	a_{mj}	…	a_{mn}	θ_m
σ_j			σ_1	σ_2	…	σ_j	…	σ_n	

其次，计算各非基变量的检验数 σ_j。若所有 $\sigma_j\leqslant 0$，则问题已得到最优解，停止计算；否则，若存在检验数 $\sigma_k>0$，且所对应的系数列向量 $P'_k\leqslant 0$，则此问题是无界解，停止计算；否则根据 $\max\limits_j\{\sigma_j|\sigma_j>0\}=\sigma_k$ 原则，确定 x_k 为进基变量，再按 $\theta=\min\limits_i\theta_i=\theta_l$ 规则，确定 x_{Bl} 为离基变量。

建立新的单纯形表，此时基变量中 x_k 取代了 x_{Bl} 的位置。以 a'_{lk} 为主元素进行迭代，把 x_k 所对应的列向量变为单位列向量，即主元变为 1，主列中其他元素为 0，转第二步。

单纯形表的便利之处首先在于，从表中可以直接读出基可行解 $x_{Bi}=b'_i$，其他 $x_{Nj}=0$；相应目标函数值是 C_B 列与 b 列元素乘积之和；其次，每个变量 x_j（包括基变量在内）的检验数 σ_j，等于 c_j 减去 C_B 列元素与 x_j 的系数列向量元素乘积之和。更有益的是，单纯形法的全部分析和计算过程，可以比较方便地在单纯形表中完成，所以手工计算线性规划一般都采用单纯形表格法进行计算。

下面仍以例 1-1 生产计划问题为例，对用单纯形的表格解法求解此问题的运算过程进行演示。

（1）从标准形看出 x_3，x_4，x_5 的系数为一单位矩阵，可作为初始可行基，于是以 x_3，x_4，x_5 作为基变量，建立初始单纯形表，如表 1-4 所示。

表 1-4　初始单纯形表

c_j			3	5	0	0	0	θ_i
C_B	X_B	b	x_1	x_2	x_3	x_4	x_5	
0	x_3	16	2	0	1	0	0	—
0	x_4	10	0	[2]	0	1	0	5
0	x_5	32	3	4	0	0	1	8
σ_j			3	5	0	0	0	

（2）基变量的检验数不需计算，全部填 0（因为基变量的检验数全为 0），非基变量的检验数计算如下：

$$\sigma_1 = c_1 - \sum_{i=1}^{m} C_{Bi} a_{i1} = 3 - (0 \times 2 + 0 \times 0 + 0 \times 3) = 3$$

$$\sigma_2 = c_2 - \sum_{i=1}^{m} C_{Bi} a_{i2} = 5 - (0 \times 0 + 0 \times 2 + 0 \times 4) = 5$$

初始基可行解为 $X^{(0)} = (0, 0, 16, 10, 32)^{\mathrm{T}}$，$Z=0$。非基变量的检验数都大于 0，说明此解不是最优解，且其对应的系数列向量均有正分量，转入下一步。

（3）$\max\{\sigma_1, \sigma_2\} = \max\{3, 5\} = 5$，对应的进基变量为 x_2。计算 θ 值：

$$\theta = \min_i \theta_i = \min_i \left\{ \frac{b_i'}{a_{i2}'} \mid a_{i2}' > 0 \right\} = \min\left\{ -, \frac{10}{2}, \frac{32}{4} \right\} = 5$$

对应的离基变量为 x_4。进基变量所在列为主列，离基变量所在行为主行，它们交叉点上的系数称为主元，即 $a_{22}=2$。为区别起见，主元素用“[]”标出。

（4）建立新的单纯形表，新的基变量 $x_B{}^{(1)} = (x_3, x_2, x_5)^{\mathrm{T}}$，运用初等变换，化主元为 1，主列其余全都变为 0，如表 1-5 所示。

表 1-5　第一次迭代后的单纯形表

c_j			3	5	0	0	0	θ_i
C_B	X_B	b	x_1	x_2	x_3	x_4	x_5	
0	x_3	16	2	0	1	0	0	8
5	x_2	5	0	1	0	$\frac{1}{2}$	0	—
0	x_5	12	[3]	0	0	-2	1	4
σ_j			3	0	0	$-\frac{5}{2}$	0	

迭代过程是：表 1-4 第 2 行除以 2 填入表 1-5 第 2 行；表 1-4 第 1 行直接填入表 1-5 第 1 行；表 1-4 第 3 行减去表 1-5 第 2 行的 4 倍填入表 1-5 第 3 行；再计算检验数行。

表 1-5 中检验数 $\sigma_1 = 3 > 0$，且对应的系数列向量存在正元素，应继续迭代。确定 x_1 为进基变量。$\min\theta = 4$，位于表 1-5 的第 3 行，确定 x_5 为离基变量，主元素为 $a_{31}' = 3$。

（5）新的基变量为 $X_B^{(1)} = (x_3, x_2, x_1)^{\mathrm{T}}$，建立新表并进行迭代，得表 1-6。

表 1-6　第二次迭代后的单纯形表

c_j			3	5	0	0	0	θ_i
C_B	X_B	b	x_1	x_2	x_3	x_4	x_5	
0	x_3	8	0	0	1	$\frac{4}{3}$	$-\frac{2}{3}$	
5	x_2	5	0	1	0	$\frac{1}{2}$	0	
3	x_1	4	1	0	0	$-\frac{2}{3}$	$\frac{1}{3}$	
σ_j			0	0	0	$-\frac{1}{2}$	-1	

表 1-6 中所有检验数 $\sigma_j \leqslant 0$，此时已得到最优解，$X^{(3)}=(4,5,8,0,0)^{\mathrm{T}}$。

从初始单纯形表中，可以看出最优基矩阵为：

$$\begin{bmatrix} 1 & 0 & 2 \\ 0 & 2 & 0 \\ 0 & 4 & 3 \end{bmatrix}$$

另外，从最末单纯形表中，还可以看出最优基矩阵的逆为：

$$\begin{bmatrix} 1 & \frac{4}{3} & -\frac{2}{3} \\ 0 & \frac{1}{2} & 0 \\ 0 & -\frac{2}{3} & \frac{1}{3} \end{bmatrix}$$

（四）单纯形的管理启示

结合图解法，例 1-1 的表格形法的求解过程如图 1-11 所示。

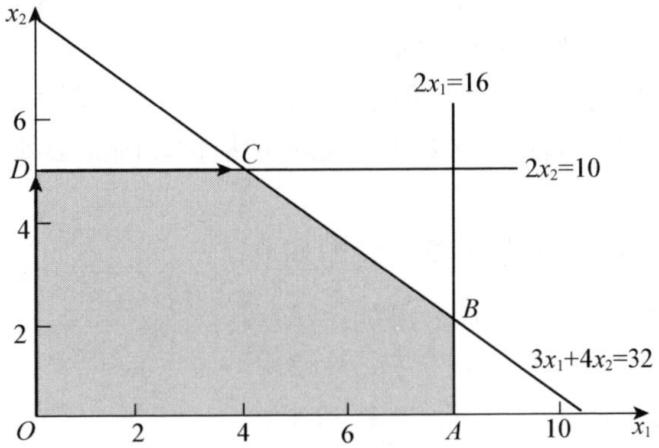

图 1-11　单纯形法的几何意义

第一次的基可行解 $X^{(1)}=(0,0,16,10,32)^{\mathrm{T}}$，相当于坐标原点 O，进行基变换后，第二次的基可行解 $X^{(2)}=(0,5,16,0,12)^{\mathrm{T}}$ 相当于顶点 D，再一次进行基变换后，第三次的基可行解 $X^{(3)}=(4,5,8,0,0)^{\mathrm{T}}$，与点 C 相对应，也正是此问题的最优解。

请大家思考：单纯形法过程给予我们的管理启示是什么？单纯形迭代程序是不断改进可行方案的过程，从一个基可行解迭代到另一个基可行解，目标得以改进，也就是一次从一个变量入手进行改进，如此反复，不断追求优化。企业管理过程也是如此，把现有方案作为初始方案，找到最需要改进的某个问题和改进方向，一次做好某个主要问题的解决与改进；一次只解决和改进一个问题的难度最小；解决之后，再寻求可以改进的其他地方，再次改进，不断追求完美。

四、人工变量构造初始基

上述单纯形法需要有一个单位矩阵作为初始基，以便于求解计算。当约束条件都是"≤"时，加入松弛变量就形成了初始基，但实际问题中往往出现"≥"或"="型的约束，因此没有现成的单位矩阵。需要采用人造基的办法，向无单位列向量的等式中加入人工变量，从而得到一个初始基。由于人工变量是为便于计算而人为加进的，只有取 0 时，原来的约束条件才是它本来的意义。当初始基可行解无法直接获得时，需用特定的方法求出，主要包括大 M 法和两阶段法。

（一）大 M 法

［例 1－3］ 求解下列线性规划问题：

$$\max Z=x_1-8x_2+3x_3$$

$$\text{s.t.}\begin{cases}x_1+2x_2-x_3\geqslant 2\\x_1-2x_2+x_3=4\\x_1,x_2,x_3\geqslant 0\end{cases}$$

解 第一个约束条件减去剩余变量 x_4，变为等式，但 x_4 的系数是 -1，不符合构造初始基的条件，需再加入一个人工变量 x_5；第二个约束条件加入人工变量 x_6，这样既实现了标准化，又有了单位矩阵作为初始基。

为保证人工变量取值为 0，令其价值系数为 $-M$（M 为无限大的正数，这是一个惩罚项）。如果人工变量不为 0，则目标函数就不能实现最优，因此必须将其逐步从基变量中替换出去。

加入人工变量，进行人造基后的数学模型如下：

$$\max Z=x_1-8x_2+3x_3+0x_4-Mx_5-Mx_6$$

$$\text{s.t.}\begin{cases}x_1+2x_2-x_3-x_4+x_5=2\\x_1-2x_2+x_3+x_6=4\\x_1,x_2,x_3,x_4,x_5,x_6\geqslant 0\end{cases}$$

列出初始单纯形表如表 1－7 所示，其求解过程与前面讲述的单纯形表算法一致。

表 1-7　大 M 法单纯形迭代过程

c_j			1	−8	3	0	−M	−M	θ_i
C_B	X_B	b	x_1	x_2	x_3	x_4	x_5	x_6	
−M	x_5	2	[1]	2	−1	−1	1	0	2
−M	x_6	4	1	−2	1	0	0	1	4
σ_j			1+2M	−8	3	−M	0	0	
1	x_1	2	1	2	−1	−1	1	0	—
−M	x_6	2	0	−4	[2]	1	−1	1	1
σ_j			0	−10−4M	4+2M	1+M	−1−2M	0	
1	x_1	3	1	0	0	$-\frac{1}{2}$	$\frac{1}{2}$	$\frac{1}{2}$	
3	x_3	1	0	−2	1	$\frac{1}{2}$	$-\frac{1}{2}$	$\frac{1}{2}$	
σ_j			0	−2	0	−1	−M+1	−M−2	

由于所有变量的检验数均为非正，计算过程中人工变量 x_5，x_6 相继离基，获得最优解为 $x_1=3$，$x_3=1$。

注意：如果最末单纯形表中人工变量仍没有置换出去，那么这个问题就没有可行解，当然亦无最优解。

（二）两阶段法

［例 1-4］ 求解下列线性规划问题：

$$\min Z=5x_1+21x_3$$

$$\text{s.t.}\begin{cases}x_1-x_2+6x_3-x_4=2\\x_1+x_2+2x_3-x_5=1\\x_i\geqslant 0,\quad i=1,2,3,4,5\end{cases}$$

解　首先引入人工变量，构建模型如下：

$$\min Z'=x_6+x_7$$

$$\text{s.t.}\begin{cases}x_1-x_2+6x_3-x_4+x_6=2\\x_1+x_2+2x_3-x_5+x_7=1\\x_i\geqslant 0,\quad i=1,2,3,4,5,6,7\end{cases}$$

以 x_6 和 x_7 为基变量，可以得到第一阶段基可行解 $(0,\ 0,\ 0,\ 0,\ 0,\ 2,\ 1)^{\mathrm{T}}$，该辅助问题对应的单纯形表如表 1-8 所示。

由于所有变量的检验数均为非正，计算过程中人工变量 x_6，x_7 均为非基变量，因此可得到原问题的基可行解，对应的基变量为 x_2，x_3，原问题的单纯形表如表 1-9 所示。

表 1-8　例 1-4 辅助问题的单纯形表

c_j			0	0	0	0	0	−1	−1	θ_i
C_B	X_B	b	x_1	x_2	x_3	x_4	x_5	x_6	X_7	
−1	X_6	2	1	−1	[6]	−1	0	1	0	1/3
−1	X_7	1	1	1	2	0	−1	0	1	1/2
σ_j			2	0	8	−1	−1	0	0	
0	X_3	1/3	1/6	−1/6	1	−1/6	0	1/6	0	—
−1	X_7	1/3	2/3	[4/3]	0	1/3	−1	−1/3	1	1/4
σ_j			2/3	4/3	0	1/3	−1	−4/3	0	
0	X_3	3/8	1/4	0	1	−1/8	−1/8	1/8	1/8	
0	X_2	1/4	1/2	1	0	1/4	−3/4	−1/4	3/4	
σ_j			0	0	0	0	0	−1	−1	

表 1-9　例 1-4 原问题的单纯形表

c_j			−5	0	−21	0	0	θ_i
C_B	X_B	b	x_1	x_2	x_3	x_4	x_5	
−21	X_3	3/8	1/4	0	1	−1/8	−1/8	3/2
0	X_2	1/4	[1/2]	1	0	1/4	−3/4	1/2
σ_j			1/4	0	0	−21/8	−21/8	
−21	X_3	1/4	0	−1/2	1	0	−1/4	
−5	X_1	1/2	1	2	0	1/2	−3/2	
σ_j			0	−1/2	0	−11/4	−9/4	

由于所有检验数均为非正，所对应的基可行解就是原问题的最优解，最优值为 31/4，对应的最优解为 $(1/2, 0, 1/4, 0, 0)^T$。

第 3 节　线性规划的建模技巧

利用线性规划模型解决实际问题需要对实际情况进行真实表达，但是在大多数情况下这种表达必须要涉及不同程度的近似。任何模型都对现实世界进行了一定程度的简化和处理，而处理的原则是在数学的框架下能够清楚地表达并解决问题。

一、目标函数的灵活性

在例 1-1 中只列出了设备资源约束，在企业的实际运作过程中还应该考虑市场占有份额、原料供应约束、运输能力等因素；企业盈利能力还与薪酬制度直接相关。因此，在学习如何应用线性规划帮助企业制订生产计划过程中，需要恰当分析企业内外环境约束，正确识别总利润的函数形式。请看下面的例子。某企业投入 A、B、C、D 四种材料，利用 E、F、G、H 四种设备，生产甲、乙、丙三种产品，其工艺路线见图 1-12。已知 A、B、C、D 的采购价格分别为 30 元、35 元、30 元和 65 元，甲、乙、丙产品的市场售价分别为 173 元、233 元和 170 元，每周市场需求分别为 40 件、80 件和 40 件。每周工作 5 天，每天正常工作 8 小时。

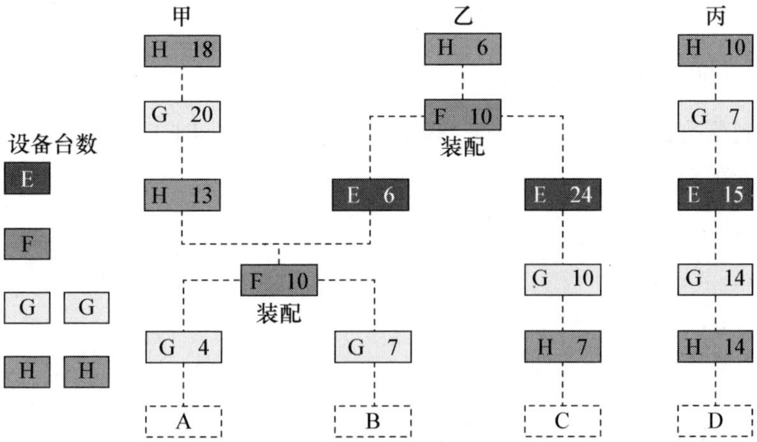

图 1-12　某企业产品生产工艺路线图

说明：图中数字为作业时间（单位：分钟）。

据统计，每周的运营费用（包括直接人工成本与间接费用）为 11 000 元，其中直接人工成本为 10 元/小时（每台机器需要一位作业人员），间接费用是人工成本的 2.5 倍。具体的成本费用消耗见表 1-10。

表 1-10　单位产品生产工时和成本

	产品甲	产品乙	产品丙
原材料成本（元）	65	95	65
直接人工工时（分钟）	72	84	60
直接人工成本（元）	12	14	10
间接费用（元）	30	35	25

企业总是追求使自身利润最大化的决策，因而不同企业采用不同的薪酬制度，其应该采取的科学的决策理念也就不同。可以进行量化分析，制订不同的方案，供决策者进行生产计划决策。

（一）计件工资制

方案一是计件工资制。其特征是由于市场需求波动，员工多劳多得。市场需求订单少时，员工薪酬低，当市场需求量大时，员工自愿加班，而不额外支付加班工资。

首先计算单位产品的盈利能力。由表 1-10 可知，甲产品的生产成本为 107 元/件，乙产品的生产成本为 144 元/件，丙产品的生产成本为 100 元/件，因此单位产品实现利润分别为 66 元、89 元、70 元。

由于产品甲、乙、丙每周市场需求分别为 40 件、80 件、40 件，因此制订生产计划为甲产品产量 40 件、乙产品产量 80 件、丙产品产量 40 件，总利润为 12 560 元（40×66＋80×89＋40×70）。

用数学建模的语言描述，设产品甲的产量为 x_1 件，产品乙的产量为 x_2 件，产品丙的产量为 x_3 件。在计件工资体系下，目标是企业利润最大化，用 Z 表示利润，则目标函数为：

$$\max Z=66x_1+89x_2+70x_3$$

计件工资制薪酬体系下，工作时间不会完全受每天 8 小时工作时间约束，但企业决策面临产品市场需求约束为：

产品甲：$x_1 \leqslant 40$
产品乙：$x_2 \leqslant 80$
产品丙：$x_3 \leqslant 40$
非负性约束：$x_1, x_2, x_3 \geqslant 0$

（二）岗位工资制

方案二是岗位工资制。员工为了获得本岗位薪酬，在市场需求波动的情况下，自觉加班，而没有额外的加班工资。生产甲产品 40 件、乙产品 80 件、丙产品 40 件，总收入为 32 360 元（40×173+80×233+40×170），原料成本为 12 800 元（40×65+80×95+40×65），运营费用为 11 000 元，总利润为 8 560 元（32 360－12 800－11 000）。

用数学建模语言描述，即岗位工资制薪酬体系以计时工资制为基础，实行定岗定员。

总收入为 $173x_1+233x_2+170x_3$，原料成本为 $65x_1+95x_2+65x_3$，运营费用为 11 000 元，则企业最大化利润的目标函数为：

$$\max Z=108x_1+138x_2+105x_3-11\,000$$

同样，岗位工资制薪酬体系下，工作时间也不会完全受每天 8 小时工作时间约束，但企业决策面临产品市场需求约束，如下：

产品甲：$x_1 \leqslant 40$
产品乙：$x_2 \leqslant 80$
产品丙：$x_3 \leqslant 40$
非负性约束：$x_1, x_2, x_3 \geqslant 0$

（三）计时工资

每天只工作 8 小时，这样就需要分析工时的供给量。工时需求和供给情况如表 1－11 所示。

表 1－11　产品生产的工时需求和供给情况

产品	市场需求（件）	单位产品设备工时消耗（分钟）			
		E	F	G	H
甲	40	0	10	31	31
乙	80	30	20	21	13
丙	40	15	0	21	24
需求产能		3 000	2 000	3 760	3 240
可用产能		2 400	2 400	4 800	4 800

从表 1-11 可知，如果按市场需求进行生产计划安排，设备 F，G，H 的工时能力可以满足，而且设备 G 和 H 的工时还有很大的富余，存在能力浪费；然而设备 E 的工时能力供给不足，成为瓶颈设备。

企业实际生产的利润目标函数，不但因薪酬制度而异，还受决策者观念意识的影响。下面依据决策者意识是看重单位产品的利润率还是瓶颈资源的占有率（见表 1-12），讨论方案三和方案四。

表 1-12　产品生产决策意识分析

	甲	乙	丙
单位产品利润（元）	66	89	70
单位产品瓶颈设备 E 的工时消耗（分钟）	0	30	15

方案三：计时工资，且企业以单位产品利润率高低为决策意识。

由于单位产品甲不需要瓶颈设备 E，因此按市场需求安排生产。生产产品乙和丙都需要瓶颈设备 E，产品乙的单位利润为 89 元，而产品丙的单位利润才为 70 元，因此凭经验认为优先考虑生产产品乙。又因为瓶颈资源设备 E 的可用产能只有 2 400 分钟，所以可以生产产品乙 80 件（2 400/30），则产品丙无法生产。即甲产品 40 件，乙产品 80 件，丙产品 0 件，总收入为 25 560 元（40×173+80×233+0×170），原料成本为 10 200 元（40×65+80×95+0×65），运营费用 11 000 元，利润为 4 360 元（25 560－10 200－11 000）。

方案四：计时工资，且企业以单位产品的瓶颈资源占有率高低为决策意识。

由于单位产品丙的生产对瓶颈设备 E 的工时消耗为 15 分钟，而生产单位产品乙对瓶颈设备 E 的工时消耗为 30 分钟，因此优先考虑生产丙产品 40 件，需用设备 E 的产能 600 分钟（40×15），剩下 1 800 分钟，再安排产品乙的生产，可以生产乙产品 60 件。所以，甲产品 40 件，乙产品 60 件，丙产品 40 件，总收入为 27 700 元（40×173+60×233+40×170），原料成本为 10 900 元（40×65+60×95+40×65），运营费用为 11 000 元，利润为 5 800 元（27 700－10 900－11 000）。

对于上述分析过程，用数学建模的语言表示就相对简洁，即设备工时约束条件表示为决策变量的线性等式或不等式约束函数。既有市场容量约束，又有生产能力的工时约束。模型的目标函数为：

$$\max Z = 108x_1 + 138x_2 + 105x_3 - 11\,000$$

产品市场需求约束为：

产品甲：$x_1 \leqslant 40$

产品乙：$x_2 \leqslant 80$

产品丙：$x_3 \leqslant 40$

设备能力约束为：

设备 E：$0x_1 + 30x_2 + 15x_3 \leqslant 2\,400$

设备 F：$10x_1 + 20x_2 + 0x_3 \leqslant 2\,400$

设备 G：$31x_1+21x_2+21x_3 \leqslant 4\ 800$

设备 H：$31x_1+13x_2+24x_3 \leqslant 4\ 800$

非负性约束：$x_1 \geqslant 0, x_2 \geqslant 0, x_3 \geqslant 0$

上述数学模型的求解结果与方案四是一致的，因为数学模型是寻求最优值的过程，从数值上看，方案四显然要优于方案三。

其实方案一的计件工资和方案二的岗位工资都存在瓶颈设备 E 加班，多生产产品乙需要增加设备工时 $\Delta t=(80-60)\times 30=600$ 分钟 $=10$ 小时。如果既非计件工资制，又非岗位工资制，规定支付加班费为双倍工资，则由于加班增加的费用为 $\Delta C=10\times(1+2.5)\times 10=350$ 元。方案二实行岗位工资制，企业最大利润为 8 560 元，而计时工资下企业的最大利润为 5 800 元，它们的差值 $\Delta Z=8\ 560-5\ 800=2\ 760$ 元。由于 $\Delta C<\Delta Z$，因此，计时工资制下，企业安排加班是合适的。

对于计件工资制，如果规定加班需要额外支付加班费，假设仍然是双倍工资，支付加班费 ΔC 所带来的利润 $\Delta Z=12\ 560-5\ 800=6\ 760$ 元。同理，由于 $\Delta C<\Delta Z$，因此，即使在计件工资制下，规定加班要支付双倍工资，企业安排加班仍然是合适的。

二、企业中线性规划的适用层次

利用线性规划模型解决企业资源的优化配置问题，明晰制造企业生产计划层次是十分必要的。企业的计划层次从宏观上来看，可以分为战略层计划、战术层计划和作业层运作计划。战略层计划主要关注产品发展方向、生产发展规模、技术发展水平；战术层计划的职能是在现有资源条件下确定产品品种、产量、产值、利润；作业层运作计划重点在于生产进度控制、人员班次安排、质量控制等。

（一）计划链的层次

正如上文所述，线性规划主要用于制订计划，解决企业资源分配问题，但它主要适用于企业什么层次的计划制订呢？制造企业的计划链层次如图 1-13 所示。

战术层计划链从上至下依次是企业经营计划、产品销售计划、综合生产计划（生产计划大纲）、主生产计划、物料需求计划和能力需求计划。采购计划和车间作业计划属于作业层运作计划。为了理解线性规划模型的适用性，首先要了解各层次计划的功能和特点。

在计划层次图的最顶层是企业经营计划，主要制订企业的产值计划或利润计划，从而确定生产的绝对数量或增长幅度，期限一般以年为单位，即企业的年度经营计划，这由企业经营层制订。

（二）产品销售计划

下一层是企业制订的产品销售计划，企业经营计划需要在产品销售出去后才能实现。这一层次计划决定下一时期大类产品的销售目标，可以是销售收入，也可以是销售产品数量，期限一般以年度为单位，规划产品的品种，统计预测产品数量。

制造企业在规划产品品种时常采用波士顿矩阵法，根据市场吸引力与企业实力维度，

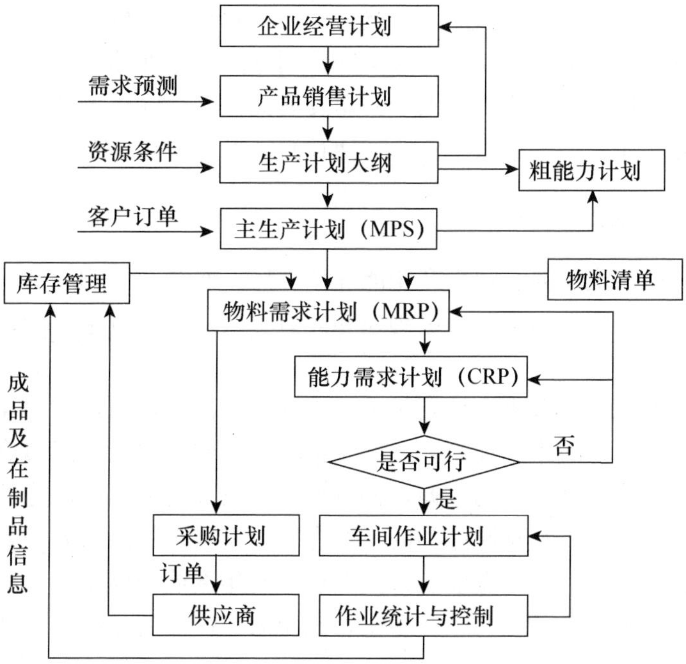

图 1-13　计划层次图

帮助企业制定产品品类的发展策略。这种方法常常以销售增长率代表市场吸引力，以市场占有率代表企业实力，利用象限法将产品分成明星类产品、问题类产品、现金牛类产品以及瘦狗类产品四种品类组合，如表 1-13 所示，据此采取相应品类发展策略。

表 1-13　产品品类选择的波士顿矩阵法

销售增长率	市场占有率	
	高	低
高	明星类产品（发展）	问题类产品（维持）
低	现金牛类产品（维持）	瘦狗类产品（放弃）

位于第一象限的明星类产品，占有很高的市场份额，具有较强的发展潜力。明星类产品一般是企业继续投资于问题类产品发展起来的，企业预测该产品处于市场高成长阶段，极有可能成为公司未来的现金牛类产品。一般来说，明星类产品是创新性产品，企业增加投资或者发挥本来优势，以保持与市场同步增长，增强竞争力。

当产品所处市场发展潜力小，但能够为企业带来大量的现金，此类产品就被定义为现金牛类产品。现金牛类产品处在市场成熟阶段，企业不需要进行大量投资就能获得较高的盈利率。因此，对这类产品企业选择维持策略，以支持其他业务的发展。

当产品的市场占有率与销售增长率都很低时，产品就进入了生命周期过程中的衰退期，即成为瘦狗类产品。这类产品不能为企业带来盈利甚至是亏损的，企业应该慢慢地缩减规模，有计划地撤出市场。

问题类产品的市场份额低，企业需要深思熟虑，根据自身发展愿景、拥有的资源，谨慎地进行分析，判断是继续投资发展还是逐步缩小规模。如果是创新性产品，处于市场开拓期，选择发展策略；如果此类产品为功能性产品，则选择维持策略。

产品销售数量的预测包括定性与定量两种预测方法。定性预测可以由部门主管集体讨论或汇总销售人员意见，使预测既着眼于公司发展又符合实际销售状况。另外，可根据以往销售数据进行时间序列等定量预测方法，使预测结果更可靠、有据。

（三）综合生产计划

产品营销策略的实现需要企业生产职能提供支持，而企业的物料资源、流动资金和工时能力等有限，就存在物料约束、资金约束和能力约束，需要对企业的生产策略进行优化安排。

在企业计划层次中，综合生产计划是一个中期生产计划，处理的对象以产品级（大类产品）为主，属于企业的战术层计划。主要以市场需求作为输入，通过合理安排使整个计划期的需求和生产能力达到大致的平衡，并且使完成任务的成本尽可能低。

因此，在分析产品种类与预测品类的市场占有数量（市场约束）之后，就进入制订生产计划大纲阶段。在这一层次，企业制订大类产品的年度或季度生产计划。在市场容量和企业资源约束下，规划生产什么和生产多少，确定大类产品的品种和年度生产数量。

（四）主生产计划

主生产计划（MPS）将生产计划大纲加以细化落实，确定具体产品在具体时段的出产计划。具体产品需要细化到产品的规格和型号，具体时段一般以周为单位。

首先将线性规划模型所得的结果，按一定分配方式（均匀分配、递增分配、递减分配等），将综合生产计划分摊到每一个工作周，确定出各周的产品生产量（预测生产量）。再将合同订单与预测生产量转换为明确的生产任务计划（产品的毛需求量）。

之后，物料需求计划（MRP）按产品结构、现有库存、主生产计划的产量和交货期，进一步将产品的出产计划转换成物料需求表（外协计划和生产作业计划）。在MRP算法中，毛需求量减去有效库存量和在单量得到净需求量，这才是真正的当期生产产出的数量。

企业根据所采用的生产方式不同来选择不同的毛需求量。当企业采用备货式生产方式，毛需求量为预测生产量；当企业采用订货式生产方式，产品出产计划的毛需求量为客户订单的合同量；当企业采用备货与订货相结合方式，则考虑需求时再确定毛需求量。对于企业产出计划展望期，确定出需求时界和计划时界，将计划期分为需求时区（近期）、计划时区（中期）和预测时区（远期）。

在需求时区，订单已经确认，产品需求的数量和交货期不变，产出的毛需求量为实际订单需求量；计划时区属于中期，企业为了平稳生产，产品出产数量和交货期已经做好资源安排，如果需要变动，则需主管的批准，一般企业选择预测量与合同量中最大的为毛需求量；预测时区属于远期，由于客户订货需求可能发生变化而不确定，这时的毛需求量为预测值。

综上所述，本章中学习的线性规划方法就是用来解决如何利用企业现有资源进行生产计划安排。销售部门预测的销量成为产品生产的市场约束条件。综合生产计划的执行，支撑企业的营销策略。也就是说，线性规划方法主要用于企业综合生产计划的有效制订，以及生产作业计划的优化。关于战略层次的计划问题，线性规划模型主要用于解决企业设施布局选址和供应链网络设施的选址问题。

第 4 节　线性规划的应用案例

线性规划模型在生产计划、库存控制、物流配送、产品混合、人力资源调度等方面应用较广，其中例 1－1 属于生产计划问题，人力资源调度问题将在第 3 章中介绍。在这一节中，我们将通过生产、生活中的具体例子来介绍其余领域中线性规划模型的建立以及具体应用。

一、配送中心选择

在供应链物流网络选址问题中，决策者需要考虑一系列问题：每个配送中心所建位置及其运作能力，每个供应商、工厂或者港口应该把货发至哪个配送中心，分销商应该从哪个配送中心取货，等等。针对不同的环境条件，会有不同的选址方法作出合理的规划。

[例 1－5]　把例 1－2 某企业的供货渠道拓展到三级网络结构，存在两个供货源（产地）S_1 和 S_2（实际上可以是企业下属加工厂、外协生产商或多家供应商组成的供货市场），已知原有供货源 S_1 每月的供货能力是 5 万台，新增供货源 S_2 的生产能力可以满足产品的需求，且两个货源的价格相同。有三个区域目标市场（销地或销售商）R_1、R_2、R_3，各销地每月的市场需求量分别为 5 万台、10 万台、5 万台。在分销渠道中，拟定在两个地点中选址设立分销中心 W_1、W_2，执行产品的转运任务。各地之间的单位运输物流成本（由距离和运输方式决定）如图 1－14 所示。

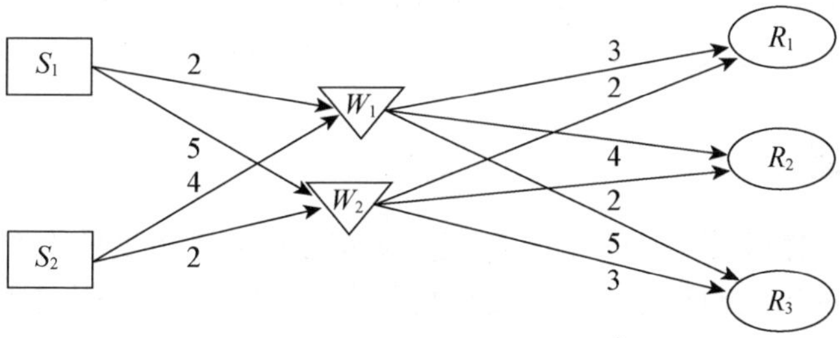

图 1－14　分销链网络选址

如何选址规划和安排调运，使运输物流费用最小？

解　本题目与一般的运输问题不同，特别之处在于确定运输量的同时还需要明确分销中心的设置与否。因此，本质上这是一个配送中心选址的问题，但是通过一般的线性规划思维可以巧妙求解。

（1）决策变量：设从供货源 S_i 到分销中心 W_j 的运输量为 y_{ij}，从分销中心 W_j 到需求市场 R_k 的运输量为 x_{jk}。选址规划在于 y_{ij} 和 x_{jk} 的实际取值。如果 $y_{11}+y_{21}=0$，则不

设置分销中心 W_1；反之，如果 $y_{11}+y_{21}>0$，则设置分销中心 W_1，其规模为 $y_{11}+y_{21}$。同理，如果 $y_{12}+y_{22}=0$，则不设置分销中心 W_2；反之，如果 $y_{12}+y_{22}>0$，则设置分销中心 W_2，其规模为 $y_{12}+y_{22}$。

（2）目标函数：各条路段上的实际运输量乘以物流运输的单位费用之总和最小，即

$$\min Z=2y_{11}+5y_{12}+4y_{21}+2y_{22}+3x_{11}+4x_{12}+5x_{13}+2x_{21}+2x_{22}+3x_{23}$$

（3）约束条件：存在供应能力约束、市场需求约束、配送中转约束，如下：

供应能力平衡约束：

$$y_{11}+y_{12}=50\,000$$
$$y_{21}+y_{22}=150\,000$$

市场需求平衡约束：

$$x_{11}+x_{21}=50\,000$$
$$x_{12}+x_{22}=100\,000$$
$$x_{13}+x_{23}=50\,000$$

配送中心不存留产品：

$$y_{11}+y_{21}-x_{11}-x_{12}-x_{13}=0$$
$$y_{12}+y_{22}-x_{21}-x_{22}-x_{23}=0$$

所有变量大于等于零：

$$y_{11},y_{12},y_{21},y_{22},x_{11},x_{12},x_{13},x_{21},x_{22},x_{23}\geqslant 0$$

本题目的最优解是：

$$Z=900\,000,\quad y_{11}=50\,000,\quad y_{12}=y_{21}=0,\quad y_{22}=150\,000,\quad x_{11}=50\,000$$
$$x_{12}=x_{13}=x_{21}=0,\quad x_{22}=100\,000,\quad x_{23}=50\,000$$

二、库存控制问题

［例 1－6］ 赛欧帆船公司在年初的时候要确定年内四个季度的生产计划安排。根据以往的历史数据作出的市场预测是：一季度市场需求为 30 艘，二季度市场需求为 60 艘，三季度市场需求为 75 艘，四季度市场需求为 25 艘。公司必须确保能够满足这些市场需求。每个季度期初开始生产，每季度最大产能是 40 艘，所需成本为每艘 400 元。如果安排加班生产，则加班生产的数量不能超过 20 艘，加班生产的单位成本是 450 元/艘。如果没有销售出去，每艘帆船每季度的库存持有成本是 20 元。请问，赛欧公司的年度生产计划该如何安排才能实现生产成本和库存成本的最小化？

解 本题目可以看作多阶段优化的问题（关于多阶段的动态优化可以用本书后面的动态优化方法求解），本章可以用库存理论和线性规划理论求解。

（1）决策变量：在每个季度，赛欧公司都必须确定正常生产和加班生产的帆船数量，

因此定义如下决策变量：

x_i＝第 i 季度正常生产帆船的数量，　$i=1,2,3,4$

y_i＝第 i 季度加班生产帆船的数量，　$i=1,2,3,4$

请大家思考：定义这两个决策变量是否足以描述本题目中的企业实际呢？实际上，企业在每个季度的期末还存在期末库存，因此定义 s_i 为每季度末企业的期末库存量，即

s_i＝第 i 季度末的帆船库存量，　$i=1,2,3,4$

利用库存理论可以确定赛欧公司每季度的总成本方程：

$$\text{总成本}=\frac{\text{正常劳动时间}}{\text{生产帆船的成本}}+\frac{\text{加班劳动时间}}{\text{生产帆船的成本}}+\frac{\text{期末}}{\text{库存成本}}$$

（2）目标函数：企业的优化目标就是追求总成本的最小化，因此目标函数是：

$$\begin{aligned}\min Z=&400x_1+400x_2+400x_3+400x_4+450y_1+450y_2+450y_3+450y_4+20s_1\\&+20s_2+20s_3+20s_4\end{aligned}$$

（3）约束条件：在确定本模型的约束条件之前，我们需要基于库存理论对该企业的生产计划情况作出分析。对于第 i 个季度，总存在以下库存守恒公式：

第$(i-1)$季度末的库存量＋第 i 季度的生产量

＝第 i 季度的需求量＋第 i 季度末的库存量

这个关系在几乎所有的生产调度模型中都有关键作用。在本例题中需求量是预测已知的（$d_1=30$，$d_2=60$，$d_3=75$，$d_4=25$）。

于是，库存平衡的约束条件为：

$$s_{i-1}+(x_i+y_i)=d_i+s_i,\quad i=1,2,3,4$$

此外，还有生产能力的约束条件：

$$x_i\leqslant 40,\quad y_i\leqslant 20,\quad i=1,2,3,4$$

非负约束是：

$$x_i\geqslant 0,\quad y_i\geqslant 0,\quad s_i\geqslant 0,\quad i=1,2,3,4$$

本题目的最优解是：

$$Z=78\,850,\quad x_1=x_2=x_3=40,\quad x_4=25,\quad y_1=5,\quad y_2=y_3=20$$
$$y_4=0,\quad i_1=i_2=15,\quad i_3=i_4=0$$

三、合理下料问题

［**例 1－7**］　某建筑公司要用铝型材作为构架，制作 100 个铝合金窗子，每个窗子需要 2.8 米的材料 3 根，1.8 米的 2 根，1.17 米的 4 根，0.6 米的 4 根，原材料每根 6 米，怎

样下料才能使余料最少？

解 本例和前两例不同，不能直接设定决策变量。前两例隐含着无数个可行方案，而在本例中方案却没有直接给出，这就需要我们自己先设定若干个下料方案，把每个下料方案实施的次数作为决策变量。由题意可知，做窗子需用的材料长度共有 4 种：2.8 米，1.8 米，1.17 米和 0.6 米，所设下料方案要能够满足上述长度要求，并且方案的余料要尽可能少。为了简化问题，只选择余料小于 0.3 米的下料方案，见表 1 - 14。

表 1 - 14 下料的可能方案

下料根数 \ 方案 / 长度（米）	1	2	3	4	5	6	7	8	9	10
2.8	1	0	0	0	0	0	1	0	1	0
1.8	1	1	2	0	3	0	0	1	1	0
1.17	1	2	2	0	0	2	2	3	0	3
0.6	0	3	0	10	1	6	1	1	2	4
合计	5.77	5.94	5.94	6.00	6.00	5.94	5.74	5.91	5.80	5.91
余料	0.23	0.06	0.06	0	0	0.06	0.26	0.09	0.20	0.09

设按方案 1 截取 x_1 根，按方案 2 截取 x_2 根……按方案 10 截取 x_{10} 根，设长度为 2.8 米的材料多余 s_1 根，1.8 米的多余 s_2 根，1.17 米的多余 s_3 根，0.6 米的多余 s_4 根，因为多余的根数也算余料，但是在实际操作中，多余的根不可以在不使用时先截取，需保持和某种方案的余料连在一起，这样余料的单个长度会增加，以备其他用途。则其数学模型为：

$$\min Z=0.23x_1+0.06x_2+0.06x_3+0x_4+0x_5+0.06x_6+0.26x_7+0.09x_8+0.20x_9+0.09x_{10}+2.8s_1+1.8s_2+1.17s_3+0.6s_4$$

$$\text{s. t.}\begin{cases}x_1+x_7+x_9-s_1=300\\x_1+x_2+2x_3+3x_5+x_8+x_9-s_2=200\\x_1+2x_2+2x_3+2x_6+2x_7+3x_8+3x_{10}-s_3=400\\3x_2+10x_4+x_5+6x_6+x_7+x_8+2x_9+4x_{10}-s_4=400\\x_1,x_2,\cdots,x_{10},s_1,s_2,s_3,s_4\geqslant 0\end{cases}$$

本题目的最优解是 $Z=72$，$x_1=80$，$x_2=30$，$x_7=130$，$x_9=90$，其余决策变量全部为 0。这样下料余料最少。

四、营养配餐问题

[例 1 - 8] 假定一个成年人每天需要从食物中摄取 3 000 千卡的热量、55 克蛋白质和 800 毫克的钙。如果市场上只有 4 种食品可供选择（当然可以扩充到 n 种食品），它们每千克所含的热量和营养成分以及市场价格见表 1 - 15。问如何选择才能在满足营养要求的

前提下使购买食品的费用最少？

表 1-15 人体热量和营养成分需求表

	热量（千卡）	蛋白质（克）	钙（毫克）	价格（元）
猪肉	1 000	50	400	14
鸡蛋	800	60	200	6
大米	900	20	300	3
白菜	200	10	500	2

解 设 x_j 为第 j 种食品每天的购入量，则配餐问题的线性规划模型为：

$$\min Z=14x_1+6x_2+3x_3+2x_4$$

$$\text{s. t.}\begin{cases}1\,000x_1+800x_2+900x_3+200x_4\geqslant 3\,000\\50x_1+60x_2+20x_3+10x_4\geqslant 55\\400x_1+200x_2+300x_3+500x_4\geqslant 800\\x_1,x_2,x_3,x_4\geqslant 0\end{cases}$$

本题目的最优解是 $Z=10$，$x_1=x_2=x_4=0$，$x_3=10/3$，也就是为了降低费用并保证营养只能吃米饭。

五、产品混合问题

［**例 1-9**］ 新时代制药公司利用四种化学原料 A、B、C、D 生产一种新药，新药的产量必须达到每天 1 000 千克以上。新药中含有三种有效成分甲、乙、丙，它们的含量分别不低于 8%、4%、2%。每千克原料的价格和所含有效成分的比例如表 1-16 所示。

表 1-16 原料所含有效成分的比例

	价格（元）	有效成分甲	有效成分乙	有效成分丙
化学原料 A	8	0.03	0.02	0.01
化学原料 B	10	0.06	0.04	0.01
化学原料 C	11	0.10	0.03	0.04
化学原料 D	14	0.12	0.09	0.04

根据仓库部门信息反馈，化学原料 B 必须要使用 100 千克以上。新时代制药公司关注生产成本的降低，请帮助该企业对上述情况建立数学模型。

解 （1）决策变量：在本例中，新时代制药公司所选择的是四种化学原料的投入量，所以决策变量就是 A、B、C、D 的生产投入量 x_1、x_2、x_3、x_4。

（2）目标函数：等于化学原料价格与购买量的线性组合，即

$$\min Z=8x_1+10x_2+11x_3+14x_4$$

（3）约束条件：新药产量必须达到每天 1 000 千克以上，有效成分甲、乙、丙的含量分别不低于 8%、4%、2%，化学原料 B 必须要使用 100 千克以上，其余化学原料的使用量不能为负值。用数学表示如下：

$$x_1+x_2+x_3+x_4\geqslant 1\,000$$
$$0.03x_1+0.06x_2+0.1x_3+0.12x_4\geqslant 8\%(x_1+x_2+x_3+x_4)$$
$$0.02x_1+0.04x_2+0.03x_3+0.09x_4\geqslant 4\%(x_1+x_2+x_3+x_4)$$
$$0.01x_1+0.01x_2+0.04x_3+0.04x_4\geqslant 2\%(x_1+x_2+x_3+x_4)$$
$$x_2\geqslant 100, x_1\geqslant 0, x_3\geqslant 0, x_4\geqslant 0$$

本题目的最优解是 $Z=10\,637.5$，$x_1=285$，$x_2=100$，$x_3=417.5$，$x_4=197.5$。除以上例子外，线性规划模型还可以用在许多现实问题中。例如媒体可以通过线性规划模型，帮助公司实现固定预算下广告的宣传范围、频率和质量最大化；公司的财务经理可以通过线性规划模型从股票、债权、基金等投资中进行组合选择，使其预期收益最大化或风险最小化；公司的人事经理可以通过线性规划模型合理分配劳动力，实现劳动力的最佳配置；还可以通过线性规划模型分析如何混合两种以上的资源来生产一种以上的产品（如石油）从而实现利润最大化。

线性规划在定量分析中可以使用的方面很多，这里不一一列举。由以上可以看出建立线性规划模型的基本步骤：首先，根据影响所要达到目的的因素确定决策变量；其次，由决策变量所受的限制条件确定决策变量所要满足的一组线性约束条件；最后，由决策变量和所要达到目的之间的函数关系确定一个线性的目标函数。如果目标函数和约束条件中有一个不满足线性要求，需要进行线性化处理，否则，就称这种模型为非线性规划。

案例分析

通过综合本章的内容，我们再来回顾一下本章的引入案例：如果你是该汽车制造厂主营业务部门的主管，被要求拿出一份经营报告书，分析的问题包括：最大盈利能力、合理的制造计划、汽车专用钢进口总量等等。

现在可知，生产过程中各项经济指标如下：

（1）钢板冲压：冲压成型合格率可达 99%，且每件成型工件在扣除加工过程中各项成本后的净利润平均约为 1 000 元；职工工资实行计件工资制度，每件合格品的工资为 650 元。

（2）车身焊接：工件在焊接后可继续生产的概率为 98%，焊接后产生的价值增值在扣除成本后为 350 元；职工工资实行计件工资制，每件合格品的工资为 800 元。

（3）车体涂装：车体涂装工艺复杂、对技术要求较高，合格率可达 99%，不同车型的涂装成本各不相同，该环节后每件产品增值平均为 800 元；职工工资实行计件工资制，每件合格品的工资为 600 元。

（4）车辆总装：车辆总装即为把车身、发动机等零件组合到一起，装配工艺的先进程度影响着车辆总装的成功率。总体而言，该汽车制造厂的两厢轿车合格率为 95%，三厢轿车合格率为 92.5%，SUV 型汽车合格率为 91%，油电混合类汽车合格率为 90.5%。组装后每辆汽车扣除各项成本净收入平均约为 19 000 元；职工工资实行计件工资，每辆合格品的工资为 900 元；不同车型的销售价格如表 1 - 17 所示：

表 1-17　不同车型的销售价格

车型	两厢轿车	三厢轿车	SUV	油电混合
价格（元/辆）	75 000	93 000	155 000	124 000

进行市场分析并结合销售预测情况得出如下具体信息：

根据市场分析和预测，销售部门预计下一年度汽车的销售总量可达 28 000 辆，其中两厢轿车不少于 140 000 辆；三厢轿车至少 2 800 辆，至多 8 400 辆；SUV 型汽车中有 3 000 辆的已达订单必须满足；油电混合车辆的订货量一般可达到三厢轿车订货量的 3/4。

结合本章所学习的内容，如何制订最优生产计划，既能满足消费者需求，又能获得最多的利润？

复习思考题

1. 什么是线性规划？线性规划三要素是什么？
2. 求解线性规划问题时可能出现几种结果？哪种结果说明建模时有错误？
3. 什么是线性规划的标准型？松弛变量和剩余变量的管理含义是什么？
4. 试述线性规划问题的可行解、基础解、基可行解、最优解的概念及其相互关系。
5. 用表格单纯形法求解如下线性规划：

$$\max Z=4x_1+x_2+2x_3$$
$$\text{s. t.}\begin{cases}8x_1+3x_2+x_3\leqslant 2\\6x_1+x_2+x_3\leqslant 8\\x_1,x_2,x_3\geqslant 0\end{cases}$$

6. 表 1-18 中给出了求极大化问题的单纯形表，问表中 a_1、a_2、c_1、c_2、d 为何值及变量属于哪一类型时有：(1) 表中解为唯一最优解；(2) 表中解为无穷多最优解之一；(3) 下一步迭代将以 x_1 代替基变量 x_5；(4) 该线性规划问题具有无界解；(5) 该线性规划问题无可行解。

表 1-18　某极大化问题的单纯形表

c_j			c_1	c_2	0	0	0	θ_i
C_B	X_B	b	x_1	x_2	x_3	x_4	x_5	
0	x_3	d	4	a_1	1	0	0	
5	x_2	2	−1	−5	0	1	0	
0	x_1	3	a_2	−3	0	0	1	
σ_j			c_1	c_2	0	0	0	

7. 用大 M 法或者两阶段法求解如下线性规划：

$$\max Z=5x_1+3x_2+6x_3$$
$$\text{s. t.}\begin{cases}x_1+2x_2+x_3\leqslant 18\\2x_1+x_2+3x_3\leqslant 16\\x_1+x_2+x_3=10\\x_1,x_2,x_3\geqslant 0\end{cases}$$

8. A、B、C 三个城市每年需分别供应电力 320、250 和 350 单位，由Ⅰ、Ⅱ两个电站提供，它们的最大可供电量分别为 400 单位和 450 单位，单位费用如表 1-19 所示。由于需要量大于可供量，决定城市 A 的供应量可减少 0～30 单位，城市 B 的供应量不变，城市 C 的供应量不能少于 270 单位。试建立线性规划模型，求将可供电量用完的最低总费用分配方案。

表 1-19 单位电力输电费 单位：元

电站	城市		
	A	B	C
Ⅰ	15	18	22
Ⅱ	21	25	16

9. 某公司在 3 年的计划期内，有 4 个建设项目可以投资：项目Ⅰ从第一年到第三年年初都可以投资。预计每年年初投资，年末可收回本利 120%，每年又可以重新将所获本利纳入投资计划；项目Ⅱ需要在第一年年初投资，经过两年可收回本利 150%，又可以重新将所获本利纳入投资计划，但用于该项目的最大投资额不得超过 20 万元；项目Ⅲ需要在第二年年初投资，经过两年可收回本利 160%，但用于该项目的最大投资额不得超过 15 万元；项目Ⅳ需要在第三年年初投资，年末可收回本利 140%，但用于该项目的最大投资额不得超过 10 万元。在这个计划期内，该公司第一年可供投资的资金有 30 万元。问怎样的投资方案，才能使该公司在这个计划期获得最大利润？

10. 某家具制造厂生产五种不同规格的家具。每种家具都要经过机械成型、打磨、上漆几道主要工序。每种家具的每道工序所用时间、每道工序的可用时间、每种家具的利润由表 1-20 给出。问工厂应如何安排生产，使总利润最大？

表 1-20 家具生产工艺耗时与利润表 单位：小时

生产工序	所需时间					每道工序可用时间
	家具 1	家具 2	家具 3	家具 4	家具 5	
成型	3	4	6	2	3	3 600
打磨	4	3	5	6	4	3 950
上漆	2	3	3	4	3	2 800
利润（百元）	2.7	3	4.5	2.5	3	

11. 某厂生产甲、乙、丙三种产品，分别经过 A、B、C 三种设备加工。已知生产单位产品所需的设备台时数、设备的现有加工能力及每件产品的利润如表 1-21 所示。

表 1-21 产品生产工艺消耗系数

设备	产品甲	产品乙	产品丙	设备能力
A（小时）	1	1	1	100
B（小时）	10	4	5	600
C（小时）	2	2	6	300
单位产品利润（元）	10	6	4	

（1）建立线性规划模型，求使该厂获利最大的生产计划。

（2）产品丙每件的利润增加到多大时才值得安排生产？如产品丙每件的利润增加到 6 元，求最优生产计划。

（3）产品甲的利润在多大范围内变化时，原最优计划保持不变？

（4）设备 A 的能力如为 $100+10q$，确定保持原最优基不变的 q 的变化范围。

（5）如合同规定该厂至少生产 10 件产品丙，试确定最优计划的变化。

02

Chapter

第 2 章

对偶规划

学习要点

- 构建线性规划问题的对偶规划模型
- 理解对偶规划模型的解和基本性质
- 掌握影子价值的含义及其实际应用
- 了解参数变动分析原理和经济意义
- 能分析价值系数和资源数量的变动
- 掌握资源总存量和分配量增减决策

引入案例

本章所介绍的对偶规划与线性规划有着千丝万缕的关系，可以说是线性规划的进一步延伸。因此，我们沿用第 1 章的案例来介绍对偶规划的特性。

由第 1 章的案例可知，该汽车制造厂的主营业务为机动汽车的生产加工制造，该厂为了扩大市场占有率而实行资产经营、详细分析出盈利能力、制订生产计划等。随着业务量的提升，为了满足更高的需求，该制造厂希望能扩展业务范围、增加业务种类，不再局限于生产制造这一个环节，通过产业升级带来更多的利润。因此，汽车制造环节的设备产生冗余，为了避免设备闲置带来的损失，该厂计划将制造设备和技术人员等资源出租，以获取一定的利润。

如果你是该部门主管，会怎样制订出租计划、选择出租单位？生产不同型号汽车的设备，哪一些属于紧缺设备，哪一些又存在冗余呢？而当进口生产成本、工人费用等条件发生变化时，应该如何调整生产计划来应对复杂的变化？相信通过本章的学习，一定会给你带来启发。

随着线性规划应用的逐步深入，人们发现每一个线性规划问题都存在一个与之配对、具有密切联系的线性规划问题。称其中一个为原问题，另一个为对偶问题（dual linear programming)，这个特性称为线性规划的对偶性，这不仅仅是数学上的理论问题，由对偶问题引申出来的对偶解有着重要的经济意义，也是经济管理中重要的概念与工具之一，尤其是对生产管理有一定的理论帮助。对偶理论充分显示出线性规划理论逻辑上的严谨性与结构上的对称性，它使线性规划理论更加丰富，应用领域更加广泛。

第 1 节　对偶规划的数学模型

企业既是服务社会的组织，又是“制造”利润的“机器”。在“制造”利润的过程中，各种资源的贡献率是不同的，一般粗放经营的企业只知道各种资源缺一不可，而实现集约经营则要对各种资源对于利润的影响程度有一个动态的掌握。

一、对偶问题的提出

［**例 2－1**］　在例 1－1 中，讨论了典型的生产计划线性规划模型，并建立了相应的线性规划模型：

$$\max Z=3x_1+5x_2$$

$$\text{s. t.}\begin{cases}2x_1\leqslant 16\\2x_2\leqslant 10\\3x_1+4x_2\leqslant 32\\x_1,x_2\geqslant 0\end{cases}$$

现从另一个角度考虑，若该厂的产品平销，现有另一企业想租赁其设备，该厂的决策者考虑自己不生产甲、乙产品，而把原拟用于生产这两种产品的工时资源出租、出让或做代加工。厂方为了谈判时心中有数，需掌握设备台时费用的最低价，以便衡量对方出价，对出租与否作出抉择。在这个问题上厂长面临两种选择：自行生产或出租设备。

解　显然，决策者要考虑两个原则：第一，每种设备出租收益应不低于自己生产时可获得的利润；第二，定价要在市场可接受的范围内，不能太高。

如前所述，建立最优生产的线性规划模型，运用单纯形法求出最优生产计划为 $x_1^*=4$，$x_2^*=5$，$Z^*=37$。为保持利润水平不降低，资源转让的最低价格应该是多少？

设零件加工设备 A 的单位工时出租收益为 y_1，设备 B 的单位工时出租收益为 y_2，装配工序设备 C 的单位工时出租收益为 y_3。

原本用于生产单位甲产品的资源，如若出让（出租），不应低于自行生产带来的利润，否则宁愿自己生产。于是有

$$2y_1+0y_2+3y_3\geqslant 3$$

同理，对乙产品而言则有

$$0y_1+2y_2+4y_3\geqslant 5$$

显然，还有

$y_1, y_2, y_3 \geqslant 0$

对出租方来说，出租收益固然是越高越好，但对于竞争性市场而言，要价太高会得不到市场的承认，所以厂方的目标只能是求出自己定价的一个保守收益（希望出让的收益最少值）。全部资源出租的租金收益目标函数（w）应该是：

$$\min w = 16y_1 + 10y_2 + 32y_3$$

于是建立对偶问题的线性规划模型，称为对偶线性规划，如下：

$$\min w = 16y_1 + 10y_2 + 32y_3$$

$$\text{s. t.} \begin{cases} 2y_1 + 0y_2 + 3y_3 \geqslant 3 \\ 0y_1 + 2y_2 + 4y_3 \geqslant 5 \\ y_1, y_2, y_3 \geqslant 0 \end{cases}$$

检查对偶问题的数学模型可以发现：第一，它的变量个数与原问题模型的约束个数相同，且第 i 个变量 y_i 与原问题模型的第 i 个约束对应；第二，对偶问题约束条件的个数与原问题模型的变量个数相同，且第 j 个约束与原问题模型的第 j 个变量 x_j 对应；第三，对偶问题目标函数的系数正好是原问题模型的右端常数，对偶问题模型的右端常数正好是原问题的目标函数系数；第四，它的系数矩阵是原问题模型的系数矩阵 A 的转置矩阵。

再将对偶线性规划利用单纯形法进行求解，结果为 $y_1^* = 0$，$y_2^* = 0.5$，$y_3^* = 1$，$w^* = 37$。其松弛变量 $y_4 = 0$，$y_5 = 0$。

发现对偶问题与原问题的目标函数值相等，这不是偶然的。上述两个问题实际上是一个问题的两个方面，如果把前者称为线性规划原问题，后者便是它的对偶问题，反之亦然。

任何一个线性规划问题都有一个对偶问题存在，只要给出系数矩阵 A、价值系数 C 和资源向量 b，就可以写出它的对偶问题；反之也是一样。

原问题和对偶问题从不同的角度来分析同一个问题，前者从产品产量的角度来考察利润，后者则从形成产品本身所需要的各种资源的角度来考察利润，即利润是产品生产带来的，也是资源消耗带来的。

二、对偶规划的性质

为了研究方便，原问题假设为：

$$\max Z = CX$$

$$\text{s. t.} \begin{cases} AX \leqslant b \\ X \geqslant 0 \end{cases}$$

则对偶问题为：

$$\min w = b^{\mathrm{T}} Y$$

$$\text{s. t.} \begin{cases} A^{\mathrm{T}} Y \geqslant C \\ Y \geqslant 0 \end{cases}$$

即对称式对偶问题。

对偶问题的特性十分显著，主要包括：

（一）对称性定理

对偶问题的对偶问题是原问题。

根据对偶规划，很容易写出对偶问题的对偶问题模型。可以验证，它就是原问题。

（二）最优性定理

设 $\overline{X}$，$\overline{Y}$ 分别为原问题和对偶问题的可行解，且 $C\overline{X}=b^{\mathrm{T}}\overline{Y}$，则 $\overline{X}$，$\overline{Y}$ 分别为各自的最优解。

（三）对偶性定理

若原问题有最优解，那么对偶问题也有最优解，而且两者的目标函数值相等。

（四）互补松弛性

原问题和对偶问题的松弛变量为 X_S 和 Y_S，它们的可行解 X^*，Y^* 为最优解的充分必要条件是 $Y^* X_S=0$，$Y_S X^*=0$。

因此，对偶问题的最优解对应于原问题最末单纯形法表中，初始基变量的检验数的负值。根据这一性质，对偶问题和原问题，只解其中之一，便可同时求得两个问题的解。

$-Y_S$ 对应原问题决策变量 X 的检验数；$-Y$ 则对应原问题松弛变量 X_S 的检验数。

第 2 节　对偶规划的经济解释

对偶理论的研究大大丰富了线性规划的内涵，使我们不仅可以求得线性规划问题的最优解，还能了解原问题与对偶问题之间的若干数量关系。通过透析这些性质的数量关系，可以更好地指导企业进行生产和经营决策，有效地促进资源的合理利用和经济效益的提高。前述对偶理论从数学角度阐明了原问题和对偶问题之间的数量关系。下面则从经济角度揭示两者的性质关系，以充分利用解题信息，指导经营决策。

一、影子价值的内涵

从第 1 节的分析可知，当原问题和对偶问题分别有最优解时，则有相同的最优值

$$Z=\sum_{j=1}^{n} c_j x_j=\sum_{i=1}^{m} b_i y_i=w$$

利用上式对 Z 求 b_i 的偏导数得

$$\frac{\partial Z}{\partial b_i}=y_i$$

这说明 y_i 是右端项 b_i 每增加一个单位对目标函数 Z 的贡献。由此可以得出：对偶变量 y_i 在经济上表示原问题第 i 种资源的边际价值。对偶变量的值 y_i^* 表示第 i 种资源的边际价值，称为影子价值。可以把对偶问题的解 Y 定义为每增加一个单位的资源引起的目标函数值的增量。影子价值的含义广泛，其中包括影子利润和影子价格两种类型。

1. 影子利润

例 1-1 是以利润为目标，y_i 定义为每增加单位资源 i 对利润的贡献程度，称为资源的影子利润。从例 1-1 生产计划问题的最终单纯形表可以看出：$y_1=0$，$y_2=0.5$，$y_3=1$。

$y_1=0$ 说明原问题第一个约束条件为严格不等式，即设备 A 为不起作用的约束。就是说，设备 A 的工时增加并不影响利润的增加。$x_3=8$ 表明设备 A 工时剩余 8 小时，即使再增加其供应量，也不能多出产品，不会使利润增加一分钱。

$y_2=0.5$ 表明设备 B 的工时起约束作用，即设备 B 制约了产量的增长，若增加设备 B 的工时 1 小时，可使利润增加 0.5 元。

$y_3=1$ 表明装配设备 C 也是实质性的制约因素，若增加 1 小时的设备 C，则可增加利润 1 元。

可见，当影子利润为零时，说明这种资源为非瓶颈资源；当影子利润大于零时，说明这种资源为瓶颈紧缺资源。

2. 影子价格

若以产值为目标（如销售金额），则 y_i 是增加单位资源 i 对产值的贡献程度，称为资源的影子价格（shadow price），即有“影子价格＝资源成本＋影子利润”。因为它并不是资源的实际价格，而是企业内部资源的配比价格，是由企业内部资源的配置状况来决定的，并不是由市场来决定，所以叫影子价格。

可以将资源的市场价格与影子价格进行比较，当市场价格低于影子价格时，企业可以购进相应资源，储备或者投入生产；当市场价格高于影子价格时，企业可以考虑暂不购进资源，减少不必要的损失。例 1-1 中，设备 A、B、C 的单位工时资源成本分别为 20 元、15 元和 10 元，则它们的影子价格分别为 20 元、15.5 元和 11 元；如果资源的市场价格分别为 21 元、15 元和 12 元，则可以考虑出让部分设备 A 的工时，购进部分紧缺设备 B 的工时，虽然设备 C 的工时最为紧缺，但由于其市场价格高于影子价格，因此暂时不能购买。

二、影子价值的应用

影子价值日益为经济界人士所关注，它可以为经济活动提供更多可利用的信息：

第一，影子利润说明增加哪一种资源对增加经济效益最有利。如例 1-1 中的三种资源的影子利润为（0，0.5，1），说明首先应考虑增加设备 C，因为相比之下它带来的收益增加最大。

第二，影子价格告诉经营者以怎样的代价去取得紧缺资源。企业经营决策者可以把本企业资源的影子价格与当时的市场价格进行比较，当第 i 种资源的影子价格高于市场价格时，则企业可以买进该种资源；而当某种资源的影子价格低于市场价格时（特别是当影子利润为零时），则企业可以卖出该种资源，以获得较大的利润。

第三，影子价格又是一种机会成本，能够提示企业设备出租或原材料转让的基价。同时，也可以用于测算产品的代加工价格，即用影子价格乘以代加工产品资源消耗系数。

第四，指导新产品的定价与投产决策。企业在新产品投产之前，可利用影子价格，通过分析新产品使用资源的经济效果，以决定新产品是否应该投产。如在例 1－1 中，企业要生产一新产品，单件消耗三种资源的数量是（4，3，4），则新产品的盈利能力一定要大于 5.5（0×4＋0.5×3＋1×4），才能增加企业的收益；反之，生产是不合算的。

第五，利用影子价格分析现有产品价格变动时资源紧缺情况的影响。如在例 1－1 中，如果甲、乙产品的售价是（73，77），则单位产品利润为（3，7），从最优单纯形表中获得最优基的逆，可计算出影子利润。

$$\sigma_s=(0,0,0)-(0,7,3)\begin{bmatrix}1 & \frac{4}{3} & -\frac{2}{3}\\ 0 & \frac{1}{2} & 0\\ 0 & -\frac{2}{3} & \frac{1}{3}\end{bmatrix}=-\left[0,\frac{3}{2},1\right]$$

即 $y_1=0$，$y_2=\frac{3}{2}$，$y_3=1$。这说明如果产品乙的价格上升，设备 B 将变得紧俏。

第六，利用影子价格可以帮助分析工艺改变后对资源节约的收益。如在例 1－1 中，工艺过程改进后，使设备 C 节约 2%，则带来的经济收益将是 0.64（1×32×2%）。

第七，影子价格可以让企业管理者知道哪一种资源对企业来说是稀缺资源，哪一种资源是非稀缺资源，因为经济学无非就是研究资源的稀缺性。由例 1－1 的影子价格可以看出，设备 A 对企业来说是非稀缺的，因为它有剩余。

值得指出的是，影子价格不是资源的实际价格，而是资源配置结构的反映，是在其他数据相对稳定的条件下某种资源增加一个单位导致的目标函数值的增量变化。如若其他数据变了，影子价格也随之变化；即使其他数据不变，它也只能在一定的范围内保持不变，超出这个范围，最优基将发生变化，原来的影子价格也就变化了。正是由于影子价格在经济管理中对收益能提供大量的信息，所以对偶理论中的影子价格概念正日益受到管理人员的重视。以上的分析都是在最优基不变的条件下进行的，如果最优基有变化，则应结合参数变动分析的方法进行分析。

第 3 节　资源的参数变动分析

线性规划研究的是在一定约束条件下的最优问题，其优化方案可以达到节约资源、提高效益的目的，但在企业现实的生产、经营过程中，很多因素都在不断变化，决策者必须随时掌握市场动态，对原有的决策作出调整和修正，不可机械地对待。

一、参数变动分析的必要性

首先，优化方案是建立在特定的资源环境和技术条件之上的，而环境和条件总是处在不断变化之中，如产品价格、原材料成本、资源拥有量等时有波动，所以优化方案只是在一定范围内的最优解，当基础数据的变动超出这个范围时，最优解也会随之改变。

其次，模型参数的值是通过估计或预测得到的，带有一定的不确定性，虽然运算过程要求严谨，但预测数据的误差是不可避免的，所以当模型发生变化时，如约束条件、变量个数、参数系数等发生变化，最优解也会发生变化。

因此，当线性规划模型的参数 A、C、b 发生变化时，决策者应当决定针对这些变化及时作出反应，是调整计划还是静观其变；或者说，参数 A、C、b 在什么范围内变化时，所制订的计划相对较稳定。

在例 1-1 的例子中，已求得最优解为 $X=(4, 5, 8, 0, 0)^{\mathrm{T}}$，目标函数值为 37，这时的最优基变量为 x_3，x_2，x_1，说明企业对产品甲和乙都要进行生产。如果模型参数发生了变化，则有可能要影响此问题的最优基解。但是，当系数 A、C、b 发生变化，使其最优基发生了变化，比如由 x_3、x_2、x_1 变为 x_3、x_2、x_4，即产品甲现在不生产了，这在企业管理中是一大忌。因为原计划生产产品甲，现在不生产了，相当于停掉了生产产品甲的生产线，这对企业的损失可能是巨大的。这比在原有生产线上少生产或多生产的影响还要巨大。所以就需要研究在保持最优基不变的条件下，模型参数允许的变化范围。

参数变动分析又称敏感性分析（sensitivity analysis）或优化后分析（post optimality analysis），它研究基础数据发生波动后对最优解的影响，以及在多大的范围内波动才不影响最优基。参数变动分析就是研究最优解对数据变化的敏感程度。敏感性太强，则说明最优解的稳定性程度较低，这时应对该数据作进一步核定，使最优解建立在坚实可靠的基础之上。通过参数变动分析能帮助管理人员对其掌握的资源、产品组合和收益等相互关系有更深入的了解，以便在情况变化时作出最有利的决策，这一点有时比优化本身更为重要。

通过前面的学习可知，对于线性规划

$$\max Z=CX$$
$$\begin{cases}AX=b\\X\geqslant 0\end{cases}$$

要保持最优基不变，无非两个判断标准：一是所有的检验数仍然小于等于零，即 $\sigma_j\leqslant 0(j=1, 2, \cdots, n)$；二是最优基解都是可行解，即变量取值 $X_B=B^{-1}b$ 都大于等于零。只有同时满足了这两条才可以使线性规划问题的最优基不发生变化，即原有的生产线不发生变化。

当然模型参数有可能同时发生变化，为了理论研究简便，下面介绍只有一种系数发生变化的情况。由于产品售价和资源价格受市场供求关系影响，在计划执行过程中容易发生变化，导致参数 C 变动；资源拥有量可以从市场购买，或经营层在作资源分配时，可以增加其当前分配量，也就是说右端资源量 b 可能变动。然而，当设备磨损处于平稳期，研究企业某一较短时期（年）的生产计划、设备加工能力和工艺消耗系数相对变动不大，如图1-1中的水平时段。下面主要研究目标系数 C 的变化，右端常数 b 的变化。

二、价值系数的变动分析

由 $\sigma_j=c_j-C_BB^{-1}P_j$ 可知，价值系数的变动会影响到解的最优性，但基变量价值系数和非基变量价值系数变动影响的情况不同。基变量价值系数变化不会影响自己的检验数（基变量的检验数总为零），但会影响非基变量的检验数；非基变量价值系数变动只会影响它自己的检验数。下面分别予以讨论。

（一）非基变量 x_j 的价值系数 c_j 变动

非基变量 x_j 的检验数 $\sigma_j=c_j-C_BB^{-1}P_j$。由此看出：$c_j$ 的变化只影响到 x_j 自己的检验数，对其他变量的检验数没有影响。因此只要 $\sigma_j{}'=c_j+\Delta c_j-C_BB^{-1}P_j\leqslant 0$，即 $\Delta c_j\leqslant C_BB^{-1}P_j-c_j=-\sigma_j^*$，就可以保持最优基不变，其中 σ_j^* 是最末单纯形表中的检验数。

（二）基变量 x_{Bi} 的价值系数 c_{Bi} 的改变

由 $\sigma_j=c_j-C_BB^{-1}P_j$ 看出：某一基变量 x_{Bi} 的价值系数 c_{Bi} 变化，将引起所有非基变量的检验数随之发生变化。

基变量的检验数 $\sigma_B=C_B+\Delta C_B-(C_B+\Delta C_B)B^{-1}B=0$，不受变动影响；但非基变量的检验数变为：

$$\begin{aligned}\sigma_j{}'&=c_j-(C_B+\Delta C_B)B^{-1}P_j=C_j-C_BB^{-1}P_j-\Delta C_BB^{-1}P_j\\&=\sigma_j^*-\Delta C_BP_j^*\end{aligned}$$

式中，σ_j^* 和 P_j^* 为最末单纯形表中的对应数。

下面仍以例1-1为例，考虑如下问题：

第一，根据市场预测，乙产品价格可能下降，将导致利润降低40%，这时对最优解有何影响？

第二，确定价值系数 c_1 的变化范围。

为了求解方便及读者容易看到数据，把例1-1的最末单纯形表搬到此处，见表2-1。

表2-1 例1-1的最末单纯形表

c_j			3	5	0	0	0	θ_i
C_B	X_B	b	x_1	x_2	x_3	x_4	x_5	
0	x_3	8	0	0	1	$\frac{4}{3}$	$-\frac{2}{3}$	
5	x_2	5	0	1	0	$\frac{1}{2}$	0	
3	x_1	4	1	0	0	$-\frac{2}{3}$	$\frac{1}{3}$	
σ_j			0	0	0	$-\frac{1}{2}$	-1	

1. 乙产品价格下降

乙产品利润下降了 40%，即 $c_2=3$。因 c_2 是基变量的价值系数，影响到 C_B，故需重新计算检验数，只要所有 $\sigma_j \leqslant 0$，则不影响最优解；否则继续迭代求出新的最优解。计算非基变量的检验数，即

$$\sigma_4=0-\left(0\times\frac{4}{3}+3\times\frac{1}{2}+3\times\left(-\frac{2}{3}\right)\right)=\frac{1}{2}$$

$$\sigma_5=0-\left(0\times\left(-\frac{2}{3}\right)+3\times 0+3\times\frac{1}{3}\right)=-1$$

由于 $\sigma_4>0$，因此最优基变化，继续迭代如表 2-2 所示。

表 2-2　c_2 变化的单纯形法迭代

c_j			3	3	0	0	0	θ_i
C_B	X_B	b	x_1	x_2	x_3	x_4	x_5	
0	x_3	8	0	0	1	$\left[\frac{4}{3}\right]$	$-\frac{2}{3}$	6
3	x_2	5	0	1	0	$\frac{1}{2}$	0	10
3	x_1	4	1	0	0	$-\frac{2}{3}$	$\frac{1}{3}$	—
σ_j			0	0	0	$\frac{1}{2}$	-1	
0	x_4	6	0	0	$\frac{3}{4}$	1	$-\frac{1}{2}$	
3	x_2	2	0	1	$-\frac{3}{8}$	0	$\frac{1}{4}$	
3	x_1	8	1	0	$\frac{1}{2}$	0	0	
σ_j			0	0	$-\frac{3}{8}$	0	$-\frac{3}{4}$	

继续迭代，最终求得解为：$x_1^*=8$，$x_2^*=2$。

计算结果表明，乙产品降价以后生产方案相应调整为生产甲产品 8 件，乙产品 2 件，设备 B 剩余 6 小时，而设备 A 和设备 C 变为紧缺资源。

2. c_1 的变动范围

求价值系数的允许变动范围，可以利用最末单纯形表直接计算，其原则是：不管价值系数怎么变化，只要所有检验数都保持非正就不影响最优基。只要求 Δc_1 的变动，将最末单纯形法表 2-1 中 x_1 的价值系数变为 c_1，如表 2-3 所示。

表 2-3　c_1 变化的单纯形法迭代

c_j			c_1	5	0	0	0	θ_i
C_B	X_B	b	x_1	x_2	x_3	x_4	x_5	
0	x_3	8	0	0	1	$\frac{4}{3}$	$-\frac{2}{3}$	
5	x_2	5	0	1	0	$\frac{1}{2}$	0	
c_1	x_1	4	1	0	0	$-\frac{2}{3}$	$\frac{1}{3}$	
σ_j			0	0	0	$\frac{2}{3}c_1-\frac{5}{2}$	$-\frac{1}{3}c_1$	

当 $\sigma_4=\frac{2}{3}c_1-\frac{5}{2}\leqslant 0$，且 $\sigma_5=-\frac{1}{3}c_1\leqslant 0$ 时，最优解不变，解得 $0\leqslant c_1\leqslant\frac{15}{4}$，即 Δc_1 的变动范围为 $-3\leqslant\Delta c_1\leqslant 0.75$。可见，最优方案对甲产品价格的变动很不敏感，单位甲产品的盈利在 0～3.75 元之间波动都不会影响最优基。

三、资源限量的变动分析

在现实问题中，右端项 b_i 代表资源量。资源限量虽然在线性规划模型中不是决策变量，但它往往是可以改变的。如通过招工解决人力问题，通过增容解决电力约束，通过增加流动资金解决原材料供应限制等。这里要回答的问题是增加或减少一些资源对最优解有何影响，以及保持最优基不变的前提下允许资源有多大的变动幅度。

（一）考察 b 的变化分析

在例 1-1 中，如果企业通过购买设备 B 的工作时间，使设备 B 增加了 6 小时，最优解有何变化?

对于例 1-1，也就是说原来第二个约束的右端资源项 b_2 由 10 变成了 16。因为 b 的变化并不影响检验数，只影响 $X_B=B^{-1}b$。

由例 1-1 的最末单纯形表找出最优基的逆为：

$$B^{-1}=\begin{bmatrix}1 & \frac{4}{3} & -\frac{2}{3}\\ 0 & \frac{1}{2} & 0\\ 0 & -\frac{2}{3} & \frac{1}{3}\end{bmatrix}$$

由 $X_B=B^{-1}b$，有

$$X'_B=B^{-1}b'=\begin{bmatrix}1 & \frac{4}{3} & -\frac{2}{3}\\ 0 & \frac{1}{2} & 0\\ 0 & -\frac{2}{3} & \frac{1}{3}\end{bmatrix}\begin{bmatrix}16\\16\\32\end{bmatrix}=\begin{bmatrix}16\\8\\0\end{bmatrix}$$

$X'_B>0$ 说明仍是基可行解。这里 $x_1=0$，$x_2=8$，$Z=40$。这表明随着设备台时的增加，产品生产方案发生了变化：乙产品增加，甲产品减少，利润增加。利润的增加额恰是设备台时的影子价格与设备台时增量的乘积。

（二）考察 *b* 的变化范围

第 r 个约束的右端项为 b_r，其增量为 Δb_r，其他数据不变。新的基解为：

$$X_B{}'=B^{-1}(b+\Delta b)=B^{-1}b+B^{-1}\begin{bmatrix}0\\ \vdots\\ \Delta b_r\\ \vdots\\ 0\end{bmatrix}$$

$$=B^{-1}b+\begin{bmatrix}a_{1r}^*\Delta b_r\\ a_{2r}^*\Delta b_r\\ \vdots\\ a_{mr}^*\Delta b_r\end{bmatrix}=\begin{bmatrix}b_1^*\\ b_2^*\\ \vdots\\ b_m^*\end{bmatrix}+\Delta b_r\begin{bmatrix}a_{1r}^*\\ a_{2r}^*\\ \vdots\\ a_{mr}^*\end{bmatrix}$$

式中，$b^*=B^{-1}b$ 为变动以前的最优解；$\begin{bmatrix}a_{1r}^*\\ a_{2r}^*\\ \vdots\\ a_{mr}^*\end{bmatrix}$ 为 B^{-1} 中的第 r 列。

这时，只要 $X'_B\geqslant 0$，则可保持最优基不变。上式中的每一个数都大于等于零，最优基不变。上式可以表示成 m 个不等式方程，写成一般式为：

$$X'_{Bi}=b_i^*+\Delta b_r a_{ir}^*\geqslant 0,\quad i=1,2,\cdots,m$$

当 $a_{ir}^*\geqslant 0$ 时，有

$$\Delta b_r\geqslant -\frac{b_i^*}{a_{ir}^*}$$

当 $a_{ir}^*<0$ 时，有

$$\Delta b_r\leqslant -\frac{b_i^*}{a_{ir}^*}$$

综合两式得到 b_r 的变动范围为：

$$\max_i\left\{-\frac{b_i^*}{a_{ir}^*}\mid a_{ir}^*>0\right\}\leqslant\Delta b_r\leqslant\min_i\left\{-\frac{b_i^*}{a_{ir}^*}\mid a_{ir}^*<0\right\}$$

由上式可以算出例 1－1 中 Δb_2 的变动范围：

$$\max\left\{-\frac{8}{4/3}\right\}\leqslant\Delta b_2\leqslant\min\left\{-\frac{4}{-2/3}\right\}$$

即 Δb_2 的变动范围是 $-6\leqslant\Delta b_2\leqslant 6$，$b_2$ 的变动范围是 $4\leqslant b_2\leqslant 16$。

同理，Δb_1 的变动范围为 $\Delta b_1\geqslant -8$，但没有上界；b_1 的变动范围为 $b_1\geqslant 8$。Δb_3 的变动范围为 $-12\leqslant\Delta b_3\leqslant 12$；$b_3$ 的变动范围为 $20\leqslant b_3\leqslant 44$。从变动范围分析可以看出，资源限量在一定范围内变动不影响最优基，但如果超出了这个范围，资源紧缺程度就会发生变化。

第 4 节　对偶规划的应用案例

［**例 2－2**］ 某厂生产甲、乙两种产品，生产单位产品的资源消耗如表 2－4 所示。

表 2－4　生产资源消耗情况表

	甲	乙	资源成本	资源拥有量
原材料（千克）	9	4	20	360
设备（小时）	4	5	50	200
电力（度）	3	10	1	300
销售价格（元）	390	352		

问如何安排甲、乙两产品的产量，使每周的利润为最大？如果企业可以不生产，资源出让如何定价？

解　(1) 最优生产决策。

决策变量：要确定甲、乙两种产品的产量，我们设每周生产的甲产品的产量为 x_1，每周生产的乙产品的产量为 x_2。由表 2－4 计算单位甲产品的成本为 383 元，单位乙产品的成本为 340 元，则它们的盈利能力分别为 7 元和 12 元。生产计划的线性规划模型可以表示为：

$$\max Z=7x_1+12x_2$$

$$\text{s. t.}\begin{cases}9x_1+4x_2\leqslant 360\\4x_1+5x_2\leqslant 200\\3x_1+10x_2\leqslant 300\\x_1,x_2\geqslant 0\end{cases}$$

运用单纯形法求解如表 2－5 所示。

表 2-5　单纯形法求解过程

c_j			7	12	0	0	0	θ_i
C_B	X_B	b	x_1	x_2	x_3	x_4	x_5	
0	x_3	360	9	4	1	0	0	90
0	x_4	200	4	5	0	1	0	40
0	x_5	300	3	[10]	0	0	1	30
σ_j			7	12	0	0	0	
0	x_3	240	7.8	0	1	0	−0.4	30.8
0	x_4	50	[2.5]	0	0	1	−0.5	20
12	x_2	30	0.3	1	0	0	0.1	100
σ_j			3.4	0	0	0	−1.2	
0	x_3	84	0	0	1	−3.12	1.16	
7	x_1	20	1	0	0	0.40	−0.20	
12	x_2	24	0	1	0	−0.12	0.16	
σ_j			0	0	0	−1.36	−0.52	

表 2-5 中最后所有检验数 $\sigma_j \leqslant 0$，此时已得到最优解 $X^* = (20, 24, 84, 0, 0)^{\mathrm{T}}$。其经济意义是生产甲产品 20 单位，乙产品 24 单位，最大获利 428 元。此时，原材料富余 84 千克，为非紧缺资源；设备和电力全部耗尽，为紧缺资源。

（2）资源获利决策。

如果决策者考虑自己不生产甲、乙两种产品，而把原拟用于生产这两种产品的原材料、设备工时、电力资源全部出售给外单位，或者做代加工，则应如何确定这三种资源的价格？

设原材料的单位出让获利为 y_1，设备工时的单位出让获利为 y_2，电力的单位出让获利为 y_3。于是就出让决策问题可以建立一个新的线性规划模型为：

$$\min w = 360y_1 + 200y_2 + 300y_3$$

$$\text{s. t.} \begin{cases} 9y_1 + 4y_2 + 3y_3 \geqslant 7 \\ 4y_1 + 5y_2 + 10y_3 \geqslant 12 \\ y_1, y_2, y_3 \geqslant 0 \end{cases}$$

解得 $y_1^* = 0$，$y_2^* = 1.36$，$y_3^* = 0.52$，$Z^* = 428$。其松弛变量 $y_4^* = 0$，$y_5^* = 0$。

从表 2-5 的最末单纯形表可以看出：影子利润分别为 $y_1^* = 0$，$y_2^* = 1.36$，$y_3^* = 0.52$。这说明原材料为企业生产甲、乙产品的非瓶颈资源，而设备工时和电力资源是企业生产的瓶颈紧缺资源。由于 $y_2^* > y_3^*$，表明设备工时的紧缺程度高于电力资源的紧缺程度，在财力有限情况下，应该优先解决设备工时瓶颈制约问题，因为相比之下它能带来的收益增加最大。

假设资源市场上，原材料的价格为 18 元/千克，设备的单位工时价格为 52 元，电力资源的成本为 1.3 元/度，企业是否需要购进资源呢？

由于原材料的资源成本为 20 元/千克，设备单位工时的资源成本 50 元，电力资源的成本为 1 元/度，因此它们的影子价格分别为 20 元/千克、51.36 元/小时、1.52 元/度。

企业经营决策者可以在把本企业资源的影子价格与市场价格进行比较后作出决策。电力资源的影子价格高于市场价格，企业可以考虑购进资源，增大持有量；而设备工时的影子价格低于市场价格，企业暂可不购买；虽然原材料市场价格低于其影子价格，但它是非紧缺资源，企业增加资源不但难以获利，还会增加库存成本。

当然，产品的销售价格变动和资源拥有量的变化，都可能导致资源紧缺程度发生变化。

案例分析

通过综合本章的内容和引入案例，设想你是该部门主管，你将如何选择出租策略、制订设备购买计划？（生产过程中各项经济指标见第 1 章案例。）

同时，当人事部门进行调整后，你将如何更改生产计划以应对变化？调整如下：

（1）钢板冲压：冲压成型合格率可达 99%，且每件成型工件在扣除加工过程中各项成本后的净利润平均约为 1 200 元；职工工资实行计件工资制度，每件合格品的工资为 770 元。

（2）车身焊接：工件在焊接后可继续生产的概率为 98%，焊接后产生的价值增值在扣除成本后为 450 元；职工工资实行计件工资制，每件合格品的工资为 850 元。

（3）车体涂装：车体涂装工艺复杂，对技术要求较高，合格率可达 99%，不同车型的涂装成本各不相同，该环节后每件产品增值平均为 950 元；职工工资实行计件工资制，每件合格品的工资为 710 元。

（4）车辆总装：车辆总装即为把车身、发动机等零件组合到一起，装配工艺的先进程度影响着车辆总装的成功率。随着技术的进步，该汽车制造厂的两厢轿车合格率可达到 97%，三厢轿车合格率为 95.5%，SUV 型汽车合格率为 95%，油电混合类汽车合格率为 94.5%。组装后每辆汽车扣除各项成本净收入平均约为 20 000 元；职工工资实行计件工资，合格品 1 300 元每辆；不同车型的销售价格如表 2-6 所示。

表 2-6　不同车型的销售价格

车型	两厢轿车	三厢轿车	SUV	油电混合
价格（元/辆）	99 000	117 000	146 000	102 000

与第 1 章案例结果相比，调整之后的最优利润发生变化了吗？是如何变化的？

复习思考题

1. 对偶问题和对偶变量（影子价值）的经济意义是什么？

2. 什么是资源的影子价格？它与相应的市场价格有什么区别？

3. 如何根据原问题和对偶问题之间的对应关系，找出两个问题变量之间、解及检验数之间的关系？

4. 已知线性规划问题如下：

$$\max Z=4x_1+x_2+2x_3$$

$$\text{s.t.}\begin{cases}8x_1+3x_2+x_3\leqslant 2(\text{第一种资源})\\6x_1+x_2+x_3\leqslant 8(\text{第二种资源})\\x_1,x_2,x_3\geqslant 0\end{cases}$$

（1）求出该问题产值最大的最优解和最优值。

（2）求出该问题的对偶问题的最优解和最优值。

（3）给出两种资源的影子价格，并说明其经济含义；第一种资源限量由 2 变为 4，最优解是否改变？

（4）代加工产品丁，每单位产品需消耗第一种资源 2 单位，消耗第二种资源 3 单位，应该如何定价？

5. 某厂生产 A、B、C、D 4 种产品，有关资料如表 2－7 所示。

表 2－7　产品资料表

资源	资源消耗				资源供应量（千克）	原料成本（元/千克）
	产品 A	产品 B	产品 C	产品 D		
甲	2	3	1	2	800	2.0
乙	5	4	3	4	1 200	1.0
丙	3	4	5	3	1 000	1.5
单位产品售价（元）	14.5	21	15.5	16.5		

（1）请构造使该厂获利润最大的线性规划模型，并用单纯形法求解该问题（不计加工成本）。

（2）该厂若出租资源给另一个工厂，构成原问题的对偶问题，列出对偶问题的数学模型，资源甲、乙、丙的影子价格各是多少？若工厂可在市场上买到原料丙，工厂是否应该购进该原料以扩大生产？

（3）原料丙可利用量在多大范围内变化，原最优生产方案中生产产品的品种不变（最优基不变）？

（4）若产品 B 的价格下降了 0.5 元，生产计划是否需要调整？

6. 某企业生产甲、乙两种产品，产品生产的工艺路线如图 2－1 所示，试统计单位产品的设备工时消耗，填入表 2－8。已知材料、设备 C 和设备 D 等资源的单位成本和拥有量如表 2－8 所示。

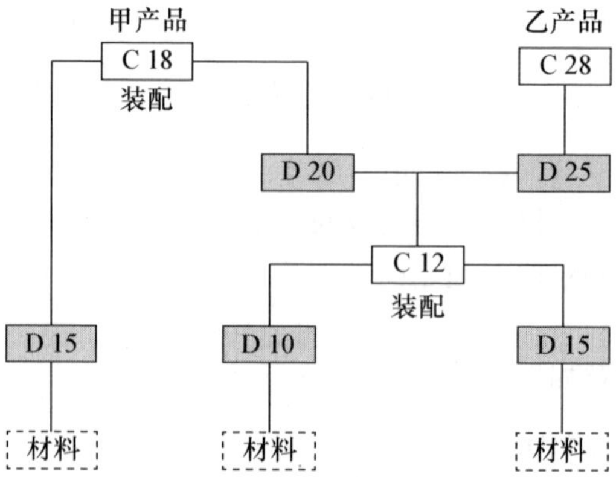

图 2－1　工艺路线

表 2-8 资源消耗与资源成本表

资源	资源消耗		资源成本（元/单位资源）	资源拥有量
	产品甲	产品乙		
材料（千克）	60	50	200	4 200
设备 C（小时）		10	3 000	
设备 D（小时）		20	4 500	

据市场分析，甲、乙产品销售价格分别为 13 700 元和 11 640 元，试确定获利最大的产品生产计划。

(1) 设产品甲的计划生产量为 x_1，产品乙的计划生产量为 x_2，试建立其线性规划的数学模型；若将材料约束加上松弛变量 x_3，设备 C 约束加上松弛变量 x_4，设备 D 约束加上松弛变量 x_5，试化成标准型。

(2) 利用 LINDO 软件求得：最优目标函数值为 18 400，变量的最优取值分别为 $x_1=20$，$x_2=60$，$x_3=0$，$x_4=0$，$x_5=300$，则产品的最优生产计划方案是什么？解释 $x_3=0$，$x_4=0$，$x_5=300$ 的经济意义。

(3) 利用 LINDO 软件对价值系数进行敏感性分析，结果如下：

Obj Coefficient Ranges

Variable	Current Coef	Allowable Increase	Allowable Decrease
x_1	200	88	20
x_2	240	26.67	73.33

试问如果生产计划执行过程中，甲产品售价上升到 13 800 元，或者乙产品售价降低 60 元，所制订的生产计划是否需要进行调整？

(4) 利用 LINDO 软件对资源向量进行敏感性分析，结果如下：

Righthand Side Ranges

Resource	Current Rhs	Allowable Increase	Allowable Decrease
材料	4 200	300	450
设备 C	3 000	360	900
设备 D	4 500	Infinity	300

试问非紧缺资源最多可以减少到多少，紧缺资源最多可以增加到多少？

(5) 写出本题中线性规划的对偶模型；如果对甲、乙产品生产计划的线性规划模型进行单纯形法迭代，其最末单纯形表的检验数为：$\sigma_1^*=0$，$\sigma_2^*=0$，$\sigma_3^*=-0.89$，$\sigma_4^*=-4.89$，$\sigma_5^*=0$，试写出对偶问题的最优解，并进行经济解释。若材料的现有市场价格为 210 元/千克；设备 C 可以外协加工，其当前加工价格为 12 元/小时，请问是否购进或外协加工，企业如何决策？

实验：软件求解线性规划

在解决实际问题时，往往面对的问题规模比较大，一般不能用单纯形法人工计算，这时需要借助计算机软件来求解。

求解线性规划的软件有许多，其中，LINDO/LINGO 是用来求解线性优化问题的简易工具，求解速度快、精度高，可以高效快速求解并分析结果。

一、 LINDO 求解线性规划

第一步，启动 LINDO 进入初始界面，如图 2-2 所示。

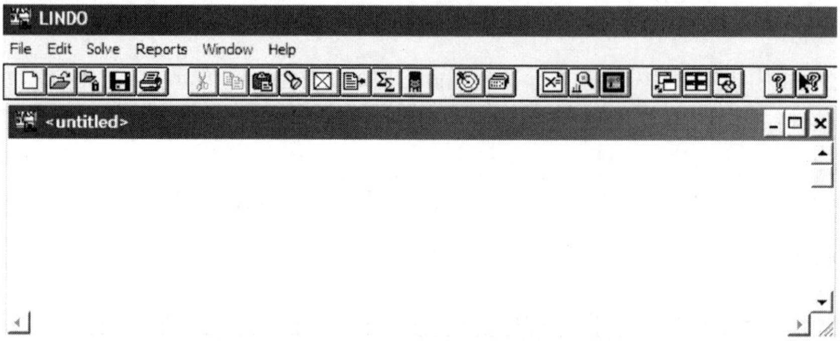

图 2-2 LINDO 初始界面

第二步，在 LINDO 的命令窗口中输入例 1-1 的线性规划的数学模型（没有上下标之分），如图 2-3 所示。约束条件以“subject to”开始，以“end”结束。然后，可以单击 File 菜单下的 Save，将模型保存，供以后使用（当然也可以不保存）。

图 2-3 输入模型界面

说明：目标函数所在行是第一行，第二行起为约束条件；表达式中不接受括号“()”，需要写成代数展开式；表达式应化简，同一变量不能拆分成多项；变量与系数间可以有空格（甚至回车），但无运算符；变量名以字母开头，但不能超过 8 个字符；变量名不区分大小写；变量不能出现在一个约束条件的右端；行中“!”符号后面的部分为注释；在模型的任何地方都可以用“TITLE”对模型命名（最多 72 个字符）；缺省假定所有变量非负，但可在模型的 end 语句后用“FREE name”将变量 name 的非负假定取消。

第三步，单击 LINDO 菜单下的 Solve 菜单项，对模型进行求解。弹出如图 2-4 所示的对话窗口。

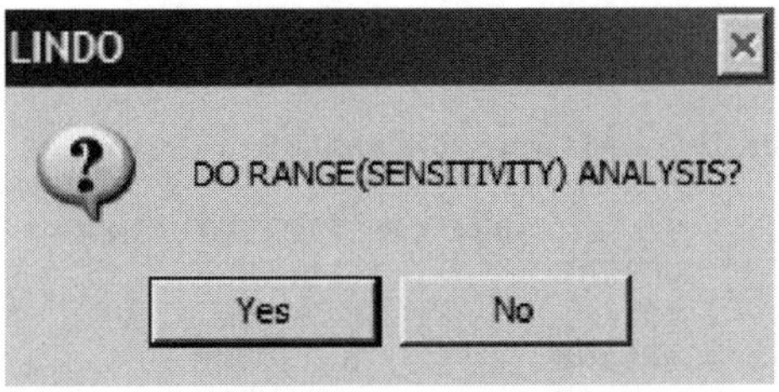

图 2-4　敏感性分析选择界面

（1）如果选择“No”，则报告结果如图 2-5 所示。

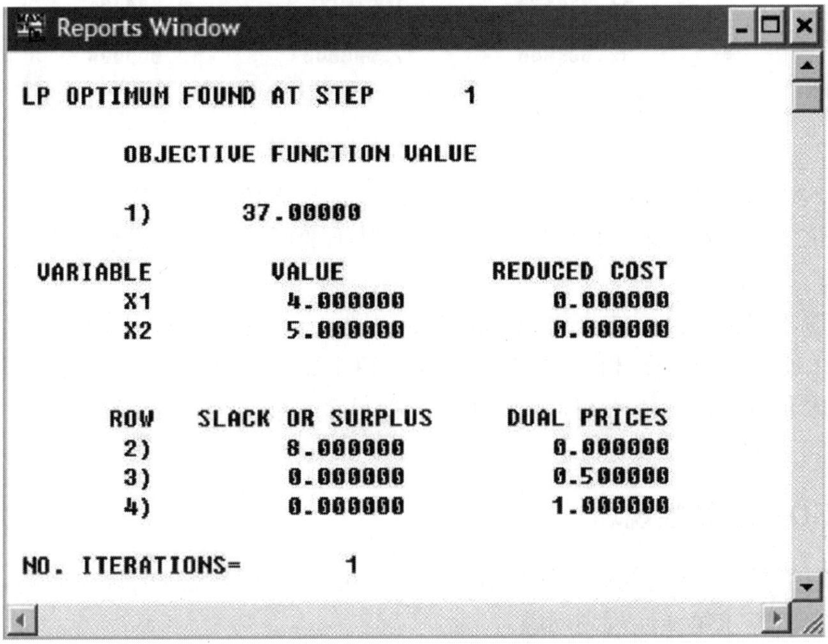

图 2-5　例 1-1 的计算结果图

由计算结果可知：最优解为 $x_1=4$，$x_2=5$，最优值为 $Z=37$，即产品甲生产 4 件，产品乙生产 5 件，可获最大利润 37 元。另外还可以看出第一个约束的资源剩余 8 个单位，即设备 A 剩余，对应的影子价格为 0；第二个约束和第三个约束对应的资源没有剩余，相应的影子价格分别为 0.5 和 1.0；即设备 A、设备 B 和设备 C 的工时出让利润分别为 0，0.5，1.0。

（2）如果选择“Yes”，则报告结果除图 2-5 的信息以外，还包括图 2-6 所示的信息。

1）目标函数的系数发生变化时（假定约束条件不变），最优解和最优值会改变吗？这个问题不能简单地回答。图 2-6 中的输出结果给出了最优基不变条件下目标函数系数的允许变化范围：x_1 的系数允许增加 0.75 和允许减少 3，即在（0，3.75）区间，最优生产计划不变；同理，x_2 的系数允许增加“无限”，但只许减少 1，即在（4，∞）区间，最优生产计划不变。

```
Reports Window

RANGES IN WHICH THE BASIS IS UNCHANGED:

                          OBJ COEFFICIENT RANGES
VARIABLE      CURRENT        ALLOWABLE        ALLOWABLE
               COEF          INCREASE         DECREASE
      X1     3.000000        0.750000         3.000000
      X2     5.000000        INFINITY         1.000000

                          RIGHTHAND SIDE RANGES
     ROW      CURRENT        ALLOWABLE        ALLOWABLE
                RHS          INCREASE         DECREASE
       2    16.000000        INFINITY         8.000000
       3    10.000000        6.000000         6.000000
       4    32.000000       12.000000        12.000000
```

图 2-6　敏感性分析结果界面

注意：x_1 系数的允许范围需要 x_2 的系数为 5 保持不变，反之亦然。由于目标函数的费用系数变化并不影响约束条件，因此此时最优基不变可以保证最优解也不变，但目标函数值会变化。

2）“资源”的影子价值的作用是有限制的。图 2-6 输出的 CURRENT RHS 对应的 ALLOWABLE INCREASE 和 ALLOWABLE DECREASE 给出了影子价值有意义条件下约束右端的限制范围：设备 A 可以无限增加，但最多只能减少 8；设备 B 最多可以增减 6；设备 C 最多可以增减 12。

二、 LINGO 求解线性规划

LINGO 内置了一种建立最优化模型的语言，可以简便地表达大规模问题。现在我们利用 LINGO 10.0 求解线性规划问题。

（一）LINGO 软件步骤

第一步，启动 LINGO 进入初始界面，这与 LINDO 类似。

第二步，求解线性规划模型，先要对初始求解方法及参数进行设置，选择 LINGO 菜单下的 Option 菜单项，并在 General Solver（通用求解器）页面和 Linear Solver（线性求解器）页面切换，如图 2-7 所示。

因为例 1-1 的线性规划模型较为简单，数值也比较小，而且需要进行敏感性分析，所以将 General Solver 选项卡上的 Dual Computations（对偶计算）项设为 Prices & Ranges（对偶价格和变动范围）。将 Linear Solver（线性求解器）选项卡上的 Method（求解方法）项设为 Primal Simplex（单纯形法）。其余的选项采用默认值。注意，如果模型变量较多，数值较大，就需要对其他选项进行设置。

第三步，在 LINGO 的命令窗口中输入例 1-1 的数学模型（没有上下标之分），但与 LINDO 有差别，如图 2-8 所示。同样，可以单击 File 菜单下的 Save，将模型保存，供以后使用。

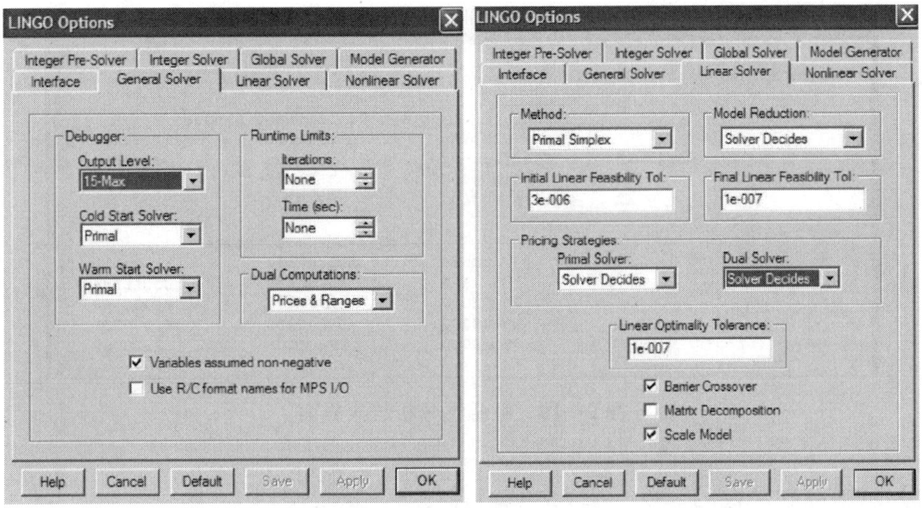

图 2 - 7　General Solver 和 Linear Solver 选项设置

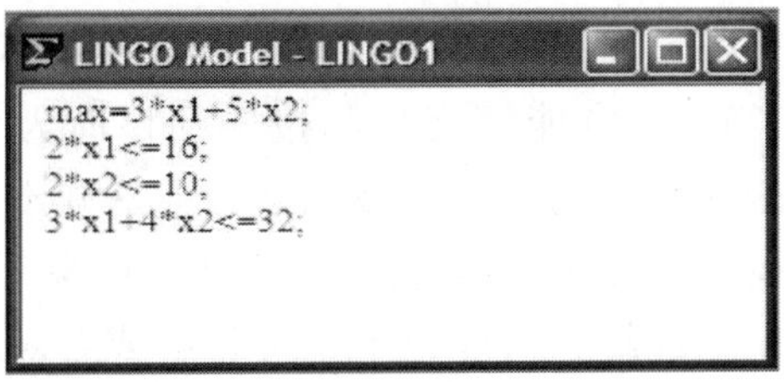

图 2 - 8　输入模型界面

第四步，单击 LINGO 菜单下的 Solve 菜单项，对模型进行求解。结果如图 2 - 9 所示。

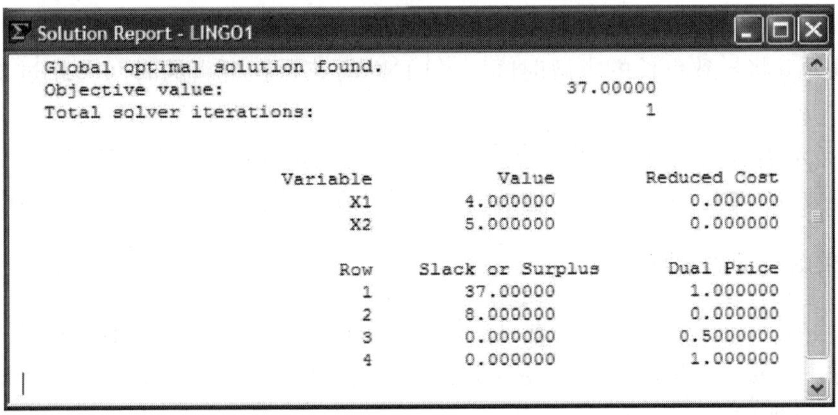

图 2 - 9　例 1 - 1 的计算结果图

第五步，单击图 2 - 9 窗口中的关闭按钮，关闭求解窗口。然后再单击模型窗口，使其处于活动状态。接着单击 LINGO 菜单下的 Range 菜单项，其结果如图 2 - 10 所示。

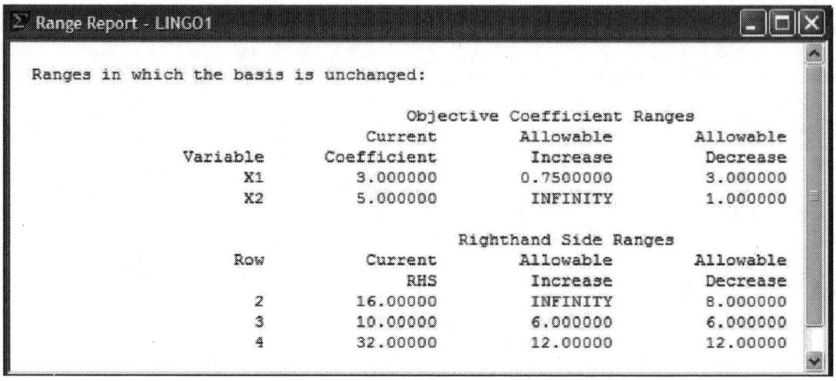

图 2-10　敏感性分析结果界面

（二）求解器状态窗口

求解器状态窗口对于监视求解器的进展和模型大小是有用的。求解器状态窗口提供了一个中断求解器按钮（Interrupt Solver），点击它会导致 LINGO 在下一次迭代时停止求解。在绝大多数情况下，LINGO 能够交还和报告到目前为止的最好解。一个例外是线性规划模型，返回的解是无意义的，应该被忽略。但这并不是一个问题，因为线性规划通常求解速度很快，很少需要中断。注意：在中断求解器后，必须小心解释当前解，因为这些解可能根本就不是最优解，可能也不是可行解或者对线性规划模型来说是无价值的。

在中断求解器按钮的右边是关闭按钮。点击它可以关闭求解器状态窗口，不过可在任何时间通过选择 Windows | Status Window 再重新打开。

在中断求解器按钮的上边是标记为更新时间间隔（Update Interval）的域。LINGO 将根据该域指示的时间（以秒为单位）为周期更新求解器状态窗口。可以随意设置该域，不过若设置为 0 将导致更长的求解时间——LINGO 花费在更新的时间会超过求解模型的时间。

Total 显示当前模型的全部变量数，Nonlinear 显示其中的非线性变量数，Integers 显示其中的整数变量数。非线性变量是指它至少处于某一个约束中的非线性关系中。

（三）求解选项的设置

在现实中对于一般型的线性规划直接按照上面的步骤求解即可，但如果是大型线性规划的求解时，先要对初始求解方法及参数进行设置。General Solver 选项卡上的各项设置意义如表 2-9 所示。

表 2-9　General Solver 选项卡上的各项设置说明

选项组	选项	含义
Generator Memory Limit（MB）（矩阵生成器的内存限制（兆））		缺省值为 32 兆，矩阵生成器使用的内存超过该限制，LINGO 将报告“The model generator ran out of memory”

续表

选项组	选项	含义
Run Time Limit （运行限制）	Iterations （迭代次数）	求解一个模型时，允许的最大迭代次数（缺省值为无限）
	Time（sec） （运行时间（秒））	求解一个模型时，允许的最大运行时间（缺省值为无限）
Dual Computations （对偶计算）		求解时控制对偶计算的级别，有三种可能的设置： ● None：不计算任何对偶信息 ● Prices：计算对偶价格（缺省设置） ● Prices and Ranges：计算对偶价格并分析敏感性
Model Regeneration （模型的重新生成）		控制重新生成模型的频率，有三种可能的设置： ● Only when text changes：只有当模型的文本修改后才再生成模型 ● When text changes or with external references：当模型的文本修改或模型含有外部引用时（缺省设置） ● Always：每当有需要时
Linearization （线性化）	Degree （线性化程度）	决定求解模型时线性化的程度，有四种可能的设置： ● Solver Decides：若变量数小于等于 12 个，则尽可能全部线性化；否则不作任何线性化（缺省设置） ● None：不作任何线性化 ● Low：对函数@ABS(　　)，@MAX(　　)，@MIN(　　)，@SMAX(　　)，@SMIN(　　)，以及二进制变量与连续变量的乘积项作线性化 ● High：同上，此外对逻辑运算符#LE#，#EQ#，#GE#，#NE#做线性化
	Big M（线性化的大 M 系数）	设置线性化的大 M 系数（缺省值为 10^6）
	Delta（线性化的误差限）	设置线性化的误差限（缺省值为 10^{-6}）
Allow Unrestricted Use of Primitive Set Member Names（允许无限制地使用基本集合的成员名）		选择该选项可以保持与 LINGO 4.0 以前的版本兼容，即允许使用基本集合的成员名称直接作为该成员在该集合的索引值（LINGO 4.0 以后的版本要求使用@INDEX 函数）
Check for Duplicate Names in Data and Model（检查数据和模型中的名称是否重复使用）		选择该选项，LINGO 将检查数据和模型中的名称是否重复使用，如基本集合的成员名是否与决策变量名重复
Use R/C Format Names for MPS I/O（在 MPS 文件格式的输入输出中使用 R/C 格式的名称）		在 MPS 文件格式的输入输出中，将变量和行名转换为 R/C 格式

接下来再对 Linear Solver（线性求解器）选项卡进行设置，各项设置说明如表 2－10 所示。

表 2-10　Linear Solver 选项卡各项设置说明

选项组	选项	含义
Method （求解方法）		求解时的算法，有四种可能的设置： ● Solver Decides：LINGO 自动选择算法（缺省设置） ● Primal Simplex：原始单纯形法 ● Dual Simplex：对偶单纯形法 ● Barrier：障碍法（内点法）
Initial Linear Feasibility Tol （初始线性可行性误差限）		控制线性模型中约束满足的初始误差限（缺省值为 3×10^{-6}）
Final Linear Feasibility Tol （最后线性可行性误差限）		控制线性模型中约束满足的最后误差限（缺省值为 10^{-7}）
Model Reduction （模型降维）		控制是否检查模型中的无关变量，从而降低模型的规模： ● Off：不检查 ● On：检查 ● Solver Decides：LINGO 自动决定（缺省设置）
Pricing Strategies （价格策略（决定出基变量的策略））	Primal Solver （原始单纯形法）	有三种可能的设置： ● Solver Decides：LINGO 自动决定（缺省设置） ● Partial：LINGO 对一部分可能的出基变量进行尝试 ● Devex：用 Steepest-Edge（最陡边）近似算法对所有可能的变量进行尝试，找到使目标值下降最多的出基变量
	Dual Solver （对偶单纯形法）	有三种可能的设置： ● Solver Decides：LINGO 自动决定（缺省设置） ● Dantzig：按最大下降比例法确定出基变量 ● Steepest-Edge：最陡边策略，对所有可能的变量进行尝试，找到使目标值下降最多的出基变量
Matrix Decomposition （矩阵分解）		选择该选项，LINGO 尝试将一个大模型分解为几个小模型求解；否则不尝试
Scale Model （模型尺度的改变）		选择该选项，LINGO 检查模型中的数据是否平衡（数量级是否相差太大）并尝试改变尺度使模型平衡；否则不尝试

03

Chapter

第 3 章

整数规划

学习要点

- 了解整数规划的含义及类型
- 掌握分支定界的原理和步骤
- 能够正确引入 0-1 变量建模
- 熟悉整数规划问题应用实例

引入案例

我们仍以第 1 章的汽车制造厂为例，由于汽车制造过程中所要求的工艺多、技术难度大，该厂的汽车制造设备均从德国某生产商处进口，双方达成了良好的战略合作伙伴关系。近日，德国设备生产商计划委托该汽车制造厂在中国举办一次汽车制造设备展销会，目的是吸引更多的客户、打开中国市场，提升该公司的海内外知名度。

此次展销会活动内容丰富，届时会有诸多国内外汽车制造商代表前来参观并购买设备。会议筹备组要为与会人员提供预订宾馆、租借会议室、租借专车接送等服务。

假设你是该公司后勤部门主管，需要统筹安排与会人员的酒店住宿、合同签订、会议安排等任务，面对如此高规格的会议和庞大的与会人数，你将如何计划？面临的实际情况可能包括宾馆客房数量有限、会议室数量有限、不同与会人员在费用方面的要求不一致、相同领域的与会者希望能在距离上比较靠近等。最重要的是所选择的宾馆数量应该尽可能少，降低会议承办成本。

面对诸多需求与要求，你该如何计划和安排？考虑问题应从哪几个方面入手？相信通过本章的学习，一定会给你带来启发。

在一般线性规划问题中，决策变量的取值可以是任意的非负实数。然而在解决实际问题时，只有决策变量的取值为整数才有意义，比如产品组合选择、营销渠道选择、媒体广告投入数量决策、产品件数、机器台数和劳动人力排班等。

第 1 节　整数规划的数学模型

在线性规划问题中，要求全部或部分决策变量的取值为整数的一类规划，称为整数线性规划，简称整数规划（integer programming），它是数学规划问题中的一个重要分支。整数变量的数学模型与线性规划模型具有相似的目标函数和约束条件，唯一的附加条件是最优的决策变量必须取整数值。

整数线性规划数学模型的一般形式为：

$$\max(\min)Z=\sum_{j=1}^{n}c_jx_j$$

$$\text{s.t.}\begin{cases}\sum\limits_{j=1}^{n}a_{ij}x_j\leqslant(=,\geqslant)b_i, & i=1,2,\cdots,m\\ x_j\geqslant 0, & j=1,2,\cdots,n\\ x_1,x_2,\cdots,x_n\text{ 中部分或全部取整数}\end{cases}$$

整数线性规划问题可以分为纯整数规划问题和混合整数规划问题两种类型。

一、纯整数规划

纯整数规划（pure integer programming）指全部决策变量都必须取整数值的整数线性规划。在这类问题的求解中，所有决策变量都必须取得整数解。纯整数规划的整数变量包括一般整数变量和二元整数变量。二元整数变量的取值只能取 0 或 1，通常用来解决互斥的替代或偶然性决策，回答“是”或“否”的问题。

（一）一般整数规划

我们先来看一个纯整数规划的一般整数变量求解问题。

［例 3 - 1］ 某企业利用材料和设备生产某产品，该产品有甲、乙两种型号，其工艺消耗系数和单台产品的获利能力如表 3 - 1 所示。

表 3 - 1　甲、乙型号产品生产数据

资源	产品型号		现有量
	甲	乙	
A	2	1	9
B	5	7	35
单台利润（元）	6	5	

问如何安排甲、乙两种型号产品的产量，使利润最大。

解　设 x_1 为甲型号的台数，x_2 为乙型号的台数。其整数规划问题的数学模型如下：

$$\max Z=6x_1+5x_2$$

$$\text{s.t.}\begin{cases}2x_1+x_2\leqslant 9\\5x_1+7x_2\leqslant 35\\x_1,x_2\geqslant 0\\x_1,x_2\text{ 取整数}\end{cases}$$

（二）0-1整数规划

0-1整数规划（zero-one integer programming）指决策变量只能取值0或1的纯整数线性规划。0-1规划是纯整数规划中的特殊情形，它的变量 x_j 仅取值0或1。这时 x_j 称为0-1变量，或二进制变量。x_j 仅取值0或1，该条件可由下列约束条件代替，这与一般整数规划的约束条件形式是一致的。

$$\text{s.t.}\begin{cases}x_j\leqslant 1\\x_j\geqslant 0\\x_j\text{ 为整数}\end{cases}$$

在实际问题中，如果引入0-1变量，就可以把需要分情况讨论的线性规划问题统一在一个问题中进行探讨。

［例3-2］ 某企业计划在华东、华南、华北、华中、东北、西北、西南七个区域新建工厂。假设每个区域最多只能建设一个工厂，且该工厂只能覆盖本区域的销售。各区域的工厂建设成本和销售份额见表3-2。一期建设最多可投入的建设资金为2 500万元。问该企业应优先建设哪些地区的工厂，使得覆盖的销售份额最大？

表3-2 工厂建设成本、销售份额

序号	1	2	3	4	5	6	7
区域	华东	华南	华北	华中	西南	西北	东北
成本（百万元）	5	5	2	6	12	2	4
销售份额（%）	31	15	18	14	8	4	10

解 每个区域的工厂无非有两种状态：建或者不建，不妨设

$$x_j=\begin{cases}1,\text{在 } j \text{ 区域建设工厂}\\0,\text{在 } j \text{ 区域不建设工厂}\end{cases},\quad j=1,2,\cdots,7$$

所以，此0-1规划的模型为：

$$\max Z=31x_1+15x_2+18x_3+14x_4+8x_5+4x_6+10x_7$$

$$\text{s.t.}\begin{cases}5x_1+5x_2+2x_3+6x_4+12x_5+2x_6+4x_7\leqslant 25\\x_j=0\text{ 或 }1,\quad j=1,2,\cdots,7\end{cases}$$

二、混合整数规划

混合整数规划（mixed integer programming）指决策变量中存在一个或一个以上的变量取整数值，其他变量可以取非整数值的整数线性规划。这类问题通常是需要同时解决数量和成本的问题，那么数量决策必须为整数，而成本决策可以不为整数。我们可以通过例题 3－3 来理解此类问题。

［例 3－3］ 某企业的某种产品有 n 个细分市场，各市场的需求量为 b_j 吨/月；现拟在 m 个工厂中设置该产品的生产线，一个工厂最多只能添置一条生产线；若选择工厂 i，生产能力为 a_i 台/月，其运营费用为 F_i 元/月；如果放宽例 3－2 中每个工厂只能覆盖本区域销售的假设，即各区域间可以调运，现已知工厂 i 至市场 j 的运价为 c_{ij} 元/吨。请问如何配置生产线和安排调运，可使该产品的总费用最小？

解 工厂 i 是否添置生产线是 0－1 型决策变量，若 $y_i=1$，则选择工厂 i 添置生产线，若 $y_i=0$，则不选择工厂 i 添加生产线；计划从工厂 i 至区域市场 j 的运输量 x_{ij} 为实数型决策变量。

目标函数是该产品的生产运营费用和运输费用之和最小：

$$\min Z=\sum_{i=1}^{m} y_i F_i+\sum_{i=1}^{m}\sum_{j=1}^{n} c_{ij} x_{ij}$$

如果不选择工厂 i，其生产线产能为零；若选择工厂 i，则存在生产能力约束，因此工厂 i 的生产能力为 $y_i a_i$。供应能力约束是运出量不超过生产量，即

$$\sum_{j=1}^{n} x_{ij} \leqslant y_i a_i, \quad i=1,2,\cdots,m$$

市场需求要满足，而区域市场 j 的需求量为 b_j，则需求平衡（供应量等于需求量）为：

$$\sum_{i=1}^{m} x_{ij}=b_j, \quad j=1,2,\cdots,n$$

该问题的混合整数规划数学模型如下：

$$\min Z=\sum_{i=1}^{m} y_i F_i+\sum_{i=1}^{m}\sum_{j=1}^{n} c_{ij} x_{ij}$$

$$\text{s.t.}\begin{cases}\sum_{j=1}^{n} x_{ij} \leqslant y_i a_i, & i=1,2,\cdots,m \\ \sum_{i=1}^{m} x_{ij}=b_j, & j=1,2,\cdots,n \\ x_{ij} \geqslant 0 \\ y_i=0,1\end{cases}$$

添置生产线的选择决策变量 y_i 要求取整数值 0 或 1，而运输决策变量 x_{ij} 可以取任意

的非负实数。

第 2 节 整数规划的典型解法

一、舍入化整法

为了满足整数解的要求，比较自然的想法是似乎可以把用线性规划求得的带有分数或小数的解进行“舍入”或“截尾”处理，以得到与最优解相近的整数解，即采用舍入化整法。然而除少数情况外，这样做一般是不可行的，因为化整后的解有可能超出可行域，成为非可行解；或者虽是可行解，却不是最优解。

对于例 3-1 的数学模型，不考虑整数约束则是一个线性规划问题，称为原整数规划问题的松弛问题。不考虑整数约束的最优解为：

$$x_1^*=3\frac{1}{9},\quad x_2^*=2\frac{7}{9},\quad Z^*=32\frac{5}{9}$$

采用舍入化整法：

$x_1=3$，$x_2=3$，$Z=33$，不满足约束条件 $5x_1+7x_2\leqslant 35$，为非可行解；

$x_1=3$，$x_2=2$，$Z=28$，满足约束条件，是可行解，但不是最优解；

$x_1=4$，$x_2=1$，$Z=29$，满足约束条件，是最优解。

但是舍入化整法也有一定的适用条件，通常适用于以下两种情形：第一，决策变量的取值非常大。此时可以考虑使用舍入化整，因为对于生产管理来说，少生产或多生产一个并无明显差异。例如 x_j 的取值为 10 000.2，这时取整的影响并不太大。第二，决策变量的价值系数非常小。如果价值系数非常大，舍入化整对目标的影响是很大的；反之如果价值系数比较小，则舍入化整后的影响相对较小。

二、穷举整数法

求解整数规划时，可能想到的另一传统方法，就是在可行域内列出所有决策变量可能取的整数值，然后求出这些变量所有可行的整数解，并比较它们相应的目标函数值，最优的目标函数值所对应的解就是整数规划的最优解，见图 3-1。

当决策变量少、可行的整数解又较少时，这种穷举的方法有时是可行的，也是有效的。但对于大型整数规划问题，可行的整数解数量很多，用穷举法求解是不可能的。例如，指派问题是一个典型的整数规划问题。将 n 项任务指派给 n 个人去完成，不同的指派方案共有 n！种，当 $n=10$ 时，指派方案就有 360 多万个。显然，对一般的整数规划问题，穷举法是不可取的。

因此，这就促使人们去研究探索求解整数规划的有效方法。随着理论及应用的需求不断增加，学者们相继提出了许多能用于求解整数线性规划问题的方法。例如，求解全整数规划和混合整数规划的分支定界法，求解全整数规划的割平面法，求解 0-1 整数规划的隐枚举法和指派问题的匈牙利法。工商管理类人员主要应掌握整数规划模型的应用，因此

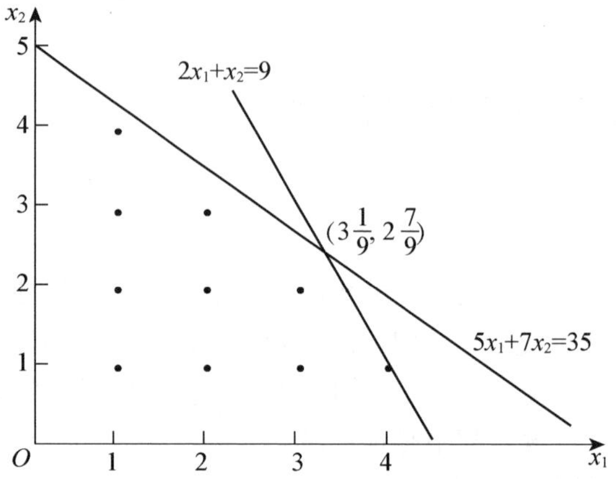

图 3-1　穷举整数点

下面只简单介绍应用比较广泛的分支定界法。

三、分支定界法

整数规划可认为是在相应线性规划的基础上增加变量为整数的约束条件。如果不考虑整数约束，整数规划就变成了一个线性规划，这个线性规划称为整数规划的松弛问题（slack problem）。

（一）分支定界原理

首先求出整数规划相应的松弛问题（不考虑整数限制）的最优解，若求得的最优解符合整数要求，则这个解就是原整数规划的最优解；若不满足整数条件，则任选一个不满足整数条件的变量来构造两个新的约束，使原问题分成两个问题，在原可行域中剔除部分非整数解，如此不断重复，直到获得一个整数解。

另外，整数规划的最优解不会优于相应线性规划的最优解。这样，对极大化问题而言，相应线性规划的目标函数最优值是原整数规划函数值的上界；对极小化问题而言，相应线性规划的目标函数的最优值是原整数规划目标函数值的下界。

对于最大化问题，在分支的过程中，如果求得一个整数解，则其他分支的松弛问题的最优解也必须大于这个整数解。如果大于这个整数解，才有必要再接着分支；如果不大于这个整数解，就可以剔除掉，不再考虑其分支，即剪枝。这样一来就可以简化计算步骤，提高求解效率。

分支为整数规划最优解的出现创造了条件，缩小了求解范围，而定界可以提高求解的效率。分支定界法（branch and bound method）就是依据这种思路进行求解的。分支定界法的处理思路类似于解决复杂管理系统的分解和协调原理。对于一个大系统，人们认识不清，难以进行量化，则考虑将之分解为不同的子系统，以便理解系统和进行量化处理。例如，可以将企业经营系统细分为生产系统、销售系统、采购系统、库存系统、物流系统、财务系统、信息系统等。

分支定界法可用于解纯整数或混合的整数规划问题。该法于 20 世纪 60 年代初由多伊格（Doig）和戴金（Dakin）等人提出。分支定界法具有以下优点：第一，任何整数模型均可采用该方法；第二，思路简单且灵活；第三，适合计算机求解。分支定界法现已成为求解整数规划的重要方法，成功应用于求解生产进度问题、旅行推销员问题、工厂选址问题、背包问题及分配问题等。

（二）分支定界举例

下面我们先用例 3－1 来说明分支定界法的原理和步骤。

第一步，不考虑整数约束，求出相应松弛问题 LP_0 的最优解：

$$x_1=3\frac{1}{9},\quad x_2=2\frac{7}{9},\quad Z_0=32\frac{5}{9}$$

第二步，定界过程。由于 LP_0 的最优解不满足整数约束，因此不是原整数规划的最优解。

因为这个问题是求最大化问题，而整数规划是在线性规划的基础上增加了整数约束，现在不考虑整数约束求得这个解，其目标函数值 Z 是原整数规划目标函数的上界，记 $\bar{Z}=32\frac{5}{9}$。由于 $x_1=0$，$x_2=0$ 必然满足整数约束，其目标函数值为 0，确定为现有下界，记 $\underline{Z}=0$。

第三步，分支过程。将不满足整数约束的变量 x_1 进行分支，x_1 称为分支变量，构造两个新的约束条件：

$$x_1\leqslant\left[3\frac{1}{9}\right]=3$$

$$x_1\geqslant\left[3\frac{1}{9}\right]+1=4$$

式中，$\left[3\frac{1}{9}\right]$表示不大于 $3\frac{1}{9}$ 的最大整数（向下取整）。这样就把相应的线性规划的可行域分成两个部分，如图 3－2 所示，即增加约束 $x_1\leqslant3$ 或 $x_1\geqslant4$。

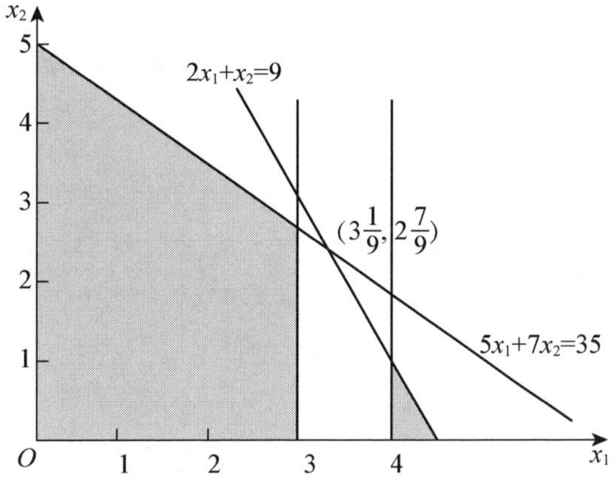

图 3－2　分支问题的图解

由于区域 $3<x_1<4$ 中不包含整数点，其可行域缩小了一部分，因此分支后不影响整数规划的最优解。把新构造的两个约束分别并入原整数规划相应的线性规划中，构成两个新的线性规划 LP_1 和 LP_2。

LP_1 的数学模型：

$$\max Z=6x_1+5x_2$$
$$\text{s.t.}\begin{cases}2x_1+x_2\leqslant 9\\5x_1+7x_2\leqslant 35\\x_1\leqslant 3\\x_1,x_2\geqslant 0\end{cases}$$

LP_2 的数学模型：

$$\max Z=6x_1+5x_2$$
$$\text{s.t.}\begin{cases}2x_1+x_2\leqslant 9\\5x_1+7x_2\leqslant 35\\x_1\geqslant 4\\x_1,x_2\geqslant 0\end{cases}$$

对于问题 LP_1 可以利用单纯形法求解，得 $x_1=3$，$x_2=2\dfrac{6}{7}$，$Z_1=32\dfrac{2}{7}$；对于问题 LP_2 求解，得 $x_1=4$，$x_2=1$，$Z_2=29$。

第四步，定界过程。LP_2 的解满足整数约束，不必再分支，它的目标函数值是 29，大于原有下界 0，则新的下界为 29，即 $\underline{Z}=29$；现有上界为未分支子问题中目标函数最大值，即为 $\bar{Z}=32\dfrac{2}{7}$。LP_1 的解仍不满足整数约束的要求，且现有上界大于现有下界，应继续分支。

第五步，分支过程。选 LP_1 的 $x_2=2\dfrac{6}{7}$ 作为分支变量，构造以下两个新的约束条件：

$$x_2\leqslant 2 \text{ 或 } x_2\geqslant 3$$

这样就把 LP_1 相应的线性规划的可行域分成两个部分，分别并入 LP_1，构造两个新的线性规划 LP_3，LP_4。

LP_3 的数学模型：

$$\max Z=6x_1+5x_2$$
$$\text{s.t.}\begin{cases}2x_1+x_2\leqslant 9\\5x_1+7x_2\leqslant 35\\x_1\leqslant 3\\x_2\leqslant 2\\x_1,x_2\geqslant 0\end{cases}$$

LP_4 的数学模型：

$$\max Z=6x_1+5x_2$$
$$\text{s.t.}\begin{cases}2x_1+x_2\leqslant 9\\5x_1+7x_2\leqslant 35\\x_1\leqslant 3\\x_2\geqslant 3\\x_1,x_2\geqslant 0\end{cases}$$

求解线性规划 LP_3，得最优解：$x_1=3$，$x_2=2$，$Z_3=28$。求解 LP_4，得最优解：$x_1=2\frac{4}{5}$，$x_2=3$，$Z_4=31\frac{4}{5}$。

第六步，定界过程。LP_3 的解满足整数约束要求，不必再进行分支，比较所有整数可行解，选择目标函数值最大者为新的下界，即现有下界仍为 29，而 LP_3 的目标值为 28，低于现有下界，应当剪枝；现有上界为 $\bar{Z}=31\frac{4}{5}$，上下界不相等，说明介于 $31\frac{4}{5}$ 和整数解 29 之间还有可能存在其他解，应接着将上界所对应的线性规划问题 LP_4 再次进行分支。

第七步，分支过程。选 LP_4 的 $x_1=2\frac{4}{5}$ 作为分支变量，构造以下两个新的约束条件：

$$x_1\leqslant 2 \text{ 或 } x_1\geqslant 3$$

这样又把 LP_4 相应的线性规划的可行域分成两个部分，分别并入 LP_4，构造两个新的线性规划 LP_5，LP_6。

LP_5 的数学模型：

$$\max Z=6x_1+5x_2$$
$$\text{s.t.}\begin{cases}2x_1+x_2\leqslant 9\\5x_1+7x_2\leqslant 35\\x_1\leqslant 3\\x_2\geqslant 3\\x_1\leqslant 2\\x_1,x_2\geqslant 0\end{cases}$$

LP_6 的数学模型：

$$\max Z=6x_1+5x_2$$
$$\text{s.t.}\begin{cases}2x_1+x_2\leqslant 9\\5x_1+7x_2\leqslant 35\\x_1\leqslant 3\\x_2\geqslant 3\\x_1\geqslant 3\\x_1,x_2\geqslant 0\end{cases}$$

求解线性规划 LP_5，得最优解：$x_1=2$，$x_2=3\frac{4}{7}$，$Z_5=29\frac{6}{7}$。求解线性规划 LP_6 发现无最优解。

第八步，定界过程。LP_6 无最优解，应当剪枝；LP_5 的解不满足整数约束，所以下界仍为 $\underline{Z}=29$（已经获得整数解中选择目标函数最大值）；上界为 $\bar{Z}=29\frac{6}{7}$（未进行分支的子问题中选择目标函数最大值）。上下界不相等，说明还无法判定满足整数约束的 LP_2 解 $x_1=4$，$x_2=1$，$Z_2=29$ 是否就是整数规划的最优解，应接着将上界所对应的线性规划问题 LP_5 再次进行分支。

第九步，分支过程。选 LP_5 的 $x_2=3\frac{4}{7}$ 作为分支变量，构造以下两个新的约束条件：

$$x_2\leqslant 3 \text{ 或 } x_2\geqslant 4$$

这样就把 LP_5 相应的线性规划的可行域分成两个部分，分别并入 LP_5，构造两个新的线性规划 LP_7，LP_8。

LP_7 的数学模型：

$$\max Z=6x_1+5x_2$$

$$\text{s. t.}\begin{cases}2x_1+x_2\leqslant 9\\5x_1+7x_2\leqslant 35\\x_1\leqslant 3\\x_2\geqslant 3\\x_1\leqslant 2\\x_2\leqslant 3\\x_1,x_2\geqslant 0\end{cases}$$

LP_8 的数学模型：

$$\max Z=6x_1+5x_2$$

$$\text{s. t.}\begin{cases}2x_1+x_2\leqslant 9\\5x_1+7x_2\leqslant 35\\x_1\leqslant 3\\x_2\geqslant 3\\x_1\leqslant 2\\x_2\geqslant 4\\x_1,x_2\geqslant 0\end{cases}$$

求解问题 LP_7 相应的线性规划的最优解：$x_1=2$，$x_2=3$，$Z_7=27$。求解问题 LP_8 相应的线性规划的最优解：$x_1=1\frac{2}{5}$，$x_2=4$，$Z_8=28\frac{2}{5}$。

第十步，定界过程。LP_7 的最优解，满足整数约束，不必再分支，但其整数解不优于现有下界，所以下界仍为 29；现有上界为未分支子问题中目标函数最大值，即为 29。虽然 LP_8 的解仍不满足整数约束的要求，但是它的目标函数值 $28\frac{2}{5}$ 小于现有下界 29，应当进行剪枝，因此不再继续分支。上界＝下界＝29，所以得到整数规划问题的最优解就是 LP_2 的最优解，即 $x_1^*=4$，$x_2^*=1$，$Z^*=29$。

将分支过程用一个树形图来表示，如图 3－3 所示。图中的结点表示各线性规划，结点旁边的数值表示相应线性规划的最优解和最优目标函数值。

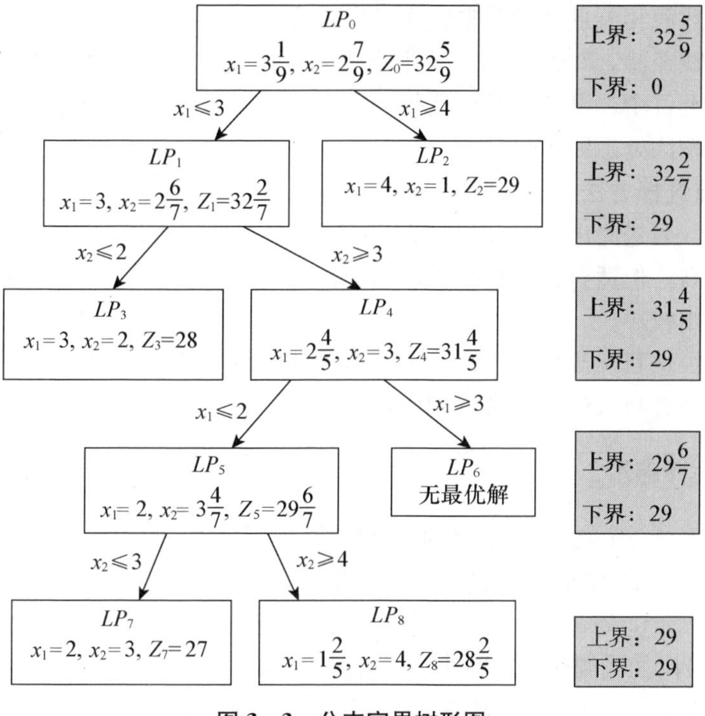

图 3－3　分支定界树形图

（三）分支定界步骤

综上所述，分支定界法的一般步骤如下：

（1）首先不考虑整数条件，求解整数规划相应的线性规划问题，即不考虑整数规划约束。若该线性规划问题没有可行解，停止计算，这时原整数规划也没有可行解。

（2）定界过程。对于极大化的整数规划问题，当前所有未分支子问题中最大的目标函数值为整数规划问题上界；在满足整数约束的子问题的解中，最大的目标函数值为整数规划问题的下界。当上下界相同时，则已得最优解；否则，转入剪枝过程。

（3）剪枝过程。在下列情况下剪除这些分支：1）若某一子问题相应的线性规划问题无可行解；2）在分支过程中，求解某一线性规划所得到的目标函数值 Z 不优于现有下界。

（4）分支过程。当有多个待求分支时，应先选取目标函数值最优的一枝继续进行分支。选取一个不符合整数条件的变量 x_i 作为分支变量，若 x_i 的值是 b_i^*，构造两个新的约束条件：$x_i \leqslant [b_i^*]$ 或 $x_i \geqslant [b_i^*]+1$，分别并入相应的数学模型中，构成两个子问题。对任一子问题，转步骤（1）。

（四）分支定界说明

1. 分支变量选择原则

（1）按目标函数系数，选系数绝对值最大的变量先分。因为价值系数的绝对值大，对目标函数值的升降影响大。

（2）选与整数值相差最大的非整数变量先分支。

（3）根据实践经验，对各整数变量排定重要性的优先顺序。因为在实际生产管理中，可能决策变量有上百个，没有必要保证每一个都为整数，只要保证主要变量为整，次要的变量采用舍入化整法处理即可。

2. 分支结点选择方法

（1）深探法（后进先出法）：最后打开的结点最先选，可以尽快找到整数解。虽然整数解质量可能不高，但适合计算机编程，因为计算机中的栈正好和这种思维较为契合，使计算机的内存占用较小。

（2）广探法：选目标函数当前最大值结点。这一方法找到的整数解质量高，但是求解速度慢，而且用计算机求解时非常占用内存。

（五）分支定界启示

企业管理系统是一个复杂系统，我们很难对其进行整体性优化。根据分支定界原理的启示，我们可以把一个复杂管理系统进行分解，如先分为物流系统和财务系统；物流系统又可进一步分为物料系统和成品系统；而物料系统还可以进一步细分为采购系统和生产系统；等等。每次细分都可以使我们更加正确地认识所要解决的问题，这也就需要加入资源限定性约束，分析的系统越小越具体，资源限制就越多，取值范围也会逐步缩小。管理系统分解到何时为止呢？那就是要能正确识别和解决既定问题，明确划定一个子系统的边界，也就是定界。

第 3 节　整数规划的应用案例

一、互斥问题

互斥问题是指几个事件中的任何一个不可能与其他一个或多个事件同时发生的情况。这在管理决策中十分常见，例如投资项目选择、产品决策、人员分工等，往往会出现非此即彼的互斥情况。对于这种类型的问题通常需要引入 0－1 变量 y 和一个足够大的常数 M 来求解。

［例 3－4］ 某产品的生产线设备有两种选择：设备Ⅰ和设备Ⅱ。两种设备每月可用的机器工时、单位产品所需机器工时以及单位利润见表 3－3。两种设备购买成本相同。问应

购买哪一种设备以及在该设备上生产甲、乙型号产品各多少台才能获得最大利润？

表 3-3　生产设备选择

产品	单位产品所需机器工时（小时）		单位利润（元）
	设备Ⅰ	设备Ⅱ	
甲	3	3.5	6
乙	2	3	5
每月可用机器工时	450	600	

解　设甲、乙的产量分别为 x_1、x_2。由于要在两种设备中选择一个，因此我们设变量

$$y=\begin{cases}1, & 购买设备Ⅰ\\ 0, & 购买设备Ⅱ\end{cases}$$

目标为总利润最大：

$$\max Z=6x_1+5x_2$$

两种设备工作效率不同，如果选择设备Ⅰ，即 $y=1$ 时，必须满足设备Ⅰ的工时约束：

$$3x_1+2x_2\leqslant 450$$

如果选择设备Ⅱ，即 $y=0$ 时，必须满足设备Ⅱ的工时约束：

$$3.5x_1+3x_2\leqslant 600$$

那么，如何将决策变量 y 与两个约束条件联系起来呢？上述两个约束方程之间的互斥问题可由下列条件来代替：

$$3x_1+2x_2\leqslant 450+(1-y)M$$
$$3.5x_1+3x_2\leqslant 600+yM$$

式中，M 是充分大的正数。读者可以验证，当 $y=1$ 时，设备Ⅰ的约束方程自然成立；当 $y=0$ 时就是设备Ⅱ的约束方程。引入的变量 y 不必出现在目标函数内，即认为在目标函数式内 y 的系数为 0。

解得 $y=1$，$x_1=0$，$x_2=225$，即仅购买设备Ⅰ，且完全用于乙型号产品生产时利润最大，最大利润为 1 125 元。

二、选址问题

在供应链物流网络中，选址问题往往涉及多个设施的综合分析，这时就需要决策者考虑每个仓库的位置及规模，每个供应商、工厂或者港口应该把货发至哪个仓库储存，分销商应该从哪个仓库取货等一系列问题。

[例 3-5]　以图 1-14 所示分销链网络为例。在分销渠道中，分销中心 W_1 的建造费用为 10 万元，最大库容为 20 万台，单位产品的仓储费用为 2 元；分销中心 W_2 的建造费用为 20 万元，最大库容为 25 万台，单位产品的仓储费用为 3 元。各地之间的单位运输物流费用和距离保持不变。

如何设立分销中心和安排调运，使建造费用、运输费用、仓储费用之和最小？

解　（1）决策变量：设从供货源 S_i 到分销中心 W_j 的运输量为 x_{ij}，从分销中心 W_j 到需求市场 R_k 的运输量为 y_{jk}。仓库选址决策引入 0－1 变量 W_j，如下：

$$w_j=\begin{cases}1, & 拟规划建立仓库 W_j\\0, & 不规划建立仓库 W_j\end{cases}$$

（2）目标函数：各条路段上的实际运输量乘以物流运输的单位费用之总和，以及仓库建造固定费用和仓库运行费用，即

$$\begin{aligned}\min Z=&2x_{11}+5x_{12}+4x_{21}+2x_{22}+3y_{11}+4y_{12}+5y_{13}+2y_{21}+2y_{22}+3y_{23}\\&+100\,000w_1+200\,000w_2+2(x_{11}+x_{21})+3(x_{12}+x_{22})\end{aligned}$$

（3）约束条件中，除了存在例 1－5 中提到的供应能力约束、市场需求约束、中转库存约束，本例题中还存在仓储能力限制约束：

$$x_{11}+x_{21}\leqslant 200\,000w_1$$
$$x_{12}+x_{22}\leqslant 250\,000w_2$$

结合例 1－4 中的各项约束，解得

$$w_1=0,\quad w_2=1,\quad x_{12}=50\,000,\quad x_{22}=150\,000,\quad y_{21}=50\,000$$
$$y_{22}=100\,000,\quad y_{33}=50\,000$$

即仅设立 W_2，供货源 S_1 向分销中心 W_2 供货 5 万台，供货源 S_2 向分销中心 W_2 供货 15 万台，目标市场 R_1、R_2、R_3 的需求全部由 W_2 满足。

三、指派问题

在实际工作中常常会遇到这样的问题：有 n 项不同的任务，需要 n 个人分别完成其中一项，但由于任务的性质和各人的专长不同，因此，每个人去完成不同任务的效率（或花费的时间等）也就不同。现在的问题是，应指派哪个人去完成哪项任务，使总的效率最高或花费的总时间最少。这类问题通常称为指派问题或分配问题（assignment problem）。

[例 3－6]　甲、乙、丙、丁四个人完成 A、B、C、D 四项任务，不同的人做不同工作的效率（所花费的时间）不同（见表 2－4），如何将四项任务在四人之间分配使得花费的总时间最短？

表 3－4　指派问题时间需求数据

人员	任务			
	A	B	C	D
甲	3	5	8	4
乙	6	8	5	4
丙	2	5	8	5
丁	9	2	5	2

解 对于该问题，很容易建立一个数学模型，引入 0-1 变量 x_{ij}。

当 $x_{ij}=1$ 时，表示任务 j 指派人员 i 去完成；当 $x_{ij}=0$ 时，表示任务 j 不派人员 i 去完成。

目标函数是总时间最短，即

$$\begin{aligned}\min Z=&3x_{11}+5x_{12}+8x_{13}+4x_{14}+6x_{21}+8x_{22}+5x_{23}+4x_{24}+2x_{31}+5x_{32}+8x_{33}\\&+5x_{34}+9x_{41}+2x_{42}+5x_{43}+2x_{44}\end{aligned}$$

一项任务只由一个人完成，有如下约束：

$$x_{11}+x_{21}+x_{31}+x_{41}=1$$
$$x_{12}+x_{22}+x_{32}+x_{42}=1$$
$$x_{13}+x_{23}+x_{33}+x_{43}=1$$
$$x_{14}+x_{24}+x_{34}+x_{44}=1$$

一人只能完成一项任务，有如下约束：

$$x_{11}+x_{12}+x_{13}+x_{14}=1$$
$$x_{21}+x_{22}+x_{23}+x_{24}=1$$
$$x_{31}+x_{32}+x_{33}+x_{34}=1$$
$$x_{41}+x_{42}+x_{43}+x_{44}=1$$

解得 x_{14}，x_{23}，x_{31}，x_{42} 为 1，x_{11}，x_{12}，x_{13}，x_{21}，x_{22}，x_{24}，x_{32}，x_{33}，x_{34}，x_{41}，x_{43}，x_{44} 为 0，即派甲去完成 D 任务，乙完成 C 任务，丙完成 A 任务，丁完成 B 任务。

推广到有 n 项任务指派 n 个人（或设备）去完成，则指派问题的一般模型为：

$$\min Z=\sum_{i=1}^{n}\sum_{j=1}^{n}c_{ij}x_{ij}$$

$$\text{s. t.}\begin{cases}\sum_{j=1}^{n}x_{ij}=1, & i=1,2,\cdots,n\\ \sum_{i=1}^{n}x_{ij}=1, & j=1,2,\cdots,n\\ x_{ij}=0\text{ 或 }1\end{cases}$$

四、生产租赁

为了降低投资风险，增强经营灵活性，越来越多的企业选择轻资产的运营方式。设备租赁和业务外包是实现轻资产运作的必要手段。设备租赁成本不同，产品售价也不同，该选用何种设备生产何种商品，生产的数量是多少，这些都是企业常常面临的问题。

[例 3-7] 一个服装公司租用生产线生产 T 恤、衬衫和裤子。租用 T 恤生产线需花费 20 万元/年，衬衣生产线需花费 15 万/年，裤子生产线 10 万/年。每年可用的劳动力为 8 200 个单位，布料为 8 800 平方米。每种产品平均花费的劳动力、布料以及售价和成本如

表 3－5 所示。试建立一个整数规划模型使这个服装公司的年利润最大。

表 3－5 服装生产资源

	劳动力（单位）	布料（平方米）	售价（元）	变动成本（元）
T 恤	3	0.8	250	100
衬衫	2	1.1	400	180
裤子	6	1.5	600	300

解 首先定义一组决策变量：x_1 表示每年生产 T 恤的数量，x_2 表示每年生产衬衣的数量，x_3 表示每年生产裤子的数量。

注意：对于固定成本，它并不依赖于生产产品的件数，而是取决于要生产什么类型的产品，所以还需定义如下变量：

$$y_1=\begin{cases}1, & \text{选择 T 恤生产线}\\0, & \text{不选择 T 恤生产线}\end{cases}$$

$$y_2=\begin{cases}1, & \text{选择衬衫生产线}\\0, & \text{不选择衬衫生产线}\end{cases}$$

$$y_3=\begin{cases}1, & \text{选择裤子生产线}\\0, & \text{不选择裤子生产线}\end{cases}$$

如果 $x_1>0$，则 y_1 必须等于 1，如果 $x_1=0$，则 y_1 必须等于 0；同理，对于 x_2，x_3 也是一样的。因此每年花费的固定成本为：$200\,000y_1+150\,000y_2+100\,000y_3$。

公司要使每年的利润最大，利润等于收入减去变动成本再减去固定成本，并且公司的目标是利润最大。所以目标函数为：

$$\begin{aligned}\max Z=&(250x_1+400x_2+600x_3)-(100x_1+180x_2+300x_3)\\&-(200\,000y_1+150\,000y_2+100\,000y_3)\end{aligned}$$

简化为：

$$\max Z=150x_1+220x_2+300x_3-200\,000y_1-150\,000y_2-100\,000y_3$$

接下来考虑每周劳动力及面料的限制约束条件：

$$3x_1+2x_2+6x_3\leqslant 8\,200$$

$$0.8x_1+1.1x_2+1.5x_3\leqslant 8\,800$$

所以初步建立的模型如下：

$$\max Z=150x_1+220x_2+300x_3-200\,000y_1-150\,000y_2-100\,000y_3$$

$$\text{s. t.}\begin{cases}3x_1+2x_2+6x_3\leqslant 8\,200\\0.8x_1+1.1x_2+1.5x_3\leqslant 8\,800\\x_1,x_2,x_3\geqslant 0,\text{且取整数}\\y_1,y_2,y_3=0\text{ 或 }1\end{cases}$$

初看起来这个模型似乎已经建立好了，再仔细研究不难发现，无论 x_i 取什么值，y_i 值都取 0 时肯定是最优的，由此导致利润目标与 y_i 没有关系，所以这个模型是错误的。

分析可知，如果 $x_i>0$，则 y_i 必须等于 1，如果 $x_i=0$，则 y_i 必须等于 0。这样 x_i 和 y_i 的关系可以表示如下：

$$x_1 \leqslant My_1$$

式中，M 是一个非常大的数，这样上述条件就可以得到满足。

同理，对于 x_2，x_3 也是一样的，可以分别表示为：

$$x_2 \leqslant My_2$$
$$x_3 \leqslant My_3$$

所以整个模型应当在现有模型的基础上增加以上三个约束才正确。

最后解得 $x_1=0$，$x_2=4\,100$，$x_3=0$，$y_1=0$，$y_2=1$，$y_3=0$，即只租用衬衫生产线，年产量 4 100 件，最大利润为 752 000 元。

五、项目投资选择

项目投资是一种以特定项目为对象，直接与新建项目或更新改造项目有关的长期投资行为。从决策的角度看，可把投资分为采纳与否投资和互斥选择投资。采纳与否投资是指决定是否投资于某一独立项目的决策。在两个或两个以上的项目中，只能选择其中之一的决策叫作互斥选择投资决策。现金流量估计是投资决策的重要环节。

[例 3-8] 用 600 万元投资 5 个项目，其投资限制及收益情况如表 3-6 所示，求利润最大的项目投资方案。

表 3-6 项目投资方案条件

项目	投资额（万元）	项目收益（万元）	约束条件
Ⅰ	210	160	项目Ⅰ、Ⅱ、Ⅲ中选 1 项 项目Ⅲ、Ⅳ之中选 1 项 选项目Ⅴ必先选项目Ⅰ
Ⅱ	300	210	
Ⅲ	150	60	
Ⅳ	130	80	
Ⅴ	260	180	

解 对于每一个项目无非两种状态——投资或者不投资，所以引入决策变量 x_j：

$$x_j=\begin{cases}1,\text{选中第 } j \text{ 个项目投资}\\0,\text{不选第 } j \text{ 个项目投资}\end{cases},\quad j=1,2,3,4,5$$

另外考虑约束条件：Ⅰ、Ⅱ、Ⅲ中选 1 项，说明 x_1、x_2、x_3 的取值只有一个 1，其余全为 0，所以约束条件为：$x_1+x_2+x_3=1$。

同理，项目Ⅲ、Ⅳ之中选 1 项的约束条件为：$x_3+x_4=1$。

选项目Ⅴ必先选项目Ⅰ，说明若 x_5 取值为 1，则 x_1 也必须取值为 1；反之，如果 x_5

取值为0，则 x_1 可取值为1也可取值为0，观察数值，则可以建立约束条件为 $x_5 \leqslant x_1$。

因此，整个项目投资的整数规划模型如下：

$$\max Z = 160x_1 + 210x_2 + 60x_3 + 80x_4 + 180x_5$$

$$\text{s. t.} \begin{cases} 210x_1 + 300x_2 + 150x_3 + 130x_4 + 260x_5 \leqslant 600 \\ x_1 + x_2 + x_3 = 1 \\ x_3 + x_4 = 1 \\ x_5 \leqslant x_1 \\ x_1, x_2, x_3, x_4, x_5 = 0 \text{ 或 } 1 \end{cases}$$

解得 x_1，x_4，$x_5=1$，x_2，$x_3=0$，即对项目Ⅰ、Ⅳ、Ⅴ进行投资，最大收益为420万元。

六、人力资源分配

人力资源分配是根据员工的能力和岗位的要求，把合适的员工安排到合适的岗位，实现人尽其才，才尽其用，效率优化。在进行人力资源配置时因为员工素质各异，处理不同工作的效率也存在较大差异，因此合理分配工作人员能够极大地提高工作效率。

［例3-9］ 某钢铁厂轧钢部门由于不能停产，必须24小时有人员监岗，对工人的要求较高，每位工人的周工资为1 400元。经统计该部门对人员每天的需求如表3-7所示。

表3-7 工人需求表

	星期一	星期二	星期三	星期四	星期五	星期六	星期日
人数	12	15	12	14	16	18	19

为了保证工人的休息和生产部门的顺利工作，工人每周工作5天，连续休息2天。问应该如何安排工人的工作时间，使钢厂工资支出总费用最少？

解 由于每人连续休息2天，且每天工作人数不能低于需求量，所以第 n 天工作的人数为第 $n-2$ 天之前5天内开始工作的人数。用 x_i 表示从星期 i 开始休息的工人数量，则约束条件为：

$$\text{s. t.} \begin{cases} x_2 + x_3 + x_4 + x_5 + x_6 \geqslant 12 \\ x_3 + x_4 + x_5 + x_6 + x_7 \geqslant 15 \\ x_4 + x_5 + x_6 + x_7 + x_1 \geqslant 12 \\ x_5 + x_6 + x_7 + x_1 + x_2 \geqslant 14 \\ x_6 + x_7 + x_1 + x_2 + x_3 \geqslant 16 \\ x_7 + x_1 + x_2 + x_3 + x_4 \geqslant 18 \\ x_1 + x_2 + x_3 + x_4 + x_5 \geqslant 19 \\ x_i \geqslant 0, \quad i = 1,2,3,4,5,6,7 \end{cases}$$

该规划的目标为总费用最小，而总费用与上班的工人人数成正比。由于每人都会在某天开始工作或者开始休息，所以总人数为 $\sum_{i=1}^{7} x_i$ 。

因此，整个项目投资的整数规划模型如下：

$$\min Z = 1\,400 \sum_{i=1}^{7} x_i$$

$$\text{s. t.} \begin{cases} x_2 + x_3 + x_4 + x_5 + x_6 \geqslant 12 \\ x_3 + x_4 + x_5 + x_6 + x_7 \geqslant 15 \\ x_4 + x_5 + x_6 + x_7 + x_1 \geqslant 12 \\ x_5 + x_6 + x_7 + x_1 + x_2 \geqslant 14 \\ x_6 + x_7 + x_1 + x_2 + x_3 \geqslant 16 \\ x_7 + x_1 + x_2 + x_3 + x_4 \geqslant 18 \\ x_1 + x_2 + x_3 + x_4 + x_5 \geqslant 19 \\ x_i \geqslant 0, \quad i = 1,2,3,4,5,6,7 \end{cases}$$

案例分析

学习本章的内容之后，我们再来看一下引入案例，并进行详细分析。

某汽车制造企业近期要为德国设备生产商承办一场汽车设备展销会，届时会有世界各地的汽车制造商代表前来参会，同时也有许多国内优秀技术操作人员前来学习。假设你是此次会议的负责人，任务是为与会人员预订宾馆、租借会议室、租借专车接送等等。你将如何统筹计划安排与会人员的酒店住宿、进行会议等任务？面临的实际情况可能会包括宾馆客房的数量有限、会议室数量有限、不同与会人员在费用方面的要求不一致、相同领域的与会者希望能在距离上比较靠近等，最重要的，所选择的宾馆数量应该尽可能少，降低会议承办成本。

根据与会人员回执整理出来的住房信息汇总如表 3－8 所示。

表 3－8　与会人员回执中的住房信息汇总

	合住 1	合住 2	合住 3	独住 1	独住 2	独住 3
男	154	104	32	107	68	41
女	78	48	17	59	28	19

表 3－8 中第一行的数字 1、2、3 分别代表每天每间房价在 120～160 元、161～200 元和 201～300 元三种类型的房间。合住是指要求两人合住一间房。独住是指可安排单人间或者一个人独住双人间。

根据一般承办展销会的经验，有些被邀请人虽然承诺与会，却临时有事无法参加，同时也有一些被邀请人没有承诺与会但却准时参加，相同规格会议的相关数据见表 3－9。

表 3-9　往年回执情况汇总

	A 会议	B 会议	C 会议	D 会议
发回的回执数量	315	356	408	711
发回回执但未与会的人员数量	89	115	121	213
未发回执但与会的人员数量	57	69	75	104

在实际操作中，如果预订客房数量多于实际入住数量，则举办方将承担一天的空房费用，如果预订客房的数量少于实际到会的人数，会造成与会人员的不满。

通过实地考察和网上收集资料，已经筛选出 6 家宾馆作为备选，分别用 1～6 表示，相关信息和客房规格见表 3-10。

表 3-10　备选宾馆相关数据

宾馆	客房			会议室		
	规格	数量	价格（元/天）	规模	数量	价格（元/天）
1	普通双人间	50	180	200 人	1	1 500
	商务双人间	30	220	150 人	2	1 200
	普通单人间	30	180	60 人	2	600
	商务单人间	20	220			
2	普通双人间	50	140	150 人	2	1 000
	商务双人间	35	160	180 人	1	1 500
	高级单人间	30	180	45 人	3	350
	高级双人间	35	200	35 人	3	350
3	普通双人间	50	180	200 人	1	1 500
	商务双人间	25	200	150 人	2	1 100
	普通单人间	33	180	100 人	5	700
4	普通双人间	40	160	150 人	2	1 300
	商务双人间	40	178	100 人	2	1 000
	商务单人间	30	199	50 人	5	300
	高级双人间	35	310			
5	普通双人间	50	160	50 人	2	800
	普通单人间	50	120	30 人	3	200
6	精品单人间	20	180	260 人	1	1 800
	精品双人间	30	220	200 人	1	1 200
	豪华单人间	20	260	120 人	2	800
	商务双人间	30	320			

请你通过本章整数规划的建模方法，在尽力满足各方要求的基础上，为这次展销会制订一个合理的宾馆及会议室的安排方案。

复习思考题

1. 整数规划的类型有哪些？
2. 试述整数规划分支定界法的思路。
3. 试用分支定界法求解如下线性规划：

$$\max Z=40x_1+90x_2$$

$$\text{s. t.}\begin{cases}9x_1+7x_2\leqslant 56\\7x_1+20x_2\leqslant 70\\x_1,x_2\geqslant 0\\x_1,x_2\ \text{取整数}\end{cases}$$

4. 有 4 名职工，由于能力不同，每个人做各项工作所用的时间不同，所花费时间如表 3－11 所示。

表 3－11　花费时间表　　　单位：分钟

人员	时间			
	任务 A	任务 B	任务 C	任务 D
甲	15	18	21	24
乙	19	23	22	18
丙	26	17	16	19
丁	19	21	23	17

问指派哪个人去完成哪项工作，可使总的花费时间最少？

5. 某部门一周中每天需要不同数目的雇员：周一到周四每天至少需要 50 人，周五至少需要 80 人，周六和周日每天至少需要 90 人，现规定应聘者须连续工作 5 天，试确定聘用方案，即周一到周日每天聘用多少人，使在满足需要的条件下聘用总人数最少。

实验：软件求解整数规划

在 LINDO/LINGO 上求解整数规划问题与前面的线性规划问题类似。

一、 LINDO 求解整数规划

LINDO 用分支定界法求解线性纯整数规划或混合整数规划，模型的输入与线性规划问题类似，但在 end 语句后需定义整数型变量。

（一）0－1 型整数变量

可由 INTEGER（简写为 INT）命令来标识，有以下两种用法：

1. INT vname

将决策变量 vname 标识为 0－1 型。如例 3－2 的 0－1 型整数规划模型输入，如图 3－4 所示。

2. INT n

将模型中的前 n 个变量标识为 0－1 型，变量顺序由输入时出现的先后顺序决定，如图 3－5 所示。

```
<untitled>
Max 20x1+15x2+18x3+14x4+8x5+4x6+10x7
subject to
5x1+5x2+2x3+6x4+12x5+2x6+4x7<=25
end
int x1
int x2
int x3
int x4
int x5
int x6
int x7
```

图 3-4　INT Vname 命令标识 0-1 整数变量

```
<untitled>
Max 20x1+15x2+18x3+14x4+8x5+4x6+10x7
subject to
5x1+5x2+2x3+6x4+12x5+2x6+4x7<=25
end
int 7
```

图 3-5　INT n 命令标识 0-1 整数变量

（二）一般整数变量

可用命令 GIN（General Integer 的缩写）来标识，有以下两种用法：

1. GIN vname

将决策变量 vname 标识为非负整数。例 3-1 的全整数规划模型输入如图 3-6 所示。

```
<untitled>
max 6x1+5 x2
subject to
2x1+x2 <=9
5x1+7x2<=35
end
gin x1
gin x2
```

图 3-6　GIN vname 命令标识整数变量

2. GIN n

将模型中的前 n 个变量标识为非负整数，变量顺序由输入时出现的先后顺序决定（见图 3-7）。

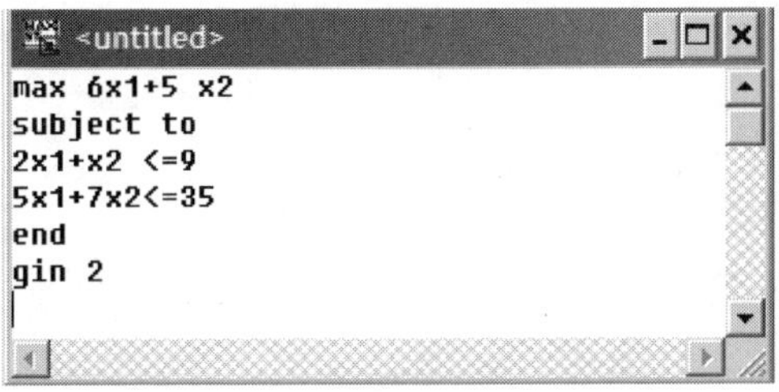

图 3－7　GIN n 命令标识整数变量

提醒读者，对整数变量的说明只能放在模型的 end 语句之后。

二、 LINGO 求解整数规划

用 LINGO 解整数规划问题比 LINDO 在模型输入上更为便捷。注意以下几点：

（1）语句的顺序不重要。

（2）在 LINDO 中的 end 语句后面的限定变量取整数的语句“gin x1”和“gin x2”，在这里变成了“@gin(x1)”和“@gin(x2)”；但是，在 LINDO 中可以写成“gin 2”，而 LINGO 中不能写成“@gin(2)”，否则 LINGO 将把这个模型看作没有整数变量（见图 3－8）。

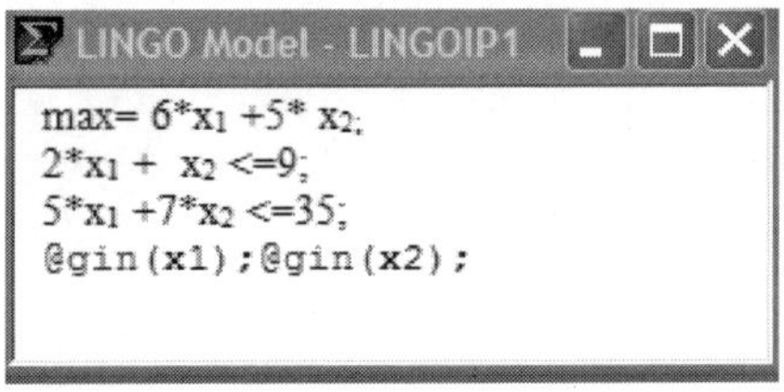

图 3－8　LINGO 中一般整数变量的输入模型

（3）在 LINGO 中，以“@”开头的都是函数调用，LINGO 中的函数一律需要以“@”开头（见图 3－9）。

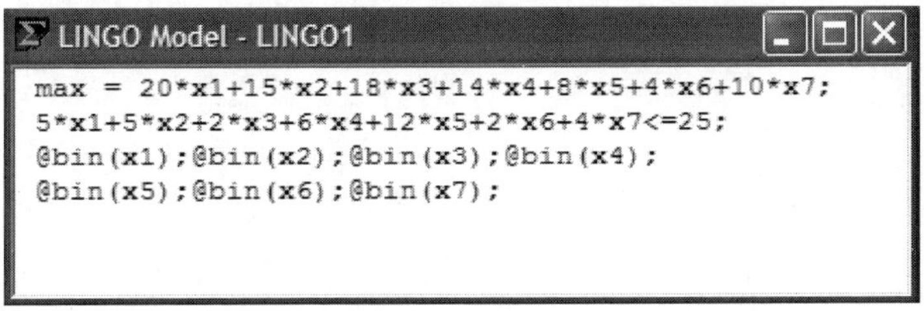

图 3－9　LINGO 中 0－1 整数变量的输入模型

理念篇

04

Chapter

第4章

单属性决策

学习要点

- 了解不确定决策的不同决策准则
- 掌握风险决策的准则和决策树法
- 理解效用理论的基本原理

引入案例

作为中国汽车行业十强中唯一的民营轿车生产企业，浙江吉利集团完美演绎了“自主创新”的发展战略，令人惊叹不已。1998年，第一辆吉利汽车在浙江临海下线，初入汽车制造领域的吉利，采取的是低价策略，以价格优势抢占市场。但是，吉利的决策者也清醒地看到自身弱点：价格竞争的路早晚会走不通。早日改变发展方向，抓技术创新，抓质量服务，企业方能长盛不衰。

在国内车市一片繁荣、企业普遍乐观的情况下，吉利毅然“牛市掉头”。2007年5月，吉利在国内汽车企业中率先宣布，将实施由“价格优势”向“技术领先”的战略转型，从“造老百姓买得起的好车”转向“造最安全、最环保、最节能的好车”。

吉利董事长李书福坦言，只有把核心技术攥在手中，才能形成真正的核心竞争力。吉利将每年销售收入的10%左右投入研发，即使在受国际金融危机影响、汽车企业纷纷缩减投资的2008年，吉利的研发投入仍超过10亿元。

但在转型期间吉利也出现了缺氧和高原反应，就在2007年吉利汽车刚刚宣布进入中高档车型的战略转型期，就遭到了市场的当头一棒。吉利公布的销售数据显示，2007年前7个月累计销售汽车95 623辆，同比下跌4.7%，仅为全年销售目标24万辆的40%。上半年，在中国销量最大的前十大汽车集团中，仅有两家汽车企业出现销量下滑，吉利就是其中之一。再看利润，2007 年上半年吉利完成的利润总额同比首次下降，降幅为 5.05%，吉利破天荒地出现了销量和利润双线告急的窘境。

低价经济型轿车销量明显下降是吉利整体表现不佳的主要原因，对于这一点吉利心知肚明。然而要蜕变就要付出代价，这一点也是李书福早就想到的。令李书福想不到的是，吉利十几年辛苦积淀起来的市场人脉竟然如此不堪一击。面对逐渐丧失的经济型轿车市场，李书福十分冷静。毕竟他已把赌注全部押在了中高级车型上，抛弃了经济型轿车这片蓝海，吉利就是决心要在中高标车市场上杀出一条血路。

与此同时，李书福在 2009 年作出一个惊人的决定，收购美国福特旗下负债累累的沃尔沃公司。当时，相当一部分业内人士并不看好此次收购。他们认为，无论从年销售额、资产规模还是发展历史、品牌影响力上看，吉利与沃尔沃都不在一个档次，而且吉利这边奋勇地收购沃尔沃，那边还有着百亿的负债。吉利的财务状况显示，吉利银行贷款 30 多亿元，从香港资本市场调用资金 20 多亿元，配套商欠款 60 多亿元，负债额超过 100 亿元。为这起收购，李书福组建了强大的中介团队：著名的富尔德律师事务所作为收购法律顾问，负责收购项目的所有相关法律事务，包括知识产权、商业协议、诉讼、雇佣、不动产、经销商及特许经营等；四大会计师事务所之一德勤负责收购项目的财务咨询，对沃尔沃公司的财务、税务、成本节约计划、养老金、资金管理和汽车金融等进行尽职调查和分析；洛希尔投资银行作为收购项目的财务顾问，负责对卖方的总体协调；博然思维集团作为项目的公关顾问，负责项目的总体公关策划、媒体战略制定和实施。2010 年 3 月 28 日，吉利与美国福特正式达成协议，吉利以 18 亿美元的价格收购瑞典汽车企业沃尔沃 100%的股权。

功夫不负有心人，在技术方面，吉利从自主研发并实现产业化的 CVVT 先进发动机，到拥有完全自主知识产权、国内首个实现产业化的自动变速箱，再到独创的爆胎安全控制系统 BMBS，短短几年间，吉利在汽车发动机、变速箱等核心技术以及安全技术方面实现的重大突破让人刮目相看，在电动汽车、新能源汽车、轻量化等方面也取得新突破。吉利已拥有专利 3 000 余项，其中发明专利 270 余项。“技术吉利”成为企业发展的长久动力。2010 年 1 月，“吉利战略转型的技术体系创新工程建设”在国家科学技术奖励大会上获得国家科技进步二等奖。同时，吉利收购沃尔沃也提高了其在车界的地位，为自身从低档车到中高档车的战略转型作出了巨大贡献。2012 年，吉利公司顺利进入《财富》世界 500 强榜单。

请问你如何看待吉利的这一发展历程？相信通过本章的学习，一定会给你带来启发。

第 1 节　决策分析概论

“决策”一词来源于英语 Decision Making，直译为“作出决定”。决策是人类生活中最基本的活动之一，它存在于个人、组织与外界事物发生联系的一切行动中。大至国家大政方针，小到家庭生活安排，在采取行动之前都需要合理的决策。

《美国大百科全书》对决策论作出了如下定义：“决策，就是在若干个可能的备选方案中进行选择，而决策论就是为了对制定决策的过程进行描述并使之合理化而发展起来的范围很广的概念和方法。”狭义的决策可以解释为从多个可供选择的方案中作出抉择。广义来说，决策就是解决当前（或未来）发生的（或可能发生的）问题，根据当前和未来的环境条件，从多个可行方案中选择最优或满意方案的过程。

一、决策要素

决策者可以是一个人，也可能是一个群体。因为决策总是面向未来，未来总有些不确定的因素，因此决策多半要冒一定的风险。而不同的决策者对风险的态度不同，对同一问题所作决策也可能不同。任何决策都应包括以下几个基本决策要素。

（一）决策者

决策者是指对所研究问题有权力、有能力作出最终判断和选择的个人或集体。其主要责任在于提出问题，规定总任务和总需求，确定价值判断和决策规则，提供偏好信息，以及选择最终方案并组织实施。

（二）决策目标

如果决策只有一个目标称为单目标决策；如果决策目标很多并形成目标体系，这类决策称为多目标决策。预定的决策目标往往受到现实条件的制约，从而影响决策目标的实现程度，因此在多目标决策中，决策目标存在主次之分。

（三）行动方案

为了实现预定的目的，可以采取几种不同的行动，这个因素是决策者可以控制的，称为行动方案，简称方案。方案的拟定包含对决策环境的深入分析和对未来行动的通盘谋划，备选方案一般有两个或两个以上。

（四）自然状态

在一个决策问题中，无论采取哪种行动，都面临不同的自然情况和客观环境情况。决策环境可能出现的状态称为自然状态，简称状态。自然状态是不以决策者的意志为转移的，决策者没有能力控制它，但可以去推测它、识别它。

（五）损益矩阵

当采用某一行动方案，在不同自然状态发生的情况下，决策的收益或损失将会有所差异。决策的结果或为收益、或为损失，因此把不同行动方案在不同自然状态下的决策结果统称为损益值 a_{ij}，损益的数值应该是可测度的或可预估的。这样若有 m 个方案面临 n 个状态，则构成了一个矩阵，称为损益矩阵。

（六）决策准则

决策准则就是比较、选择方案时的判决标准和评价规则。不同的决策者有不同的评价准则，有的偏好追求利润最大，有的则寻求损失最小；有的敢于冒险，有的则力求稳妥。不同的决策准则会导致不同的决策结果，因此决策准则的具体实施需要选择科学合理的决策方法。

（七）后果评估

采用不同的决策方案会产生不同的后果，这就需要评价所采取的决策方案可能导致的风险大小。能定量比较各方案的优劣并给出的一种描述决策后果的具体指标称为后果指标。通常采用损益或效用作为后果指标。

二、决策的基本原则

任何决策过程都必须遵循以下几项基本原则：

（一）科学性原则

决策的科学性原则是指决策必须尊重事物的客观规律，从实际出发，实事求是，运用科学的态度和方法进行决策。决策是人们在行动之前对行动准则与手段的探索、判断与抉择的过程，它的结果取决于它是否符合事物的客观规律，因此决策者应科学地决策，避免或减少决策失误。

（二）经济性原则

经济性原则也可以称为节约原则，是在保证决策科学性与合理性的前提下，应当选择成本最低的决策方法。现代经济活动中的决策必须讲求经济效益优先，代价高昂的方案通常是不受欢迎的。不同的方案，可能会效果相同，成本各异，决策者应当选择花费最少、效果最佳的方案。

（三）时效性原则

决策的正确与否总是与一定的时间界限有联系，“马后炮”的决策没有任何现实意义。因此，决策者必须要有较强的时间观念，本着“机不可失，时不再来”的心理，当机立断作出决策。当然，时效原则不等于盲目决策，科学性原则仍是时效原则的前提。

（四）群众性原则

决策的群众性原则是指决策者在进行一项重要决定时，必须坚持走群众路线，充分听取专家对决策的评估，进行民主决策。在现代科技飞速进步的情况下，仅仅依靠一人的智慧是难以在所有时候都作出正确决策的，现代决策必须充分发挥集体的智慧。

三、决策程序

明确了以上决策要素与决策原则，对于任何决策问题，不论决策问题简单与否通常都遵循以下五个阶段：

（一）确定决策目标

当决策者面临一项决策时，应当首先明确决策的关键性目标，这是决策的首要问题。目标的确立应建立在对决策环境进行详细分析的基础上，要兼顾各方面的要求，特别是遇到多目标时，应分清主次，统筹兼顾。

（二）预测自然状态

有了明确的决策目标，就需要调查统计在决策分析中所依据的自然状态及其各自发生的概率，根据过去和现在的信息对将来的各种可能性进行统计和预测。因此，确定自然状态时，统计数据要准确，预测要科学。

（三）拟订决策方案

在拟订方案时必须注意方案的可行性，对于重大决策应从多种途径和角度拟订可行方案。在拟订可行方案时，应初步明确保证这些决策得以实施的相应措施，以供决策者选优时参考。方案应尽可能周全，并能计算方案在给定系统状态下的后果值。

（四）决策方案优选

一方面，对各拟订方案的效果进行科学测算，通常用损益值来表示；另一方面，在提出的若干方案中，决策者根据决策环境中自然状态的特点，选择最恰当的决策准则和方法。对于多目标决策，通常得不到各个目标都最优的方案，而只能得到各个目标较优的满意方案。

（五）方案实施与控制

利用反馈机制，模拟和分析决策实施过程，将出现的偏差反馈给决策系统，以便及时根据客观情况的变化，对决策执行过程进行有效的监控与相应的调整。反馈贯穿决策过程各个环节之间以及决策实施过程。通过反馈补充信息，使决策过程与决策环境保持密切的信息沟通，最终使决策建立在科学可靠的基础之上。

四、决策分类

决策的分类方法很多，为了提高决策的质量，节省决策的时间，在紧急关头能作出正确及时的决策，了解决策方法的分类很有必要。

（一）按决策出现的频率分类

按决策出现的频率可分为程序性决策和非程序性决策。程序性决策是指通常重复出现的日常业务的例行决策活动，这类决策已经有了明确的管理制度要求，具有确定的决策原则和程序，这类决策也叫结构性管理决策。非程序性决策是指非经常或偶发的决策，决策者对这类问题的解决往往缺乏应对的经验，需要借助专门决策技术（如专家智能系统、辅助决策系统等），采取例外管理原则来处理，这类决策也叫非结构性或半结构性的管理决策。

（二）按对自然状态的认识度分类

按对自然状态的认识程度可分为确定性决策、风险性决策和不确定性决策。如果对自然状态发生的信息是确知的，也就是说，决策信息是白色的，则为确定性决策，前面各章大部分为确定性决策问题；若对自然状态的发生有所认识，而且具有一定的统计资料预知其概率分布，但不能断定何种状态一定会出现，此时的决策信息具有灰色性，称为概率性决策，也称为风险性决策；如果对未来自然状态只能预估有几种可能情况而其各自发生可能性的信息全无，此时的决策信息犹如黑箱而难以确定，因此称之为不确定性决策。

（三）按决策的作用范围分类

按决策的作用范围可分为战略决策、管理决策和业务决策。战略决策是认识、分析和解决有关系统的指导思想与全局发展中的相关问题，包括系统的长期目的、目标和发展方针等，通常是上层管理部门的重大决策；管理决策又叫战术决策或策略决策，是指对企业的人力、资金、物质等资源进行合理配置，以及对经营组织机构加以改变的决策，具有局部性与中期性的特点；而业务决策又叫执行性决策，是指日常工作中为了提高生产效率和工作效率而作出的决策，基层管理者是业务的主要决策者。

（四）按决策主体分类

按决策主体可分为个人决策与群体决策。如果决策的分析活动、设计活动与选择活动都由一个人来完成，那么这种决策称为个人决策；如果决策的分析活动、设计活动、选择活动由两人及以上的群体完成，那么这种决策称为群体决策。群体决策的优点在于信息的完备性与决策的可接受性，但相对个人决策而言，群体决策的效率较低。

第 2 节　不确定性决策

现实中常常遇到一些决策问题，决策者对即将面临的自然状态是比较清楚的，但对状态出现的可能性一无所知，此类决策具有如下特点：第一，具有一个明确的决策目标，例如要求销售利润最大或损失最小等；第二，存在两个或两个以上可行的行动方案，提供给决策者比较与选择；第三，对于每一个行动方案存在两种以上的自然状态，如产品销售状况好、中、差等；第四，可以预测或估计出不同可行方案在不同自然状态下的收益或损失值。对于这类决策，由于决策者缺乏对自然状态发生信息的了解，所以只能依据自己的偏好选取一种决策准则进行决策。

［例 4-1］ 某公司推出新产品投放市场，备选行动方案如下：大批量生产（A_1），中批量生产（A_2），小批量生产（A_3）。未来市场对这种产品的需求情况有两种可能发生的自然状态：需求量大（θ_1），需求量小（θ_2）。经市场部预测，采用某一行动方案而实际发

生某一自然状态时，公司的收益如表 4-1 所示。请按不同决策准则进行决策。

表 4-1　生产收益值矩阵　　单位：万元

自然状态收益值行动方案	θ_1（需求量大）	θ_2（需求量小）
A_1（大批量生产）	30	−6
A_2（中批量生产）	20	−2
A_3（小批量生产）	10	5

一、悲观决策准则

悲观决策准则（pessimism decision criterion）是决策者对客观情况持较悲观的态度，唯恐决策失误将带来较多的损失，故而将结果估计得比较保守。它的基本想法是“坏中求好”，从不利的条件下寻求较好的行动方案，即从最坏处着眼，朝最好的方向努力。

表 4-1 是不同自然状态与行动方案下的收益值，因此“小中取大”。先找出各方案在不同的状态下最小的收益值，再从最小的收益值中挑选最大者，其所对应的可行方案则为最优方案，具体步骤如下：

第一步，求出每一方案在不同自然状态下的最小收益值，如表 4-2 所示。

表 4-2　悲观决策准则　　单位：万元

自然状态收益值行动方案	θ_1（需求量大）	θ_2（需求量小）	行中选最小 $PC_i=\min\limits_j a_{ij}$
A_1（大批量生产）	30	−6	−6
A_2（中批量生产）	20	−2	−2
A_3（小批量生产）	10	5	5

第二步，求出各最小收益值中的最大值，即 $\max\{-6,\ -2,\ 5\}=5$，即 A_3 为所选决策方案。

这种决策方法以风险最小为决策前提，对损失很敏感，也称保守型决策准则。它虽然能避免重大损失，但无法争取最大的收益，一般为保守的决策者或企业无力承受损失风险时所采用，适用于创业初期。

如果损益值矩阵是损失值，则“大中取小”。先求出各个方案在不同自然状态下的最大损失，再从最大损失值中选出最小损失值，对应的方案即为最优方案。

二、乐观决策准则

乐观决策准则（optimism decision criterion）与悲观决策准则正好相反，是决策者对客观情况总是抱乐观的态度，它的基本思路是“好中求好”，从各个行动方案的最大收益中，选取收益最大的方案为优选方案。

对于表 4-1 的收益值矩阵进行“大中取大”，先对每一个可行方案找出最大的收益值，再从最大值中选择最大的收益值，该值对应的可行方案即为最优方案。具体步骤如下：

第一步，求出各可行方案在不同自然状态下的最大收益值，如表 4－3 所示。

表 4－3　乐观决策准则　　单位：万元

自然状态收益值行动方案	θ_1（需求量大）	θ_2（需求量小）	行中选最大 $OC_i=\max\limits_j a_{ij}$
A_1（大批量生产）	30	－6	30
A_2（中批量生产）	20	－2	20
A_3（小批量生产）	10	5	10

第二步，求出各最大收益值中的最大值，即 max{30，20，10}＝30，对应的 A_1 为所选方案。

这种决策准则适合于冒险型性格的决策者，他们对收益很敏感，对损失比较迟钝。

同理，如果决策问题给出的是损失值，则应“小中取小”。先求出各个方案在不同自然状态下的最小值，再从最小值中选出最小值，对应的方案即为最优方案。

三、乐观系数准则

乐观系数准则（optimistic coefficient decision criterion）的特点是：决策者对客观情况的估计既不那么乐观，也不那么悲观，而是介于悲观准则与乐观准则之间的一种折中准则。乐观程度用乐观系数 $\alpha(0\leqslant\alpha\leqslant1)$ 表示，也称赫维茨准则。

决策者根据以往经验，确定乐观系数 α，利用公式 $CV_i=\alpha OC_i+(1-\alpha)PC_i$ 计算出方案 A_i 的折中收益值 CV_i，然后从中选出最大值，并将相应的方案确定为最优方案。

在例 4－1 中，若取 $\alpha=0.7$，可得 $CV_1=0.7\times30+0.3\times(-6)=19.2$，$CV_2=0.7\times20+0.3\times(-2)=13.4$，$CV_3=0.7\times10+0.3\times5=8.5$。由此得 $\max CV=19.2$，故选择方案 A_1。

很容易看出当 $\alpha=1$ 时，为乐观准则；当 $\alpha=0$ 时，为悲观准则。α 的取值不同，可能得到不同的决策结果，α 究竟取什么值合适，要视具体情况而定。如果决策问题的形势比较乐观，则 α 取值应大一些；反之，α 取值应小一些。

四、等可能性准则

等可能性准则（laplace decision criterion）的依据是无充分理由原则，既然没有充分的理由认为各个自然状态发生的概率不等，则可认为是相等的；反之，如果有充分的理由认为各个自然状态发生的概率是不等的，则可以预估其发生概率的大小，因此也就演变成风险性决策了。

根据等可能性准则，决策者把各自然状态发生的可能性看成是相同的（自然状态数 n 的倒数），这样就可以计算各行动方案的损益期望值，然后在所有期望收益值中选择最大者（期望损失值中选择最小者），以它对应的方案为最优方案，也称拉普拉斯准则（如表 4－4 所示）。

表 4-4　等可能性决策准则　单位：万元

自然状态收益值行动方案	θ_1（需求量大）	θ_2（需求量小）	期望收益 $EA_i=\sum_{j=1}^{n}a_{ij}\cdot\frac{1}{n}$
A_1（大批量生产）	30	−6	$\frac{30-6}{2}=12$
A_2（中批量生产）	20	−2	$\frac{20-2}{2}=9$
A_3（小批量生产）	10	5	$\frac{10+5}{2}=7.5$

其中 EA_1 最大，根据等可能性准则，选择方案 A_1。

五、最小后悔准则

当决策者作出决策之后，若实际情况未能符合最理想的预期，时常会深感惋惜，因当初的选择不当而后悔，因而派生出以“后悔值最小”为准则的决策思想。最小后悔准则（minimax-regret decision criterion）是由经济学家沙万奇（Savage）提出的，故又称沙万奇准则。

该方法是将各自然状态下的最大收益（最小损失）定为理想目标，并将该状态中的其他值与理想目标值进行比较，差值是未达到理想目标的后悔值，反映后悔的程度；然后按悲观决策准则从各方案的最大后悔值中取一个最小的，相应的方案即为最优方案，具体步骤如下：

第一步，计算后悔矩阵。各自然状态下选择最大收益值作为理想目标值，填入表 4-5 的最后一行，据此计算例 4-1 的后悔值矩阵，如表 4-5 所示。

表 4-5　后悔值矩阵　单位：万元

自然状态后悔值行动方案	θ_1（需求量大）	θ_2（需求量小）	最大后悔值
A_1（大批量生产）	0	11	11
A_2（中批量生产）	10	7	10
A_3（小批量生产）	20	0	20
理想目标值	30	5	

第二步，选取各可行方案的最大后悔值。按行选出最大后悔值，方案 A_1 的最大后悔值为 11，A_2 的最大后悔值为 10，A_3 的最大后悔值为 20，填入表 4-5 的最右一列。

第三步，寻求最小后悔值。从各行最大后悔值中找出最小值为 10，故选择方案 A_2 的后悔程度为最小。

综上所述，不同的不确定性决策准则会导致不同的决策方案，采用什么准则没有统一的标准，决策者应当依据自身的经济状况及风险偏好作出合理选择。实际决策中，当决策者面临不确定性决策问题时，往往首先设法获取有关自然状态的概率信息，尽可能把不确定性决策问题转化为风险性决策。

第 3 节　风险性决策

风险性决策是指决策者对客观情况有所认识，且各种自然状态发生的概率是可以预估的，属于随机性决策。自然状态概率的取得可以靠经验估计或统计分析而来，又称统计型决策。由于信息朦胧，何种状态发生难以预料，故此决策常有一定的风险。在不确定性决策四大特征的基础上，风险性决策还具备另一个特点，即各种自然状态出现的概率是不同的，且概率值大小可以测定，或者是有较为确定的统计数据可作根据，或者是有较为相似的经验数据可借鉴，从而使对概率值的确定具有科学性，减少了主观片面性。

在例 4-1 中，如果企业向市场分析机构进行咨询，经过预测机构分析可得市场需求的概率，或者企业存在同类产品的市场销售数据，经统计分析知：θ_1 的状态概率为 0.75，θ_2 的状态概率为 0.25，这就演变成风险性决策问题。

一、决策准则

风险性决策问题通常采用以下三种决策准则，对于风险中性的风险性决策问题，最常用的是期望值准则。

（一）最大可能准则

由概率论知识可知，一个事件的概率值越大，则其发生的可能性就越大。在风险性决策中，选择概率最大的自然状态而不考虑其他自然状态，称为最大可能准则。这个准则实际上把风险性决策问题变成确定性决策问题，在一般管理决策过程中使用非常普遍。

在例 4-1 中，由于 θ_1 的状态概率 $P(\theta_1)=0.75$，而 θ_2 的状态概率 $P(\theta_2)=0.25$，则认为未来市场的需求情况将是“需求量大”。按照最大可能准则，认为 θ_1 发生，并在需求量大的状态下进行决策。显然，决策者会选择 A_1 方案，此时收益最大为 30 万元。

最大可能准则简单方便，但不可滥用。若行动方案在各自然状态下的损益值相差很大，而发生的概率相差不大，或因自然状态很多而概率值近于平均时，则不宜采用该准则。

（二）期望收益准则

期望收益准则就是把每个方案在各种自然状态下的收益值看成是离散型的随机变量，计算每个方案的数学期望，并加以比较，选取一个收益期望最大（或损失期望最小）的行动方案为最优方案。

在例 4-1 中，已知 θ_1 的状态概率 $P(\theta_1)=0.75$，而 θ_2 的状态概率 $P(\theta_2)=0.25$，按照期望值决策准则，计算各方案的期望收益 $E(A_i)$ 如下：

$$E(A_1)=P(\theta_1)a_{11}+P(\theta_2)a_{12}=0.75\times30+0.25\times(-6)=21(\text{万元})$$
$$E(A_2)=P(\theta_1)a_{21}+P(\theta_2)a_{22}=0.75\times20+0.25\times(-2)=14.5(\text{万元})$$
$$E(A_3)=P(\theta_1)a_{31}+P(\theta_2)a_{32}=0.75\times10+0.25\times5=8.75(\text{万元})$$

显然，最大期望收益值为 21 万元，风险中性的决策者会选择方案 A_1。此时收益期望值为 21 万元，但并不是企业实际收益值，实际收益值可能是 30 万元，也可能是损失 6 万元。

期望值准则是风险中性的决策准则，适合程序性、可重复且损失可承受的决策。这一准则比较适合状态概率稳定的重复性决策，而对于一次性决策要冒一定的风险。

（三）标准差准则

决策者一般都希望尽可能地回避风险，因此除了希望有较大的收益期望值以外，还要考虑收益值相应的离散程度。标准差是用以刻画各损益值数据与期望值偏离程度的统计指标，标准差越小，则期望值实现的可靠性越大。概而言之，若某方案的标准差为零，则该方案在任何状态下的损益值都一样，这个期望值是肯定能够实现的。

方案 A_i 的期望收益记为 $E(A_i)$，标准差记为 $\sigma(A_i)$，由概率论知识，有

$$E(A_i)=\sum_j p(\theta_j)a_{ij}$$

$$\sigma^2(A_i)=E(A_i^2)-[E(A_i)]^2=\sum_j p(\theta_j)a_{ij}^2-[E(A_i)]^2$$

若用 $ED(A_i)$ 表示方案 A_i 的期望值与标准差的权衡，设常数 K 代表决策者的风险厌恶因子，则有

$$ED(A_i)=E(A_i)-K\sigma(A_i)$$

K 的取值正如其名称一样，依决策者对风险的态度而定，如果决策者对风险十分敏感，则 K 可取大于 1 的数值，用以抵扣收益期望值中的风险因素。在这种准则之下，依据 $ED(A_i)$ 的大小进行决策，即选取 $A_k=\max\{ED(A_i)\}$ 为决策方案。

上面计算了例 4－1 的期望值，下面计算它们的标准差 $\sigma(A_i)$，取 $K=1$ 计算 $ED(A_i)$，得

$$E(A_1)=21,\quad \sigma(A_1)=15.59,\quad ED(A_1)=5.41$$

$$E(A_2)=14.5,\quad \sigma(A_2)=9.53,\quad ED(A_2)=4.97$$

$$E(A_3)=8.75,\quad \sigma(A_3)=2.17,\quad ED(A_3)=6.58$$

取 $K=1$ 时，$\max\{ED(A_i)\}=ED(A_3)=6.58$，方案 A_3 在各自然状态下的收益比较稳定，故 A_3 为最优方案。

二、信息分析

由上一节可知，只要得知事件发生的先验概率，就可以利用期望值准则对所有的备选方案进行排序，确定最优方案。但是在现实生活中，很多先验信息都来自人的主观估计，难以准确地反映客观情况，而决策者依据这样的估计进行决策将面临极大的风险。因此，决策者通常愿意花费一定的时间与金钱，通过获取补充信息的方式去减少环境的不确定性，以降低决策的风险，这就是所谓的信息分析。当决策者决定获取补充信息之后，随之而来的问题有二：一是如何根据补充信息修订初始的先验分布；二是获取补充信息是否值

得。前者要利用到的是概率统计学中的贝叶斯分析方法，而后者则需要后验预分析的支持。

（一）贝叶斯分析方法

贝叶斯分析方法是用于求解先验概率与后验概率之间关系的方法。假定自然状态的先验概率是 $P(\theta_j)$，通过观察与 θ_j 有关的随机变量 I_k（补充信息）的条件概率分布 $P(I_k \mid \theta_j)$，可得事件 I_k 发生情况下，自然状态 θ_j 发生的后验概率，即

$$P(\theta_j \mid I_k)=\frac{P(I_k \mid \theta_j)P(\theta_j)}{P(I_k)}$$

［例 4-2］ 某石油钻探队准备在某一地区勘探石油，根据预测估计钻井出油的概率为 0.3。为了获得更多情报，也可以先做地震试验，再行决策。据历史资料统计，地震试验将有油区勘测为封闭构造的概率为 0.8；将无油区勘测为开放构造的概率为 0.6。试求钻井出油的后验概率。

解 我们几乎不可能取得理想的完全信息，但可以通过调查、试验或咨询等途径获取补充信息，据以修订对决策环境（自然状态）的概率估计。

由题意可知，有油事件 θ_1 的概率 $P(\theta_1)=0.3$，无油事件 θ_2 的概率 $P(\theta_2)=0.7$，这是先验概率；据统计资料测算，地震试验将有油区勘测为封闭构造（信息事件 I_1）的概率为 0.8，将无油区勘测为开放构造（信息事件 I_2）的概率为 0.6，均为事件 I_k 发生的条件概率，即 $P(I_1 \mid \theta_1)=0.8$，$P(I_2 \mid \theta_2)=0.6$；封闭构造而有油的概率 $P(\theta_1 \mid I_1)$，以及开放构造而无油的概率 $P(\theta_2 \mid I_2)$ 均为后验概率，依据后验概率进行决策可以减少风险，改善决策效果。那这些概率又如何测定呢？这就需要利用联合概率和贝叶斯概率公式计算。

不失一般性，设 θ_1，θ_2，…，θ_n 是所有可能出现的自然状态，且其中任意两个自然状态不同时发生，即 $\{\theta_1, \theta_2, \cdots, \theta_n\}$ 是两两互斥的完备事件组。

$P(\theta_j)$ 是状态 θ_j 发生的概率估计，即先验概率。

设 I_k 为补充信息事件组。据统计，$P(I_k \mid \theta_j)$ 是自然状态 θ_j 出现的情况下，事件 I_k 发生的条件概率。

$P(\theta_j \mid I_k)$ 是事件 I_k 发生的情况下，自然状态 θ_j 发生的后验概率。

由联合概率公式，知

$$P(I_k,\theta_j)=P(\theta_j)P(I_k \mid \theta_j)$$

由全概率公式，知

$$P(I_k)=\sum_j P(\theta_j)P(I_k \mid \theta_j)$$

由贝叶斯公式，知

$$P(\theta_j \mid I_k)=\frac{P(I_k \mid \theta_j)P(\theta_j)}{P(I_k)}$$

利用贝叶斯公式可以计算补充信息条件下的后验概率，如表4-6所示。

表4-6　联合概率和后验概率的计算

状态 θ	先验概率 $P(\theta_j)$	条件概率		联合概率		后验概率	
		$P(I_1\|\theta_j)$	$P(I_2\|\theta_j)$	$P(I_1,\theta_j)$	$P(I_2,\theta_j)$	$P(\theta_j\|I_1)$	$P(\theta_j\|I_2)$
有油（θ_1）	0.3	0.8	0.2	0.24	0.06	0.46	0.13
无油（θ_2）	0.7	0.4	0.6	0.28	0.42	0.54	0.87

在表4-6中，先验概率和条件概率为已知条件，联合概率通过联合概率公式计算得到，再由全概率公式，即将联合概率的各列求和，得到封闭构造的概率为0.24+0.28=0.52，开放构造的概率为0.06+0.42=0.48；依据贝叶斯概率公式计算后验概率，即封闭构造而有油的概率 $P(\theta_1|I_1)=0.24/0.52=0.46$，开放构造而无油的概率 $P(\theta_2|I_2)=0.42/0.48=0.87$，又根据概率之和等于1，可以计算 $P(\theta_2|I_1)=0.54$，$P(\theta_1|I_2)=0.13$。

（二）后预验分析

补充信息的价值是获得某种不完全信息可以提高的收益值。

在例4-2中，若钻井出油，则获得4 000万元的收益，若钻井不出油，则亏损1 000万元，因此，期望总收益为：

$$0.13\times 4\,000+0.87\times(-1\,000)=-350(\text{万元})$$

如果有地震试验提供补充信息而采取行动，则期望总收益为：

$$0.3\times 4\,000+0.7\times(-1\,000)=500(\text{万元})$$

由上述分析可知，在没有获得信息前，可能因为不完全的信息而导致错误的决策（投资钻井），因而获得负的期望收益。在获得补充信息后，期望总收益提高了850万元。这个期望总收益的增值就是地震试验的情报价值，所以当地震试验的获取成本低于850万元时，进行地震试验是有利的。

在一般情况下，当各种可能决策方案的后果（损益值）相差很大时，或者各种可能的未来决策环境出现的概率近似相等时，补充信息的价值就相对较高。

三、决策树法

在用期望值准则决策时，对于一些较为复杂的风险性决策问题，例如多级决策问题，仅用表格是难以表达和分析的，为此引入决策树法。

决策树由从左向右依次展开的四部分组成：决策点，用方框“□”表示；状态点，用圆圈“○”表示；树枝，用线条“—”表示；树梢，用“Δ”表示，写在决策树的最右端，表示相应状态下的损益值。

（一）单级决策树

例4-1的决策树如图4-1所示，决策结点引出方案分支，状态结点引出概率分支，结果结点后是损益值。

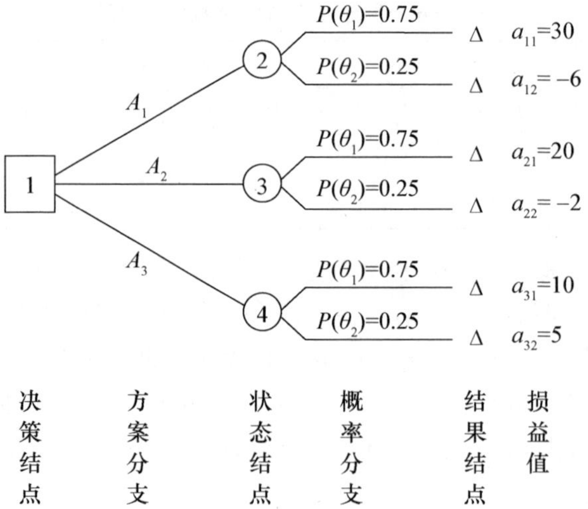

图 4－1　单级决策树

接下来计算期望值：

结点 2：$E(2)=0.75\times30+0.25\times(-6)=21$(万元)

结点 3：$E(3)=0.75\times20+0.25\times(-2)=14.5$(万元)

结点 4：$E(4)=0.75\times10+0.25\times5=8.75$(万元)

结点 1 是决策结点，需要进行抉择，结点 2 的期望值最大，应选择 A_1 方案，故结点 1 的决策期望值为 21 万元。

（二）序列决策树

序列决策是指需要连贯地作出两次或两次以上决策的多级决策问题。事实上，许多决策都存在前后的序列关系，后续决策依赖于前面的决策，前面决策的失误会波及后续决策的效果。多阶段决策问题就是序列决策，需要前后整体地、动态地进行决策。序列决策在方法上与单级决策基本一样，每一状态结点都要计算损益期望值，每一决策结点都要进行方案选择。

[例 4－3]　例 4－2 中的石油钻探队，在获得了相应的信息后，他们可以选择自己钻探或者是出租。根据以往钻井资料统计，自己钻探的钻井费为 1 000 万元，自己钻井出油可收入 4 000 万元；如果出租，租金为 200 万元，若有油，租金再增加 100 万元。已知地震试验费为 300 万元，即为补充不完全信息所付出的代价。试用决策树法进行决策。

解　根据表 4－6 中的信息，据此进行决策的方法即为贝叶斯决策（如图 4－2 所示）。

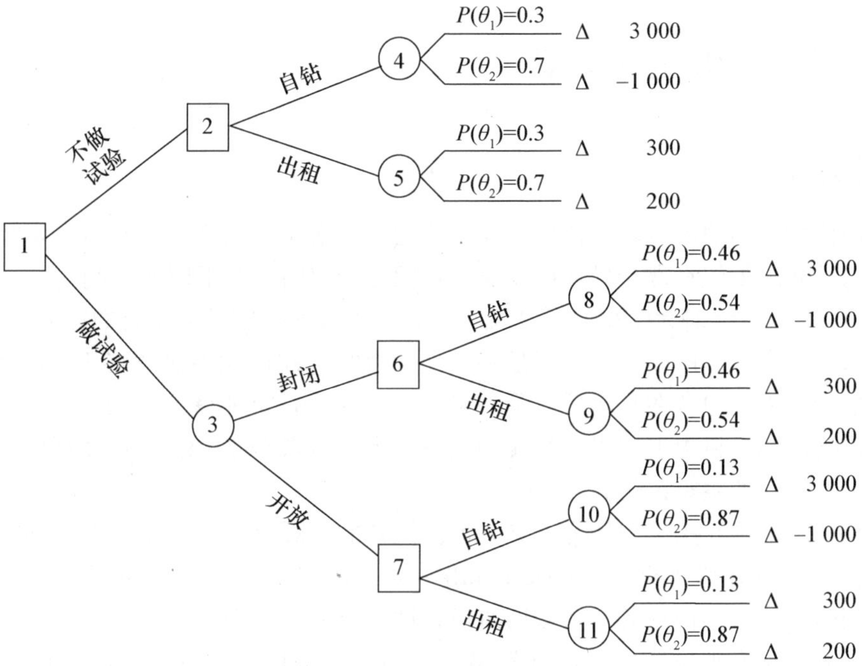

图 4－2　石油钻探决策树

接下来计算结点的期望值：

结点 4：0.3×3 000＋0.7×(－1 000)＝200(万元)

结点 5：0.3×300＋0.7×200＝230(万元)

结点 8：0.46×3 000＋0.54×(－1 000)＝840(万元)

结点 9：0.46×300＋0.54×200＝246(万元)

结点 10：0.13×3 000＋0.87×(－1 000)＝－480(万元)

结点 11：0.13×300＋0.87×200＝213(万元)

结点 6 是决策结点，需要进行抉择。由于结点 8 的期望值大于结点 9 的期望值，故应选择自己钻探，放弃出租，故结点 6 的期望值为 840 万元。

结点 7 是决策结点，需要进行抉择。由于结点 11 的期望值大于结点 10 的期望值，故应选择出租，而不自己钻探，故结点 7 的期望值为 213 万元。

结点 2 是决策结点，需要进行抉择。由于结点 5 的期望值大于结点 4 的期望值，故应选择出租，而不自己钻探，故结点 2 的期望值为 230 万元。

结点 3 是方案结点，需要计算期望值，为 840×0.52＋213×0.48＝539.04 万元。

结点 1 是决策结点，在地震试验与否中进行选择，结点 3 的做地震试验的期望值 539.04－300＝239.04 万元，结点 2 的不做地震试验的期望值为 230 万元，显然先进行地震试验是个较好的决策方案。

决策结论：先进行地震试验，如果地震试验结果是封闭构造，则自己钻探；反之，如果地震试验结果是开放构造，则决定出租。

第 4 节　效用理论决策

一、效用理论

本章前面所介绍的内容基本是根据损益值的多少来作出决策的，然而在实际中，仅通过损益值来计算决策值常常会导致错误决策，因为不同的人在不同的时间对货币价值的评价不同，例如 1 000 元对大学生来说意义重大，但当大学生成长为富有的商人时，这 1 000 元就显得微不足道了。所以，当你还是一名大学生的时候可能不愿意将 1 000 元投入到一个高风险的项目中，但若在几年后成了一名富有的商人，可能就会非常乐意将 1 000 元投入到一个高风险的项目中。所以，当我们使用货币价值来作决策时，并没有在决策过程中考虑决策者对风险的主观评价。

虽然期望值准则在决策中较为常见，但决策者的主观评价也将深刻影响到最终的决策结果。尼古拉·伯努利（Nicolaus Bernoulli）于 1738 年提出了著名的圣彼得堡悖论。该悖论源于当时圣彼得堡街头的一项赌博游戏，即玩家在支付 100 卢布后可连续投掷一枚均匀的硬币，若为正面则投掷成功，直到出现反面则游戏停止，玩家可以获得 2^n 卢布（n 为投掷次数）。按照概率期望值的计算方法，参加这项游戏的期望收益为：

$$E=\frac{1}{2}\times 2+\frac{1}{2^2}\times 2^2+\cdots+\frac{1}{2^n}\times 2^n-100=\infty$$

但事实上，很少有人愿意去参加这样的游戏，这就出现了计算期望值与现实情况的矛盾。因此，对于风险性决策以期望值准则为决策标准，并非完全合理。有的投资大收益大，但成功的把握很小；而有的投资小收益小，但成功的把握很大。在这种情况下，决策者为保险起见，宁可选择后者，这就要借助效用理论。

使用效用函数可以将货币价值和决策者对风险的主观评价转换为 0～1 之间的一个数（无量纲数）。在此需要注意三个问题：

（1）每个人都有自己的效用函数，因此，对于任何问题，确定决策者的效用函数都是非常重要的。

（2）一个人的效用函数可能会随着某些条件的变化而变化，例如上文所提到的 1 000 元对于还是大学生的你来说就非常重要，但当若干年后你变得富有，这 1 000 元对你来说就微不足道。因此，决策者的效用函数应当定期更新。

（3）决策者对于不同的货币价值可能具有不同的效用函数，比如当涉及的货币价值较低时，多数人倾向于承担风险，但如果涉及的货币价值较高时，决策者可能就不愿意去承担风险，这就意味着我们应该仅在某一货币价值范围内考虑决策者的效用函数。

我们为决策者构建一个效用函数，来表示他对 0～50 000 元之间货币价值的偏好，即对收益值的一个相对评价。在这个效用函数中，我们用 $U(0)=0$ 表示最差收益的效用值为 0，用 $U(50\ 000)=1$ 表示最佳收益的效用值为 1，0～50 000 之间的收益值所对应的效用值为 0～1 之间的数，如何确定这些效用值呢？我们首先进行一下博弈。你有 50%的机会获得 0 元，50%的机会获得 50 000 元，根据等可能性准则可以得到货币的期望价值是 25 000 元，在这场博弈当中你愿意接受的最低金额是多少？换句话说，最低多少钱会让你不再去选择其他方案？

这个问题的答案可能会因人而异，假设决策者 A 愿意接受 15 000 元作为保证收益，以此来避免为获得 50 000 元而需要承担的风险，那么说明对于 A 来说 0～50 000 之间的期望价值为 15 000 元，而不是我们之前计算的 25 000 元，那么：

$$U(15\,000)=U(0)\times0.5+U(50\,000)\times0.5=0\times0.5+1\times0.5=0.5$$

如果这场博弈中最差与最好的货币价值分别为 15 000 元和 50 000 元，那么根据等可能性准则可以得到期望价值为 32 500 元。假设决策者 A 愿意接受 27 000 元的保证收益，那么：

$$U(27\,000)=U(15\,000)\times0.5+U(50\,000)\times0.5=0.5\times0.5+1\times0.5=0.75$$

同理，假设决策者 A 愿意接受 6 000 元的保证收益，那么：

$$U(6\,000)=U(0)\times0.5+U(15\,000)\times0.5=0\times0.5+0.5\times0.5=0.25$$

由此，我们可以得到对于决策者 A 而言的不同货币价值对应的效用值，可以通过重复上述过程计算出其他货币价值所对应的效用值，进而可以绘制出效用曲线，由图 4-3 所示，其中 X 轴表示货币价值，Y 轴表示效用值。

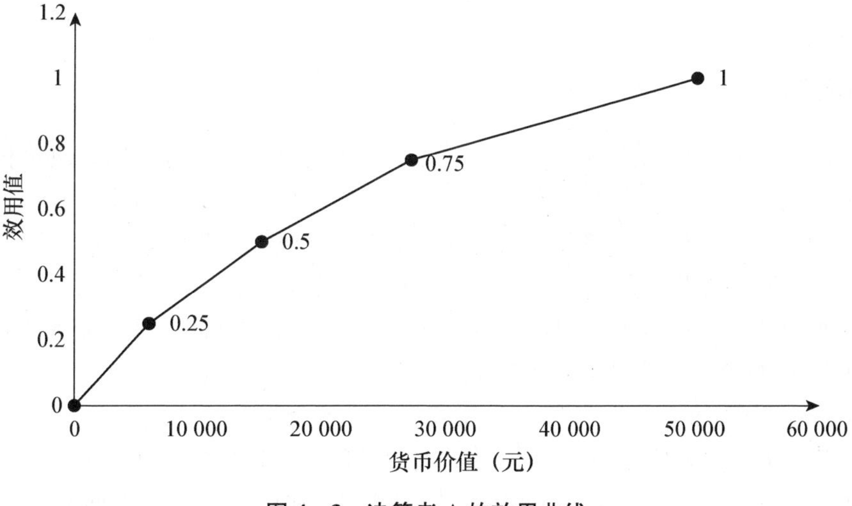

图 4-3　决策者 A 的效用曲线

决策者 A 是典型的风险规避者，风险规避者在做决策时倾向于获得较低的效用以避免产生较大的损失，随着货币价值的增加，A 的效用值的增加较为缓慢。还可以通过计算风险溢价的方法来衡量决策者对风险的态度，即

风险溢价＝期望值－确认接受值

风险溢价表示决策者为避免风险而愿意放弃的货币金额，例如，决策者 A 在 0～50 000

元博弈中的风险溢价为 25 000－15 000＝10 000（元），也就是说决策者 A 愿意放弃 10 000 元的收益来避免博弈中的不确定性风险；同样，在 15 000 元和 50 000 元的博弈中，决策者 A 愿意放弃 5 500 元（32 500－27 000）来避免风险。

显然，一个不愿意冒险的人会愿意放弃更大的数额来避免不确定性。相反，一个寻求风险的人将坚持获得比期望值更大的货币收益来结束博弈，此类人的风险溢价为负。此外，风险中性的人能够接受的盈利期望始终等于货币的期望价值。由此我们可知，风险规避者的风险溢价大于 0，风险中立者的风险溢价等于 0，风险偏好者的风险溢价小于 0。

因此，可以构成三种效用曲线，如图 4－4 所示，其中横坐标 R 代表损益值，纵坐标 $U(R)$ 代表效用。

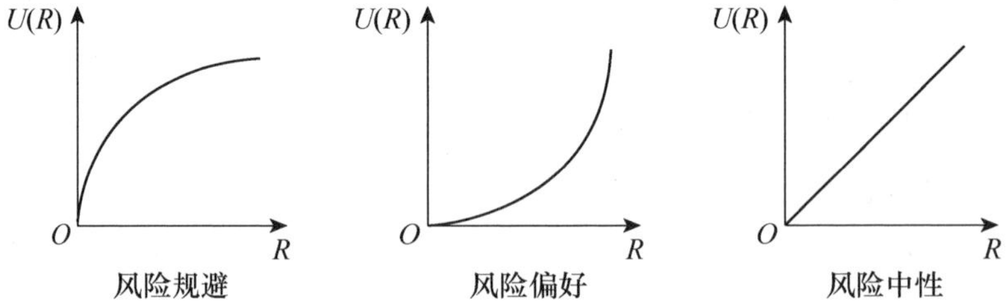

图 4－4　三类典型效用曲线

一个人的效用曲线会随着决策者心态的变化而变化，例如当涉及的金额很小时，大多数人都可能是风险偏好者（比如用 1 元钱去买彩票），随着金额的增加，他们会逐渐变为风险规避者。

二、应用案例

确定了决策者的效用曲线后，如何在决策中使用它呢？我们可以结合决策树的相关内容，求解相应的先验概率和后验概率，但是此处我们不再使用货币值作为收益，而是将其替换为效用值，并使用最大化期望效用值的准则来进行决策。我们来看一个例子。

马克现在面临商业投资的决策，如果所投资的企业取得巨大成功，马克将获得 40 000 元的利润，如果该企业取得了成功，马克将获得 10 000 元的利润，如果企业失败，马克将损失 30 000 元的投资。马克估计，风险投资获得巨大成功的机会为 20%，获得中等成功的机会为 30%，失败的机会为 50%，马克应该投资该企业吗？

马克的投资方案决策树如图 4－5 所示，结点 2 的货币期望值为 40 000×0.2＋10 000×0.3＋(－30 000×0.5)＝－4 000 元。显然，结点 2 的期望值小于结点 3 的期望值（$E(3)=0$），由此判断马克不应该投资该企业。

如果我们从效用的角度来看待这一问题，马克可以构建一条效用曲线来表示他对 40 000～30 000 元之间的货币金额的偏好，如图 4－6 所示，可看出马克是一位风险偏好者。从马克的效用曲线中我们注意到马克对于投资回报的效用值分别为：$U(-30\ 000)=0$，$U(0)=0.15$，$U(10\ 000)=0.3$，$U(40\ 000)=1$，用这些效用值替换图 4－5 决策树中的货币价值，追求效用最大，可以得到如图 4－7 所示的结果，即马克应该选择投资该企业。

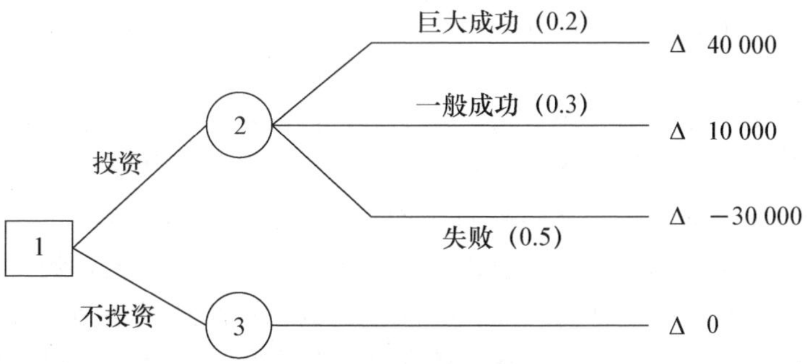

图 4－5　马克投资决策树

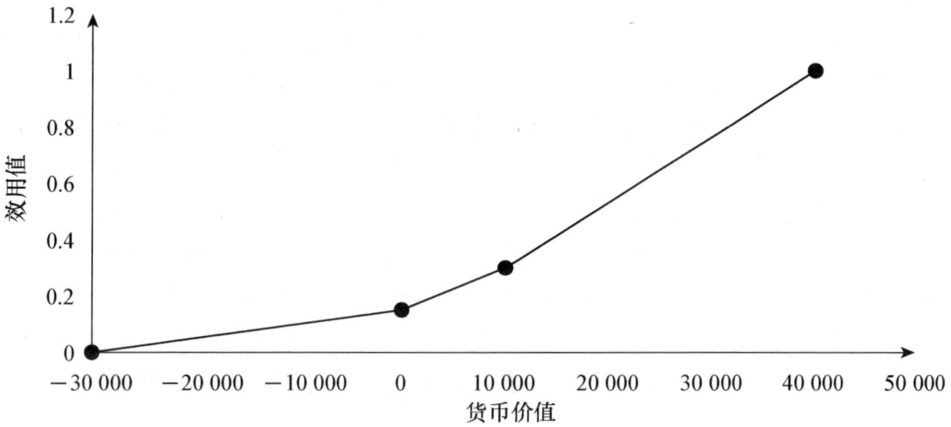

图 4－6　马克的效用曲线

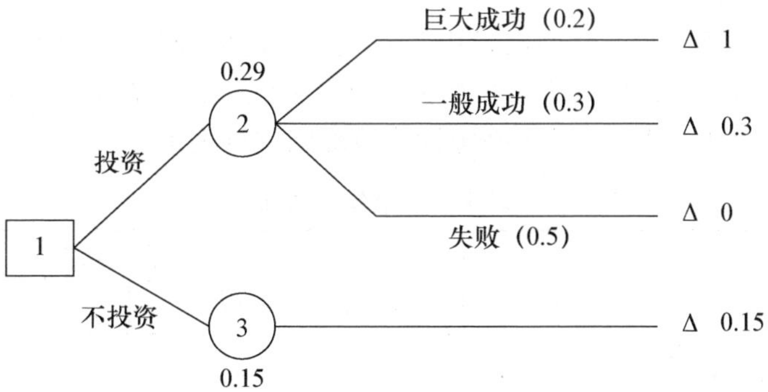

图 4－7　马克投资效用决策树

从这个例子中我们能够看出，通过货币价值的期望和效用值来作决策时，可能会产生不同的决策结果，效用曲线能够清晰地反映出决策者对风险的态度，因而在实际的管理问题中，往往会利用效用理论进行决策。

案例分析

通过对吉利公司发展历程的了解，我们可以知道不管是吉利公司收购沃尔沃还是吉利在战略上的转型都属于企业的风险性决策，即决策者对决策对象的自然状态和客观条件比较清楚，也有比较明确的决策目标，但是实现决策目标必须冒一定风险，在对未来的决定因素可能出现的结果不能作出充分肯定的情况下，根据各种可能结果的客观概率作出的决策。在吉利公司收购沃尔沃的时候，吉利公司也处于资金紧张状态，当时外债将近 100 亿元，收购沃尔沃的部分资金也是从银行贷款而来，而且当时福特旗下的沃尔沃负债累累，如果不能把收购后的沃尔沃盘活，它也许会成为吉利公司的一个大累赘。当时一部分业内人士并不看好此次收购。他们认为，无论从年销售额、资产规模还是发展历史、品牌影响力上看，吉利与沃尔沃都不在一个档次。沃尔沃亏损严重，瑞典人自己也经营不好，吉利又如何收拾得了这么一个烂摊子。但如果把收购的沃尔沃经营好的话，这也许将为吉利今后的战略转型提供很大的帮助，为吉利公司汽车品牌的重新定位作出贡献。

日后的实践证明，李书福的判断是正确的，吉利经过不断的技术改进，从自主研发并实现产业化的发动机，到拥有完全自主知识产权、国内首个实现产业化的自动变速箱，再到独创的爆胎安全控制系统，短短几年间，吉利在汽车发动机、变速箱等核心技术以及安全技术方面实现的重大突破让人刮目相看。“技术吉利”成为企业发展的长久动力。2010 年 1 月，“吉利战略转型的技术体系创新工程建设”在国家科学技术奖励大会上获得国家科技进步二等奖。2012 年，吉利公司顺利进入《财富》世界 500 强企业之列。

综上所述，吉利公司在其发展历程中所作的战略转型和收购沃尔沃的决策均属风险性决策，通过对其运用期望值损益和决策树法进行分析可知，企业作出这种决定后可能会面临某些风险和损失，但就总体来说，其收益的概率远远大于其损失的可能。

复习思考题

1. 某公司为促进其产品的销售，拟筹办一次产品展销会。可利用公司的一处空地露天展销，这样可免除场地费，然而展销中一旦遇雨，将要损失 10 万元；也可租借展览馆在室内展销，这样可避免遇雨损失，但要付租金 7 万元。无论在何处举办展销会，都另需会务费 3 万元（见表 4－7）。试用不确定性决策准则进行决策。

表 4－7　展销会情况　　单位：万元

决策方案		自然状态	
		θ_1（有雨）	θ_2（无雨）
	S_1（露天）	13	3
	S_2（租馆）	10	10

2. 某书店希望订购新出版的一部图书。据以往经验，新书的销售量可能为 80、120、180 或 240 本。已知每本新书订购价为 5 元，零售价为 8 元，剩书的处理价为 1 元。试分别用悲观决策准则、乐观决策准则、乐观系数准则、等可能性准则和最小后悔准则确定图书的订购量。

3. 若第 1 题据统计资料预测，展销期间有雨的概率为 0.75，没雨的概率为 0.25，用最大可能性准则进行决策。

4. 若第 2 题中书店统计以往这类新书销售量规律如表 4－8 所示。

表 4-8　新书销售量规律

销售量（本）	80	120	180	240
销售比例（%）	10	30	40	20

分别用最大可能准则与期望收益准则确定该书的订货量。

5. 某小型水电企业根据社会用电的情况，对未来售电的预测是：出现高售电的概率为 0.5，中售电的概率为 0.4，低售电的概率为 0.1。企业现有两个可供选择的方案：一个是扩建电站，需投资 200 万元；另一个是配套改造，需投资 80 万元。扩建电站和改造工程投产后，不同自然状态下，不同方案下 5 年内的年度平均售电利润如表 4-9 所示。请问应该选择哪种方案？

表 4-9　不同方案下年度平均售电利润情况

自然状态	概率	不同方案下年度平均售电利润（万元）	
		扩建电站	配套改造
高售电	0.5	80	60
中售电	0.4	40	40
低售电	0.1	10	20

6. 读大三的你在谋划自己的未来，首先要决策的问题是考研还是就业，根据你的学习状况，估计出考研成功的概率，考取以后又有三种选择：考博、从政、从商。考取博士以后有三种可能：从政、从商、从教。研究生毕业后从政可能有作为，也可能无所作为。研究生毕业后从商有三种可能：进国企、进外企或创业。若不考研或考研失败则有三种可能：进国企、进外企或创业。试估计各种情况的概率及收益，为自己的未来作出决策。

05

Chapter

第5章

多属性决策

学习要点

- 掌握层次分析法的基本原理、实施步骤及其应用
- 正确理解判断矩阵一致性检验的目的和方法
- 正确理解层次单排序和层次总排序的差异
- 正确理解指标值极性变化和无量纲化的目的
- 了解模糊聚类和灰色关联分析原理及其应用

引入案例

多属性排序决策中，一般都是多目标多指标选择，既有量化指标，又有定性指标，难以抽象为解析形式的数学模型问题（非结构化问题），这就需要强调决策者直觉判断的重要性和决策过程中方案比较的一致性，既需要科学合理地确定指标权重，又需要客观准确地进行排序。常用的多属性评价决策方法中，层次分析法是将定性问题进行定量分析的一种多准则评价方法，其原理是把复杂问题按属性的逻辑关系逐层分解，形成层次结构，并用一定标度把主观判断客观量化，进行层次排序。多指标排序法是针对多方案多指标的评价问题，通过统一指标的量纲和极性，使不同性质的指标值具有可加性，实现方案价值的排序。模糊评价是利用模糊数学理论建立模糊矩阵，通过聚类分析综合评价方案各指标的实现程度。灰色关联法是根据灰色关联度实现评价因素的重要性排序，还可以通过两两因素的关联分析，实现同类因素的归并。

第 1 节　层次分析法

层次分析法（Analytic Hierarchy Process，AHP）是由美国著名运筹学家萨蒂（T. L. Saaty）于 20 世纪 70 年代提出来的一种系统分析方法。这种方法把一个复杂的问题按属性的逻辑关系逐层分解，形成一个层次结构来加以分析，以降低分析问题的难度，并在逐层分解的基础上加以综合，从而给出复杂问题的求解结果。

一、层次分析法基本原理

层次分析法是用一定标度把人的主观判断进行客观量化，将定性问题进行定量分析的一种简单实用的多准则评价决策方法。其基本原理可以归结为：

第一，通过分析评价方案的因素及其相互关系，将方案评价分解为不同的组成要素，并将这些要素划归不同层次，形成多层次的分析结构模型。

第二，将每一层次的各要素相对于其上一层次各要素的相对重要程度进行两两比较判断，得到其相对重要程度的比较标度，建立判断矩阵。

第三，通过计算判断矩阵的最大特征根及其相对应的特征向量，得到各层要素相对上层某要素的重要性次序，建立相对权重向量。

第四，自上而下地用上一层次各要素的组合权重为权数，对本层次各要素的相对权重向量进行加权求和，得出各层次要素关于系统总体目标的组合权重，根据最终权重的大小进行方案排序，为选择最佳方案提供决策依据。

二、层次分析法实施步骤

（一）建立层次模型

首先将需要评价的目标分解为测度因素指标，将这些因素再按属性关系分解为次级组成因素，如此层层分解，形成一个有序的层次递阶的因素从属关系结构，如图 5－1 所示的目标层 O、准则层 U 和方案层 A 等。

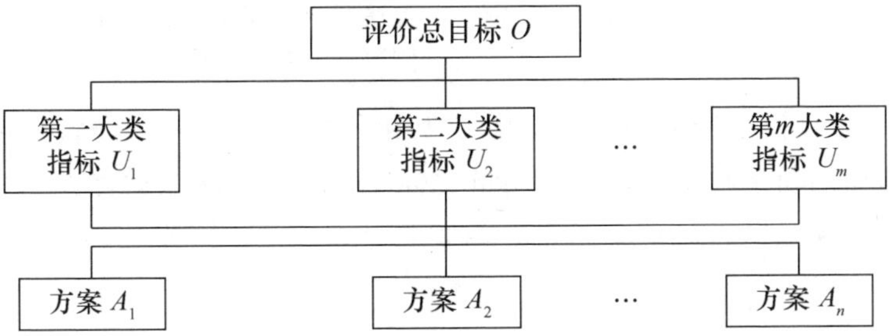

图 5－1　层次结构模型图

图 5－1 是一种最简单的综合评价层次结构。其中，U_i 表示第 i 项影响因素，A_j 表示第 j 个方案。中间层是为实现总目标而设立的准则层或指标层，是目标的具体化，即衡量

目标能否实现的标准，准则层可以不止一层，一般评价采用大类和小类两层指标。

值得说明的是：评价原则要求一致，所以目标层与准则层之间、准则层内部各层之间一般是完全层次关系，而且据心理学实验，人的最大比较分辨能力为 9 级，则同一完全层次关系的指标数不要超过 9 个。

（二）构造判断矩阵

一个因素被分解为若干个与之相关的下层因素，通过各下层因素对该因素的重要程度两两相比较，构成一个判断矩阵。所谓判断矩阵是以矩阵的形式来表述每一层次中各要素相对其上层某要素的相对重要程度。建立判断矩阵是层次分析法中最关键的一步。

图 5－1 中，U_i-A 层可以构造一个 $n\times n$ 阶的判断矩阵如下：

U_i	A_1	A_2	…	A_n
A_1	a_{11}	a_{12}	…	a_{1n}
A_2	a_{21}	a_{22}	…	a_{2n}
⋮	⋮	⋮		⋮
A_n	a_{n1}	a_{n2}	…	a_{nn}

其中，a_{ij} 表示针对 U_i 而言，要素 A_i 对 A_j 的相对重要程度的数值，即重要性的比较标度。

通常我们很难马上说出所有 A_1，A_2，…，A_n 之间相对重要程度，但可以对 A_i 与 A_j 间两两比较确定，利用相对数值作为标度来量化判断语言，如表 5－1 所示。

表 5－1　判断标度

标度	定义	说明
1	同等重要	两个要素相比较，它们具有同样重要性
3	稍微重要	两个要素相比较，一个比另一个重要一些
5	明显重要	两个要素相比较，一个明显比另一个重要
7	强烈重要	两个要素相比较，一个比另一个重要得多
9	极端重要	两个要素相比较，一个绝对比另一个重要
2，4，6，8	上述两相邻判断的折中	上述两个相邻标准之间折中时的定量标度
上列各数的倒数	反比较	倒数表示两个相比较要素的不重要程度

a_{ij} 的确定一般是根据资料统计，或由专家和分析者一起根据经验反复讨论后，根据定性分析的直觉和判断来确定的，即运用量化标度将思维判断数量化。

显然，判断矩阵应该满足如下特征：自比性，$a_{ii}=1$；反比性，$a_{ij}=1/a_{ji}$；一致性，$a_{ij}=a_{il}/a_{jl}$。

（三）一致性检验

建立判断矩阵时保持判断思维的一致性是非常重要的，衡量判断矩阵质量优劣的办法是检验定性思维是否具有一致性。

一致性是指判断矩阵中各要素的重要性是否一致，不能出现逻辑矛盾。当判断矩阵中的元素都符合一致性特性时，说明该判断矩阵具有完全一致性。例如，甲比乙稍微重要 $a_{甲乙}=3$，乙又比丙重要一点 $a_{乙丙}=2$，则甲比丙的重要程度 $a_{甲丙}=a_{甲乙}\times a_{乙丙}=6$，就具有完全一致性；如果 $a_{甲丙}=5$ 或 $a_{甲丙}=7$，只要 $a_{甲丙}\neq 6$，就不具有完全一致性。然而，如果人们在进行主观评价时，对评价指标和评价方案的认识具有片面性，那么所建立的判断矩阵就不可能表现出完全一致性。这就需要对所建立的判断矩阵进行一致性检验，以防止人们思维出现逻辑矛盾。

根据矩阵理论可知，n 阶判断矩阵的最大特征根为单根，且最大特征根 $\lambda_{max}\geqslant n$。当 n 阶判断矩阵具有完全一致性时，存在唯一非零的最大特征根 $\lambda_{max}=n$，其余特征根均为零。当判断矩阵不能保证具有完全一致性时，其特征根也将发生变化。因此，可以利用判断矩阵特征根的变化来判断一致性程度。

引入判断矩阵的一致性指标 C. I.（consistency index），来检验人们思维判断的一致性程度。计算公式如下：

$$\mathrm{C.\,I.}=\frac{\lambda_{max}-n}{n-1}$$

C. I. 值越大，表明判断矩阵偏离完全一致性的程度越大；C. I. 值越小（越接近0），表明判断矩阵偏离完全一致性的程度越小，即判断矩阵的一致性越好。

对于不同阶的判断矩阵，人们判断的一致性误差不同，其 C. I. 值的要求也不同。阶数 n 越大，需要比较的要素越多，人们思维的分辨能力相对降低，造成判断不一致的可能性增大，C. I. 值就越大；阶数 n 越小，认为造成偏离一致性判断的可能性越小。为度量不同阶判断矩阵是否具有满意的一致性，再引入平均随机一致性系数指标 R. I.（random index），不同阶次的数值如表 5－2 所示：

表 5－2　平均随机一致性指标

矩阵阶数 n	1	2	3	4	5	6	7	8	9
R. I.	0	0	0.58	0.92	1.12	1.24	1.32	1.41	1.45

对于一阶、二阶矩阵，判断矩阵是完全一致的，不必计算一致性指标。当 $n\geqslant 3$ 时，判断矩阵的一致性指标 C. I. 与同阶平均随机一致性系数指标 R. I. 之比称为随机一致性比值（consistency ratio），记作 C. R.，即

$$\mathrm{C.\,R.}=\frac{\mathrm{C.\,I.}}{\mathrm{R.\,I.}}$$

当 C. R. <0.1 时，认为判断矩阵具有满意的一致性；当 C. R. $\geqslant 0.1$ 时，认为判断矩阵不一致，应对判断矩阵作适当调整，使其满足 C. R. <0.1，从而具有满意的一致性。只有通过一致性检验的判断矩阵才可以用于层次排序。

（四）层次单排序

判断矩阵是针对上一层某要素而言，进行两两比较的重要性评比数据。层次单排序就

是把本层所有要素针对上一层某要素而言，排出评比的优劣次序，这种次序以相对数值大小表示，称为相对权重向量。

这就要利用线性代数知识，计算判断矩阵的特征根和特征向量，计算所得的特征向量就是相对权重向量。由于运用线性代数求矩阵的特征根和特征向量比较复杂，计算量大，层次分析法中一般采用近似计算，常用的近似计算方法有“方根法”和“求和法”。其中，方根法应用更为普遍。具体步骤如下：

（1）计算 n 阶判断矩阵每一行各元素之乘积 M_k。

（2）计算 M_k 的 n 次方根 $\overline{M}_k=\sqrt[n]{M_k}$ 。

（3）归一化处理，得到特征向量 $W=(w_1,\ w_2,\ \cdots,\ w_n)^{\mathrm{T}}$，就是所求相对权重向量。

$$W_k=\frac{\overline{M}_k}{\sum\limits_{j=1}^{n}\overline{M}_j}$$

（4）近似计算最大特征根 $\lambda_{\max}$。

$$\lambda_{\max}=\frac{1}{n}\sum_{k=1}^{n}\frac{(AW)_k}{W_k}$$

式中，A 是 $n\times n$ 阶判断矩阵，其相对权重向量是 W；$(AW)_k$ 是矩阵 A 与向量 W 乘积所得列向量的第 k 个元素。

（五）层次总排序

计算绝对权重就是进行层次总排序。所谓层次总排序就是针对最高层目标而言，对本层次各要素重要程度的次序排列。

总排序需从上到下逐层顺序进行，最高层次的层次单排序正是相对于总目标而言的，所求相对权重向量也就是其总排序的结果。因此，大类指标（U_1，U_2，…，U_m）的相对权重也就是其绝对权重（w_1，w_2，…，w_m），具体指标 v_{ij}（$j=1$，2，…，n_i）的绝对权重 a_j 等于其相对权重 w_j^i 与大类指标的绝对权重 w_i 之乘积，即 $a_j=w_i\cdot w_j^i$。

三、层次分析法应用举例

供应商评价和优选决策可以根据供应商的实际履行情况进行选择，其中制造履行体现在采购成本、质量、提前期、柔性、服务支持等与制造直接相关的属性，技术履行指的是采购产品的革新特性。要研究供应商评价排序，就必须涉及密切相关的属性重要性量化问题。下面通过层次分析法解决指标权重问题，再依据属性指标序列进行排序。

（一）指标结构

某公司对其供应商进行评价，考虑供货成本 U_1、质量 U_2、交货 U_3 三方面的评价指标。其中，成本属性主要是指供应商所供给的原料、零件的市场报价，运输、仓储等物流费用，以及数量折扣优惠，下设“市场报价 V_1”“数量折扣 V_2”“物流费用 V_3”指标。质量属性应关注供应商产品的合格品率、质量认证、服务质量等，从制度上保障供应商产品质量的可靠性，下设“合格品率 V_4”“质量认证率 V_5”“电话通畅率 V_6”“客户投诉率 V_7”指标。交货属性是响应需求的时间量度，应关注订货提前期长短、交货准确率、柔性供货能力等，下设“订货提前期 V_8”“按时交货率 V_9”“按质交货率 V_{10}”“柔性订货能力 V_{11}”指标。进行综合评价的层次结构如图 5－2 所示。

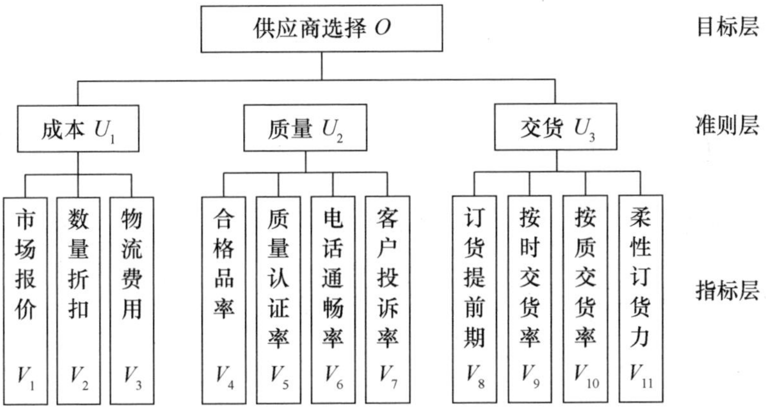

图 5－2　供应商选择的评价层次结构

（二）判断矩阵

组织相关人员进行讨论，通过对各因素的重要性程度两两相比较，构造判断矩阵。本例应该建立 4 个判断矩阵。针对目标层，根据准则层各因素对评价目标的贡献，建立 $O-U$ 判断矩阵；针对准则层，建立 $U-V$ 判断矩阵，即 U_1-V、U_2-V、U_3-V，如下：

目标 O	U_1	U_2	U_3
U_1	1	1/4	1/2
U_2	4	1	2
U_3	2	1/2	1

准则 U_1	V_1	V_2	V_3
V_1	1	3	2
V_2	1/3	1	1/2
V_3	1/2	2	1

准则 U_2	V_4	V_5	V_6	V_7
V_4	1	1/2	3	2
V_5	2	1	5	3
V_6	1/3	1/5	1	1/2
V_7	1/2	1/3	2	1

准则 U_3	V_8	V_9	V_{10}	V_{11}
V_8	1	2	1/3	3
V_9	1/2	1	1/6	2
V_{10}	3	6	1	9
V_{11}	1/3	1/2	1/9	1

（三）相对权重

下面以 $O-U$ 判断矩阵为例，介绍方根法的具体计算步骤。

（1）计算 3 阶判断矩阵 $O-U$ 每一行元素之乘积 M_k，即

$$M_1=1\times\frac{1}{4}\times\frac{1}{2}=0.125$$
$$M_2=4\times1\times2=8$$
$$M_3=2\times\frac{1}{2}\times1=1$$

（2）计算 M_k 的矩阵维数 3 次方根 $\overline{M}_k$。

$$\overline{M}_1=\sqrt[3]{M_1}=\sqrt[3]{0.125}=0.5$$
$$\overline{M}_2=\sqrt[3]{M_2}=\sqrt[3]{8}=2$$
$$\overline{M}_3=\sqrt[3]{M_3}=\sqrt[3]{1}=1$$

（3）归一化处理得特征值 W_k，由于 $\sum\overline{M}_j=0.5+2+1=3.5$，有

$$w_1=\frac{0.5}{3.5}=0.1429$$
$$w_2=\frac{2}{3.5}=0.5714$$
$$w_3=\frac{1}{3.5}=0.2857$$

即准则层 U 的相对权重向量 $W_U=(0.1429，0.5714，0.2857)^{\mathrm{T}}$。

（4）近似计算最大特征根 $\lambda_{\max}$。

$$AW=\begin{bmatrix}1 & 1/4 & 1/2\\4 & 1 & 2\\2 & 1/2 & 1\end{bmatrix}\begin{bmatrix}0.1429\\0.5714\\0.2857\end{bmatrix}=\begin{bmatrix}0.4286\\1.7144\\0.8572\end{bmatrix}$$

$$\lambda_{\max}=\frac{1}{3}\sum_{k=1}^{3}\frac{(AW)_k}{W_k}=\frac{1}{3}\left(\frac{0.4286}{0.1429}+\frac{1.7144}{0.5714}+\frac{0.8572}{0.2857}\right)=3$$

（5）进行一致性检验。

$$\text{C. I.}=\frac{\lambda_{\max}-n}{n-1}=\frac{3-3}{3-1}=0$$
$$\text{C. R.}=\frac{\text{C. I.}}{\text{R. I.}}=\frac{0}{0.58}=0$$

可见，随机一致性指标 C. R. <0.1，判断矩阵 $O-U$ 具有满意的一致性。

同理，可以计算其他各判断矩阵的层次单排序如下：

U_1-V

$$W=\begin{bmatrix}0.5396\\0.1634\\0.2970\end{bmatrix}$$

U_2-V

$$W=\begin{bmatrix}0.2717\\0.4832\\0.0882\\0.1569\end{bmatrix}$$

U_3-V

$$W=\begin{bmatrix}0.2063\\0.1108\\0.6189\\0.0640\end{bmatrix}$$

$\lambda_{max}=3.0093$	$\lambda_{max}=4.0146$	$\lambda_{max}=4.0102$
C. I. =0.004 6	C. I. =0.004 9	C. I. =0.003 4
R. I. =0.58	R. I. =0.92	R. I. =0.92
C. R. =0.007 9	C. R. =0.005 3	C. R. =0.003 7

(四) 绝对权重

大类指标（U_1，U_2，U_3）的相对权重也就是其绝对权重（0.142 9，0.571 4，0.285 7），具体指标的绝对权重等于其相对权重与大类指标的绝对权重之乘积，如表 5－3 所示。

表 5－3 指标绝对权重

明细指标	大类指标			绝对权重
	U_1	U_2	U_3	
	0.142 9	0.571 4	0.285 7	
V_1	0.539 6			0.077 1
V_2	0.163 4			0.023 3
V_3	0.297 0			0.042 4
V_4		0.271 7		0.155 2
V_5		0.483 2		0.276 1
V_6		0.088 2		0.050 4
V_7		0.156 9		0.089 7
V_8			0.206 3	0.058 9
V_9			0.110 8	0.031 7
V_{10}			0.618 9	0.176 8
V_{11}			0.064 0	0.018 3

第 2 节 多指标排序

如果有 m 个可行方案，方案序号为 s，即 $s=1$，2，…，m，每个方案都有 n 个衡量指标 V_j ($j=1$，2，…，n)，其权重向量记为 $\alpha=(\alpha_1，\alpha_2，\cdots，\alpha_n)$。第 s 个方案对于评价指标 V_j 的取值用 d_{sj} 表示，m 个方案对于评价指标 V_j 的取值组成一个序列 $d_j=(d_{1j}，d_{2j}，\cdots，d_{mj})$，如表 5－4 所示。对各方案进行价值分析，就可以得出方案的优劣。

表 5－4 方案对于评价指标的原始评价值

指标	权重	方案 1	方案 2	…	方案 m
V_1	α_1	d_{11}	d_{21}	…	d_{m1}
V_2	α_2	d_{12}	d_{22}	…	d_{m2}
⋮	⋮	⋮	⋮		⋮
V_n	α_n	d_{1n}	d_{2n}	…	d_{mn}

但是，在这些指标中，有一些指标希望它越大越好，另一些指标则越小越好，即指标极性不统一；并且各指标的量纲也不一致，各方案同一指标的数值又不完全相等，从而造

成无法直接比较方案的优劣。因此，需先将各指标值无量纲化和无极性化，以便使各指标的评价尺度统一，然后才能对各方案的价值进行分析和评价。

一、指标值极性变换

由于不同评价指标的原始序列的极性是不一致的，因此，需对评价指标 V_j 的序列 d_{sj} 进行极性变换以统一极性，进而得到无极性的序列。具体步骤如下：

（一）极大值极性的无极性化

对极大值极性序列，将序列的各元素与该序列的最大值相比，即按以下方式进行变换：

$$d'_{sj}=\frac{d_{sj}}{\max\limits_{k} d_{kj}}$$

（二）极小值极性的无极性化

对极小值极性序列，将序列的最小值与该序列的各元素相比，即按以下方式进行变换：

$$d'_{sj}=\frac{\min\limits_{k} d_{kj}}{d_{sj}}$$

（三）适中值极性的无极性化

对适中值极性序列，越接近适中值越好。设 d_{0j} 为指标 V_j 的适中值，则按以下方式进行变换：

$$d'_{sj}=\frac{\min\{d_{sj},d_{0j}\}}{\max\{d_{sj},d_{0j}\}}$$

二、指标值无量纲化

不同指标的无极性序列值 d'_{sj} 的量纲是不一致的，因此，需进行无量纲化，以统一量纲，进而得到无极性无量纲化值。常见方法如下：

（一）初始值化法

对序列作初始值化处理，即将序列的各元素与该序列的初始值 d'_{1j} 相比。

（二）均值化法

对序列的指标数据作均值化处理，即先求出序列的均值，再将该序列的各元素与其均值相比。

（三）区间值化法

对序列的指标数据作区间值化处理，即先求出序列的极差（最大值与最小值之差），然后将该序列的各元素减去最小值之后再与其极差值相比，变换公式如下：

$$v_{sj}=\frac{d'_{sj}-\min\limits_{k}(d'_{kj})}{\max\limits_{k}(d'_{kj})-\min\limits_{k}(d'_{kj})}$$

时间序列或空间序列数值适合初始值化法，而指标序列数值更适合采用均值化法处理。此外，还有线性插值法、均值方差法等无量纲化方法。

三、方案价值的综合

在对各类评价指标作无极性化和无量纲化处理后，再用指标的权重向量 α 进行综合权衡，得方案 s 的综合评价值 $v^{(s)}$ 为：

$$v^{(s)}=\sum_{j}\alpha_j\cdot v_{sj}$$

按照综合评价值的大小，确定方案的优劣顺序。根据 $optv=\max\limits_{s}\{v^{(s)}\}$，确定最优方案。

四、多指标排序举例

为了定量评判供应商，进行相关的调查和研究，收集到关于某种外购零件的 5 家供应商 Co. 1、Co. 2、Co. 3、Co. 4 和 Co. 5 的指标统计数据如表 5－5 所示：

表 5－5　供应商履约统计资料

评价指标	单位	Co. 1	Co. 2	Co. 3	Co. 4	Co. 5
市场报价 V_1	元/千克	800	810	790	800	805
数量折扣 V_2	%	5	3	1	1	2
物流费用 V_3	元/千克	30	30	32	30	33
合格品率 V_4	%	100	95	99	97	100
质量认证率 V_5	%	95	90	80	90	70
电话通畅率 V_6	%	95	83	88	96	93
客户投诉率 V_7	%	5	10	7	15	3
订货提前期 V_8	周	10	8	12	10	12
按时交货率 V_9	%	98	85	97	98	97
按质交货率 V_{10}	%	100	98	93	95	95
柔性订货力 V_{11}	%	50	55	40	35	30

试进行多指标排序，给出供应商选择的建议。

（一）指标值无极性化处理

这些指标中，市场报价 V_1、物流费用 V_3、客户投诉率 V_7、订货提前期 V_8 是极小值极性，用各行的最小值与该行的每个元素之比，去掉指标极性；数量折扣 V_2、合格品率 V_4、质量认证率 V_5、电话通畅率 V_6、按时交货率 V_9、按质交货率 V_{10}、柔性订货力 V_{11} 是极大值极性，用各行的每个元素与该行的最大值之比，去掉指标极性。处理结果如表 5-6 所示：

表 5-6　无极性化处理后序列值

评价指标	单位	Co. 1	Co. 2	Co. 3	Co. 4	Co. 5
市场报价 V_1	元/千克	0.987 5	0.975 3	1.000 0	0.987 5	0.981 4
数量折扣 V_2	%	1	0.6	0.2	0.2	0.4
物流费用 V_3	元/千克	1	1	0.937 5	1	0.909 1
合格品率 V_4	%	1	0.950 0	0.990 0	0.970 0	1
质量认证率 V_5	%	1	0.947 4	0.842 1	0.947 4	0.736 8
电话通畅率 V_6	%	0.989 6	0.864 6	0.916 7	1	0.968 8
客户投诉率 V_7	%	0.600 0	0.300 0	0.428 6	0.200 0	1
订货提前期 V_8	周	0.800 0	1	0.666 7	0.800 0	0.666 7
按时交货率 V_9	%	1	0.867 3	0.989 8	1	0.989 8
按质交货率 V_{10}	%	1	0.980 0	0.930 0	0.950 0	0.950 0
柔性订货力 V_{11}	%	0.909 1	1	0.727 3	0.636 4	0.545 5

（二）指标值无量纲化处理

这些指标中，各指标的单位不统一，不能进行加权求和，因此需要去掉指标的量纲。对于指标序列，一般采用均值化法处理，用各行的每个元素与该行的平均值之比，如表 5-7 所示。再把层次分析求得的指标权重加入表 5-7 的第二列。

表 5-7　无极性无量纲化处理后序列值

评价指标	指标权重	Co. 1	Co. 2	Co. 3	Co. 4	Co. 5
市场报价 V_1	0.077 1	1.001 2	0.988 8	1.013 8	1.001 2	0.995 0
数量折扣 V_2	0.023 3	2.083 3	1.250 0	0.416 7	0.416 7	0.833 3
物流费用 V_3	0.042 4	1.031 7	1.031 7	0.967 2	1.031 7	0.937 9
合格品率 V_4	0.155 2	1.018 3	0.967 4	1.008 1	0.987 8	1.018 3
质量认证率 V_5	0.276 1	1.117 6	1.058 9	0.941 2	1.058 9	0.823 5
电话通畅率 V_6	0.050 4	1.043 9	0.912 1	0.967 0	1.054 9	1.022 0
客户投诉率 V_7	0.089 7	1.186 4	0.593 2	0.847 5	0.395 5	1.977 4
订货提前期 V_8	0.058 9	1.016 9	1.271 2	0.847 5	1.016 9	0.847 5
按时交货率 V_9	0.031 7	1.031 6	0.894 7	1.021 1	1.031 6	1.021 1
按质交货率 V_{10}	0.176 8	1.039 5	1.018 7	0.966 7	0.987 5	0.987 5
柔性订货力 V_{11}	0.018 3	1.190 5	1.309 5	0.952 4	0.833 4	0.714 3

（三）供应商履约排序分析

再用指标的权重向量进行综合权衡，即用表 5-7 中第 2 列的指标权重分别与其他 5 列对应元素相乘求和，得各家供货商的综合评价值为：$v^{\langle Co.1\rangle}=1.093\,3$，$v^{\langle Co.2\rangle}=0.998\,1$，

$v^{(Co.3)}=0.9406$，$v^{(Co.4)}=0.9474$，$v^{(Co.5)}=1.0201$。

按照综合评价值的大小，确定供货商履约的顺序为供应商 Co. 1、Co. 5、Co. 2、Co. 4 和 Co. 3。也就是说，供应商 Co. 1、Co. 5 供应商为首选型供货商，应该以供应商 Co. 1 为主，供应商 Co. 5 次之；供应商 Co. 2、Co. 4 为备选型供货商；供应商 Co. 3 为淘汰或整改型供货商。

第3节 模糊评价法

模糊评价法是利用模糊数学理论来分析与综合某个评价方案各指标的实现程度，根据评价标准得出综合性的评价结论。模糊理论是在美国加州大学扎德（L. A. Zadeh）教授于1965年创立的模糊集合理论的数学基础上发展起来的，实际上是模糊集合、模糊关系、模糊逻辑、模糊控制、模糊测量等理论的泛称。模糊集合（fuzzy sets）首次提出隶属度函数，从而突破了19世纪末笛卡儿的经典集合理论，奠定了模糊理论的基础，着重研究"认知不确定"问题，其研究对象具有"内涵明确，外延不明确"的特点。由于评价等级之间的关系是模糊的，没有绝对明确的界限，因而具有模糊性。模糊综合评价就是利用模糊集理论对某一评价方案各指标的实现程度进行综合，凭经验借助隶属度函数进行处理，然后根据给定的标准，得出综合性的评价意见。主要步骤包括：邀请有关专家组成评价小组，讨论确定评价因素集（评价指标体系）和决策评价集（评语等级的模糊尺度集合）；不同指标对评价结果的重要程度不同，需确定各因素的权重；按评价等级尺度进行单因素评价，这种评价是一种模糊映射（既可以根据评价因素与评价等级尺度建立隶属函数，也可以利用专家的经验进行主观评价）；计算评价对象的综合评定结果，并确定综合评定等级。

一、模糊评价的基本方法

（一）评价因素集

实际评价指标既有定性指标，又有定量指标，且指标体系具有明显的多层次性特点。按属性归类，分层排列成具有层次结构的指标体系。一般考虑三个层次，在评价总目标 O 的基础上，准则层可以设置 m 项大类属性指标 U_i（$i=1, 2, \cdots, m$），而第 i 大类指标下又可以有 n_i 个次级指标，记为 $U_i=\{V_{i1}, V_{i2}, \cdots, V_{in_i}\}$，分层排列成具有层次结构的指标体系。

例如，对某行业中的企业竞争力进行评价，选定生产经营能力 U_1 和可持续发展能力 U_2 两个一级指标。其中，生产经营能力 U_1 下设产品产量 V_{11}、总资产规模 V_{12}、产品销售率 V_{13} 等二级指标；可持续发展能力 U_2 下设产值利润率 V_{21}、销售利润率 V_{22}、技术开发经费比重 V_{23}、拥有专利数 V_{24} 等二级指标。

（二）评价标准集

评价标准集 $E=\{e_1, e_2, \cdots, e_g\}$ 是要确定指标评语等级，可以是定量数值，也可以是定性描述。就定性指标而言，对优劣等级有不同的描述方式，如取“满意、较满意、一般、不太满意、不满意”“优、良、中、及格、不及格”等；就定量指标 V_{ij} 而言，其优劣等级可以将数据划分成一定范围归级。

（三）因素权重集

对诸多评价指标都一视同仁是不科学的，不同指标对实现系统目标的重要程度不同，对评价结果的贡献亦不相同，就需要根据各指标的重要程度赋予其权重，以表示实现系统目标和功能的重要程度。借助层次分析得到大类因素的权重集 $\alpha=\{\alpha_1, \alpha_2, \cdots, \alpha_m\}$，第 i 大类指标下设置 n_i 个次级指标 V_{ij} 的相对权重向量 $w_i=\{w_{i1}, w_{i2}, \cdots, w_{in_i}\}$。

例如，建立判断矩阵计算出其权重向量，假设大类指标层权重向量为 $\alpha=(0.333, 0.667)$，小类指标层权重向量为 $w_1=(0.297, 0.540, 0.163)$，$w_2=(0.367, 0.126, 0.197, 0.310)$。

（四）评价主体集

评价主体是参加评价的各行业专家，按不同专业分成 K 个小组。由于不同评价人员的知识与经验有所不同，不同评价主体在评估中所提供的评价信息的准确度存在差异，即不同评价组所作出的评价具有不同的权威性，因此需考虑评价主体的权重 $\alpha'=(\alpha_1', \alpha_2', \cdots, \alpha_k')$。前文例中请三组来自不同行业不同岗位的专家根据他们的经验和权威分别打分，假设三组专家的人员权重系数分别为 $\alpha_1'=0.5$，$\alpha_2'=0.3$，$\alpha_3'=0.2$。

（五）评价值矩阵

考虑评价方案 s，组织评价人员按指标评分等级标准填写评分表。设第 k 组评价人员给指标 V_{ij} 的评分为 $d^{(s)k}_{ij}$，综合 K 组评价人员对指标 V_{ij} 的评分组成评价值向量 $d_{ij}^{(s)}$，即

$$d^{(s)}{}_{ij}=(d^{(s)1}_{ij}, d^{(s)2}_{ij}, \cdots, d^{(s)k}_{ij})$$

所有指标的评价值向量按指标分层排列成行，按评价人员分组排列成列，组成方案 s 的评价值矩阵 $D^{(s)}$。前文例中取模糊评价等级 $C=(9, 7, 5, 3, 1)$，假设请了三组专家针对 1# 方案分别就 7 个竞争力指标打分，得 1# 方案的评估样本矩阵如下：

$$D^{(1\#)}=\begin{array}{c} \begin{matrix} \text{组 1} & \text{组 2} & \text{组 3} \end{matrix} \\ \begin{bmatrix} 7 & 6 & 7 \\ 8 & 6 & 7 \\ 5 & 7 & 8 \\ 6 & 8 & 7 \\ 8 & 7 & 8 \\ 8 & 8 & 8 \\ 9 & 9 & 9 \end{bmatrix} \end{array} \begin{array}{l} \\ \left.\begin{array}{l} V_{11} \\ V_{12} \\ V_{13} \end{array}\right\} U_1 \\ \left.\begin{array}{l} V_{21} \\ V_{22} \\ V_{23} \\ V_{24} \end{array}\right\} U_2 \end{array}$$

二、模糊评价的隶属度函数

由于评价的模糊性，评判结果的取值已不再是传统的二值逻辑，而要扩展到连续取值上来，即由传统的“非此即彼”扩展到“亦此亦彼”。显然，这时的评判结果具有不确定性，即 E 中元素的量化取值只能以一定的隶属程度来表示。

评语等级若取 5 级，则评价等级数 $g=5$。不同等级 e 的评分标准用数字标度 C^e 来度量，如用 9、7、5、3、1 分别表示这 5 级的评分标准阈值，相邻等级之间的评分标准值取相邻评分标准的平均值。评价指标 V_{ij} 的隶属度函数 $f_{ije}(d_{ij})$ 如图 5-3 所示。

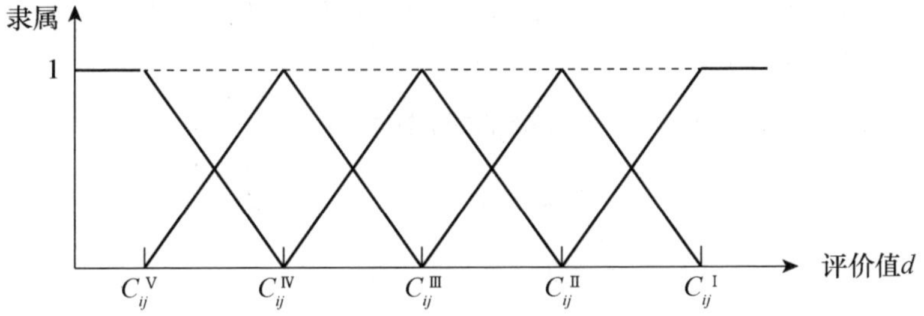

图 5-3　评价指标 V_{ij} 的隶属度函数

1. 指标 V_{ij} 的阈值为 $C_{ij}{}^{\mathrm{I}}$（$e=\mathrm{I}$）

$$f_{ij\mathrm{I}}(d_{ij})=\begin{cases}1, & \text{当 } d_{ij}\geqslant j_{ij}{}^{\mathrm{I}}\\ \dfrac{d_{ij}-C_{ij}{}^{\mathrm{II}}}{C_{ij}{}^{\mathrm{I}}-C_{ij}{}^{\mathrm{II}}}, & \text{当 } C_{ij}{}^{\mathrm{II}}<d_{ij}<C_{ij}{}^{\mathrm{I}}\\ 0, & \text{当 } d_{ij}<C_{ij}{}^{\mathrm{II}}\end{cases}$$

2. 指标 V_{ij} 的阈值为 $C_{ij}{}^{e}$（$e=\mathrm{II}，\mathrm{III}，\mathrm{IV}$）

$$f_{ije}(d_{ij})=\begin{cases}\dfrac{d_{ij}-C_{ij}{}^{e-1}}{C_{ij}{}^{e}-C_{ij}{}^{e-1}}, & \text{当 } C_{ij}{}^{e-1}<d_{ij}\leqslant C_{ij}{}^{e}\\ \dfrac{C_{ij}{}^{e+1}-d_{ij}}{C_{ij}{}^{e+1}-C_{ij}{}^{e}}, & \text{当 } C_{ij}{}^{e}<d_{ij}\leqslant C_{ij}{}^{e+1}\\ 0, & \text{当 } d_{ij}\notin(C_{ij}{}^{e-1},C_{ij}{}^{e+1})\end{cases}$$

3. 指标 V_{ij} 的阈值为 $C_{ij}{}^{\mathrm{V}}$（$e=\mathrm{V}$）

$$f_{ij\mathrm{V}}(d_{ij})=\begin{cases}1, & \text{当 } d_{ij}\leqslant j_{ij}{}^{\mathrm{V}}\\ \dfrac{C_{ij}{}^{\mathrm{IV}}-d_{ij}}{(C_{ij}{}^{\mathrm{IV}}-C_{ij}{}^{\mathrm{V}})}, & \text{当 } C_{ij}{}^{\mathrm{V}}<d_{ij}\leqslant j_{ij}{}^{\mathrm{IV}}\\ 0, & \text{当 } d_{ij}\geqslant j_{ij}{}^{\mathrm{IV}}\end{cases}$$

三、模糊评价的聚类模型

（一）单指标分析

进行单指标分析，计算指标 V_{ij} 的隶属度向量。对于指标 V_{ij}，根据隶属函数 $f_{ije}(d_{ij})$

和评价值 $d_{ij}^{(s)k}$，计算第 k 小组认为方案 s 的指标 V_{ij} 隶属于等级 e 的评价系数 $f_{ije}(d_{ij}^{(s)k})$；综合 k 个小组评价人员评价意见，认为其指标 V_{ij} 属于等级 e 的隶属度 $r_{ije}^{(s)}$，则

$$r_{ije}^{(s)}=\sum_{k}\alpha'_{k}\cdot f_{ije}(d_{ij}^{(s)k})$$

下面以指标 V_{11} 为例，由 $D^{(1\#)}$ 可知，$d_{11}^{(1\#)P_1}=7$，$d_{11}^{(1\#)P_2}=6$，$d_{11}^{(1\#)P_3}=7$，单因素分析如下：

（1）评价指标 V_{11} 属于第 e_1 评语等级的隶属度为：

$$\begin{aligned}r_{111}^{(1\#)}&=\alpha'_1 f_{111}(d_{11}^{(1\#)P_1})+\alpha'_2 f_{111}(d_{11}^{(1\#)P_2})+\alpha'_3 f_{111}(d_{11}^{(1\#)P_3})\\&=0.5\times0+0.3\times0+0.2\times0=0\end{aligned}$$

（2）评价指标 V_{11} 属于第 e_2 评语等级的隶属度为：

$$\begin{aligned}r_{112}^{(1\#)}&=\alpha'_1 f_{112}(d_{11}^{(1\#)P_1})+\alpha'_2 f_{112}(d_{11}^{(1\#)P_2})+\alpha'_3 f_{112}(d_{11}^{(1\#)P_3})\\&=0.5\times1+0.3\times\frac{7-6}{7-5}+0.2\times1=0.85\end{aligned}$$

（3）评价指标 V_{11} 属于第 e_3 评语等级的隶属度为：

$$\begin{aligned}r_{113}^{(1\#)}&=\alpha'_1 f_{113}(d_{11}^{(1\#)P_1})+\alpha'_2 f_{113}(d_{11}^{(1\#)P_2})+\alpha'_3 f_{113}(d_{11}^{(1\#)P_3})\\&=0.5\times0+0.3\times\frac{6-5}{7-5}+0.2\times0=0.15\end{aligned}$$

（4）评价指标 V_{11} 属于第 e_4 评语等级的隶属度为：

$$\begin{aligned}r_{114}^{(1\#)}&=\alpha'_1 f_{114}(d_{11}^{(1\#)P_1})+\alpha'_2 f_{114}(d_{11}^{(1\#)P_2})+\alpha'_3 f_{114}(d_{11}^{(1\#)P_3})\\&=0.5\times0+0.3\times0+0.2\times0=0\end{aligned}$$

（5）评价指标 V_{11} 属于第 e_5 评语等级的评价系数为：

$$\begin{aligned}r_{115}^{(1\#)}&=\alpha'_1 f_{115}(d_{11}^{(1\#)P_1})+\alpha'_2 f_{115}(d_{11}^{(1\#)P_2})+\alpha'_3 f_{115}(d_{11}^{(1\#)P_3})\\&=0.5\times0+0.3\times0+0.2\times0=0\end{aligned}$$

综合得方案 s 对于指标 V_{ij} 的隶属度向量 $RV_{ij}^{(s)}=(r_{ij1}^{(s)},\ r_{ij2}^{(s)},\ \cdots,\ r_{ijg}^{(s)})$，综上有

$$RV_{11}^{(1\#)}=(0,0.85,0.15,0,0)$$

同理，依次将各评价指标的评估值 $D^{(1\#)}$ 带入隶属度函数计算得隶属度矩阵：

$$RV^{(1\#)}=\begin{bmatrix}0&0.85&0.15&0&0\\0.1&0.4&0.5&0&0\\0.15&0.6&0.25&0&0\\1&0&0&0&0\\0&0.1&0.75&0.15&0\\0.25&0.75&0&0&0\\0.65&0.35&0&0&0\end{bmatrix}$$

（二）大类综合指标

综合 U_i 大类指标所属二级指标 V_{ij} 的隶属度向量，得 U_i 指标的隶属度矩阵 $RV_i^{(s)}$ 如下：

$$RV_i^{(s)}=\begin{bmatrix} r_{i11}^{(s)} & r_{i12}^{(s)} & \cdots & r_{i1g}^{(s)} \\ r_{i21}^{(s)} & r_{i22}^{(s)} & \cdots & r_{i2g}^{(s)} \\ \vdots & \vdots & & \vdots \\ r_{ini1}^{(s)} & r_{ini2}^{(s)} & \cdots & r_{inig}^{(s)} \end{bmatrix}$$

将 U_i 所属二级指标的权重向量 ω_i 与其隶属度矩阵 $RV_i^{(s)}$ 相乘（乘法合成法则），即

$$RU_i^{(s)}=w_i \cdot RV_i^{(s)}=(r_{i1}^{(s)},r_{i2}^{(s)},\cdots,r_{ig}^{(s)})$$

（1）将 U_1 所属二级指标的权重向量 w_{1j} 与其隶属度矩阵 $RV_1^{(1\#)}$ 乘法合成，即

$$RU_1^{(1\#)}=w_1 \cdot RV_1^{(s)}=(0.297,0.540,0.163)\begin{bmatrix} 0 & 0.85 & 0.15 & 0 \\ 0.1 & 0.4 & 0.5 & 0 \\ 0.15 & 0.6 & 0.25 & 0 \end{bmatrix}$$

$$=(0.078,0.566,0.355,0,0)$$

（2）将 U_2 所属二级指标的权重向量 w_{2j} 与其隶属度矩阵 $RV_2^{(1\#)}$ 乘法合成，有

$$RU_2^{(1\#)}=w_2 \cdot RV_2^{(s)}$$

$$=(0.367,0.126,0.197,0.310)\begin{bmatrix} 1 & 0 & 0 & 0 & 0 \\ 0 & 0.1 & 0.75 & 0.15 & 0 \\ 0.25 & 0.75 & 0 & 0 & 0 \\ 0.65 & 0.35 & 0 & 0 & 0 \end{bmatrix}$$

$$=(0.618,0.269,0.095,0.019,0)$$

（三）方案综合评价

综合各大类指标的模糊评价结果 $RU_i^{(s)}$，得方案 s 的模糊矩阵 $RU^{(s)}$，即

$$RU^{(s)}=\begin{bmatrix} r_{11}^{(s)} & r_{12}^{(s)} & \cdots & r_{1g}^{(s)} \\ r_{21}^{(s)} & r_{22}^{(s)} & \cdots & r_{2g}^{(s)} \\ \vdots & \vdots & & \vdots \\ r_{m1}^{(s)} & r_{m2}^{(s)} & \cdots & r_{mg}^{(s)} \end{bmatrix}$$

于是 1＃方案的模糊矩阵 $RU^{(1\#)}$ 为：

$$RU^{(1\#)}=\begin{bmatrix} 0.078 & 0.566 & 0.355 & 0.000 & 0.000 \\ 0.618 & 0.269 & 0.095 & 0.019 & 0.000 \end{bmatrix}$$

用大类指标的权重向量 α 进行综合权衡，综合评价结果 $B^{(s)}$ 为：

$$B^{(s)}=\alpha \cdot RU^{(s)}=(b_1^{(s)},b_2^{(s)},\cdots,b_g^{(s)})$$

即用权重向量 $\alpha=(0.333，0.667)$ 综合权衡，得评价结果 $B^{(1\#)}$ 为：

$$B^{(1\#)}=\alpha \cdot RU^{(1\#)}=(0.438,0.368,0.182,0.013,0)$$

（四）确定聚类结果等级

1. 接近度原则

根据聚类的综合评价结果 B，按最大接近度原则确定评价等级。规则如下：

设 $b_k=\max\limits_{e}\{b_e\}$，计算 $\sum\limits_{e=1}^{k-1}b_e$ 和 $\sum\limits_{e=k+1}^{g}b_e$；

若 $\sum\limits_{e=1}^{k-1}b_e\leqslant 0.5$，且 $\sum\limits_{e=k+1}^{g}b_e\leqslant 0.5$，则按 b_k 所属等级评定；

若 $\sum\limits_{e=1}^{k-1}b_e>0.5$ 或 $\sum\limits_{e=k+1}^{g}b_e>0.5$，则按 b_{k-1} 或 b_{k+1} 所属等级评定，即将评定等级向上或向下移一级。

可见，根据生产经营能力指标 U_1 的综合评价结果 $RU_1^{(1\#)}=(0.078，0.566，0.355，0，0)$，其中 $\max\{RU_1^{(1\#)}\}=0.556$，计算其前向之和为 $0.078<0.5$，且后向之和有 $0.355+0+0<0.5$，则该企业生产经营能力指标 U_1 的评价等级为良。

根据可持续发展能力指标 U_2 的综合评价结果 $RU_2^{(1\#)}=(0.618，0.269，0.095，0.019，0)$，其中 $\max\{RU_2^{(1\#)}\}=0.618$，计算其后向之和有 $0.269+0.095+0.019+0=0.383<0.5$，则该企业可持续发展能力指标 U_2 的评价等级为优。

根据 1＃企业的综合评价结果 $B^{(1\#)}=(0.438，0.368，0.182，0.013，0)$，其中 $b_{\max}=0.438$，计算其后向之和有 $0.368+0.182+0.013+0=0.563>0.5$，则将评定等级向下移一级，该企业竞争力的评价等级为良。

2. 半数原则

若综合评定结果 B 的值相差不大，则可用累加法来判定等级。计算累加等级 $\Sigma_k=\sum\limits_{e=1}^{k}b_e$，则 $\Sigma=(\Sigma_1，\Sigma_2，\cdots，\Sigma_g)=(b_1，b_1+b_2，\cdots，\sum\limits_{e=1}^{g}b_e)$。

如果其中 $\Sigma_k=\min\limits_{e}\{\Sigma_e\geqslant 0.5\}$，说明有 50%以上的评价人员认为该系统方案的评价等级处于 Σ_k 以上，则按 Σ_k 所属等级评定。

3. 单值化处理

由于评定等级有 g 类，一般而言 $g\neq 1$；被评方案不止一个，即若 s 被评，可能存在两个以上方案所属的评价等级相同，若进行综合比较，就需要对综合评价结果 B 作单值化处理。以评价等级标度值 C^e 作权重，令 $C=(C_1，C_2，\cdots，C_g)$，如当 $g=5$ 时可以取标度值为阈值，即 $C=(9，7，5，3，1)$，对 B 作单值化处理，得综合评价值如下：

$$W=B\cdot C^{T}$$

通过比较综合之后的单一评价值，可得各方案的优劣次序。

上述 1# 方案企业综合评价值 $W^{(1\#)}=B^{(1\#)}\cdot C^{T}=(0.438,0.368,0.182,0.013,0)(9,7,5,3,1)^{T}=7.467$。以此类推，若有 N 个方案，每个方案按照以上方法得出评价值后，可按数值大小进行优劣排序。

第 4 节　灰色关联法

科学的评价需要充分的信息作为支撑，为了说明信息充分与否，可以用“黑”表示评价信息缺乏，“白”表示评价信息充分，而用介于白与黑之间的“灰”表示评价信息不甚全面、不甚确切，也就是说部分信息已知、部分信息未知，具有灰色性。我国学者邓聚龙 1982 年创立的灰色系统理论，研究对象是“部分信息已知，部分信息未知”的“贫信息”不确定性系统。与研究“随机不确定性”的概率统计和研究“认知不确定性”的模糊数学不同，灰色系统理论着重研究“外延明确、内涵不明确”的对象。灰色系统评价包括灰色聚类评价和灰色关联评价。

灰色聚类评价通过建立白化函数，计算灰色评价权矩阵，将一些观测指标聚集成若干个可定义灰类的聚类分析方法。主要步骤包括：建立评价指标体系；制定具体评价指标、各灰类的评分等级标准；确定各评价指标的权重；根据评价指标各灰类的评分标准，针对各系统方案确定评价值矩阵；确定评价灰类的等级数、灰类的灰数，建立灰类的白化函数；计算各灰类的灰色评价权得到灰色评价权矩阵，进行灰色聚类得综合评定结果，并确定评价灰类等级。虽然模糊聚类和灰色聚类分析方法的理论基础不同，但在系统评价中的应用领域非常相似，聚类分析的步骤也大体相同，在此不再赘述。

灰色关联评价主要通过因素的关联分析，实现同类因素的归并。通过评价因素的两两灰色关联分析，可以检查这些因素中是否有关系十分密切的因素，从而可以将关系密切的几个因素用其中的某一个因素来代表，但又使评价信息不会有严重损失，这是属于系统变量的归并与删减问题。通过典型抽样数据的灰色关联聚类，可以减少不必要指标的数据收集，既能保证评价指标的全面性，又能突出重点，节约数据处理费用。

一、灰色关联评价原理

管理系统包含许多种因素，多种因素共同作用的结果决定了系统的未来发展状态。在众多的因素中，哪些是主要因素，哪些是次要因素；哪些因素对系统发展影响大，哪些因素对系统发展影响小；哪些因素对系统发展起推动作用需强化发展，哪些因素对系统发展起阻碍作用需加以抑制，这些都是系统分析与评价中人们普遍关心的问题。

数理统计中的回归分析、方差分析、主成分分析等都是用来进行这类系统分析的方法。尽管这些方法解决了许多实际问题，但为了找出统计规律，要求有大量数据（大样本），且要求样本服从某个典型的概率分布，而在实际中这种要求往往难以满足。尤其是我国统计数据十分有限，且现有数据灰度较大，采用数理统计方法往往难以奏效。灰色系统理论提出的灰色关联分析方法则可不受这些局限，它对样本量的多少和样本有无规律都同样适用。这种分析方法可应用在不完全的信息中，对所要分析研究的各因素，通过一定的数据处理，在随机的因素序列间，找出它们的关联性，找到主要特性和主要影响因素。

灰色关联分析的基本思想是根据序列曲线几何形状的相似程度来判断其联系是否紧密。曲线越接近，变化趋势也就越接近，相应序列之间的关联度就越大，反之就越小。因此在进行关联分析时，必须先确定参考序列，然后比较其他序列与参考序列的接近程度，通过对其他序列的比较，作出判断。

二、灰色关联分析模型

定义数据列 $X_0=\{x_0(1), x_0(2), \cdots, x_0(K)\}$ 为参考序列，$X_i=\{x_i(1), x_i(2), \cdots, x_i(K)\}$ 为比较序列。数据列包括时间序列、指标序列和空间序列。对于定量指标和定性指标的处理方法如下：

- 对于定量的指标组（父级指标是定量的，子级指标也是定量的），可以用父级指标的小样本值作为参考序列 X_0，用子级指标的小样本值作为比较序列 X_i。
- 对于定性指标，以最佳评分标准值作为参考序列 X_0；以各位专家根据评价指标对评价目标的重要性所给出的评分值作为比较序列 X_i。

第一步，建立数量可比序列。如果各指标的量纲或极性不统一，则先应进行无量纲化和无极性化处理，参见第 2 节。

第二步，计算差异序列。令

$$\Delta_i(k)=|x_0(k)-x_i(k)|$$

为 $x_i(k)$ 对 $x_0(k)$ 的偏差，则 $\Delta_i=\{\Delta_i(1), \Delta_i(2), \cdots, \Delta_i(K)\}$ 组成差异序列。

第三步，计算差异序列的级差。

最小级差：$\min\limits_i \min\limits_k \Delta_i(k)$

最大级差：$\max\limits_i \max\limits_k \Delta_i(k)$

第四步，计算灰关联系数。设分辨系数 ξ（一般取 0.5），则 $x_i(k)$ 对 $x_0(k)$ 的灰关联系数 $r(x_0(k),x_i(k))$ 为：

$$r(x_0(k), x_i(k))=\frac{\min\limits_l \min\limits_k \Delta_l(k)+\xi \max\limits_l \max\limits_k \Delta_l(k)}{\Delta_i(k)+\xi \max\limits_l \max\limits_k \Delta_l(k)}$$

第五步，计算灰关联度。求 $x_i(k)$ 对 $x_0(k)$ 的灰关联系数组成序列的均值，得 X_i 对 X_0 的关联度 $r(X_0, X_i)$，如下：

$$r(X_0, X_i)=\frac{1}{K}\sum_{k=1}^{K} r(x_0(k), x_i(k))$$

综上，m 类指标 U 的关联度向量为 $(r(X_0,X_1),r(X_0,X_2),\cdots,r(X_0,X_m))$。

第六步，灰关联度的归一化。将 X_i 对 X_0 的关联度 $r(X_0, X_i)$ 进行归一化处理，得归一关联度，记为 ρ_i，即

$$\rho_i = \frac{r(X_0, X_i)}{\sum_{l=1}^{m} r(X_0, X_l)}$$

组成向量 $\rho=(\rho_1, \rho_2, \cdots, \rho_m)$。

这个向量表示各指标因素对总目标（参考序列）贡献的依存性排序。如果比较序列是各评价指标的取值所组成的序列，则可以作为指标 U 的权重向量。

此外，还可以应用灰色关联分析实现灰色关联聚类，采用上述方法计算出指标 U_i 与 U_j 的归一关联度，记为 ρ_{ij}。将评价指标的样本数据所组成的序列进行两两关联分析，构造如下的上三角矩阵：

$$\begin{array}{ccccc} U_1 & U_2 & \cdots & U_m & \\ \rho_{11} & \rho_{12} & \cdots & \rho_{1m} & U_1 \\ & \rho_{22} & \cdots & \rho_{2m} & U_2 \\ & & & \vdots & \vdots \\ & & & \rho_{mm} & U_m \end{array}$$

取临界值 $\lambda \in [0, 1]$，一般要求 $\lambda > 0.5$，当 $\alpha_{ij} \geqslant \lambda$ 时，则视 U_i 与 U_j 为同类特征，可以将 U_i 与 U_j 归为同一类。再取小一些的 λ_2，同理得到第二类的因素，依此类推。这就是灰关联聚类。

三、灰色关联分析举例

近年来我国乡镇企业发展很快，而乡镇企业产值主要与固定资产、流动资金、劳动力数有关。为加速乡镇企业发展，促进经济腾飞，需要找出影响产值的主要因素。为了考察这三个因素对产值影响的大小，现进行灰关联分析。某县乡镇企业四年的产值、固定资产、流动资金、劳动力数的相关数据如表 5-8 所示。

表 5-8 某县乡镇企业四年发展概况

因素	年份			
	1	2	3	4
产值 x_0	10 155	12 588	23 408	35 388
固定资产 x_1	3 799	3 605	5 460	6 982
流动资金 x_2	1 752	2 160	2 213	4 753
劳动力数 x_3	24 186	45 590	57 685	85 540

第一步，建立数量可比序列。采用初始值进行无量纲化处理：

$$d_0'=(1, 1.239\,6, 2.305\,1, 3.484\,8)$$
$$d_1'=(1, 0.948\,9, 1.437\,2, 1.837\,9)$$
$$d_2'=(1, 1.232\,9, 1.263\,1, 2.712\,9)$$
$$d_3'=(1, 1.885\,0, 2.385\,1, 3.536\,8)$$

以产值 $x_0=(1, 1.239\,6, 2.305\,1, 3.484\,8)$ 作为参考序列，以固定资产、流动资金、

劳动力数作为比较序列，$x_1=(1,\ 0.948\,9,\ 1.437\,2,\ 1.837\,9)$，$x_2=(1,\ 1.232\,9,\ 1.263\,1,\ 2.712\,9)$，$x_3=(1,\ 1.885\,0,\ 2.385\,1,\ 3.536\,8)$。

第二步，计算差异序列。$x_i(k)$ 对 $x_0(k)$的偏差为：

$$\Delta_1=(0,0.290\,7,0.867\,9,1.646\,9)$$
$$\Delta_2=(0,0.006\,7,1.042\,0,0.771\,9)$$
$$\Delta_3=(0,0.645\,4,0.080\,0,0.052\,0)$$

第三步，计算差异序列的级差。

最小级差：$\min\limits_i \min\limits_k \Delta_i(k)=0$

最大级差：$\max\limits_i \max\limits_k \Delta_i(k)=1.646\,9$

第四步，计算灰关联系数。设分辨系数 $\xi=0.5$，则有

$$r(x_0(1),x_1(1))=1$$
$$r(x_0(2),x_1(2))=0.739\,1$$
$$r(x_0(3),x_1(3))=0.486\,9$$
$$r(x_0(4),x_1(4))=0.333\,3$$

第五步，计算灰关联度。

$$r(X_0,X_1)=\frac{1}{4}\sum_{k=1}^{4}r(x_0(k),x_1(k))=0.639\,8$$

同理，$r(X_0,\ X_2)=0.680\,9$，$r(X_0,\ X_3)=0.749\,0$。

这表明劳动力数对该乡镇企业产值的影响最大，其次是流动资金，最后才是固定资产。这个县的乡镇企业主要是劳动密集型产业，产值的增长在很大程度上是靠劳动力实现的。

复习思考题

1. 简述层次分析法的实施步骤。
2. 怎样建立层次分析的判断矩阵？
3. 判断矩阵一致性的含义及其评价准则。
4. 如何正确理解层次单排序和层次总排序的含义？
5. 如何正确理解指标无量纲化和无极性化处理的目的？
6. 设备购买方案综合评价 O，要求性能先进 U_1，价格低 U_2，便于维护 U_3。主要型号为：A_1、A_2 和 A_3，建立判断矩阵 $O—U$ 和 $U—A$ 如下，试应用层次分析法进行方案排序。

$O-U$	U_1	U_2	U_3
U_1	1	1/2	1/3
U_2	2	1	1/2
U_3	3	2	1

U_1-A	A_1	A_2	A_3
A_1	1	1/2	1/5
A_2	2	1	1/2
A_3	5	2	1

U_2-A	A_1	A_2	A_3
A_1	1	1/3	1/2
A_2	3	1	2
A_3	2	1/2	1

U_3-A	A_1	A_2	A_3
A_1	1	5	3
A_2	1/5	1	1/2
A_3	1/3	2	1

7. 某工程项目有3个技术方案A_1、A_2、A_3，各方案的利润、成本和投资见表5-9。由于投资资金短缺，所以确定其权重为0.5，成本与利润的权重各为0.25，试运用多指标排序法综合确定各个方案的次序。

表5-9　某工程项目的方案

指标	方案		
	A_1	A_2	A_3
利润	70	100	50
成本	15	18	9
投资	50	62	40

8. 某公司对其供应商进行评价，考虑其产品价格低廉性U_1、质量合格率U_2、按时交货率U_3、交货提前期U_4四方面。

(1) 组织采购人员进行讨论，两两相比较，构造判断矩阵如表5-10所示，试用方根法进行层次单排序，计算指标权重（当矩阵维数$n=4$，R. I. $=0.92$）。

表5-10　某公司判断矩阵

目标O	U_1	U_2	U_3	U_4
U_1	1	2	3	5
U_2	1/2	1	2	3
U_3	1/3	1/2	1	2
U_4	1/5	1/3	1/2	1

(2) 为了定量评判供应商，进行相关的调查和研究，收集到关于某种外购零件的5家供应商Co. 1、Co. 2、Co. 3、Co. 4和Co. 5的指标统计数据如表5-11所示：

表5-11　某公司外购零件情况

评价指标	单位	Co. 1	Co. 2	Co. 3	Co. 4	Co. 5
价格低廉性U_1	元/千克	800	810	790	800	805
质量合格率U_2	%	0.95	0.83	0.88	0.96	0.93
按时交货率U_3	%	0.98	0.85	0.97	0.98	0.97
交货提前期U_4	周	5	3	4	4	5

试进行多指标排序，给出供应商选择的建议。

9. 据中国统计年鉴，我国1984—1987年，农业、工业、运输业、商业的收入构成百分比如表5-12所示：

表5-12　我国1984—1987年各行业收入构成（%）

行业	1984年	1985年	1986年	1987年
农业	39.85	35.44	34.49	33.84
工业	44.53	44.98	45.3	45.73
运输业	3.59	3.56	3.9	3.74
商业	6.67	10.2	9.79	10.07

试应用灰色关联分析法求对农业影响最大的产业。

06

Chapter

第6章
目标规划

学习要点

- 了解目标规划与线性规划的异同
- 理解目标约束中的正负偏差变量
- 思考目标约束与系统约束的差异
- 理解目标优先级和目标加权系数
- 了解目标规划图解法和单纯形法

引入案例

我们继续以第1章引入案例中所提到的汽车制造厂为例，该企业在扩大业务经营范围、升级产业模式、引进大量高新技术人员之后，销售额大大提高，一跃成为可以影响该市经济的重要企业，得到了政府的高度重视和政策支持。因此，该市通过慎重考量和筛选，为该企业的下一年度发展提供了重大项目规划建议，而在支持该企业继续发展的同时，政府也提出了几点要求：希望该企业能严格履行国家环保减排计划，做到减少废物排放量；希望该企业能带动该市经济发展，提高全市生产总值；希望该企业能增加劳动岗位，为社会作出一定贡献。

该制造厂的决策团队在详细分析政府提供的项目规划建议后，从中初选了8项计划，并且规定该企业的全年总投资额不超过60亿元。

可知要求如下（重要程度依次递减）：

（1）从节能减排的角度考虑，希望项目总废物排放量不超过15万吨；

（2）从提高全市产值的角度考虑，希望项目总利润最高；

（3）从促进社会发展的角度考虑，希望尽可能多地新增就业岗位。

如果你是该企业生产计划部门的负责人，应如何从这8项计划中选择？

相信通过本章的学习，一定会给你带来启发。

目标规划（goal programming，GP）是在线性规划的基础上，为适应经济管理中多目标决策的需要而逐步发展起来的一个运筹学分支，是实行目标管理这种现代管理技术的一个有效工具。在今天的商业环境里，企业的目标决策并不总是单一的最大化利润或最小化成本，很多情况下企业是需要进行多目标决策的，这些目标包括最大化生产设备的利用效率、提高产品合格率、保证充分就业等，以及减少碳排放、最小化工厂周围噪声等其他非经济性目标。这些目标中有些目标是相互冲突的，可能无法同时达到，像线性规划和整数规划的目标函数只能处理如利润最大或成本最小的单一问题。计算机技术的飞速发展使得计算工作量大大减少后，运筹学专家和管理工作者开发了涉及多个目标的决策模型，即本章我们要讲到的目标规划。

第1节　多目标规划问题

线性规划作为一种决策工具，在解决实际问题时具有一定的局限性。线性规划的目标函数只能单一地解决利润最大化或成本最小化问题。在我们试图找到单个目标的最优值时，线性规划是适用的，但是当企业需要多目标决策时，比如实现利润最大的同时还要保证机器利用率最高，再比如降低企业生产成本的同时还要保持充分就业，等等。此时线性规划就不再适合求解此类问题了。另外，线性规划最优解存在的前提条件是可行域为非空集，否则，线性规划无解。然而在实际问题中，有时可能出现资源条件满足不了管理目标要求的情况，此时，仅作出无解的结论是没有意义的。现实中，也有可能各个目标相互矛盾，根本找不出一个能满足全部目标的解，但是在决策时，也必须找出一个满意的解。

目标规划就在解决以上问题的研究中应运而生，它能更确切地描述和解决经济管理中的许多实际问题。目前目标规划的理论和方法已经在经济计划、生产经营、市场分析、财务管理等方面得到广泛的应用。

一、多目标规划的提出

在线性规划章节中我们提出了四个假设：比例性假设、可加性假设、连续性假设、确定性假设。在整数规划一章我们解决了连续性假设问题，本章的目标规划将解决比例性假设和可加性假设问题。

［例6-1］ 对于例1-1的生产计划问题，如何安排甲、乙产品的产量，使企业利润实现最大？

解 设生产甲产品的产量为 x_1，乙产品的产量为 x_2，该问题的线性规划模型可以表示为：

$$\max Z=3x_1+5x_2$$

$$\text{s. t.}\begin{cases}2x_1\leqslant 16\\2x_2\leqslant 10\\3x_1+4x_2\leqslant 32\\x_1,x_2\geqslant 0\end{cases}$$

假设该厂根据市场需求或合同规定，希望尽量增加产品甲的生产量，减少产品乙的生产，这时又增加了两个目标，则可建立如下的模型：

$$\max Z_1=3x_1+5x_2$$
$$\max Z_2=x_1$$
$$\min Z_3=x_2$$
$$\text{s. t.}\begin{cases}2x_1\leqslant 16\\2x_2\leqslant 10\\3x_1+4x_2\leqslant 32\\x_1,x_2\geqslant 0\end{cases}$$

容易看出，这是一个具有三个目标的线性规划模型，这些目标之间一般是相互矛盾的。利润最大化目标要求多生产产品乙而少生产产品甲，但市场目标是多生产产品甲而少生产产品乙，形成目标排斥。

[例 6-2]　计算机厂装配两种型号的笔记本，每台笔记本需要的装备时间为 1 小时，每周工作 5 天，每天计划工作 8 小时，预计型号Ⅰ的笔记本每周销售 24 台，每台可获利 80 元，型号Ⅱ的笔记本每周销售 30 台，每台可获利 40 元。该厂目标如下：

第一，充分利用装配线，避免开工不足；

第二，允许装配线加班，但加班时间尽可能短；

第三，尽量满足市场需求；

第四，每周的利润尽可能大；

请合理安排笔记本的生产任务。

解　设笔记本Ⅰ的产量为 x_1，笔记本Ⅱ的产量为 x_2，该问题的规划模型可以表示为：

$$\max Z_1=x_1+x_2$$
$$\min Z_2=x_1+x_2-40$$
$$\max Z_3=x_1$$
$$\max Z_4=x_2$$
$$\max Z_5=80x_1+40x_2$$
$$\text{s. t. } x_1,x_2\geqslant 0$$

此例也变为具有多个目标的线性规划问题。

从上述例子不难得出，多目标线性规划模型的原始形式如下：

$$\max(\min)Z_1=c_{11}x_1+c_{12}x_2+\cdots+c_{1n}x_n$$

$$
\begin{aligned}
&\max(\min) Z_2 = c_{21}x_1 + c_{22}x_2 + \cdots + c_{2n}x_n \\
&\cdots\cdots \\
&\max(\min) Z_l = c_{l1}x_1 + c_{l2}x_2 + \cdots + c_{ln}x_n \\
&\text{s. t.} \begin{cases}
a_{11}x_1 + a_{12}x_2 + \cdots + a_{1n}x_n \leqslant (=, \geqslant) b_1 \\
a_{21}x_1 + a_{22}x_2 + \cdots + a_{2n}x_n \leqslant (=, \geqslant) b_2 \\
\cdots\cdots \\
a_{m1}x_1 + a_{m2}x_2 + \cdots + a_{mn}x_n \leqslant (=, \geqslant) b_m \\
x_1, x_2, \cdots, x_n \geqslant 0
\end{cases}
\end{aligned}
$$

式中，有 n 个决策变量，m 个约束条件，l 个目标函数。当 $n=1$ 时，即为我们熟悉的单目标线性规划模型。

二、多目标规划的解法

显然，对上述多目标线性规划模型，一般的线性规划方法不能求解。为此，许多学者提出了求解多目标规划问题的方法，其中不少方法已取得了富有成效的应用。而且，新的算法仍在不断地提出和改进。在这众多的算法中，绝大多数是基于以下加权系数法、优先等级法和有效解法的基本思想。

（一）加权系数法

这类方法的基本思想是试图在各目标之间寻找一种统一的度量标准，通过为每一目标赋一个加权系数，把多目标模型转化成单一目标的模型。从计算的角度看，这种方法确实吸引人。如果原模型是线性的，就可以用传统的单纯形法求解。但这类方法存在一个明显的难题，就是要确定比较合理的加权系数，以反映不同目标之间的重要程度，特别是当各个目标的性质不同、度量单位不同时，这将更加困难。例如在例 3－1 中的三个目标，需要确定哪个目标重要，它的重要性是另一个目标的几倍，这往往取决于决策者的偏好，倍数的估计是不容易做到客观合理的。所以加权系数法一般应用于具有同一度量标准的多目标模型。

（二）优先等级法

这类方法也是试图将多目标问题转化为单目标模型，但它避开了给各目标确定一个很难找到的加权系数，而是将各目标按其重要程度分成不同的优先等级，这对大多数决策者来说还是相对容易做到的，然后根据确定的目标优先等级的次序来求解。如果上一等级的目标得不到满足，下一等级目标则不予考虑。

（三）有效解法

这类方法的基本思想与前两类方法有很大的区别。在多目标规划问题中，最优解是使所有目标同时达到最优值的可行解。但是，在更多的情况下，由于众多目标之间常常相互矛盾，因此，多目标规划问题的绝对最优解往往是不存在的，一部分目标的改善往往以牺牲另一部分目标的利益为代价。因而，多目标规划问题转化为求解能够照顾到各个目标，并使决策者感到满意的解。有效解或非劣解法就是找出可行域中全部的有效解或非劣解。所谓有效解或非劣解指的是在所有可行解集中没有一个解优于它，或者它不劣于可行解集中任何一个解。有效解不是唯一的，在众多的有效解中，究竟谁优谁劣很难作出判断。如果能找到全部的有效解，则把它们提供给决策者，由决策者来确定选取哪一个解，可得到一个满意解。有效解法和加权系数法一样，看起来很吸引人，但在实际应用时仍然有许多局限性。在大多数具有实际意义的问题中，因有效解的数目太多而难以将其一一求出并提供给决策者，从而限制了它在实际中的具体应用。

上述三种基本方法反映了当前多目标规划的研究方向，在进行这些常规方法研究的同时，其他一些实用的、有效的多目标规划方法也发展起来，有些方法则是这几种方法的综合。本章要讨论的目标规划方法就是加权系数法和优先等级法的结合。

（四）目标规划法

目标规划法是目前比较成功的求解多目标规划问题的方法，它的基本思想是：对多目标规划问题的每一个目标函数确定一个希望达到的期望值（目标值或理想值），但由于各种条件的限制，这些目标值往往不可能全部达到。因而对每一个目标函数引入正的或负的偏差变量，分别表示超过或未达到目标值的情况。为区别各目标的重要程度，引入目标的优先等级和加权系数，然后，对所有的目标函数建立约束方程，并入原来的约束条件中，组成新的约束条件；从这组新的约束条件中，寻找使组合偏差最小的方案。目标规划模型的建立简明易懂，模型及其假设比较符合实际。与其他方法相比，目标规划法在处理多目标问题时具有更大的灵活性、有效性及便利性。

第2节 目标规划数学模型

一、目标的期望值

对多目标规划问题的每一个目标可以确定或根据以往的历史资料统计分析出希望达到的期望值（或目标值、理想值），记为 $E=(e_1, e_2, \cdots, e_n)^{\mathrm{T}}$。这些值的确定不要求十分精确和严格，它们可以根据以往的历史资料、市场需求或企业上级部门的布置等来确定。显然，这样确定的目标期望值往往互相矛盾，而且一般也不可能全部达到。目标规划的作用就是寻找某个可行解，尽可能地实现目标函数的期望值。

二、正负偏差变量

目标 l 的期望值 e_l 确定之后，目标的实际值和它的期望值之间就有正的或负的偏差。为了从数量上描述各目标的期望值达到的程度，对第 l 个目标的函数式分别引入正、负偏差变量 d_l^+，d_l^-，且 d_l^+，$d_l^- \geqslant 0$。d_l^+ 表示第 l 个目标超过期望值的数值；d_l^- 表示第 l

个目标未达到期望值的数值。

对同一个目标函数，由于它的取值不可能在超过期望值的同时，又没有达到期望值，或在没有达到期望值的同时，又超过期望值，所以在 d_l^+ 和 d_l^- 中至少有一个必须为零，即有关系 $d_l^+ d_l^- = 0$。

引入了正、负偏差变量之后，就可以对例 3－1 中的各个目标建立目标约束方程：

$$\sum_{j=1}^{n} c_{lj} x_j + d_l^- - d_l^+ = e_l$$

此式称为目标约束（或称为软约束），又把原来的约束条件称为系统约束（或称为硬约束）。这样，原来的目标函数就变成了约束条件的一部分，这是目标规划模型的一个特点。

［例 6－3］ 在例 6－1 中，管理部门提出了新的要求：第一个目标是实现利润最大，计划部门规定利润目标是 30 元。对其余两个目标则作如下规定：减少乙产品产量但希望不低于 4 件，甲产品产量希望不少于 6 件。对各目标函数引入正、负偏差变量 d_l^+ 和 d_l^-（$l=1$，2，3）。这样，我们可以得到三个目标约束方程：

$$3x_1 + 5x_2 + d_1^- - d_1^+ = 30$$
$$x_2 + d_2^- - d_2^+ = 4$$
$$x_1 + d_3^- - d_3^+ = 6$$

式中，d_1^+ 表示利润超过 30 元的数量，d_1^- 表示利润不到 30 元的数量；d_2^+ 表示乙产品产量超过 4 件的数量，d_2^- 表示乙产品产量不到 4 件的数量；d_3^+ 表示甲产品产量超过 6 件的数量，d_3^- 表示甲产品产量不到 6 件的数量。

经过上述处理之后，目标函数就变成了约束条件的一部分，接下来要考虑的问题就是如何构造一个新的目标函数。

三、目标达成函数

多目标模型的各个目标函数，通过引入期望值和正、负偏差变量，而被列入了约束条件。接着要考虑的是在这组新的约束条件下，如何寻找一个可行的方案（求出一个可行解），使各目标的实际值最接近各自的期望值。也就是说，要使诸偏差变量达到最小值。为此，要构造一个新的目标函数以求得有关偏差变量的最小值。

由于这个新的目标函数反映了各目标函数的期望值达到或实现的情况，故把这个新的目标函数称为目标达成函数，或简称达成函数。在不与原目标函数混淆的情况下，也可以直接把它称为目标函数。这个目标达成函数是目标的正负偏差变量的函数。

多目标问题中对各个目标的要求和目标结构不同，目标达成函数的形式也不相同。在实际计算中会遇到多种组合形式，这里仅介绍三种基本目标函数形式的组合。

（一）要求尽可能达到

若要求尽可能达到规定的目标期望值，则应使相应的正、负偏差变量 d_l^+ 和 d_l^- 都尽可能小，所以应将 d_l^+ 和 d_l^- 都列入目标达成函数中，形式为 $\min G_1 = d_l^+ + d_l^-$。

（二）允许超过期望值

若允许某个目标超过期望值，或希望尽可能不低于期望值，如产值、利润等目标，则应使相应的负偏差变量 d_l^- 尽可能小，而不关心超出量 d_l^+ 的大小，故只需将 d_l^- 列入目标达成函数中，形式为 $\min G_2 = d_l^-$。

（三）允许低于期望值

若允许某个目标低于期望值，但希望不得超过期望值，如材料、能源等资源约束，则应使相应的正偏差变量 d_l^+ 尽可能小，而不关心低于期望值的值 d_l^- 的大小，故只需将 d_l^+ 列入目标达成函数中，形式为 $\min G_3 = d_l^+$。

按照题设条件，建立例 6－3 的目标达成函数为：

$$\min G = d_1^- + d_2^- + d_3^-$$

上面构造的目标达成函数形式把三个目标视为同等重要，无法区别各目标的重要程度。为区别这些目标的重要程度，目标规划模型引入了目标优先等级和加权系数的概念。

四、目标优先等级

对于多目标问题来讲，一般各个目标的重要程度对决策者来说是不完全相同的。若把所有目标所对应的偏差变量简单地组合在一起作为一个目标达成函数进行优化，往往得不到满意的结果。在所有目标不能同时达到的情况下，决策者一般考虑先达到某些最重要的目标，在满足这些目标的前提下再考虑次要的目标。为此，目标规划引入了目标优先等级和加权系数的概念，允许根据目标重要程度的不同给每个目标赋以不同的优先等级和加权系数。在相同的约束条件下，不同的加权系数和优先等级反映了决策者不同的目标结构，将会得到不同的最优解或满意解。

根据目标的重要程度，把所有目标分别安排在不同的优先等级上来处理，并用优先等级因子 P_k 来表示第 k 目标级别（共有 K 个优先等级）。优先等级因子是为表示各目标的优先等级而引入的一种记号，它具有两重含义：

其一，它仅仅是用于区别各目标等级的一种符号。当我们要把极小化某偏差量 d_l^- 列为最重要目标时，就记为 $P_1 d_l^-$；当把极小化某偏差变量 d_l^+ 列为第二级重要目标时，就记为 $P_2 d_l^+$；等等。如果把极小化偏差量 d_l^- 和 d_l^+ 同时列为同等级目标，则记为$P_1(d_l^- + d_l^+)$。

其二，把它理解为一种特殊的正的常数，作为偏差变量的一种具有特别含义的加权系数，且在各 P_k 之间有以下关系：$P_1 \gg P_2 \gg \cdots \gg P_K$，关系“$P_{k-1} \gg P_k$”意味着不论 P_k 乘以一个多大的正数M，均有 $P_{k-1} > MP_k$，称为 P_{k-1} 远远大于 P_k。

处于同一个优先等级下的目标可能不止一个，为区别它们之间的相对重要性，可以对同一优先等级下的各目标，分别赋予不同的加权系数，一般情况下，处于同一等级的目标具有同一度量标准。如若 d_l 和 d_k 同时列为第 l 级目标，在同一优先等级又认为 d_l 比 d_k 的重要性大，这时可给 d_l 赋一个大于 1 的加权系数 w_l，表示 d_l 比 d_k 的重要程度，这时第 l 级目标可表示为 $P_l(w_ld_l+d_k)$。

如例 6－3 中，P_1 级目标实现利润至少 30 元；P_2 级目标是甲乙产品的产量，决策者认为乙产品产量不少于 4 件比甲产品产量不少于 6 件更重要，取其权重为 2，则目标规划模型为：

$$\min G=P_1d_1^-+P_2(2d_2^-+d_3^-)$$

$$\text{s. t.}\begin{cases}3x_1+5x_2+d_1^--d_1^+=30\\x_2+d_2^--d_2^+=4\\x_1+d_3^--d_3^+=6\\2x_1\leqslant 16\\2x_2\leqslant 10\\3x_1+4x_2\leqslant 32\\x_1,x_2\geqslant 0\\d_l^-,d_l^+\geqslant 0,\quad l=1,2,3\end{cases}$$

在例 6－2 中，可将各级目标表述为：P_1 级目标是充分利用装配线，避免开工不足；P_2 级目标是允许装配线加班，但尽量不超过 10 小时；P_3 级目标是尽量满足市场需求，且两种型号笔记本满足市场需求的重要性与其获利能力成正比；P_4 级目标是保证每周的利润在 5 000 元以上。

同样对例 6－2 建立目标规划模型：

$$\min G=P_1d_1^-+P_2d_2^++P_3(2d_3^-+d_4^-)+P_4d_5^-$$

$$\text{s. t.}\begin{cases}x_1+x_2+d_1^--d_1^+=40\\x_1+x_2+d_2^--d_2^+=50\\x_1+d_3^--d_3^+=24\\x_2+d_4^--d_4^+=30\\80x_1+40x_2+d_5^--d_5^+=5\,000\\x_1,x_2\geqslant 0\\d_l^-,d_l^+\geqslant 0,\quad l=1,2,\cdots,5\end{cases}$$

通过上面的分析与讨论，目标达成函数中只有优先等级和加权系数，以及正、负偏差变量，而没有决策变量。

对于有 n 个决策变量、m 个系统约束条件、L 个目标、K 个优先等级的问题，其目标规划模型的一般形式如下：

达成函数：

$$\min G=\sum_{k=1}^{K}P_k\Big(\sum_{l=1}^{L}w_{kl}^-d^-+w_{kl}^+d_l^+\Big)$$

目标约束：

$$\sum_{j=1}^{n} c_{lj}x_j + d_l^- - d_l^+ = e_l, \quad l=1,2,\cdots,L$$

系统约束：

$$\sum_{j=1}^{n} a_{ij}x_j \leqslant (=, \geqslant) b_i, \quad i=1,2,\cdots,m$$

非负性约束：

$$x_j \geqslant 0, \quad j=1,2,\cdots,n$$
$$d_l^-, d_l^+ \geqslant 0, \quad l=1,2,\cdots,L$$

通过上面示例可以看到目标规划模型的一些特点，它比线性规划有更广泛的灵活性和适应性，更能解决各种复杂的经济管理决策问题。

第3节 目标规划的图解法

与前面讨论的线性规划一样，只含有两个决策变量的目标规划模型也可以用图解法来求解。目标规划的图解法有助于理解目标规划求解方法的基本思想和技巧，通过直观解释目标规划的有关概念能够帮助了解线性规划模型求解方法与目标规划模型求解方法的关系和区别。

线性规划图解法与目标规划图解法的区别在于：线性规划是在可行域中寻找一点，使单个目标达到极大或极小，而目标规划是寻找一个区域，这个区域提供了相互矛盾的目标集的折中方案。

目标规划的图解法，首先是在可行域 R 内寻找一个满足 P_1 级各目标的区域 R_1；然后再在 R_1 中寻找一个满足 P_2 级各目标的区域 R_2（显然 $R_2 \subseteq R_1$）；接着在 R_2 中寻找一个满足 P_3 级各目标的区域 R_3（$R_3 \subseteq R_2 \subseteq R_1$）；如此继续，直到寻找到一个区域 R_K（$R_K \subseteq R_{K-1} \subseteq \cdots \subseteq R_3 \subseteq R_2 \subseteq R_1$），满足 K 级各目标；这时 R_K 即为这个目标规划的满意解空间，其中的任一点均为这个目标规划的满意解。

如果某一个 R_k（$1 \leqslant k \leqslant K$）已退化为一点，则计算也应终止，这一点即为满意解，说明它只能满足 P_1，P_2，…，P_k 各级目标，而无法再进一步改进以满足 P_{k+1}，P_{k+2}，…，P_K 各级目标。

由此可见，目标规划问题的可行域是弹性的，即使不能满足全部目标，它也能得到一个满足部分目标的满意解，并能给出达不到其余目标的原因。下面用例 6－3 的目标规划模型来说明目标规划模型的图解法。

$$\min G = P_1 d_1^- + P_2(2d_2^- + d_3^-)$$

$$\text{s.t.}\begin{cases}3x_1+5x_2+d_1^--d_1^+=30 & (1)\\ x_2+d_2^--d_2^+=4 & (2)\\ x_1+d_3^--d_3^+=6 & (3)\\ 2x_1\leqslant 16 & (4)\\ 2x_2\leqslant 10 & (5)\\ 3x_1+4x_2\leqslant 32 & (6)\\ x_1,x_2\geqslant 0 & (7)\\ d_l^-,d_l^+\geqslant 0,\quad l=1,2,3\end{cases}$$

该模型图解如图 6 - 1 所示。模型的系统约束（4）～（7）是硬约束，必须首先被满足，因此，区域 $OABCD$（阴影区域）为该问题的可行域。

在可行域 $OABCD$ 中寻找满足 P_1 级目标的区域。由于 P_1 级目标是使 d_1^- 实现极小化，达到最优时必有 $d_1^-=0$，从图 6 - 1 中可以看出，直线（1）以上的阴影区域，即区域 $BCEF$ 的所有点都能满足使 $d_1^-=0$。再在区域 $BCEF$ 中寻找满足 P_2 级目标的区域，要求 $2d_2^-+d_3^-$ 实现极小化。由于 d_2^- 的加权系数大于 d_3^- 的加权系数，所以先要考虑 d_2^- 实现极小化，则直线（2）又将可行域缩小到区域 $CEGH$；然后，在区域 $CEGH$ 内，使 d_3^- 实现极小化，则考虑直线（3），点 H 实现 d_3^- 极小化。联立 $x_2=4$ 和 $3x_1+4x_2=32$，解得 $x_1=5\frac{1}{3}$，$x_2=4$。又由于产品为台数，即有满意解：$x_1=5$，$x_2=4$。

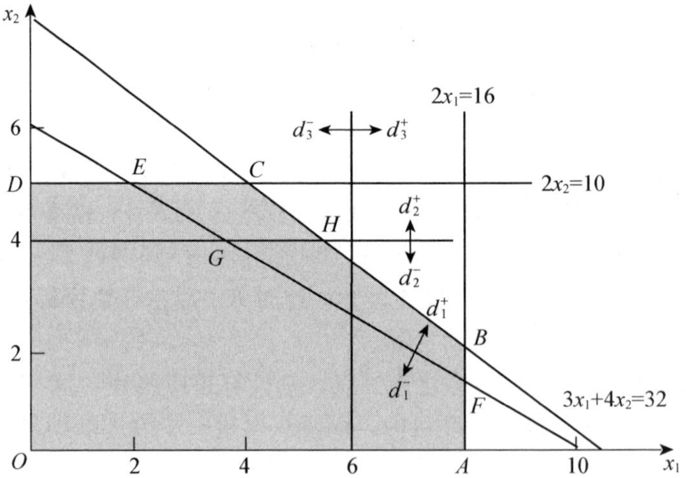

图 6 - 1　目标规划图解法

一般来说，目标的期望值定得越低，可供选择的解就越多；目标期望值定得太高，满意解的选择余地也就越小，可能使一些较低等级的目标无法完全实现。

第 4 节　目标规划单纯形法

目标规划模型有多种求解方法，主要有：单纯形法、序贯式算法和多阶段算法。这些算法均能很好地求出目标规划模型的解，且各有特点。结合前面学过的线性规划的单纯形法，这里只介绍目标规划的单纯形法。

从本章前面的分析与讨论中可以看到，目标规划的数学模型与线性规划的数学模型有相似的结构，可用前述单纯形法求解目标规划模型。

把例 6－3 的数学模型标准化，从极小化变成极大化，并给系统约束加上松弛变量，即

$$\max(-G)=-P_1d_1^- -P_2(2d_2^- +d_3^-)$$

$$\text{s. t.}\begin{cases}3x_1+5x_2+d_1^- -d_1^+ =30\\x_2+d_2^- -d_2^+ =4\\x_1+d_3^- -d_3^+ =6\\2x_1+x_3=16\\2x_2+x_4=10\\3x_1+4x_2+x_5=32\\x_1,x_2,x_3,x_4,x_5\geqslant 0\\d_l^-,d_l^+\geqslant 0,\quad l=1,2,3\end{cases}$$

将 P_1，P_2 视为正常数，d_1^+，d_1^-，d_2^+，d_2^-，d_3^+，d_3^- 视为松弛变量，从标准型中可以确定初始基变量为 d_1^-，d_2^-，d_3^-，x_3，x_4，x_5，建立初始单纯形表 6－1。最优性判别准则和计算步骤类似于线性规划的单纯形法。

初始单纯形表中，检验数的计算与线性规划单纯形表检验数的计算完全相同，只是把 P_1，P_2 看作正常数参与运算（回顾一下大 M 法的计算方法便于理解），检验数一般是各优先等级因子的代数和。现在的问题是如何判断检验数的正负和大小，在判断时，要牢牢记住关系 $P_1\gg P_2$。

检验数的正负首先由 P_1 系数的正负决定。若 P_1 的系数为正，则不论 P_2 的系数是什么，检验数必定为正；若 P_1 的系数为负，则不论 P_2 的系数是什么，检验数必然均为负。同理，若 P_1 的系数为零，则检验数的正负由 P_2 系数的正负来决定。依此类推。

若有两个以上的检验数为正，则需要比较它们的大小。首先比较 P_1 的系数，以 P_1 的系数大的检验数为大；若 P_1 的系数相同，再比较 P_2 的系数；依此类推。为了便于判定检验数正负和大小，将检验数行按目标优先等级分行排列，如表 6－1 所示。

所有检验数都已非正，则得到满意解：$x_1=5\dfrac{1}{3}$，$x_2=4$，$d_3^-=\dfrac{2}{3}$，$x_3=5\dfrac{1}{3}$，$x_4=2$，$d_1^+=6$。这表明生产甲产品 $5\dfrac{1}{3}$单位、乙产品 4 单位，设备 A 的工时富余 $x_3=5\dfrac{1}{3}$小时，设备 B 的工时富余 $x_4=2$ 小时，设备 C 的工时全部耗尽。这个解和图解法图 3－1 得到的结果是一致的，它相当于图解法中的点 H。

表 6-1　目标规划的单纯形法

c_j			0	0	0	0	0	0	$-P_1$	0	$-2P_2$	0	$-P_2$	θ_i
C_B	X_B	b	x_1	x_2	x_3	x_4	x_5	d_1^+	d_1^-	d_2^+	d_2^-	d_3^+	d_3^-	
$-P_1$	d_1^-	30	3	5	0	0	0	−1	1	0	0	0	0	6
$-2P_2$	d_2^-	4	0	[1]	0	0	0	0	0	−1	1	0	0	4
$-P_2$	d_3^-	6	1	0	0	0	0	0	0	0	0	−1	1	—
0	x_3	16	2	0	1	0	0	0	0	0	0	0	0	—
0	x_4	10	0	2	0	1	0	0	0	0	0	0	0	5
0	x_5	32	3	4	0	0	1	0	0	0	0	0	0	8
σ_j		P_1	3	5	0	0	0	−1	0	0	0	0	0	
		P_2	1	2	0	0	0	0	0	−2	0	−1	0	
$-P_1$	d_1^-	10	[3]	0	0	0	0	−1	1	5	−5	0	0	$\frac{10}{3}$
0	x_2	4	0	1	0	0	0	0	0	−1	1	0	0	—
$-P_2$	d_3^-	6	1	0	0	0	0	0	0	0	0	−1	1	6
0	x_3	16	2	0	1	0	0	0	0	0	0	0	0	8
0	x_4	2	0	0	0	1	0	0	0	2	−2	0	0	—
0	x_5	16	3	0	0	0	1	0	0	4	−4	0	0	$\frac{16}{3}$
σ_j		P_1	3	0	0	0	0	−1	0	5	−5	0	0	
		P_2	1	0	0	0	0	0	0	0	−2	−1	0	
0	x_1	$\frac{10}{3}$	1	0	0	0	0	$-\frac{1}{3}$	$\frac{1}{3}$	$\frac{5}{3}$	$-\frac{5}{3}$	0	0	—
0	x_2	4	0	1	0	0	0	0	0	−1	1	0	0	—
$-P_2$	d_3^-	$\frac{8}{3}$	0	0	0	0	0	$\frac{1}{3}$	$-\frac{1}{3}$	$-\frac{5}{3}$	$\frac{5}{3}$	−1	1	8
0	x_3	$\frac{28}{3}$	0	0	1	0	0	$\frac{2}{3}$	$-\frac{2}{3}$	$-\frac{10}{3}$	$\frac{10}{3}$	0	0	14
0	x_4	2	0	0	0	1	0	0	0	2	−2	0	0	—
0	x_5	6	0	0	0	0	1	[1]	−1	−1	1	0	0	6
σ_j		P_1	0	0	0	0	0	0	−1	0	0	0	0	
		P_2	0	0	0	0	0	$\frac{1}{3}$	$-\frac{1}{3}$	$-\frac{5}{3}$	$-\frac{1}{3}$	−1	0	
0	x_1	$\frac{16}{3}$	1	0	0	0	$\frac{1}{3}$	0	0	$\frac{4}{3}$	$-\frac{4}{3}$	0	0	
0	x_2	4	0	1	0	0	0	0	0	−1	1	0	0	
$-P_2$	d_3^-	$\frac{2}{3}$	0	0	0	0	$-\frac{1}{3}$	0	0	$-\frac{4}{3}$	$\frac{4}{3}$	−1	1	
0	x_3	$\frac{16}{3}$	0	0	1	0	$-\frac{2}{3}$	0	0	$-\frac{8}{3}$	$\frac{8}{3}$	0	0	
0	x_4	2	0	0	0	1	0	0	0	2	−2	0	0	
0	d_1^+	6	0	0	0	0	1	1	−1	−1	1	0	0	
σ_j		P_1	0	0	0	0	0	0	−1	0	0	0	0	
		P_2	0	0	0	0	$-\frac{1}{3}$	0	0	$-\frac{4}{3}$	$-\frac{2}{3}$	−1	0	

解之分析：在现有工时约束下，甲产品产量目标没能实现，偏差 $d_3^- = \frac{2}{3}$，原因在于装配设备 C 的工时不足，如果想要完全实现甲产品产量目标，原因在于装配设备 C 的工时不足，如果想要完全实现甲产品产量目标，根据表 1－1 可知，生产产品甲需要在设备 C 上消耗 3 小时（即 $a_{13}=3$），如果要想完全实现甲产品产量目标，则需要加班 $a_{13}d_3^- = 3\times\frac{2}{3}=2$ 小时，企业利润目标比预期超额实现 $d_1^+ = 6$。

第 5 节　目标规划应用案例

一、加班时间问题

［例 6－4］ 某音像店有 5 名全职售货员和 4 名兼职售货员，全职售货员每月工作 160 小时，兼职售货员每月工作 80 小时。根据记录，全职售货员每小时销售 CD 25 张，平均工资每小时 15 元，加班工资每小时 22.5 元。兼职售货员每小时销售 CD 10 张，平均工资每小时 10 元，加班工资每小时 10 元。现在预测下月 CD 销售量为 27 500 张，商店每周开门营业 6 天，所以可能要加班。每出售一张 CD 盈利 1.5 元。

商店经理认为，保持稳定的就业水平加上必要的加班，比不加班就业水平要好，但全职销售员如果加班过多，就会因为疲劳过度而造成效率下降，因此每月加班不允许超过 100 小时，就此建立相应的目标规划模型。

（一）目标优先级

P_1 级：下月的 CD 销售量达到 27 500 张。

P_2 级：全职售货员加班时间不超过 100 小时。

P_3 级：保持全体售货员充分就业，对全职的要比兼职的加倍优先考虑。

P_4 级：尽量减少加班时间，对两种售货员区别对待，权重由他们对利润的贡献而定。

（二）目标约束函数

（1）销售目标约束。设全体全职售货员下月的工作时间为 x_1，全体兼职售货员下月的工作时间为 x_2；达不到销售目标的偏差为 d_1^-，超过销售目标的偏差为 d_1^+。

$$\min G_1 = P_1 d_1^-$$
$$25x_1 + 10x_2 + d_1^- - d_1^+ = 27\,500$$

（2）正常工作时间约束。设全体全职售货员下月的停工时间为 d_2^-，全体全职售货员下月的加班时间为 d_2^+；全体兼职售货员下月的停工时间为 d_3^-，全体兼职售货员下月的加班时间为 d_3^+。

$$\min G_3 = P_3(2d_2^- + d_3^-)$$
$$x_1 + d_2^- - d_2^+ = 800$$
$$x_2 + d_3^- - d_3^+ = 320$$

（3）加班时间的限制。设全体全职售货员下月的加班不足 100 小时的偏差为 d_4^-，全体全职售货员下月的加班超过 100 小时的偏差为 d_4^+。

$$\min G_2 = P_2 d_4^+$$
$$x_1 + d_4^- - d_4^+ = 900$$

另外，两类售货员区别对待，权重由他们对利润的贡献而定，故权重比为 $d_2^+ : d_3^+ = 3:1$，所以另一个加班目标约束为：

$$\min G_4 = P_4(3d_2^+ + d_3^+)$$
$$x_1 + d_2^- - d_2^+ = 800$$
$$x_2 + d_3^- - d_3^+ = 320$$

最后，按目标的优先级，写出相应的目标规划模型：

$$\min G = P_1 d_1^- + P_2 d_4^+ + P_3(2d_2^- + d_3^-) + P_4(3d_2^+ + d_3^+)$$
$$\text{s.t.}\begin{cases} 25x_1 + 10x_2 + d_1^- - d_1^+ = 27\,500 \\ x_1 + d_2^- - d_2^+ = 800 \\ x_2 + d_3^- - d_3^+ = 320 \\ x_1 + d_4^- - d_4^+ = 900 \\ x_1, x_2 \geqslant 0 \\ d_l^-,\ d_l^+ \geqslant 0, \quad l = 1,2,3,4 \end{cases}$$

（三）模型软件求解

运用 LINGO 软件求解，得满意解 $x_1 = 900$，$x_2 = 500$，即全职售货员总的工作时间为 900 小时（正常工作 800 小时（5×160），加班 100 小时），兼职售货员总工作时间 500 小时（正常工作 320 小时（4×80），加班 180 小时），下月共销售 CD 27 500 张，商店共获得利润 22 000 元（27 500×1.5－800×15－100×22.5－500×10）。

二、目标管理方案

目标管理的思想是从上往下进行目标分解，从下往上层层落实，保证企业经营目标的实现。企业在进行经营决策和目标分解时，时常存在目标冲突，例如要进行设备能力和盈利目标之间的权衡取舍。设备产能受限，但要求较高的利润指标。同时，不希望安排加班，因为加班运作将导致产品成本上升，从而影响企业利润目标的实现。下面进行目标规划模型分析，寻求目标分解下达时，冲突目标的解决。

［**例 6-5**］ 某公司准备生产甲、乙两种产品，生产单位产品消耗的电力、设备以及获利情况如表 6-2 所示。据市场调查结果，甲产品的最大市场需求为 8 台，乙产品的最大市场需求为 6 台。

表 6-2 目标管理相关数据

	产品甲	产品乙	资源拥有量
电力（度）	5	5	60
设备（小时）	30	60	360
单位产品成本（元）	900	1 400	
单位产品售价（元）	1 200	1 800	
市场容量（台）	8	6	

在满足现有电力资源严格供给约束的前提下，该公司考虑两个目标：一是总利润不低于 3 600 元；二是充分利用设备工时，但尽量少加班。问应如何制定产品甲、乙的产量目标？试建立其目标规划的数学模型。

（一）利润期望优先

首先，确定目标约束的优先级，如下：

P_1 级：总利润不低于 3 600 元。

P_2 级：充分利用设备工时 360 小时，但尽量少加班。

设甲产品产量为 x_1，乙产品产量为 x_2。

由于单位甲产品获利能力为 $1\,200-900=300$ 元，单位乙产品获利能力为 $1\,800-1\,400=400$ 元，则总利润目标约束为：$300x_1+400x_2+d_1^--d_1^+=3\,600$。

充分利用设备工时，但尽量少加班，其目标约束为：$30x_1+60x_2+d_2^--d_2^+=360$。

此问题相应的目标规划数学模型为：

$$\min G=P_1d_1^-+P_2(d_2^-+d_2^+)$$

$$\text{s. t.}\begin{cases}300x_1+400x_2+d_1^--d_1^+=3\,600\\30x_1+60x_2+d_2^--d_2^+=360\\5x_1+5x_2\leqslant 60\\x_1\leqslant 8\\x_2\leqslant 6\\x_1,x_2\geqslant 0\\d_l^-,d_l^+\geqslant 0,\quad l=1,2\end{cases}$$

运用图解法求解，首先考虑系统约束 $5x_1+5x_2\leqslant 60$，$x_1\leqslant 8$，$x_2\leqslant 6$，x_1，$x_2\geqslant 0$，可

行域为五边形 $OABCD$（见图 6－2 中阴影部分）；然后考虑 P_1 级目标 d_1^- 最小，取值范围缩小到区域 $BCEF$；最后考虑 P_2 级目标 $d_2^- + d_2^+$ 总和最小，得满意解在点 F，解之有 $x_1=8$，$x_2=3$。

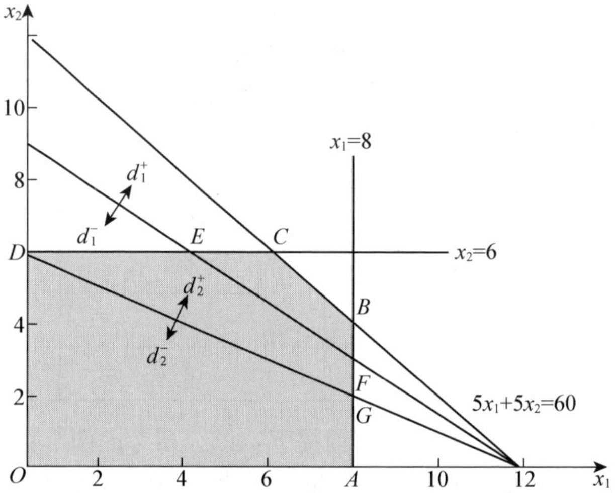

图 6－2　目标管理的目标规划图解法

生产所需的设备能力为 420 小时（30×8＋60×3），而设备期望利用时长只有 360 小时。这导致利润目标、设备工时以及不加班的目标相互冲突。如果要优先实现利润目标，在现有设备工时消耗情况下，就需要自觉加班 60 小时（420－360）；否则，不愿意自觉加班作业，就需要采取工艺技术措施，减少无效作业时间，从而降低单位产品的设备工时消耗。

为了能同时实现目标 P_1 和 P_2，需要降低甲、乙产品的设备工时消耗，工时消耗降低率为 17%((420－360)/360)，如果甲、乙产品按同比例减少工时消耗，甲产品的设备消耗需要降低约 5 小时（30×17%），乙产品的设备消耗需要降低约 10 小时（60×17%）。这一解决策略，把难题交给了生产技术部，要求生产技术部采取不增加成本的工艺技术改进措施，将甲产品的设备消耗降低到 25 小时（30－5），乙产品的设备消耗降低为 50 小时（60－10）。由此得到目标管理的目标分解树，如图 6－3 所示。

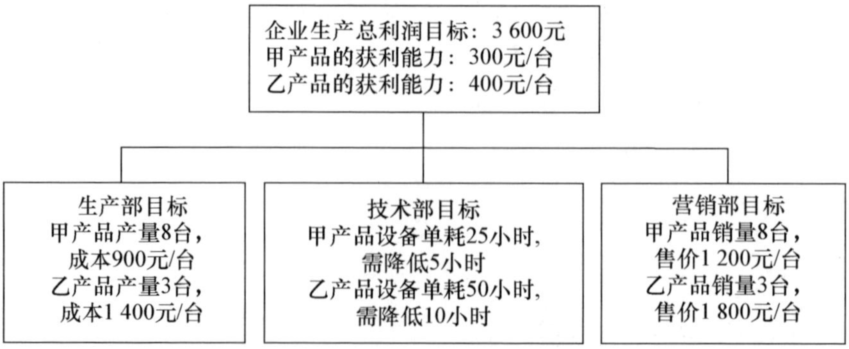

图 6－3　利润优先的目标分解方案 1

（二）设备工时优先

如果企业的工艺管理已经非常先进，生产技术部一时不能在不增加成本的条件下采取工艺技术改进措施，那么方案 1 将无法推进。这就需要换位思考，从增加盈利性入手。众所周知，单位产品利润＝价格－成本，如果企业推出的是创新性产品，其定价策略是先高后低，这时是相对垄断市场，可以考虑采取适当的提价策略来增加利润；但如果是功能性产品，市场具有竞争性，靠提价获利不太可能，这就需要从成本入手，走内涵式发展之路。在保持设备工时消耗不变的现实情况下，应采取什么措施来降低成本增加企业利润呢？企业降低设备消耗很困难，需要调整经营目标的次序。

P_1 级：充分利用设备工时 360 小时，但尽量少加班。

P_2 级：总利润不低于 3 600 元。

此目标规划函数变为：

$$\min G = P_1(d_2^- + d_2^+) + P_2 d_1^-$$

同理，按目标优先等级，满意解在图 6－2 中的点 G，解之有：$x_1=8$，$x_2=2$。

生产实现利润总额为 3 200 元（300×8＋400×2），而期望总利润目标要求 3 600 元，盈利降低 400 元。不能提高产品售价，就必须降低生产成本，以增加企业利润，利润增长率为 12.5％((3 600－3 200)/3 200)。

产品售价由市场决定，为提高利润，应从降低成本入手。甲、乙产品按同比率降低成本，则甲产品的单位成本需要由原来的 900 元降为 862.5 元（1 200－300×(1＋12.5％))，成本降低额度为 37.5 元，降低幅度只需 4.2％；乙产品的单位成本需要由原来的 1 400 元，降为 1 350 元（1 800－400×(1＋12.5％))，成本降低额度为 50 元，降低幅度只需 3.6％。接下来，企业生产部门需要思考：如何才能降低产品成本？一是降低材料采购过程的成本；二是降低产品生产的工艺过程成本。降低材料采购成本可以从批量采购的价格折扣、材料供应物流的运输成本、材料储存的库存成本等方面入手，尤其是运输物流和仓储物流的运作成本，这是企业降低材料成本的主攻方向。有了解决的具体策略，由此得到另一个目标管理的目标分解树，如图 6－4 所示。

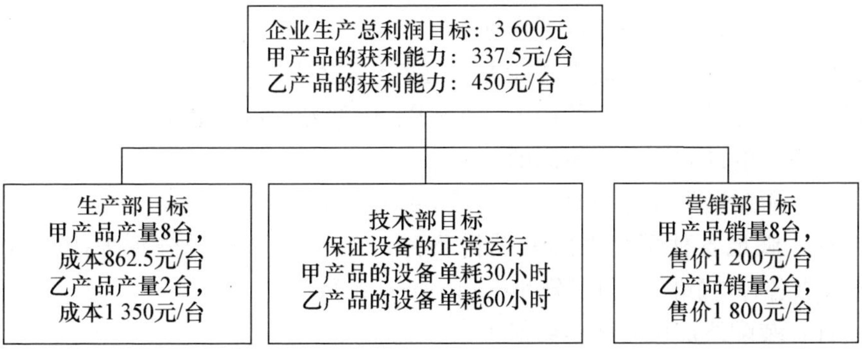

图 6－4　设备优先的目标分解方案 2

对于一个管理问题，解决的措施和策略不是唯一的，方法和途径很多。很多时候会存在矛盾和冲突，一个思路行不通，就要学会换位思考，比如改变目标次序，变换解决问题的路径。这也体现出一个管理者的灵活性和管理艺术。

案例分析

在学习了本章内容之后，运用目标规划的思路，再来看一下引入案例。

如果你是该汽车制造企业生产计划部门的负责人，在总投资不超过 60 亿元的条件下，需要从备选的 8 项计划中进行二次选择，在进行综合研究后，可得各项目所需的投资额、能产生的利润额、废物排放量和新增就业岗位，如表 6－3。

表 6－3　各计划综合信息表

	计划							
	1	2	3	4	5	6	7	8
投资额（亿元）	2.4	5.2	11	6.2	17	21	3.5	6.1
利润额（亿元）	0.4	1	3	2	4	5	0.7	1.5
废物排放量（万吨）	0.3	2	3	3	3	5	1	0.5
新增就业岗位（千个）	0.6	1.1	2	2.8	1	1.5	2	1.2

该企业所要求的各项指标如下（重要程度依次递减）：

（1）从节能减排的角度考虑，希望项目总废物排放量不超过 15 万吨。

（2）从提高全市产值的角度考虑，希望项目总利润最高。

（3）从促进社会发展的角度考虑，希望尽可能多地新增就业岗位。

如果你是该公司生产计划部门的负责人，会如何选择项目进行投资？

复习思考题

1. 某计算机公司生产 A、B、C 三种型号的笔记本电脑。这三种笔记本电脑需要在复杂的装配线上生产，生产 1 台 A、B、C 型号的笔记本电脑分别需要 5 小时、8 小时、12 小时。公司装配线正常的生产时间是每月 1 700 小时，公司营业部门估计 A、B、C 笔记本电脑每台的利润分别是 1 000 元、1 440 元、2 520 元，而公司预测这个月生产的笔记本电脑能够全部售出。公司经理考虑以下目标。

第一目标：充分利用正常的生产能力，避免开工不足。

第二目标：优先满足老客户的需求，A、B、C 型号的电脑各为 50 台、50 台、80 台，同时根据各种电脑的纯利润分配不同的加权系数。

第三目标：限制装配线加班时间，最好不超过 200 小时。

第四目标：满足各种型号电脑的销售目标，A、B、C 型号分别为 100 台、120 台、100 台，再根据各种电脑的纯利润分配不同的加权系数。

第五目标：装配线加班时间尽可能少。

请列出相应的目标规划模型，并用 LINGO 软件求解。

2. 已知 3 个工厂生产的产品供应给 4 个客户，各工厂生产量、用户需求量及从各工厂到用户的单位产品的运输费用如表 6－4 所示。由于总生产量小于总需求量，上级部门经研究后，制定了调配方案的 8 个目标，并规定了重要性的次序。

表 6－4　工厂产量-用户需求量及运费单价　　单位：元/单位

	用户 1	用户 2	用户 3	用户 4
工厂 1	5	2	6	7
工厂 2	3	5	4	6
工厂 3	4	5	2	3
需求量（单位）	200	100	450	250

第一目标：用户 4 为重要部门，需求量必须全部满足。

第二目标：供应用户 1 的产品中，工厂 3 的产品不少于 100 单位。

第三目标：每个用户的满足率不低于 80%。

第四目标：应尽量满足各用户的需求。

第五目标：新方案的总运费不超过原运输问题（线性规划模型）的调度方案的 10%。

第六目标：因道路限制，工厂 2 到用户 4 的路线应尽量避免运输任务。

第七目标：用户 1 和用户 3 的满足率应尽量保持平衡。

第八目标：力求减少总运费。

请列出相应的目标规划模型，并用 LINGO 软件求解。

3. 已知条件如表 6－5 所示。

表 6－5　数据资料

工序	产品型号		每周可用生产时间（小时）
	A	B	
Ⅰ（小时/台）	5	6	200
Ⅱ（小时/台）	3	3	85
利润（元/台）	310	455	

如果工厂经营目标的期望值和优先等级如下：

P_1：每周总利润不得低于 10 000 元。

P_2：因合同要求，A 型机每周至少生产 15 台，B 型机每周至少生产 20 台。

P_3：希望工序Ⅰ的每周生产时间正好为 200 小时，工序Ⅱ的生产时间最好完全利用，甚至可适当加班。

试建立这个问题的目标规划模型，并用 LINGO 软件求解。

实验：软件求解目标规划

LINDO 不能直接求解目标规划问题，但这并不意味着 LINDO 失去了效力。可以巧妙地设置目标等级因子 P_k 的绝对数值，如例 6－4 的数学模型中，设置 $P_1=99\,999$ 和 $P_2=99$，这样就将带序数的目标达成函数转变成数值，从而可用 LINDO 求解。

另外，序贯式算法是求解目标规划的一种早期算法，核心是根据优先级的先后次序，将目标规划问题分解成一系列单目标规划问题，然后再依次求解。例 6－4 相应的 LINGO 程序如下：

```
sets:
Level/1..4/:G,p,Goal;                  ! 4 级目标,结构类型名 Level,目标达成函数 G,
                                         p,Goal
Variable/1..2/:x;                      ! 2 个决策变量 x
S_Con_Num/1..4/:E,dplus,dminus;        ! E 存放目标期望值,dplus 存放正偏差变量,dmi-
                                         nus 存放负偏差变量
S_Cons(S_Con_Num,Variable):c;          ! c 存放目标约束中决策变量的价值系数值
Obj(Level,S_Con_Num):Wplus,Wminus;     ! Wplus 存放目标达成函数中正偏差变量加权
                                         系数,Wminus 存放负偏差变量加权系数
endsets
data:
p=????;                                ! 运行时,输入目标等级,如 1
Goal=0,0,0.0;                          ! 希望目标未实现的幅度
E=27 500 800 320 900;                  ! 4 级目标的目标期望值
c=25 10 1 0 0 11 0;                    ! 4 个目标约束中决策变量的价值系数值
Wplus= 0 0 0 0                         ! 4 个目标约束中的正偏差变量,在目标达成函
       0 0 0 1                           数中的加权系数值
       0 0 0 0
       0 1 3 0;
Wminus=1 0 0 0                         ! 4 个目标约束中的负偏差变量,在目标达成函
       0 0 0 0                           数中的加权系数值
       0 2 1 0
       0 0 0 0;
enddata
min=@sum(Level:p*G);                   ! 偏差之和为最小
@for(Level(i):                         ! 第 i 个目标约束
G(i)=@sum(S_Con_Num(j):Wplus(i,j)*dplus(j))
   +@sum(S_Con_Num(j):Wminus(i,j)*dminus(j));! 加权系数×偏差量之和
  @for(S_Con_Num(i):
   @sum(Variable(j):c(i,j)*x(j)) + dminus(i)-dplus(i)=E(i);! 第 i 个目标
约束的偏差量
   );
```

```
  @for(Level(i)|i #lt# @size(Level):
    @bnd(0,G(i),Goal(i));     ! 界定函数 bnd 对变量 G(i)取值范围限制 0≤G(i)≤
Goal(i)
);
);
End
```

四级计算结果（只列出相关变量）：

```
      Variable                                    Value                       Reduced Cost
    G(1)    0.000 000    0.000 000
    G(2)    0.000 000    0.000 000
    G(3)    0.000 000    0.000 000
    G(4)    640.000 0    0.000 000
    X(1)    900.000 0    0.000 000
    X(2)    500.000 0    0.000 000
    DPLUS(1)    0.000 000    0.000 000
    DPLUS(2)    100.000 0    0.000 000
    DPLUS(3)    180.000 0    0.000 000
    DPLUS(4)    0.000 000    0.000 000
    DMINUS(1)    0.000 000    0.000 000
    DMINUS(2)    0.000 000    0.000 000
    DMINUS(3)    0.000 000    0.000 000
    DMINUS(4)    0.000 000    0.000 000
```

全职售货员总的工作时间为 900 小时，加班 100 小时；兼职售货员总工作时间 500 小时，加班 180 小时。第四级目标未完全实现。

注：LINGO 运算符

算术运算符针对数值的运算操作：∧为乘方，＊为乘，/为除，＋为加，－为减。

逻辑运算符用于条件表达式：“＃not＃”为否定该操作数的逻辑值，“＃eq＃”为相等，“＃ne＃”为不相等，“＃gt＃”为严格大于，“＃ge＃”为大于等于，“＃lt＃”为严格小于，“＃le＃”为小于等于，“＃and＃”为和，“＃or＃”为或。

关系运算符“＝”、“＜＝”和“＞＝”主要用在模型的约束条件中。

职能篇

07

Chapter

第 7 章

网络分析

学习要点

- 理解图论中结点、边、链、弧、路径的概念
- 掌握最短路的标号算法及其在网络选址中的应用
- 理解网络流的概念及网络瓶颈的识别方法
- 理解最小费用流的调整与改进的思路和方法

引入案例

随着互联网技术的快速发展，某高校的快递业务呈井喷式增长，各个快递公司各自为营，分散设点进行派送，导致校园周边因寄取快递出现人流、车流拥堵的现象。因此该高校计划将快递派送网点进行整合，在校园内建一个校园快递服务集中区，改善之前快递派送分散的情况。据实地调查，校园内各地点的需求规模（假设快递需求规模和学生人数正相关，即学生人数越多，对快递需求规模越大）及特点如表 7-1 所示。此外，每个地点之间的位置及相隔距离（单位：米）简化如图 7-1 所示。

表 7-1　某高校各地点的需求规模及特点

地点	学生人数	是否可以建立派送网点
A	1 365	是
B	4 600	是
C	4 700	是
D	0（此点不位于学生宿舍区）	是

续表

地点	学生人数	是否可以建立派送网点
E	3 408	否
F	1 837	否
G	2 000	否

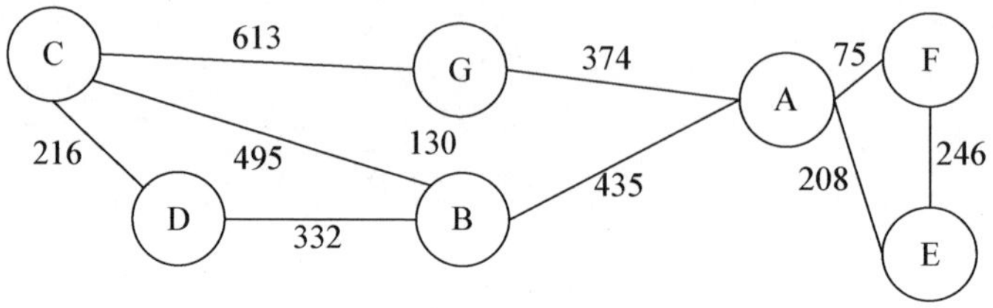

图 7－1　各个地点间位置及距离标示图

请你帮助学校来选择校园快递服务集中区最合适的建设地点。相信通过本章的学习一定会给你带来启发。

网络的形式多种多样，遍布人们的生产活动和日常生活，如通信网络、电力网络、交通运输网络、供排水网络、生产计划的安排等等。网络适用于自然科学、社会科学和经济科学各领域的虚拟性和抽象性研究。我们可以借助网络来描绘管理系统内各组成部分之间的关系，以增强可视化的直观性理解。网络与图的概念密不可分，且图更利于直观地描述和分析管理问题，因此用图论方法来研究管理系统，如物流网络，更加简便。随着科技的发展和计算机的广泛应用，人们借助计算机工具，将复杂的工程问题和管理问题用图描述，可以解决很多工程设计和管理决策的优化问题。图论作为认识和处理对象关系的一种高度抽象的科学工具，在工程技术和管理决策方面得到越来越广泛的应用。

第 1 节　图论的概念

18 世纪，哥尼斯堡城中有一条普雷格尔河，河上有 7 座桥将河中的两个小岛与河岸连接起来，如图 7－2（a）所示。人们提出了这样的问题：一个散步者能否从某地出发，走遍 7 座桥且每座桥恰好经过一次，最后回到原地？

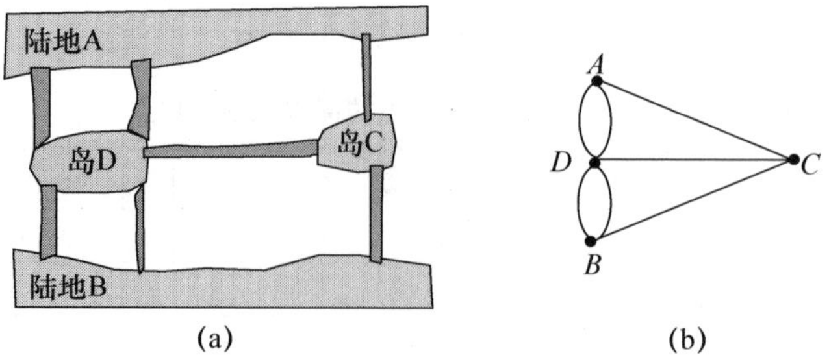

(a)　　　　(b)

图 7－2　哥尼斯堡七桥问题

数学家欧拉于 1736 年发表图论的第一篇论文，解决著名的“哥尼斯堡七桥问题”。他将两岸和小岛抽象为 4 个点，将桥抽象为 7 条边，如图 7－2（b）所示，将此问题归结为一笔画问题，即能否从某一点开始一笔画出此图形，最后回到原点且不重复。

欧拉证明在这个问题中一笔画是不可能的。对于某点若只一进一出，则与此点相连的边必为偶数，而图 7－2（b）中每个点都与奇数条边相连，不可能将此图不重复地一笔画出，又回到原点。欧拉证明了存在这类回路的充要条件是图中无奇点，而图中每个点都与奇数条线相连，因此七桥问题无解。

一、图的内涵

图论中所说的图与一般的几何图形或代数函数图形是完全不同的。

（一）图的定义

图论中的图，是由一些代表具体事物的“点”和表示事物之间衔接关系的“连线”所组成的“图形”。点和线的位置是任意的，线的曲直、长短也与实际无关，它所代表的只是点与点之间的相互关系。图 7－3 即用图表示某公司在长三角地区的上海 v_1、杭州 v_2、苏州 v_3、南京 v_4 四座城市设置仓储网点之间的物流运输线路关系。

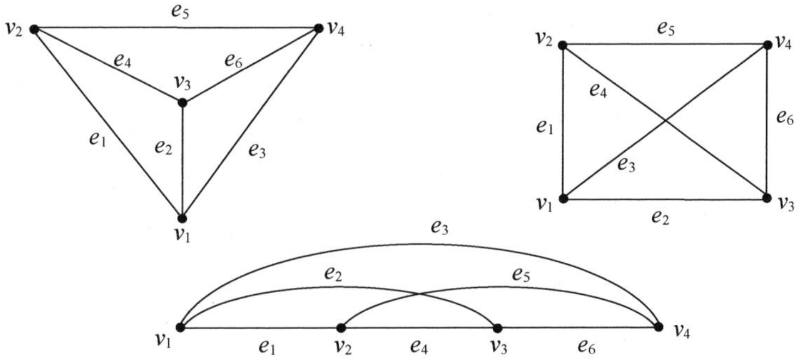

图 7－3　长三角仓储网点之间路线关系

可见，图是由表示具体事物的结点集合和表示事物之间联系的连线集合组成。图 7－3 中，结点集合 $V=\{v_1, v_2, v_3, v_4\}$，表示四座城市的仓库；连线集合 $E=\{e_1, e_2, e_3, e_4, e_5, e_6\}$，表示每两座仓库之间的运输线路。

（二）图的分类

根据连线是否有方向性，存在两类情况：一类是不带箭头的连线，称为“边”，如公路运输线路；另一类是带箭头的连线，称为“弧”，如供排水的管道运输线路。因此，图论中的图可分成无向图和有向图两类。

1. 无向图

如果一个图由点和边的集合所构成，则称为无向图，记为 $G=(V, E)$，V 是图 G 的点集合，E 是图 G 的边集合。一条连接点 v_i，$v_j \in V$ 的边记为 $[v_i, v_j]$ 或 $[v_j, v_i]$。图 7－4 是一个无向图。

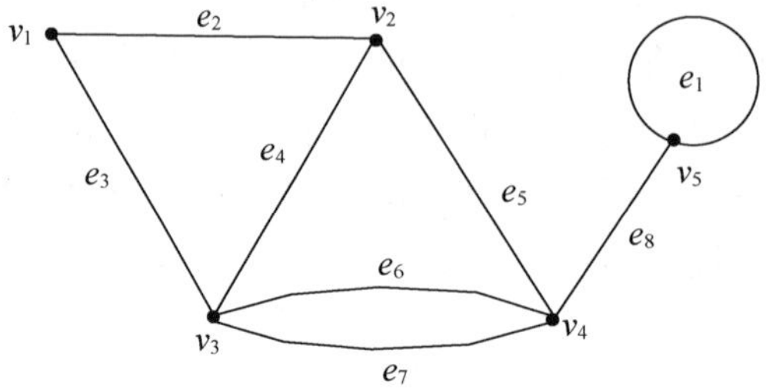

图 7－4　无向图

$V=\{v_1, v_2, v_3, v_4, v_5\}$，$E=\{e_1, e_2, e_3, e_4, e_5, e_6\}$。其中，$e_1=[v_5, v_5]$，$e_2=[v_1, v_2]$，$e_3=[v_1, v_3]$，$e_4=[v_2, v_3]$，$e_5=[v_2, v_4]$，$e_6=[v_3, v_4]$，$e_7=[v_3, v_4]$，$e_8=[v_4, v_5]$。

图 7－4 中，边 e_1 称为环，e_6 和 e_7 称为多重边。

2. 有向图

如果一个图由点和弧的集合所构成，则称为有向图，记为 $D=(V, A)$，V 是有向图 D 的点集合，A 是有向图 D 的弧集合。一条从点 v_i 指向点 v_j 的弧记为 (v_i, v_j)。图 7－5 是一个有向图。

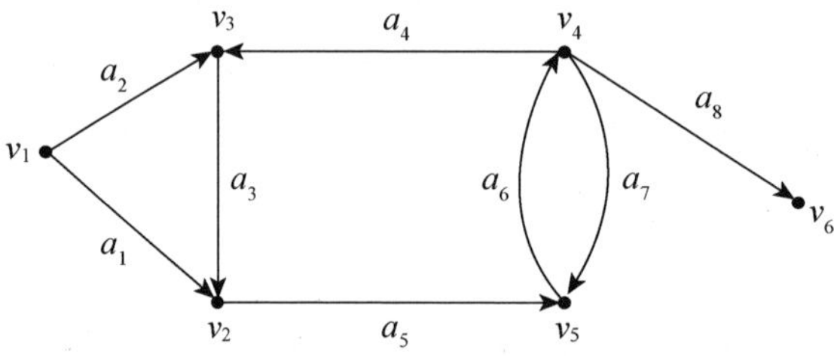

图 7－5　有向图

$V=\{v_1, v_2, v_3, v_4, v_5, v_6\}$，$A=\{a_1, a_2, a_3, a_4, a_5, a_6, a_7, a_8\}$。其中，$a_1=(v_1, v_2)$，$a_2=(v_1, v_3)$，$a_3=(v_3, v_2)$，$a_4=(v_4, v_3)$，$a_5=(v_2, v_5)$，$a_6=(v_5, v_4)$，$a_7=(v_4, v_5)$，$a_8=(v_4, v_6)$。

二、路线类别

（一）无方向

1. 链

无向网络图中，一个前后相继点和边的交替序列称为一条链。链中不考虑线段的方向性。

图 7－4 中，边序列 $\{[v_1, v_2], [v_2, v_4], [v_4, v_5]\}$ 是结点 v_1 到 v_5 的一条链；当然，结点 v_1 到 v_5 的链不止一条，例如边序列 $\{[v_1, v_3], [v_3, v_2], [v_2, v_4], [v_4, v_5]\}$ 是结点 v_1 到 v_5 的另一条链。

不考虑线段的方向，图 7－5 成为无向图，边序列 $\{[v_1, v_2], [v_2, v_3], [v_3, v_4], [v_4, v_6]\}$ 是结点 v_1 到 v_6 的一条链。当然，结点 v_1 到 v_6 的链也不止一条。

2. 圈

闭合的链称为一个圈。圈中无方向，但起点和终点是同一个结点。图 7－4 中，$\{[v_1, v_2], [v_2, v_3], [v_3, v_1]\}$ 是一个圈，$\{[v_2, v_3], [v_3, v_4], [v_4, v_2]\}$ 是另一个圈。

（二）有方向

1. 路径

有向网络图中，前后相继并且方向一致的点弧序列称为一条路径。图 7－5 中，$\{(v_1, v_2), (v_2, v_5), (v_5, v_4), (v_4, v_6)\}$ 是结点 v_1 到 v_6 的一条路径，$\{(v_1, v_3), (v_3, v_2), (v_2, v_5), (v_5, v_4), (v_4, v_6)\}$，是结点 v_1 到 v_6 的另一条路径。

2. 回路

闭合的路径称为一个回路。回路中各条边的方向是一致的，且起点和终点是同一个结点。图 7－5 中，$\{(v_2, v_5), (v_5, v_4), (v_4, v_3), (v_3, v_2)\}$ 就是一个回路。

第 2 节　最短路径问题

给定一个有向网络，求两点间距离最短的路径，亦即各弧权之和最小的通路，此即最短路径问题（shortest path problems）。通路中各弧权之和，称为路权，即通路的长度。本节介绍两种求解最短路径问题的算法：狄克斯特拉标号算法和策略递推算法。狄克斯特拉标号算法只适用于全部弧权为正的有向网络，若有向网络中出现负权时，则该算法失效。当弧权存在负权时，可采用策略递推算法。

一、狄克斯特拉标号算法

1959 年，狄克斯特拉（Dijkstra）提出通过标号解决最短路径问题的公认算法。狄克斯特拉标号算法假设有向网络 D 是完备图。所谓完备图是图 D 中任意两点 v_i 和 v_j 之间，恰有两条方向相反的弧（v_i，v_j）和（v_j，v_i）。若 v_i 到 v_j 不存在弧（v_i，v_j），可设想一条从 v_i 到 v_j 的弧，其权 $w_{ij}=+\infty$；若 v_i 到 v_j 有重复的弧，则保留弧权最小的弧。

（一）标号法的基本思路

从网络始点 v_s 出发，逐步向外探寻，给每个结点 v_j 进行标号。结点 v_j 的标号分永久标号 $P(v_j)$ 和临时标号 $T(v_j)$ 两种：

（1）永久标号 $P(v_j)$ 是从始点 v_s 到结点 v_j 的最短路权 $\overline{d_j}$；

（2）临时标号 $T(v_j)$ 是从始点 v_s 到结点 v_j 最短路权的上界 d_j。

算法的每一步在临时标号集中选择最小者，变其临时标号为永久标号；再考察刚得到永久标号的结点，从它出发，向前探寻一步，修改其余临时标号；经过逐次变更，直到网络终点已经是永久标号为止，就可以得到从网络始点 v_s 到各点的最短路权。

算法的迭代函数公式：

$$T(v_j)_k=\min\{T(v_j)_{k-1},P(v_i)+w_{ij}\}$$

式中，点 v_i 的永久标号 $P(v_i)$ 是从始点 v_s 到结点 v_i 的最短路权 $\overline{d_i}$，临时标号 $T(v_j)_k$ 表示第 k 步中从 v_s 到 v_j 的可能最短路权 d_j，w_{ij} 表示从 v_i 到 v_j 弧的实际路权。在图上标号简化为：

$$(d_j)_k=\min\{(d_j)_{k-1},\overline{d_i}+w_{ij}\}$$

（二）标号法的具体步骤

为了便于获取最短路径，对每一结点赋予两个标号，前一标号为路标（表示路径），后一标号为路权（表示路长），结点 v_j 的路权记为 d_j。

（1）给网络始点 v_s 标上永久标号（v_s，0），给从网络始点 v_s 出发的各弧（一步可达）的结点 v_j 标上临时标号（v_s，d_j），其中 $d_j=w_{sj}$。

（2）在所有临时标号中选择路权最小者，设 $d_i=\min\{d_j\}$，则将结点 v_i 的临时标号变为永久标号 $\overline{d_i}$，在标号下画横线。

（3）接着考察刚刚获得永久标号的结点 v_i，修改从结点 v_i 出发的各弧箭头点 v_j 的临时标号。利用算法迭代函数式 $(d_j)_k=\min\{(d_j)_{k-1}，\overline{d_i}+w_{ij}\}$ 计算结点 v_i 到临时标号点 v_j 的路权。如果 $(d_j)_k=(d_j)_{k-1}$，即结点 v_j 原来 $k-1$ 步的路权小于 v_i 永久标号路权 $\overline{d_i}$ 与 w_{ij} 之和，则结点 v_j 的临时标号不变；反之，若 $(d_j)_k=\overline{d_i}+w_{ij}$，就将结点 v_j 的临时标号变为（v_i，d_i+w_{ij}），并划去其原有较大的标号。

依此类推，当所有标号都是永久标号，则标号过程结束。网络终点 v_t 的后一个标号即为 v_s 到 v_t 的最短路权，据 v_t 的另一个标号进行反向追踪，就求得 v_s 到 v_t 的最短路径。同时还可求得从 v_s 到其余各点的最短路权和最短路径。

注意：第（3）步考察过程中，凡是得到永久标号的结点，其标号不再改变。为了节省时间，每次都不必再计算已经获得永久标号结点的路权。

（三）双标号的算法举例

［例 7-1］ 试求图 7-6 中从 v_s 到 v_t 的最短路径。

解 （1）给网络始点 v_s 标号（v_s，0），并在标号下面画横线表示为永久标号；给从 v_s 出发的各弧的点 v_j 赋予临时标号（v_s，w_{sj}），给不能一步到达的点赋予临时标号（v_s，∞），如下：

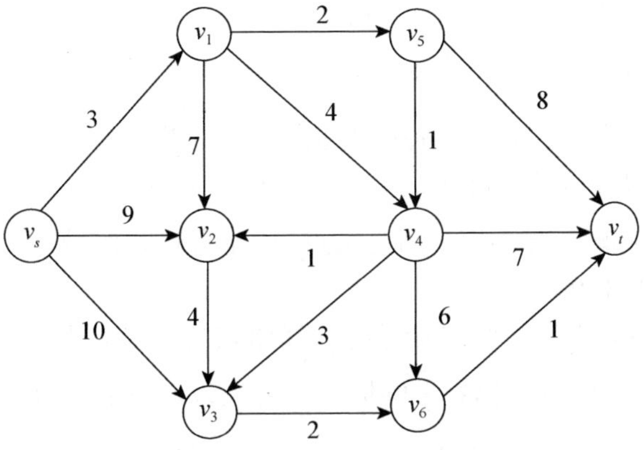

图7-6 寻求网络的最短路径举例

$(d_1)_1=w_{s1}=3(d_2)_1=w_{s2}=9$

$(d_3)_1=w_{s3}=10(d_4)_1=w_{s4}=\infty(d_5)_1=w_{s5}=\infty$

$(d_6)_1=w_{s6}=\infty(d_7)_1=w_{s7}=\infty$

比较以上路权，在所有临时标号中选择路权最小者，即结点 v_1，将 v_1 的临时标号变为永久标号，即 $P(v_1)=\bar{d}_1=3$，在标号下画横线 $\underline{(v_s，3)}$，见图7-7。

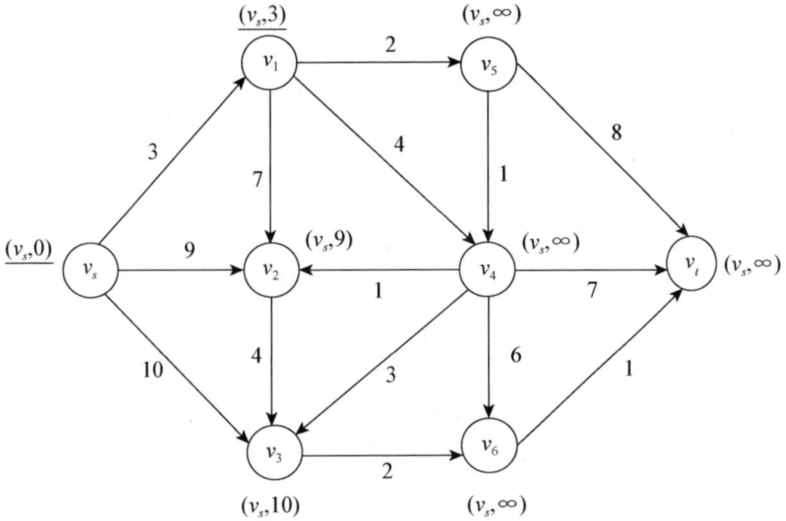

图7-7 狄克斯特拉标号算法第一步

（2）修改从永久标号点 v_1 出发到临时标号点 v_j 的路权。

$(d_2)_2=\min\{(d_2)_1,\overline{d_1}+w_{12}\}=\min\{9,3+7\}=9$

$(d_3)_2=\min\{(d_3)_1,\overline{d_1}+w_{13}\}=\min\{10,3+\infty\}=10$

$(d_4)_2=\min\{(d_4)_1,\overline{d_1}+w_{14}\}=\min\{\infty,3+4\}=7$

$(d_5)_2=\min\{(d_5)_1,\overline{d_1}+w_{15}\}=\min\{\infty,3+2\}=5$

$$(d_6)_2 = \min\{(d_6)_1, \overline{d_1} + w_{16}\} = \min\{\infty, \infty\} = \infty$$

$$(d_t)_2 = \min\{(d_t)_1, \overline{d_1} + w_{1t}\} = \min\{\infty, \infty\} = \infty$$

在图中标号，考察从 v_1 出发的各弧箭头点 v_j 的临时标号：将 v_5 的临时标号变为（v_1，5），并划去其原有较大的临时标号（v_s，∞）；同理，结点 v_4，临时标号变为（v_1，7）。然而，结点 v_2 的临时标号不变，因为结点 v_2 原有临时标号$(d_2)_1=9$，而 $\bar{d}_1+w_{12}=3+7=10$，选取最小者为 9。

再次比较以上路权，在所有临时标号中选择路权最小者，即结点 v_5，将 v_5 的临时标号变为永久标号，有 $\bar{d}_5=5$，在标号下画横线 <u>（v_1，5）</u>，见图 7-8。

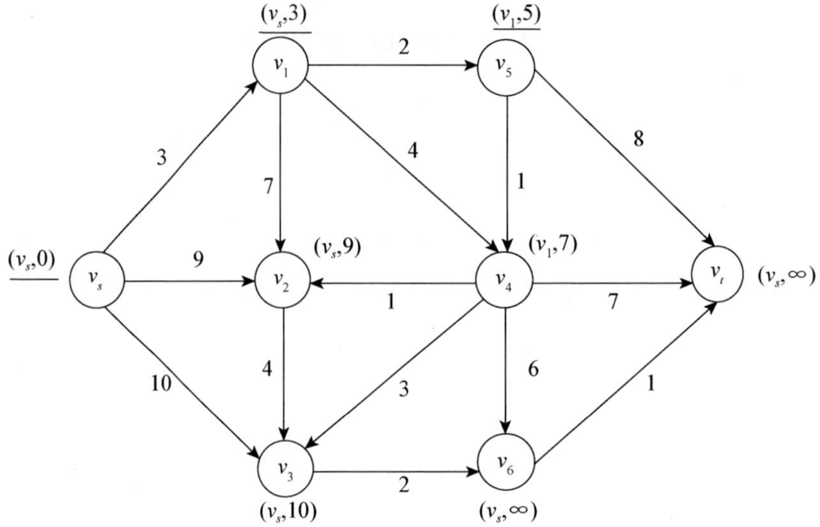

图 7-8　狄克斯特拉标号算法第二步

（3）修改从永久标号 v_5 出发到临时标号点 v_j 的路权。

$$(d_2)_3 = \min\{(d_2)_2, \overline{d_5} + w_{52}\} = \min\{9, 5+\infty\} = 9$$

$$(d_3)_3 = \min\{(d_3)_2, \overline{d_5} + w_{53}\} = \min\{10, 5+\infty\} = 10$$

$$(d_4)_3 = \min\{(d_4)_2, \overline{d_5} + w_{54}\} = \min\{7, 5+1\} = 6$$

$$(d_6)_3 = \min\{(d_6)_2, \overline{d_5} + w_{56}\} = \min\{\infty, 5+\infty\} = \infty$$

$$(d_t)_3 = \min\{(d_t)_2, \overline{d_5} + w_{5t}\} = \min\{\infty, 5+8\} = 13$$

在图中标号，考察从 v_5 出发的各弧箭头点 v_j 的临时标号：将 v_4 的临时标号变为（v_5，6），并划去其原有较大的临时标号（v_1，7）；将 v_t 的临时标号变为（v_5，13），并划去其原有较大的临时标号（v_s，∞）。

比较以上路权，在所有临时标号中选择路权最小者，即结点 v_4，将 v_4 的临时标号变为永久标号 $\bar{d}_4=6$，在标号下画横线 <u>（v_5，6）</u>，见图 7-9。

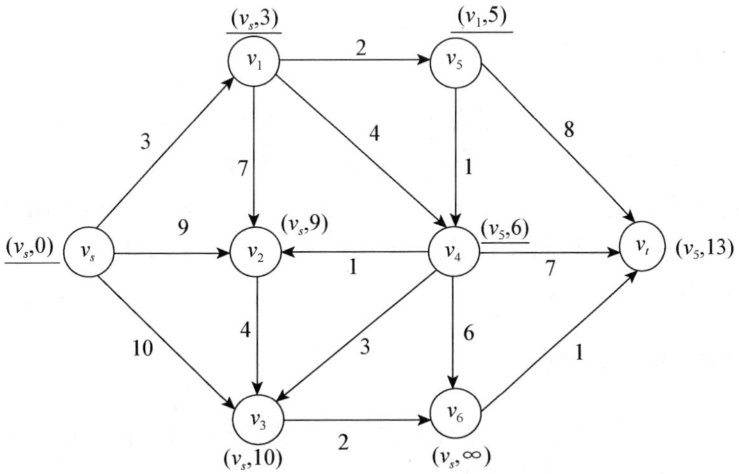

图 7-9　狄克斯特拉标号算法第三步

（4）依此类推，重复上述标号过程。当所有标号都是永久标号，即每一个标号下都画上横线时，标号过程结束，见图 7-10。

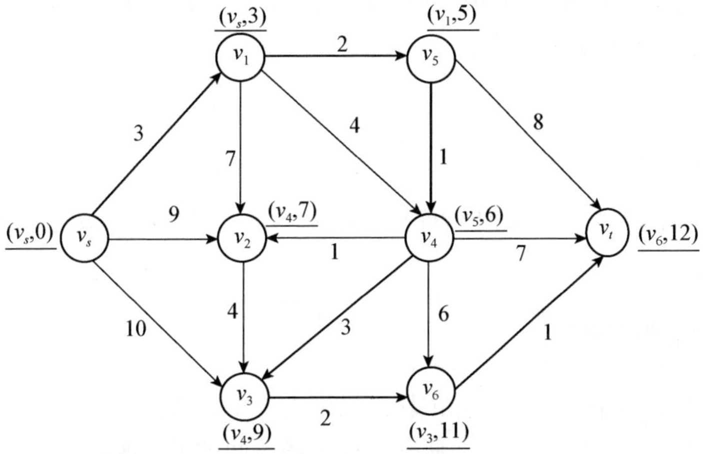

图 7-10　狄克斯特拉标号算法求的最短路径

v_t 的后一个标号为 v_s 到 v_t 的最短路权，即 12；根据 v_t 的另一个标号反向追踪求得 v_s 到 v_t 的最短路径为 $\{v_s, v_1, v_5, v_4, v_3, v_6, v_t\}$。同时，还可求得从 v_s 到 v_2 的最短路权为 7 和最短路径 $\{v_s, v_1, v_5, v_4, v_2\}$，以及从点 v_s 到其余点的最短路权和最短路径。

二、策略递推算法

狄克斯特拉标号算法只适合所有弧权 $w_{ij} \geqslant 0$ 的情况，当赋权有向图中存在负权（$w_{ij}<0$）时，标号算法失效。策略递推算法既适合求解所有弧权 $w_{ij} \geqslant 0$ 的最短路径问题，又适合求解存在负权的最短路径问题，尤其是对于可以往返的交通网络的最短路径问题更适合。

（一）递推算法的基本思路

从 v_s 到任一点 v_j 的最短路权记为 $d(v_s, v_j)$，而从 v_s 到 v_j 的最短路径，总是从 v_s 出发，沿着一条路到达某点 v_i（也许是 v_s 本身），再沿着弧（v_i，v_j）到达点 v_j。

根据最短路径的特性，若 $v_s \to \cdots \to v_k \to v_i \to v_j$ 是 v_s 到 v_j 的最短路径，则 $v_s \to \cdots \to v_k \to v_i$ 一定是 v_s 到 v_i 的最短路径，其路权为 $d(v_s, v_i)$。故 $d(v_s, v_j)$ 必定满足方程：$d(v_s, v_j)=\min\{d(v_s, v_i)+w_{ij}\}$。

（二）递推算法的求解步骤

（1）从 v_s 出发，一步到达（一条弧）各点 v_j 的最短路权等于从 v_s 出发的弧权，即 $d_{sj}^1=w_{sj}$，若一步不能到达（不存在弧）v_j，则 $d_{sj}^1=\infty$。

（2）从 v_s 出发，两步到达某点 v_j 的最短路权，等于从 v_s 出发一步到达某点 v_i 的路权再加上从 v_i 到达 v_j 的弧权，取其极小值，即 $d_{sj}^2=\min\{d_{si}^1+w_{ij}\}$。

（3）从 v_s 出发，三步到达某点 v_j 的最短路权，则等于从 v_s 出发两步到达某点 v_i 的路权加上从 v_i 到达 v_j 的弧权，取极小值，即 $d_{sj}^3=\min\{d_{si}^2+w_{ij}\}$。

依此类推，递推函数关系式为：

$$\begin{cases} d_{sj}^1=w_{sj} \\ d_{sj}^k=\min\{d_{si}^{k-1}+w_{ij}\} \end{cases}$$

当进行到某一步，如第 m 步时，对所有点 $v_j \in V$，若有 $d_{sj}^m=d_{sj}^{m-1}$，则 d_{sj}^m 就是 v_s 到各点 v_j 的最短路权。

（三）策略递推算法举例

［**例 7－2**］ 某制造企业在其目标市场区域中有 6 个销售点，分布如图 7－11 所示，这 6 个销售点的最短距离矩阵如表 7－2 所示。试求各点间的最短距离。

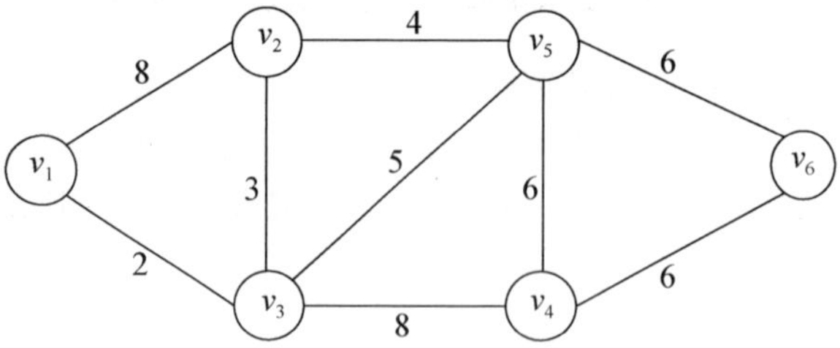

图 7－11 策略递推算法的最短路径举例

解 （1）定义两点 v_i 与 v_j 之间的路权矩阵 $D=(d_{ij})_{m\times n}$，表示两点间的距离，两点间若无法直接到达，则其距离为∞，如表 7－2 所示。

表 7-2　结点之间弧权矩阵

结点	v_1	v_2	v_3	v_4	v_5	v_6
v_1	0	8	2	∞	∞	∞
v_2	8	0	3	∞	4	∞
v_3	2	3	0	8	5	∞
v_4	∞	∞	8	0	6	6
v_5	∞	4	5	6	0	6
v_6	∞	∞	∞	6	6	0

(2) 取表 7-2 的 v_1 行数据即为 $d_{1j}^1=w_{1j}$；第一次迭代是 d_{1j}^1 列的元素与表 7-3 中第 1～6 列对应元素相加取最小，得到 d_{1j}^2 列；其余函数迭代过程依此类推。

例如，d_{15}^2 最短距离是 d_{1j}^1 列的元素与第五列的对应元素相加再取最小值，计算过程如下：

$$d_{11}^2=\min\{0+0,8+8,2+2,\infty+\infty,\infty+\infty,\infty+\infty\}=0$$
$$d_{12}^2=\min\{0+8,8+0,2+3,\infty+\infty,\infty+4,\infty+\infty\}=5$$
$$d_{13}^2=\min\{0+2,8+3,2+0,\infty+8,\infty+5,\infty+\infty\}=2$$
$$d_{14}^2=\min\{0+\infty,8+\infty,2+8,\infty+0,\infty+6,\infty+6\}=10$$
$$d_{15}^2=\min\{0+\infty,8+4,2+5,\infty+6,\infty+0,\infty+6\}=7$$
$$d_{16}^2=\min\{0+\infty,8+\infty,2+\infty,\infty+6,\infty+6,\infty+0\}=\infty$$

从计算中可知，点 v_1 到点 v_2 最短距离为 $d_{12}^2=2+3=5$，对应于 $d_{12}^2=d_{13}^1+w_{32}$，因此在此最短距离值 5 的后面注明下标 132，如表 7-3 所示，表示路径是从 $v_1 \to v_3 \to v_2$。

同理计算 d_{1j}^3，d_{1j}^4，如表 7-3 所示。

表 7-3　最短路径的函数迭代过程

结点	v_1	v_2	v_3	v_4	v_5	v_6	d_{1j}^1	d_{1j}^2	d_{1j}^3	d_{1j}^4
v_1	0	8	2	∞	∞	∞	0	0	0	0
v_2	8	0	3	∞	4	∞	8_{12}	5_{132}	5_{132}	5_{132}
v_3	2	3	0	8	5	∞	2_{13}	2_{13}	2_{13}	2_{13}
v_4	∞	∞	8	0	6	6	∞	10_{134}	10_{134}	10_{134}
v_5	∞	4	5	6	0	6	∞	7_{135}	7_{135}	7_{135}
v_6	∞	∞	∞	6	6	0	∞	∞	13_{1356}	13_{1356}

(3) 由于 $d_{1j}^3=d_{1j}^4$，则迭代结束，此时 d_{1j}^3 列的各元素，即为 v_1 到其余各点的最短路权，其右下标即为最短路径。例如，追踪 v_1 到 v_6 的最短路径，对于 $d_{16}^3=13$，最短路径为 $v_1 \to v_3 \to v_5 \to v_6$。

(4) 同理，可以取表 7-2 的 v_2 行数据为 $d_{2j}^1=w_{2j}$，迭代寻求 v_2 到其余各点的最短路权；依此类推，求出各点之间的最短距离矩阵，如表 7-4 所示。

表 7-4　各结点之间的最短距离矩阵

结点	v_1	v_2	v_3	v_4	v_5	v_6
v_1	0	5_{231}	2_{31}	10_{431}	7_{531}	$13_{6.531}$
v_2	5_{132}	0	3_{32}	10_{452}	4_{52}	10_{652}
v_3	2_{13}	3_{23}	0	8_{43}	5_{53}	11_{653}
v_4	10_{134}	10_{254}	8_{34}	0	6_{54}	6_{64}
v_5	7_{135}	4_{25}	5_{35}	6_{45}	0	6_{65}
v_6	13_{1356}	10_{256}	11_{356}	6_{56}	6_{56}	0

第 3 节　最大流量问题

许多网络系统包含流量问题，如供应链物流系统中有货物流、信息流和资金流，商业系统中有商品流，公交系统中有乘客流等。这些网络都是有发点、收点及中间点的有向网络，每条弧上都有传输能力的限制，如何使网络输送的流量达到最大，就是网络的最大流量问题（maximum flow problems）。选定路段扩充整个网络的流通能力，需要正确识别网络的瓶颈所在。

一、相关概念与定理

（一）弧容量与容量网络

对于如图 7-5 所示的有向图 $D=(V, A)$，弧 $(v_i, v_j) \in A$，V 是有向图 D 的点集合，A 是有向图 D 的弧集合，对应一个数 $b_{ij} \geqslant 0$，它表示弧 (v_i, v_j) 的最大流通能力，称为该弧的容量。

在 V 中指定一点称为发点（记为 v_s），另一点称收点（记为 v_t），其余点叫中间点，这样的赋权有向图就称为一个容量网络，记 $N=(V, A, B)$。

（二）弧的流量与可行流

弧 (v_i, v_j) 的实际通过量 x_{ij} 称为该弧的流量。这是网络中的决策变量。

弧集 A 上的流量集合 $f=\{x_{ij}\}$ 称为网络上的流。

满足下列条件的流 f 称为可行流：

（1）容量限制：对每条弧 $(v_i, v_j) \in A$，都有 $0 \leqslant x_{ij} \leqslant b_{ij}$；

（2）平衡条件：中间点只起中转作用，即中间点的流出量等于流入量。

（三）前向弧与后向弧

在网络 N 中，设 μ 是从发点 v_s 到收点 v_t 的一条链，规定链的方向是从 v_s 到 v_t，则链 μ 上的弧分为两类：

一是弧的方向与链 μ 的方向相同，称为前向弧，前向弧的集合记为 μ^+；

二是弧的方向与链 μ 的方向相反，称为后向弧，后向弧的集合记为 μ^-。

（四）饱和弧与非饱和弧

在网络 N 中，对于可行流 $f=\{x_{ij}\}$ 而言，弧（v_i，v_j）的流量 x_{ij} 与其容量 b_{ij} 比较：

满足 $x_{ij}=b_{ij}$ 的弧称为饱和弧，弧的流量不能进一步扩充。

满足 $x_{ij}<b_{ij}$ 的弧称为非饱和弧，弧的流量允许再被扩大。

（五）零弧与非零弧

在网络 N 中，对于可行流 $f=\{x_{ij}\}$ 而言，根据弧（v_i，v_j）的流量 x_{ij} 取值：

满足 $x_{ij}=0$ 的弧称为零弧。由于要求 $x_{ij}\geqslant 0$，因此弧的流量不能减小。

满足 $x_{ij}>0$ 的弧称为非零弧。弧的流量可以被减小，但要满足 $x_{ij}\geqslant 0$。

（六）流量可以扩充的路

设 $f=\{x_{ij}\}$ 是一可行流，μ 是从 v_s 到 v_t 的一条链，若链 μ 满足：μ 上的所有前向弧为非饱和弧，即满足 $x_{ij}<b_{ij}$，可以扩充流量；μ 上的所有后向弧为非零弧，即满足 $x_{ij}>0$，可以减少流量，则称 μ 是一条关于可行流 f 的可扩充流量的路，亦称增广链。

（七）网络流量与最大流

可行流中，网络发点的流出量（或网络收点的流入量）就是网络的流量 $v(f)$。

一个容量网络 $N=(V, A, B)$ 的诸可行流中，网络流量 $v(f)$ 最大的可行流，称为最大流 f^*。

常用的适合计算机使用的有最大流数学规划法和手工改进的网络最大流定理法。

1. 最大流数学规划模型

$$\max v_f$$

$$\text{s. t.}\begin{cases}\sum\limits_{(v_i,v_j)\in A} x_{ij}-\sum\limits_{(v_j,v_i)\in A} x_{ji}=0, & i\neq s,t\\ \sum\limits_{(v_s,v_j)\in A} x_{sj}-\sum\limits_{(v_j,v_s)\in A} x_{js}=v(f) \\ \sum\limits_{(v_t,v_j)\in A} x_{tj}-\sum\limits_{(v_j,v_t)\in A} x_{jt}=-v(f) \\ 0\leqslant x_{ij}\leqslant b_{ij} \\ (v_i,v_j)\in A\end{cases}$$

2. 网络最大流定理

设 $f=\{x_{ij}\}$ 是网络 N 中的一个可行流，并且对于 $\{x_{ij}\}$ 来说，不存在可扩充流量的路，则 $\{x_{ij}\}$ 为最大流。

二、求最大流量标号法

最大流定理给我们提供了寻找网络最大流的方法，若给定一个可行流 $f=\{x_{ij}\}$，只要判断网络 N 中有无关于 f 的可扩充流量的路就可以了。由于可扩充流量的路是最大流的有效判据，因此寻求最大流的问题便可以从寻找可扩充流量的路入手。

1956 年，福特（Fold）和富尔克森（Fulkerson）提出了寻求网络最大流的基本方法，称为福特-富尔克森算法（Fold-Fulkerson algorithm）。通过标号判定是否存在可扩充流量的通路，其思想是找出可扩充流量的路，调整可行流的分布，使网络流量增大。如此往复，再找可扩充流量的路，再调整可行流的分布……直至没有可扩充流量的路为止。

（一）标号过程

标号过程就是从一个可行流 f 出发，经过标号过程判断是否存在从发点 v_s 到收点 v_t 的可扩充流量的路。若网络中没有给定可行流 f，则可以设 $f=\{0\}$ 是零流。

在标号过程中，网络中的点分为标号点和未标号点。标号由路标和增减量两部分组成。路标表明可扩充流量路的来龙去脉，路标前的“＋”“－”号表示是前向弧还是后向弧；增减量表明前向弧可以增加的流量，或者是后向弧可以减少的流量，其步骤如下：

（1）标号过程之初，先给发点 v_s 标上（$+v_s$，∞），v_s 成为已标号尚未检查的点，其余为未标号点。

（2）取一个已标了号而未检查的点 v_i，依次检查与 v_i 相接而未标号的所有点 v_j。

若有以 v_i 为起点的弧（v_i，v_j），满足 $x_{ij}<b_{ij}$，且 v_j 尚未标号，则给 v_j 标号（$+v_i$，θ_j），这里 $\theta_j=\min\{\theta_i,\ b_{ij}-x_{ij}\}$。于是 v_j 成为已标号尚未检查的点；若 $x_{ij}=b_{ij}$，则不能给点 v_j 标号。

若有以 v_i 为终点的弧（v_j，v_i），满足 $x_{ji}>0$，且 v_j 尚未标号，则给 v_j 标号（$-v_i$，θ_j），这里 $\theta_j=\min\{\theta_i,\ f_{ji}\}$，$v_j$ 成为已标号尚未检查的点；若 $x_{ji}=0$，则不能给点 v_j 标号。

于是 v_i 成为已标号已检查的点，在其标号下画线。

（3）检查收点 v_t 是否已标号。一旦 v_t 有了标号，则意味着找到了可扩充流量的路，转入调整过程；否则 v_t 未标号，转第（2）步。如果所有标号都已检查过，而 v_t 未标号，则表明此网络已不存在可扩充流量的路，算法结束，此时的可行流就是最大流量。

（二）调整过程

调整过程就是改进可扩充流量的路上各条弧的流量。根据路标，反向追踪找出 v_s 到 v_t 可扩充流量的路 μ；可调整的流量 $\theta=\theta_t$，即满足

$$\theta=\min\begin{Bmatrix} b_{ij}-x_{ij} \mid (v_i,v_j)\in\mu^+ \\ x_{ij} \mid (v_i,v_j)\in\mu^- \end{Bmatrix}$$

调整可行流的流量，得新的可行流 $f'=\{x_{ij}'\}$。对于可扩充流量的路上的前向弧 μ^+，弧的流量加上调整量 θ；对于可扩充流量的路上的后向弧 μ^-，弧的流量减去调整量 θ；对于不属于可扩充流量的路上的其余弧，流量不变，即

$$x_{ij}'=\begin{cases}x_{ij}, & (v_i,v_j)\notin\mu \\ x_{ij}+\theta, & (v_i,v_j)\in\mu^+ \\ x_{ij}-\theta, & (v_i,v_j)\in\mu^-\end{cases}$$

抹去所有标号，使新的可行流 $f'=\{x_{ij}'\}$ 重新进入标号过程。

（三）举例说明

［例 7－3］　图 7－12 表示了企业所处的供应市场、配送中心以及销售市场组成的网络，各弧上括号里的前一个数字表示弧的容量，后一个数字是目前的实际流量。其中，v_1，v_2 为两家供应源，供应商 v_1 的最大供货能力为 15，供应商 v_2 的最大供货能力为 12。v_3，v_4 代表两个配送中心的仓库。v_5，v_6，v_7 代表 2 个目标市场，市场 v_5 的容量为 5 而现有需求量为 4，市场 v_6 的容量为 10 而现有需求量为 8，市场 v_7 的容量为 8 而现有需求量为 6。通过促销，扩大了市场 v_6 的需求量，由现有需求量 8 扩大到 10。试求这个供应-销售网络的最大流量方案。

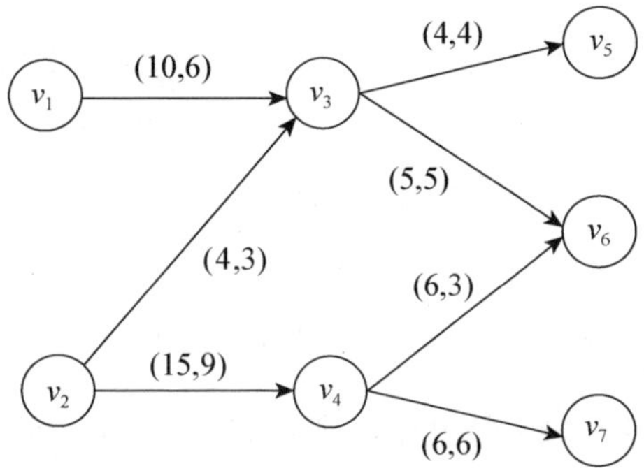

图 7－12　供应-销售网络的流量分布

解　为了寻求网络最大流量，将供应商 v_1 和 v_2 进行虚拟合并成 v_s，作为供应源，即网络的发点；弧（v_s，v_1）与（v_s，v_2），即为两条虚拟供应路径，其容量分别为供应商 v_1 和 v_2 的最大供货能力，流量分别为它们现有流出量，即图 7－13 左边虚线上的数字。

再将 3 个目标市场 v_5，v_6，v_7 虚拟合并成 v_t，为网络的收点；弧（v_5，v_t），（v_6，v_t）与（v_7，v_t），即为 3 条虚拟收货路径，其容量分别不低于目标市场 v_5，v_6 和 v_7 的最大市场容量，流量分别为它们现有流入量，即图 7－13 右边虚线上的数字。

接着检查图 7－13 中的流量分布，需要有一个可行流。显然，网络中各条弧的流量都没有超过其容量，满足容量限制；而且，中间点 v_1，…，v_7 的流入量都等于其流出量，发点 v_s 的流出量为 18(6＋12)，收点 v_t 的流入量为 18(4＋8＋6)，满足平衡条件。这说明

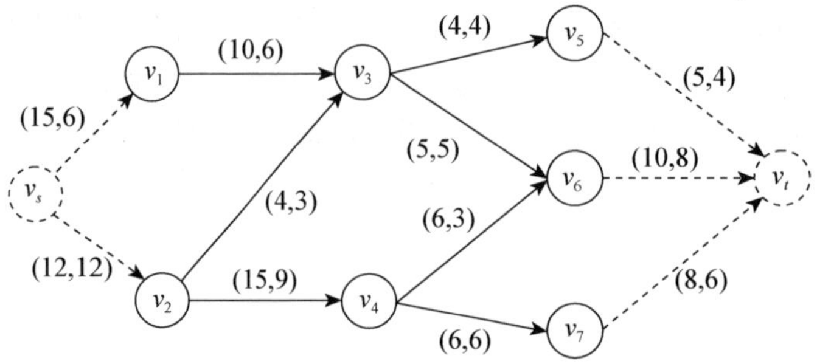

图 7-13　供应-销售网络的可行流

图 7-13 所示的供应-销售网络是可行流。

1. 标号过程

（1）先给 v_s 标上（$+v_s$，∞）。

（2）检查 v_s。弧（v_s，v_1）上，$x_{s1}<b_{s1}$，$\theta_1=\min\{\theta_s，b_{s1}-x_{s1}\}$ $=\min\{\infty，15-6\}=9$，则给 v_1 标号（$+v_s$，9）；前向弧（v_s，v_2）上，由于 $x_{s2}=b_{s2}$，即为饱和弧，因此不满足标号条件，不能给 v_2 标号。v_s 成为已检查的点，在标号下画线（如图 7-14 所示）。

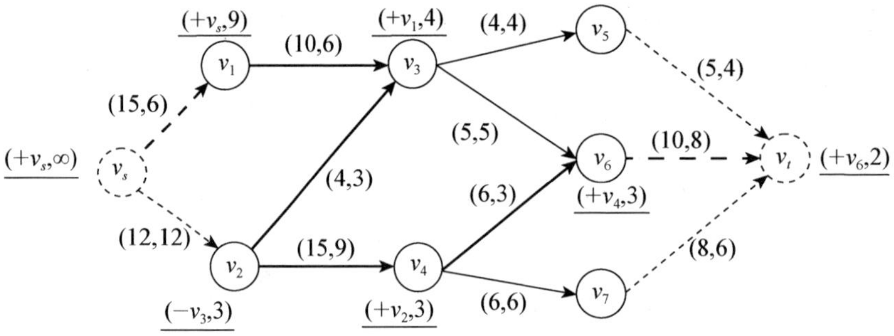

图 7-14　供应-销售网络的可扩充路

（3）点 v_1 是已标号但尚未检查的点，则检查 v_1。前向弧（v_1，v_3）上，$x_{13}<b_{13}$，$\theta_3=\min\{\theta_1，b_{13}-x_{13}\}=\min\{9，10-6\}=4$，则给 v_3 标号（$+v_1$，4）；v_1 成为已检查的点，在标号下画线。

（4）现在点 v_3 是已标号但未检查的点，检查 v_3。前向弧（v_3，v_5）和（v_3，v_6）都是饱和弧，不满足标号条件；后向弧（v_2，v_3）上，$f_{23}>0$，$\theta_2=\min\{\theta_3，x_{23}\}=\min\{4，3\}=3$，则给 v_2 标号（$-v_3$，3）。v_3 成为已检查的点，在标号下画线。

（5）检查 v_2，前向弧（v_2，v_4）上，$x_{24}<b_{24}$，$\theta_4=\min\{\theta_2，b_{24}-x_{24}\}=\min\{3，15-9\}=3$，则给 v_4 标号（$+v_2$，3）；前向弧（v_2，v_3）虽然是非饱和弧，但 v_3 是已标号的点，其标号不再改变。

（6）同理，检查 v_4，给 v_6 标号（$+v_4$，3）；检查 v_6，给 v_t 标号（$+v_6$，2）。v_t 已有标号，转入调整过程。

2. 调整过程

从收点 v_t 开始，根据每个点的第一个标号，反向追踪找出 v_s 到 v_t 的可扩充路 μ，

$\mu=\{v_s, v_1, v_3, v_2, v_4, v_6, v_t\}$，如图 7－14 中粗箭线所示。其中，前向弧 $\mu^+=\{(v_s, v_1), (v_1, v_3), (v_2, v_4), (v_4, v_6), (v_6, v_t)\}$，后向弧 $\mu^-=\{(v_2, v_3)\}$。由收点 v_t 的第二个标号可知，调整量 $\theta=2$。进行流量调整，弧 (v_s, v_1)，(v_1, v_3)，(v_2, v_4)，(v_4, v_6)，(v_6, v_t) 的流量加上调整量 2，弧 (v_2, v_3) 的流量减去调整量 2，其余弧的流量不变，调整后的可行流如图 7－15 所示。

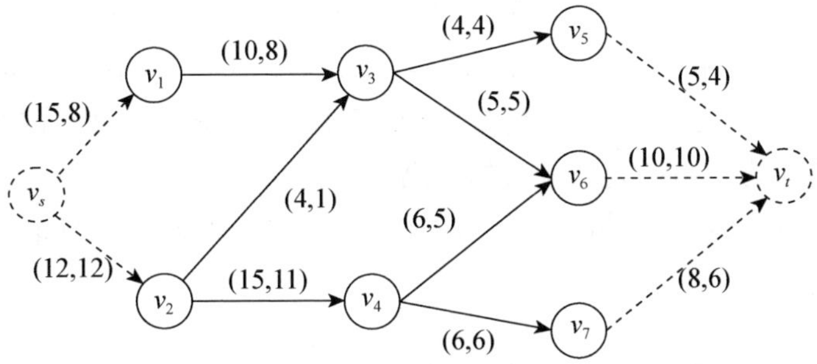

图 7－15 供应-销售网络中调整后的可行流

3. 再次标号

再对图 7－15 进行标号。先给 v_s 标上 $(+v_s, \infty)$；检查 v_s，弧 (v_s, v_1) 上，$x_{s1}<b_{s1}$，$\theta_1=\min\{\theta_s, b_{s1}-x_{s1}\}=\min\{\infty, 15-8\}=7$，则给 v_1 标号 $(+v_s, 7)$；检查 v_1，前向弧 (v_1, v_3) 上，$x_{13}<b_{13}$，$\theta_3=\min\{\theta_1, b_{13}-x_{13}\}=\min\{7, 10-8\}=2$，则给 v_3 标号 $(+v_1, 2)$；检查 v_3，前向弧 (v_3, v_5) 和 (v_3, v_6) 都是饱和弧，但后向弧 (v_2, v_3) 是非零弧，$\theta_2=\min\{\theta_3, x_{23}\}=\min\{2, 1\}=1$，则给 v_2 标号 $(-v_3, 1)$；检查 v_2，前向弧 (v_2, v_4) 上，$x_{24}<b_{24}$，$\theta_4=\min\{\theta_2, b_{24}-x_{24}\}=\min\{1, 15-11\}=1$，则给 v_4 标号 $(+v_2, 1)$；检查 v_4，前向弧 (v_4, v_6) 上，$x_{46}<b_{46}$，$\theta_6=\min\{\theta_4, b_{46}-x_{46}\}=\min\{1, 6-5\}=1$，则给 v_6 标号 $(+v_4, 1)$；检查 v_6，不满足标号条件；所有已标号的点都被检查过了，但收点 v_t 仍没被标号，说明图 7－15 中调整后的可行流即为最大流量。最大流量为：$f^*=x_{s1}+x_{s2}=x_{5t}+x_{6t}+x_{7t}=20$。

三、网络的瓶颈识别

网络的最大流量问题能够帮助企业在供应-销售网络中最大限度地使用网络容量，挖掘企业扩容的空间。在这一过程中，网络中的个别路段往往成为影响整个网络的瓶颈。如何识别网络的瓶颈所在呢？

（一）截集、截量与最小截集

对于网络 $N=(V, A, B)$，如果将 V 分为两个非空集合 S 和 $\overline{S}$，使发点 $v_s\in S$，收点 $v_t\in\overline{S}$，则起点属于 S 而终点属于 $\overline{S}$ 的所有弧的集合称为截集，记为 $(S, \overline{S})$。

截集 $(S, \overline{S})$ 中所有弧的容量之和，称为这个截集的容量，简称截量，记为 $C(S, \overline{S})$。截量最小的截集，称为最小截集。

（二）最大流量-最小截量定理

网络 N 中，任一可行流的流量恒不超过任一截集的截量，称为流量-截量定理。

网络 N 中，从发点 v_s 到收点 v_t 的最大流量等于分离 v_s 和 v_t 的最小截集的截量，称为最大流量-最小截量定理。

在图 7-15 中，由于弧（v_3，v_5），（v_6，v_t），（v_4，v_7）都是饱和弧，所以从此截开，$S^*=\{v_s, v_1, v_2, v_3, v_4, v_6\}$，$\overline{S^*}=\{v_5, v_7, v_t\}$，得到最小截集（$S^*$，$\overline{S^*}$）$=\{(v_3, v_5), (v_6, v_t), (v_4, v_7)\}$，其截量为 $20(4+10+6)$，这就是网络瓶颈所在。

可见，最小截量的大小影响总流量的提高。一方面，为了提高总运量，必须首先考虑改善最小截集中各弧的运输状况，提高其运输能力；另一方面，一旦最小截集中弧的容量被降低，就会使总流量减少。

第 4 节　最小费用流问题

现实中的许多问题除了要求流量最大之外，还要求费用最低。也就是达到最大流量的方案不止一个，还要考虑费用最低的问题。

对于网络 $N=(V, A, B)$ 上的每条弧（v_i，v_j）$\in A$，给定了弧的容量 b_{ij} 和单位流量的费用 $c_{ij}(c_{ij}\geqslant 0)$，寻求一个可行流 $f=\{x_{ij}\}$ 并使其总费用 $C(f)=\sum\limits_{(v_i, v_j)\in A} c_{ij}x_{ij}$ 达到最小。

求解最小费用流的方法有生成法与调整法两种。生成法是从零流开始，每次依据最小费用链作为可扩充的路，进行网络流量增大的调整。调整法只是调整流量的分布，不断改进与改善，使费用减少，寻求最小费用流，但网络流量保持不变。调整法体现了管理的不断改进与改善哲理，下面以调整法为例，介绍最小费用的求解过程。

一、调整法求解步骤

调整法是求解最小费用流的一种较为简便的方法。一般求解过程步骤如下：

（1）先不考虑费用问题，求得任一可行流 f（也可以是最大流）。

（2）根据这一可行流 f 构造赋权有向图 $W(f)$。顶点是原网络 N 的顶点，弧权根据可行流 f 确定。若弧（v_i，v_j）的流量可以增加，则照原方向画弧，标上费用 c_{ij}，这是增加单位流量的新增费用；若弧（v_i，v_j）的流量可以减少，则照反方向画弧，标上费用 $-c_{ij}$，这是减少单位流量可以节省的费用。

（3）在赋权有向图 $W(f)$ 中寻找负回路 μ（总权为负值的回路）。若没有负回路，则得到最小费用流；若存在负回路，则调整与负回路相对应的弧上的流量，使费用减少。

（4）根据所得的负回路，比较弧的方向和负回路 μ 的方向，划分出前向弧和后向弧，计算调整量 θ。

$$\theta=\min\left\{\begin{array}{l}b_{ij}-x_{ij}\mid(v_i,v_j)\in\mu^+\\ x_{ij}\mid(v_i,v_j)\in\mu^-\end{array}\right\}$$

然后进行流量调整。若弧（v_i，v_j）与负回路 μ 方向一致，则其流量调整为 $x_{ij}+\theta$；若弧（v_i，v_j）与负回路 μ 方向相反，则其流量调整为 $x_{ij}-\theta$。

（5）继续第（2）步，构造赋权有向图，寻找负回路，调整流量，直到没有负回路。

二、调整法应用举例

［**例 7－4**］　这里沿用例 7－3。事实上，企业在进行网络流量调整时，时常要考虑费用问题。图 7－16 中弧旁的数字为（b_{ij}，x_{ij}）和 c_{ij}。其中，弧（v_s，v_1）和（v_s，v_2）的 c_{s1} 和 c_{s2} 分别是两家供应商的货物价格；弧（v_5，v_t），（v_6，v_t）和（v_7，v_t）的 c_{5t}，c_{6t} 和 c_{7t} 分别是三个目标市场销售商的售货成本；其余弧（v_i，v_j）的 c_{ij} 为运输、装卸、仓储等物流作业费用。试求图 7－16 所示网络流的最小费用流。

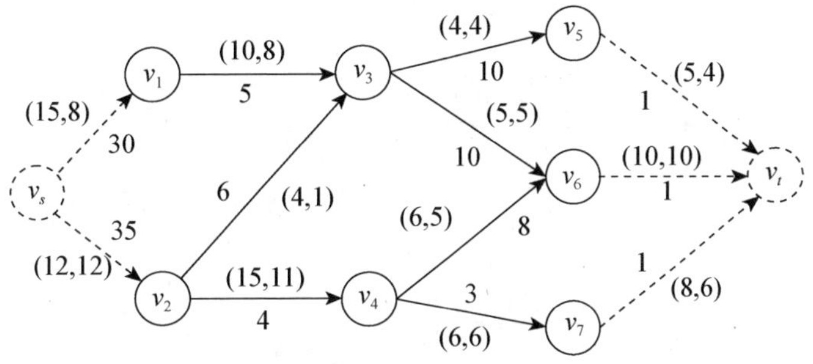

图 7－16　供应－销售网络中流量－费用信息

解　求解步骤如下：

（1）赋权有向图。

赋权有向图 $W(f)$ 的顶点是图 7－16 中网络的顶点。对于弧（v_s，v_1），前向流量可以增加，则照原方向画弧，弧权为 30；同时，后向流量可以减少，则照反方向画弧，弧权为－30。对于弧（v_s，v_2），前向流量不能再增加，则弧权为∞；后向流量可以减少，则照反方向画弧，弧权为－35。其他各弧依此类推，得到图 7－17。

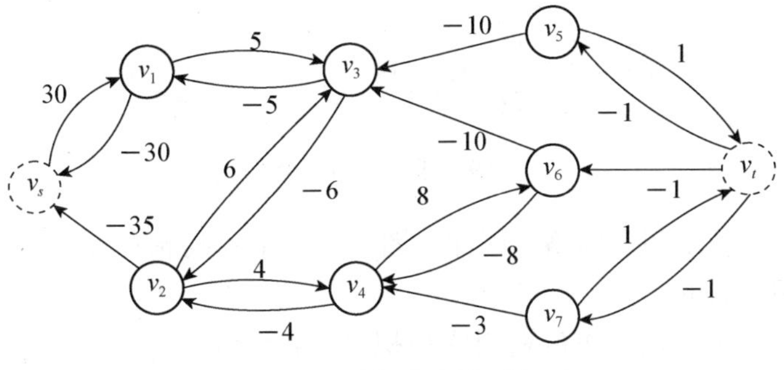

图 7－17　赋权有向图 $W(f_1)$

（2）寻找负回路。

在赋权有向图 7-17 中，寻找总权数为负的回路。可见，存在两条负回路 $v_s \to v_1 \to v_3 \to v_2 \to v_s$，总权数为 30+5−6−35=−6；以及 $v_6 \to v_3 \to v_2 \to v_4 \to v_6$，总权数为−10−6+4+8=−4，则选取负权绝对值大的那条负回路进行流量分布调整（调整对应的弧上的流量值）。取负回路 $v_s \to v_1 \to v_3 \to v_2 \to v_s$，图 7-16 中弧（$v_s$，$v_1$）和（$v_1$，$v_3$）的方向与负回路的方向相同，是前向弧，而弧（$v_2$，$v_3$）和（$v_s$，$v_2$）的方向与负回路的方向相反，是后向弧。

（3）调整弧流量。

计算调整量 θ，$\theta = \min\{b_{s1} - x_{s1},\ b_{13} - x_{13},\ x_{23},\ x_{s2}\} = \min\{15-8,\ 10-8,\ 1,\ 12\} = 1$。进行流量调整，弧（$v_s$，$v_1$）与负回路方向一致，则其流量调整为 $x_{s1}+\theta=8+1=9$；弧（v_1，v_3）与负回路方向一致，则其流量调整为 $x_{13}+\theta=8+1=9$；而弧（v_2，v_3）与负回路方向相反，则其流量调整为 $x_{23}-\theta=1-1=0$；弧（v_s，v_2）与负回路方向相反，则其流量调整为 $x_{s2}-\theta=12-1=11$。调整后的网络如图 7-18 所示。

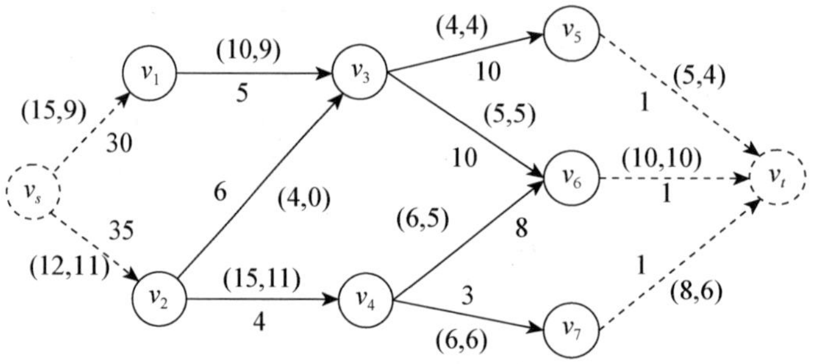

图 7-18　供应-销售网络中调整后的流量分布

重复上述步骤，同理，构造赋权有向图 $W(f_2)$ 如图 7-19 所示。

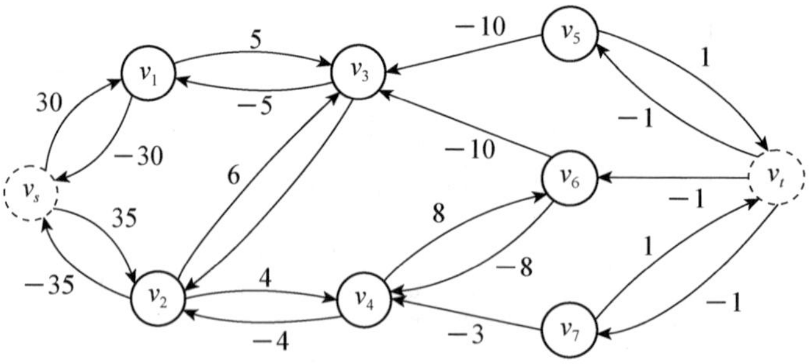

图 7-19　赋权有向图 $W(f_2)$

从图 7-19 中，找不到负回路，因此，图 7-18 的可行流就是最小费用流。图 7-18 比图 7-17 的费用节省 6。

最小费用为各弧上流量和单位费用的乘积之和：9×30+11×35+9×5+6×0+11×4+4×10+5×10+5×8+6×3+4×1+10×1+6×1=912。

案例分析

(一) 引入案例

根据引入案例中表 7-1 和图 7-1，可以假设校园快递服务集中区候选地点 i 到某个需求地点（宿舍）j 的最短距离为 d_{ij}，利用狄克斯特拉标号算法能够求出 4 个候选点距离需求地点（宿舍）的最短距离，如表 7-5 所示。

表 7-5　快递服务集中区候选地点与需求地点（宿舍）的最短路径

候选地点	需求地点					
	A	B	C	E	F	G
A	0	435	930	208	75	374
B	435	0	495	643	510	130
C	930	495	0	1 138	1 005	613
D	767	332	216	975	842	462

以各个地点的人数为权值，假设需求地点（宿舍）j 的权重为 P_j，快递服务集中区到各个需求地点（宿舍）的加权和为 $S_i=\sum d_{ij}\cdot P_j$，计算结果如表 7-6 所示。

表 7-6　校园快递服务集中区到各个需求地点（宿舍）的加权和

候选地点	加权和
A	7 966 639
B	6 308 489
C	10 496 939
D	9 382 909

根据计算结果能够看出，B 的加权和最小，因此 B 是该高校建立快递服务集中区的最佳选择。

(二) 选址问题

在管理实践中，最短路径法常常涉及离散型选址问题。事先已知待选区域中有有限个可行的位置，将这几个位置组成一个网络，确定设施设置在该网络中的哪一个可行位置，使得运送路径最短或物流费用最低。例如在一个目标市场的物流网络中，需要选择一个地方设置仓库，这时可以根据网络各结点之间的最短距离矩阵，寻求网络的中心和重心位置。

1. 离散中心选址法

所谓离散中心选址法是指在一个网络 N 中，选择某一点，使其余各点到该中心点的距离之和最小。

将网络 N 中各结点之间最短距离矩阵的各列（或行）求和，选取最小者所对应的结点即为网络的中心；或者从每行中选一最大值，再从中选最小，即得网络的中心。

[例 7-5] 继续考虑例 7-2。如果要在 6 个销售点中选一个作为仓库所在地，应该建

在哪个销售点，使其余各销售点都离它较近？

解 根据最短距离矩阵，按网络中心的概念及算法可知（如表 7－7 所示）：各列之和的最小值为 28，对应的点 v_5 即是网络的中心；也可以根据各行选择最大值，再从中选择最小值为 7，同样对应的点 v_5 是网络的中心。因此，仓库应建在位于网络中心的销售点 v_5。

表 7－7 销售网络的离散中心选址法

销售点	最短距离矩阵 d_{ij}						各行中最大值
	v_1	v_2	v_3	v_4	v_5	v_6	
v_1	0	5	2	10	7	13	13
v_2	5	0	3	10	4	10	10
v_3	2	3	0	8	5	11	11
v_4	10	10	8	0	6	6	10
v_5	7	4	5	6	0	6	7
v_6	13	10	11	6	6	0	13
各列之和	37	32	29	40	28	46	

2. 离散重心选址法

例 7－5 中，没有考虑企业的客户分布情况，这是以客户均匀分布为前提的，寻求网络中心点设置仓库。然而，事实上是各销售点的客户分布不均衡，可能是客户群的规模不同，也可能是客户群的购买力大小不同。因此，引进结点 v_i 的加权系数 g_i，反映客户分布情况。将加权系数与最短距离矩阵 $(d_{ij})_{n\times n}$ 各列对应元素加权求和，即

$$h(v_j)=\sum_{i=1}^{n} g_i d_{ij}$$

再从中选择最小的即得网络重心。

[例 7－6] 例 7－5 中，如果以 6 个销售点的月销售额（如表 7－8 所示）为其加权系数，则仓库应该建在哪个销售点呢？

表 7－8 销售点的月销售额

销售点	1	2	3	4	5	6
销售额（万元/月）	40	25	45	30	20	35

解 根据最短距离矩阵以及各销售点的月销售额（相当于加权系数），按网络重心的概念及算法得到表 7－9。

表 7－9 销售网络的离散重心选址法

销售点	加权系数	最短距离矩阵					
		v_1	v_2	v_3	v_4	v_5	v_6
v_1	40	0	5	2	10	7	13
v_2	25	5	0	3	10	4	10

续表

销售点	加权系数	最短距离矩阵					
		v_1	v_2	v_3	v_4	v_5	v_6
v_3	45	2	3	0	8	5	11
v_4	30	10	10	8	0	6	6
v_5	20	7	4	5	6	0	6
v_6	35	13	10	11	6	6	0
各列加权之和	1 110	1 065	880	1 340	995	1 565	

3. 离散选址法选择

企业在自建仓库时，一般采用中心法，因为仓库所有权属于企业自身，需要考虑仓库的长期性。一旦建成，不能随意迁移。然而，企业与客户之间的关系在长时间内将发生变动，企业选择租赁仓库时，一般采用重心选址法，因为仓库所有权不属于企业，只需要考虑租期长短。企业可以随着目标客户群分布变化而改变仓库位置。

另外，如果企业生产的多为创新型产品，这类产品的边际贡献率高，产品更新速度快，顾客群变动较大，销售区域也有可能发生变化，选择租赁仓库时宜使用重心选址法。如果企业生产的多为功能性产品，这类产品的边际贡献率低，产品更新速度慢，顾客群变动较小，销售区域较为稳定，则选择自建仓库时宜使用中心选址法。

（三）运输网络优化问题

［例 7－7］　某天然气公司拥有一个管道网络，该网络能够把天然气从开采地输送到需求地，由于管道直径不同，各段管道（v_i，v_j）的流量（容量）c_{ij} 也不一样，c_{ij} 的单位为千立方米/小时。此外，每段管道的输送费用为 b_{ij}，b_{ij} 的单位为百元/千立方米。每段管道（v_i，v_j）都用（c_{ij}，b_{ij}）标出，如图 7－20 所示。如果使用这个网络将天然气从产地 v_1 向需求地 v_7 进行输送，请问，如何能够花最少的费用输送最多的天然气？

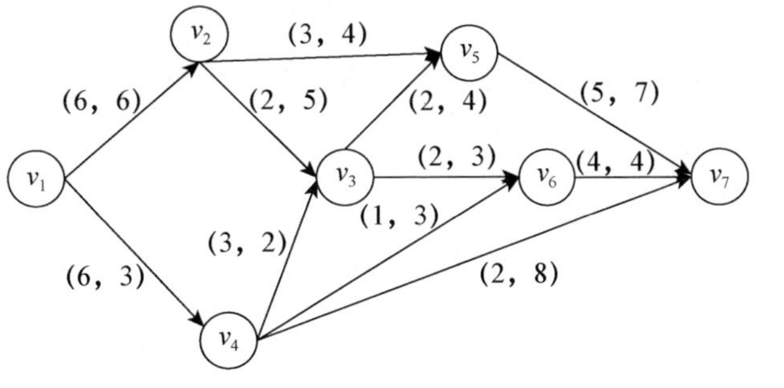

图 7－20

解　首先，求出此网络的最大流量 F。

假设弧（v_i，v_j）上的流量为 f_{ij}，网络上的总流量为 F，则有

$$\max F = f_{12} + f_{14}$$

约束条件：

$$
\begin{aligned}
&f_{12}=f_{23}+f_{25}\\
&f_{14}=f_{43}+f_{46}+f_{47}\\
&f_{23}+f_{43}=f_{35}+f_{36}\\
&f_{25}+f_{35}=f_{57}\\
&f_{36}+f_{46}=f_{67}\\
&f_{57}+f_{67}+f_{47}=f_{12}+f_{14}\\
&f_{ij}\leqslant c_{ij},\quad i=1,2,\cdots,6;j=2,3,\cdots,7\\
&f_{ij}\geqslant 0,\quad i=1,2,\cdots,6;j=2,3,\cdots,7
\end{aligned}
$$

在这个线性规划模型中，其约束条件中的前 6 个方程表示网络中的流量必须满足守恒条件，即发出点的总流出量等于接收点的总流入量，中间点的总流入量也必须等于总流出量。后面 2 个约束条件表示每一条弧（v_i，v_j）的流量 f_{ij} 应小于等于该弧的容量 c_{ij}，并大于等于零，即 $0\leqslant f_{ij}\leqslant c_{ij}$。我们把满足条件的一组网络流 $\{f_{ij}\}$ 称为可行流（线性规划模型的可行解），可行流中一组流量最大（发出点总流出量最大）的称为最大流。

通过 LINGO 软件求解能够得出：

$$
\begin{aligned}
&f_{12}=5,\quad f_{14}=5,\quad f_{23}=2,\quad f_{25}=3,\quad f_{43}=2,\quad f_{46}=1,\quad f_{47}=2\\
&f_{35}=2,\quad f_{36}=2,\quad f_{57}=5,\quad f_{67}=3
\end{aligned}
$$

最大流量为：

$$
\max F=f_{12}+f_{14}=5+5=10
$$

然后，在最大流量 F 的所有解中，找出一个最小费用的解。

仍然假设弧（v_i，v_j）上的流量为 f_{ij}，已知网络上的最大流量为 F，因此增加约束条件 $f_{12}+f_{14}=F$，此线性规划的目标是求其流量的最小费用 $\sum\limits_{(v_i,\ v_j)\in A} f_{ij}\cdot b_{ij}$。

$$
\begin{aligned}
\min Z &= \sum_{(v_i,v_j)\in A} f_{ij}\cdot b_{ij}\\
&=6f_{12}+3f_{14}+4f_{25}+5f_{23}+2f_{43}+4f_{35}+7f_{57}+3f_{36}+3f_{46}+8f_{47}+4f_{67}
\end{aligned}
$$

约束条件：

$$
\begin{aligned}
&f_{12}+f_{14}=F=10\\
&f_{12}=f_{23}+f_{25}\\
&f_{14}=f_{43}+f_{46}+f_{47}\\
&f_{23}+f_{43}=f_{35}+f_{36}\\
&f_{25}+f_{35}=f_{57}\\
&f_{36}+f_{46}=f_{67}
\end{aligned}
$$

$$f_{57}+f_{67}+f_{47}=f_{12}+f_{14}$$
$$f_{ij}\leqslant c_{ij},\quad i=1,2,\cdots,6;j=2,3,\cdots,7$$
$$f_{ij}\geqslant 0,\quad i=1,2,\cdots,6;j=2,3,\cdots,7$$

通过调整法求解可以得到最小费用为 145。

复习思考题

1. 在图 7－21 的网络中，弧旁的数字表示距离，试用狄克斯特拉标号算法求 v_s 到 v_t 的最短路径和最短路权。

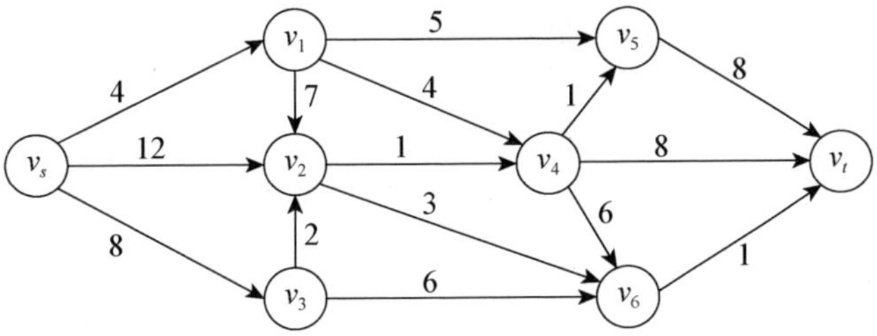

图 7－21

2. 离散型选址问题。某城区设有 7 个分销商，它们之间的交通路线情况如图 7－22 所示。

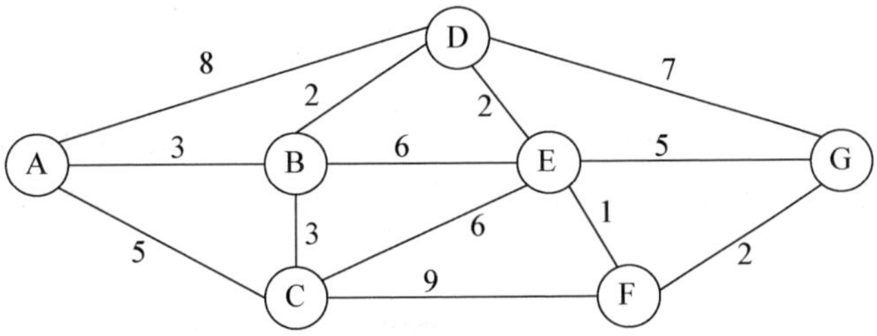

图 7－22

各分销商之间的最短距离如表 7－10 所示。

表 7－10　各分销商之间的最短距离矩阵

	A	B	C	D	E	F	G
A	0	3	5	5	7	8	10
B	3	0	3	2	4	5	7
C	5	3	0	5	6	7	9
D	5	2	5	0	2	3	5
E	7	4	6	2	0	1	3
F	8	5	7	3	1	0	2
G	10	7	9	5	3	2	0

（1）现规划一座仓库，覆盖这 7 个分销商的需求，试用离散中心选址法确定仓库地址，使运送路径最短。

（2）如果又已知各分销商的每周销售能力如表 7-11 所示，公司希望设立一个仓储中心，向各分销商发送产品，试寻求网络重心，使总运输成本最低。

表 7-11　各分销商的周销售能力

分销商	A	B	C	D	E	F	G
周销售能力	400	350	450	300	250	350	500

（3）简述网络离散中心选址法和网络离散重心选址法的实用性。

3. 求图 7-23 中从 v_1 到各点的最短路径。

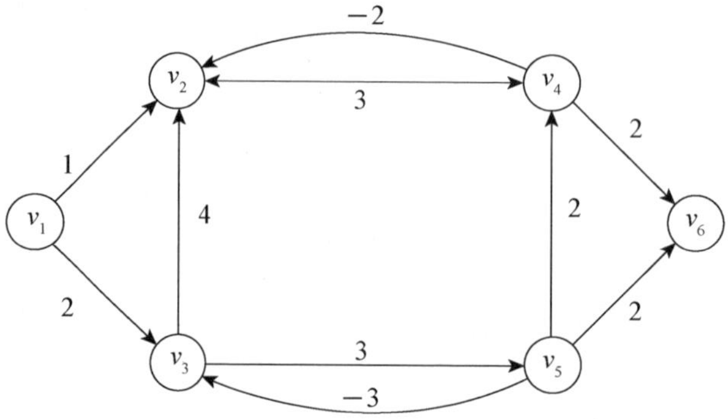

图 7-23

4. 某工厂使用一种设备，设备的购置费 K_i 和使用时的维修与运行费 C_i 如表 7-12 所示。现要判断今后 4 年的设备更新计划，使包括购置费和维修与运行费在内的总费用最小。

表 7-12　设备的购置与维修运行费

	年份 i			
	1	2	3	4
购置费 K_i	11	11	2	12
维修与运行费 C_i	5	6	8	11

（1）把此问题表示成最短路径问题。

（2）求最优更新方案（最短路径）。

5. 某种零件的生产离径毛坯、机械加工、热处理及检验四道工序，在同样满足技术要求的前提下，各道工序有不同的加工方案，其费用如表 7-13 所示。试确定一个生产费用最低的零件加工方案。

6. 某容量网络如图 7-24 所示，结点 v_1 与 v_7 分别为发点和收点。（1）用标号求结点 v_1 到结点 v_7 的最大流；（2）求最小截集及其容量。

表 7-13　零件生产加工费用表　　单位：元

毛坯生产（2 种方案）		机械加工（3 种方案）		热处理（2 种方案）		检验
方案	生产费用	方案	生产费用	方案	生产费用	生产费用
1	40	1	40	1	30	20
				2	40	10
		2	50	1	40	20
				2	50	10
		3	60	1	40	20
				2	50	10
2	60	1	30	1	30	20
				2	40	10
		2	20	1	40	20
				2	50	10
		3	30	1	40	20
				2	50	10

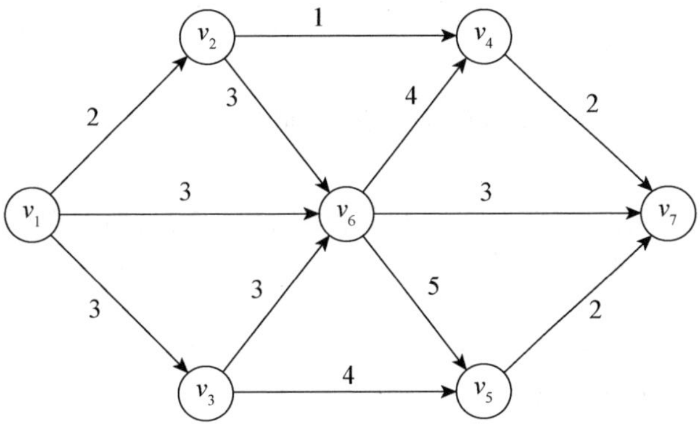

图 7-24

7. 在图 7-25 的网络中，弧旁的数字分别表示（容量，流量）和单位流费用，试问：所给流是否为可行流？目前的网络流方案是否合理（是否需要进行调整）？如果需要进行调整，应如何调整？

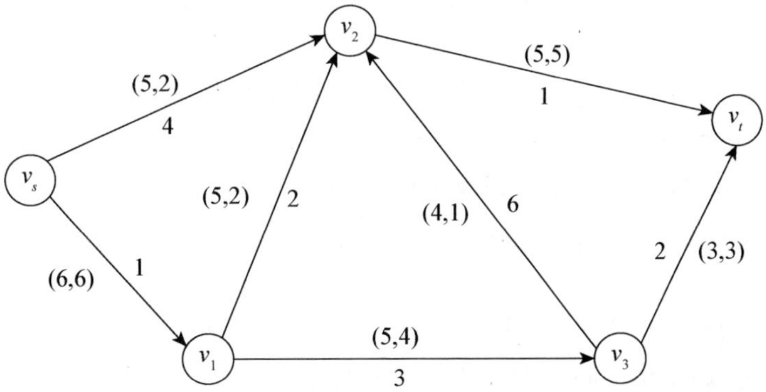

图 7-25

实验：软件求解最短路径和最大流量

1. 最短路径问题

假定图有 n 个结点，现寻求从结点 v_1 到结点 v_n 的最短路径。当弧（v_i，v_j）的决策变量 $x_{ij}=1$，说明位于最短路径上；否则，$x_{ij}=0$，即不在最短路径上。数学规划表达式为：

$$\min \sum_{(v_i,v_j)\in A} w_{ij}x_{ij}$$

$$\text{s.t.}\begin{cases}\sum\limits_{\substack{j=1\\(v_i,v_j)\in A}}^{n} x_{ij}-\sum\limits_{\substack{j=1\\(v_i,v_j)\in A}}^{n} x_{ji}=\begin{cases}1, & i=1\\0, & 1<i<n\end{cases}\\ x_{ij}\geqslant 0,\\ (v_i,v_j)\in A\end{cases}$$

现在我们利用 LINGO 软件来求解最短路径问题。

（1）稀疏集方法。

将例 7－2 的最短路径问题在 LINGO 的命令窗口中输入如下程序：

```
sets:
V/vs,v1,v2,v3,v4,v5,v6,vt/;      ! 结点V的代号或名称集合
Link(V,V)/
vs,v1 vs,v2 vs,v3 v1,v5 v1,v4 v1,v2 v2,v3 v3,v6 v5,vt v5,v4 v4,v2 v4,v3 v4,v6 v4,
vt v6,vt/:w,x;                    ! 结点之间有弧(或边)相连
endsets
data:
w=3 9 10 2 4 7 4 2 8 1 1 3 6 7 1; ! 结点之间有弧权(或边长)
enddata
min=@SUM(Link:w*x);              ! 弧权(或边长)之和为最小
  @FOR(V(i) | i #ne# 1 #and# i #ne# @size(V):
    @SUM( Link(i,j):x(i,j))= @SUM(Link(j,i):x(j,i)))
  @SUM(Link(i,j) | i # eq # 1:x(i,j))=1; ! x(i,j)=1,即弧(i,j)在最短路径上
End
```

LINGO 软件计算结果（仅保留非零变量）如下：

```
Objective value:            12.000 00
Variable        Value      Reduced Cost
X(VS,V1)      1.000 000      0.000 000
X(V1,V5)      1.000 000      0.000 000
X(V3,V6)      1.000 000      0.000 000
X(V5,V4)      1.000 000      0.000 000
X(V4,V3)      1.000 000      0.000 000
X(V6,VT)      1.000 000      0.000 000
```

v_s 到 v_t 的最短路径为 $\{v_s, v_1, v_5, v_4, v_3, v_6, v_t\}$。

(2) 邻接矩阵法。

将例 7-1 的最短路径问题在 LINGO 的命令窗口中输入如下程序:

```
sets:
  V/1..6/;                  ! 结点 V 的代号或名称集合
  E(V,V):p,w,x;
endsets
data:
p=0,1,1,0,0,0
   0,0,1,0,1,0
   0,0,0,1,1,0
   0,0,0,0,1,1
   0,1,1,1,0,1
   0,0,0,0,0,0;
w=0,8,2,0,0,0
   8,0,3,0,4,0
   2,3,0,8,5,0
   0,0,8,0,6,6
   0,4,5,6,0,6
   0,0,0,6,6,0;             ! 结点之间的弧权(或边长)
enddata
  min=@sum(E:w*x);
       @for(V(i)|i #ne# 1 #and# i#ne# @size(V):
         @sum(V(j):p(i,j)*x(i,j))=@sum(V(j):p(j,i)*x(j,i)));
  @sum(V(j):p(s,j)*x(s,j))=1;
End
```

LINGO 软件计算结果(仅保留非零变量)如下:

```
Objective value:        13.000 00
Variable      Value      Reduced Cost
 X(1,3)     1.000 000     0.000 000
 X(3,5)     1.000 000     0.000 000
 X(5,6)     1.000 000     0.000 000
```

2. 最大流量问题

第一步，将例7-3的资料在LINGO的命令窗口中输入，程序如下：

```
sets:
  nodes/s,1,2,3,4,5,6,7,t/;                                   ! 设置网络的结点
  arcs(nodes,nodes)/
s,1 s,2 1,3 2,3 2,4 3,5 3,6 4,6 4,7 5,t 6,t 7,t/:b,x;        ! 设置网络结点之间的弧
endsets
data:
  b=15 12 10 4 15 4 5 6 6 5 10 8;                             ! 依次设置网络弧的容量
enddata
max = flow;
@FOR( nodes(i)|i #ne# 1 #and# i #ne# @SIZE( nodes):
  @SUM(arcs(i,j):x(i,j))-@SUM( arcs(j,i):x(j,i))=0);         ! 中间结点的净流量为0
@SUM(arcs(i,j)|i #eq# 1:x(i,j))=flow;                        ! 发点的净流量为网络流量 flow
@FOR(arcs:@BND( 0,x,b));                                      ! 容量限制
End
```

第二步，LONGO软件计算结果如下：

```
Objective value:        20.000 00
                      Variable      Value      Reduced Cost
                       X(S,1)     8.000 000      0.000 000
                       X(S,2)     12.000 00      0.000 000
                       X(1,3)     8.000 000      0.000 000
                       X(2,3)     1.000 000      0.000 000
                       X(2,4)     11.000 00      0.000 000
                       X(3,5)     4.000 000     -1.000 000
                       X(3,6)     5.000 000      0.000 000
                       X(4,6)     5.000 000      0.000 000
                       X(4,7)     6.000 000     -1.000 000
                       X(5,T)     4.000 000      0.000 000
                       X(6,T)     10.000 00     -1.000 000
                       X(7,T)     6.000 000      0.000 000
```

08
Chapter

第 8 章
网络计划

学习要点

- 了解网络图中作业、结点、路线的概念
- 理解绘制确定性箭线网络图的基本规则
- 掌握结点时间参数计算及关键路线确定
- 理解作业开工、完工和时差参数的应用
- 理解 PERT 的时间估计和完工概率估计
- 掌握工期压缩、工期–费用优化的思路
- 掌握工期–资源配置的原则和作业安排
- 理解关键路线法中有效监控进度的前提
- 理解工序作业缓冲时间的有效设置方式

引入案例

BB 公司是一家墨西哥风味快餐连锁，在美国拥有 100 多家餐厅，该公司计划在得克萨斯州新开一家餐厅，希望 19 周之内将餐厅建成并投入运营，表 8 - 1 中提供了修建餐厅的各项作业及所需时间和成本，请问这家新餐厅能在 19 周内建成吗？相信通过本章的学习，一定会给你带来启发。

表 8 - 1　新建餐厅的作业情况

作业	紧前作业	作业时间（周）	成本（万美元）	加急时间（周）	加急成本（万美元）
A　计划	—	5	25	3	36

续表

作业	紧前作业	作业时间（周）	成本（万美元）	加急时间（周）	加急成本（万美元）
B 土地获批	*A*	1	10	0.5	15
C 采购材料	*A*	3	18	1.5	22
D 采购设备	*A*	2	8	1	12
E 采购家具	*A*	4	8	1.5	15
F 铺混凝土地面	*B*，*C*	1	12	0.5	15
G 搭建框架	*F*	4	20	2.5	30
H 安装电气	*G*	2	12	1.5	17
I 安装管道	*G*	4	13	2.5	21
J 安装吊顶	*H*，*I*	2	10	1.5	16
K 建洗手间	*I*	2	8	1	12
L 安装设备	*D*，*J*	3	14	1.5	22
M 内部粉刷	*K*，*L*	3	10	1.5	18
N 铺瓷砖地板	*M*	3	6	1	9
O 安装家具	*E*，*M*	4	8	2.5	14
P 外部粉刷	*J*	4	18	2.5	26

20 世纪初，亨利·甘特（Henry Gantt）提出表达工程项目实施进度的横道图，也称甘特图。这种方法将各项工作任务按其起讫时间用一些线段表示在有时间坐标的图表上，展现出一项工作的全面计划安排，从而清楚表明各项任务的进度安排和资源计划。横道图是在标有时间的表格上进行作业安排，简单、清晰、形象、易懂、使用方便，能够显著提高项目计划和实施控制的管理水平，在世界各国广泛使用。然而，甘特图不能反映整个工程中各道作业之间的内在逻辑关系，更不能体现某一作业的改变对工程进展的影响，管理者难以抓住重点，不知道怎样合理缩短工期、降低成本。于是，网络计划技术应运而生。

第 1 节　网络计划概述

网络计划法（network program，NP），也称网络计划技术，是利用网络图及其时间参数计算进行生产组织与管理的一种方法。网络计划技术是 20 世纪中叶在美国创造和发展起来的一项新型计划技术，它克服了横道图的不足，可以反映整个工程和任务的全貌，明确对全局有影响的关键工作和关键线路，便于管理者抓住主要矛盾，确保工程按计划工期完成。20 世纪 50 年代以来，一些行之有效的网络计划技术相继问世。

一、网络计划的发展历程

20 世纪 50 年代，美国杜邦公司在制订某化工厂建设计划时，为协调企业不同业务部门的系统规划，运用网络计划技术来统筹各项工作，并找出编制与执行计划的关键路线，将此方法称为关键路线法（critical path method，CPM）。杜邦公司 1955 年提出将每一活动（工作或工序）规定其起止时间，并按活动顺序绘制成网络图形；1956 年又设计了计算机程序，将活动的顺序和作业工作时间输入计算机，从而编制出新的进度控制计划；1957 年 9 月，把此法应用于新工厂建设工作，使该工程提前两个月完成。杜邦公司采用此法安排施工和维修等计划，仅一年时间就节约 100 万美元。

1958 年，美国海军特种计划局在制订研制北极星导弹计划时，由于涉及 3 000 多个单位，协调工作十分复杂，而且很多工作又是开创性的，缺乏历史统计数据用于准确度量各项活动的作业时间，因此开发出了计划评审技术（program evaluation and review technique，PERT）。采用这种办法后效果显著，比原计划进度提前两年完成，节约了大量资金。为此，1962 年美国国防部规定：以后承包有关工程的单位都应采用网络计划技术来安排计划。

网络计划技术的成功应用引起了世界各国的高度重视，被称为计划管理中最有效、先进、科学的管理方法。1965 年，我国著名数学家华罗庚教授将此技术介绍到中国，并把它称为“统筹法”。

从 20 世纪 80 年代起，建筑业在推广网络计划技术实践中，针对建筑流水施工的特点，提出了流水网络技术方法，并在实际工程中进行应用。网络计划技术是以系统工程思想为理念，运用网络图的形式，来规划和表达一项计划中各项工作的先后顺序和相互关系，通过计算关键线路和关键工作，并根据实际情况的变化不断优化网络计划，选择最优方案并付诸实施。以确定性网络（网络图中各项活动的作业关系是确定的）为工具制订工程项目计划，使得工程项目管理更加有效，项目组织、实施和控制管理更加有序。

20 世纪后半叶，随着不确定性因素在科研项目、试制工程以及大型而复杂的服务系统中日益重要，加之信号流图理论的不断发展，1962 年产生了能够体现随机因素作用的图示评审技术（graphic evaluation and review technique，GERT）。20 世纪 70 年代初，穆勒（G. L. Moeller）等人在图示评审技术基础上提出了风险评审技术（venture evaluation review technique，VERT）。人类又开创了以随机网络为工具的项目规划时代，此时网络图中各项活动的作业关系并不是完全确定的，存在概率分支或反馈回路等。

由于这些技术方法均以网络来描述工序作业及工序作业之间的关系，故统称为网络计划技术。本书主要介绍确定性网络计划技术，通过各种时间参数的计算，对网络计划进行调整和优化。

二、网络计划技术的特性

网络计划技术可以为施工管理者提供许多信息，有利于加强施工管理。它是一种科学编制和监控计划执行管理的方法，有助于管理人员全面了解、重点掌握、灵活安排、合理组织、多快好省地完成计划任务，不断提高管理水平。

网络计划技术与项目施工路线的流水作业法不同，工艺路线可以决定施工顺序和过程，而网络计划技术是把工程进度安排通过网络图的形式直观地反映出来。其优点在于：

第一，网络计划技术把项目施工过程中各有关作业以网络图的形式组成一个有机整体，全面明确地表达出各项作业进行的先后顺序和它们之间相互制约、相互依赖的逻辑关系。

第二，方便进行时间参数的计算，例如各项作业的最早可能开工时间、最早可能完工时间、最迟必须开工时间、最迟必须完工时间，以及作业的时差。对这些时间参数的计算，有利于各项作业的进度安排和控制。

第三，可以反映出整个工程和任务的全貌，明确对全局有影响的关键作业和关键线路，便于管理者抓住主要问题，明确施工监控的重点和瓶颈资源的有效及合理分配，确保工程如期完工。

第四，能够从多个可行的实施方案中改进和优化，以更好地调配人力、物力和财力，达到减少材料消耗和降低工程成本的目的。

第五，在项目计划的组织和实施过程中，当某一作业因故被推迟或提前完成时，可以预见到它对整个工程计划的影响程度，并能依据具体的变动情况，迅速作出实施方案的调整，确保项目计划始终受到控制和监督。

第六，便于利用计算机进行绘制和调整网络图，能从网络计划时间参数计算和方案优化中获得更多的信息，这是横道图法达不到的。

然而，网络计划技术只是反映和表达项目计划安排的一种方法，它既不能决定项目施工的组织安排，亦不能解决项目施工技术问题；相反，它是由项目施工技术决定的，需要适应项目施工方法的要求。

第 2 节　网络图的绘制

应用网络计划技术编制计划是用网络图来表示一项工程、工程中各项作业及其相互之间关系。网络计划技术的基础是图论，网络图实际上是计划的图示模型。本节首先介绍与网络图有关的术语和概念。

一、网络计划的图示形式

网络计划的表达形式是网络图，是由箭线“→”和结点“○”按一定的次序排列而成的网状图形。具体来说，所谓网络图是指由箭线、结点及时间参数所构成的有向图。

网络图中的作业（又称工序）指一项需要人、财、物和时间等资源的相对独立的活动。作业指工程计划任务按详略程度划分而成的子项目、子过程或活动，可以是生产管理中的工艺阶段、生产工序或细分工位。直接相连的前项作业称紧前作业，直接相连的后继作业称紧后作业。

前后相邻箭线的分界点称为结点，一般用圆圈来表示。结点具有承上启下的作用，只标志作业结束和开始的瞬间。每项作业完成的持续时间长短，称为作业时间。

网络图中从起结点开始，沿箭线方向连续通过一系列箭线与结点，最后到达终结点的通路称为线路。线路上各道作业时间之和，称为该线路的长度，也是完成这条线路上所有作业的计划工期。

在网络图中，按结点和箭线所代表的含义不同，可分为箭线式网络图和结点式网络图两大类。

（一）箭线式网络图

箭线表示作业，结点为作业之间相互关系的网络图，称箭线式网络。

在箭线上方标注作业的名称代号，可用字母表示。在箭线的下方标注作业的持续时间（如图 8－1 所示）。

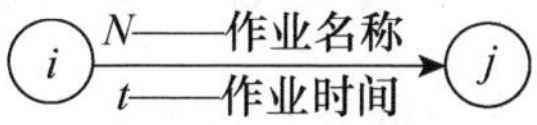

图 8－1　箭线式网络图的作业表示

此时，结点（又称事件）是前后相邻作业的时间分界点。结点既不消耗人力、物力，也不占用时间资源。结点用圆圈表示，且需要在圆圈内编上顺序号，用数字表示。

箭尾结点表示一项作业的开始，箭头结点表示该项作业的完成。因此，一条箭线前后各有一个结点，可以用箭线前后两个结点的编号来表示一项作业的名称，故箭线式网络图也称双代号网络图。图 8－2 就是一个箭线式网络图的例子。

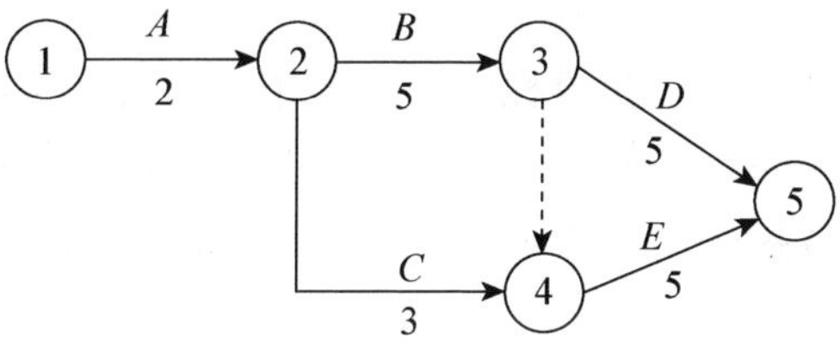

图 8－2　箭线式网络图示意图

（二）结点式网络图

结点表示作业，箭线为作业之间相互关系的网络图，称结点式网络。

结点用圆圈“○”表示，将结点分为三部分，分别表示作业序号、作业名称和作业时间。结点的编号为作业序号，用数字表示；作业名称可以用字母代号表示（如图 8－3 所示）。

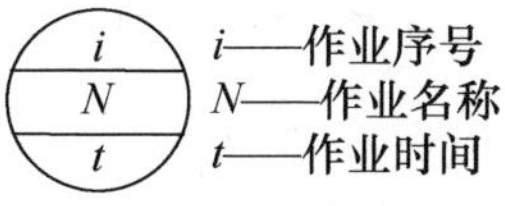

图 8－3　结点式网络图的作业表示

此时，箭线只表示前后作业之间的相互逻辑关系。例如，物理学中的电路图，结点表示电子元器件，箭线表示线路连接关系，是典型的结点式网络图。

由于作业序号可以唯一表示作业名称，因此也可以将结点简化为作业序号和作业时间。这样用结点的编号表示作业名称的网络图，称为单代号网络图。图 8－2 所示的作业关系，可用圆形或方形表示为图 8－4 的结点式网络图。

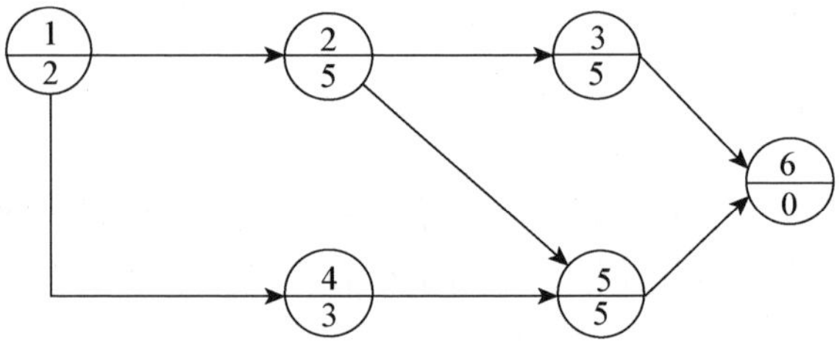

图 8－4　结点式网络图示意图

实际管理工作中，人们习惯于用箭线表示作业，结点为作业之间相互关系，便于计算机求解，因此本书采用箭线式网络图。

二、箭线式网络图的规则

由于本书不涉及随机网络问题，因此以下介绍的网络图绘制规则只针对确定性箭线式网络图。

（一）网络图是有向图

网络图是有向图，作业应按工艺流程顺序或工作逻辑关系从左向右排列；箭线方向表示作业的先后顺序；结点编号应从始结点开始，按照时序依次从小到大编号，直到终结点为止；有时为了调整或修改网络图，可适当留有余号。结点编号可以不连续，但编号时不允许箭头编号小于箭尾编号。

（二）不允许缺口与回路

确定性网络图中只能有一个始结点和一个终结点。自网络图的同一始点经由任何路径都可以到达同一终点。在确定性网络图中不允许出现两个以上始结点和两个以上终结点，不允许出现缺口与回路。图 8－5 中②是缺口，③→④→⑤是回路，不符合规则。

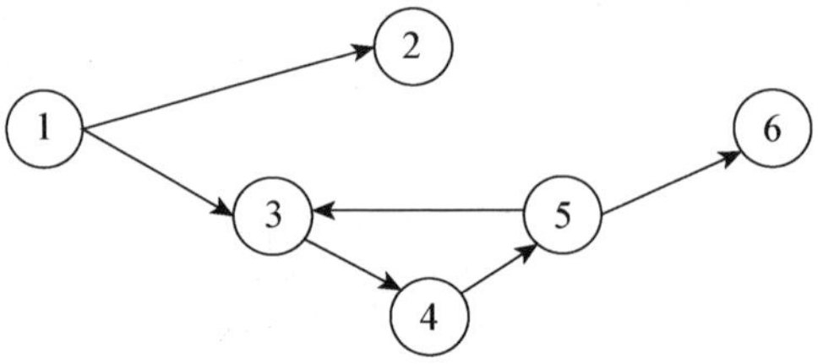

图 8－5　存在缺口与回路的错误图形

（三）作业表示的规定

箭线式网络图中，一条箭线和它的相关结点只能代表一项作业，而不能同时代表多项作业，因此两个结点之间只能有一条箭线相连。

对比图 8－6 中的两个图形，为反映作业 A 和作业 B 是紧前和紧后的逻辑关系，且两结点之间最多有一条箭线相连，上图是正确的作业画法，下图是错误的作业画法。

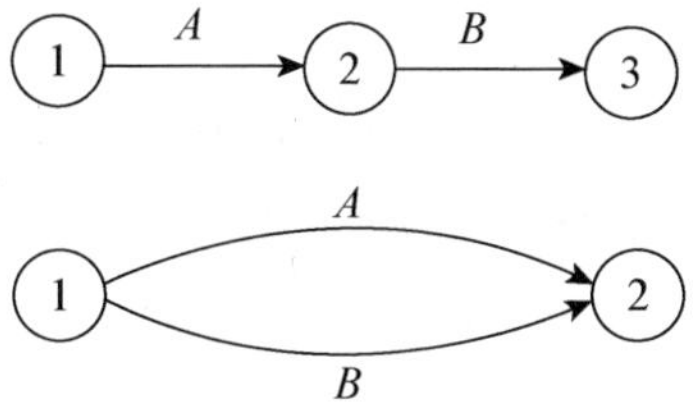

图 8－6　作业表示规定

说明：在结点之间严禁出现带双向箭头或无箭头的连线。

（四）虚作业表示的规定

如果作业 A 和作业 B 不是紧前和紧后逻辑关系，而是平行作业，即相互独立的作业，则 A 和 B 可以同时进行，网络图中利用虚作业表示平行作业。虚作业是为了表达相邻作业之间的逻辑关系而虚设的非实际作业。既不消耗时间，也不耗费费用和资源，所以用虚箭线表示。

将图 8－6 中的错误作业画法引入虚作业可绘制成图 8－7，一般而言，选择作业时间长者直接相连，作业时间短者则需要通过虚作业相连。

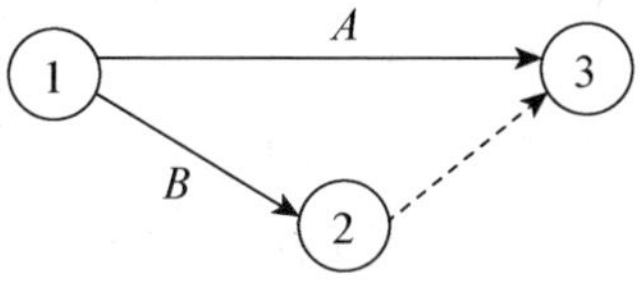

图 8－7　虚作业示意图

可见，网络计划的作业通常分为三类：既消耗时间又消耗资源的作业，例如绑扎钢筋、浇筑钢筋混凝土；只消耗时间而不消耗资源的作业，例如钢筋混凝土养护、油漆干燥；既不消耗时间也不消耗资源的作业。在工程实践中，前两类作业是实际存在的，通常称为实作业，第三类作业是人为虚设的，只表示相邻前后作业之间的逻辑关系，通常称为虚作业。

（五）箭线布局的规定

绘制网络图时，箭线可以是水平、垂直、右倾斜的直线或直角折线，但不能绘制成弧线，更不宜交叉。当交叉不可避免时，可采用过桥法或指向法表示，如图 8－8 所示。采用指向法时应注意结点编号指向的大小关系，保持箭尾结点的编号小于箭头结点编号。

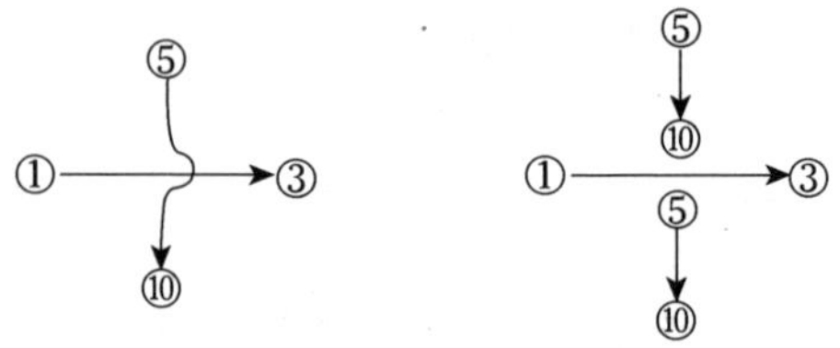

(a) 过桥法　　(b) 指向法

图 8-8　箭线交叉的表示方法

三、箭线式网络图举例

［**例 8-1**］ 表 8-2 为某工程的工序作业一览表，绘制其网络图。

表 8-2　某工程工序作业一览表

工序	a	b	c	d	e	f	g
紧前工序	—	—	a，b	a	c，d	a	e，f
工序时间	4	2	3	5	5	5	6

解　(1) 先绘制网络草图。

绘制网络草图就是根据确定的作业明细表中的逻辑关系，将各项作业依次正确地连接起来。绘制网络草图的方法是顺推法，即以始结点开始，首先确定由始结点引出的作业，然后根据作业间的逻辑关系，确定每项作业的紧后作业。这样把各项作业依次按网络逻辑连接起来。在这一连接过程中，为避免作业逻辑错误，应遵循以下要求：

1）当某项作业只存在一项紧前作业时，该作业可以直接从紧前作业的结束结点连出。

2）当某项作业存在多于一项的紧前作业时，可从其紧前作业的结束结点引入虚作业并汇交到一个新结点，然后从这一新结点把该项作业连出。

3）在连接某项作业时，若该项作业的紧前作业没有全部绘出，则该项作业不应绘出。

(2) 整理网络图布局。

审查作业的逻辑关系和虚作业的必要性，去掉多余的虚作业。箭线式网络图中的虚作业是非常重要的，不仅能表达作业间的逻辑关系，还能表达不同结点之间的相互联系。但引入虚作业时要恰如其分，不能滥用，应以必不可少为限，随后对网络图布局进行合理安排和整理，突出整齐性和美观性。

(3) 检查结点的编号。

参照作业明细表中的逻辑关系，按照网络图绘制的基本原则，检查网络图有无错误，若无错误，对结点进行顺序编号。

根据表 8-2 绘制的网络图如图 8-9 所示。

这种确定性网络图不仅可用于工程项目施工计划的制订，也可用于运营管理的单件生产模式，即加工对象固定的生产模式。而大量生产的流水线生产模式，一般可使用线性规划的方法制订生产计划。

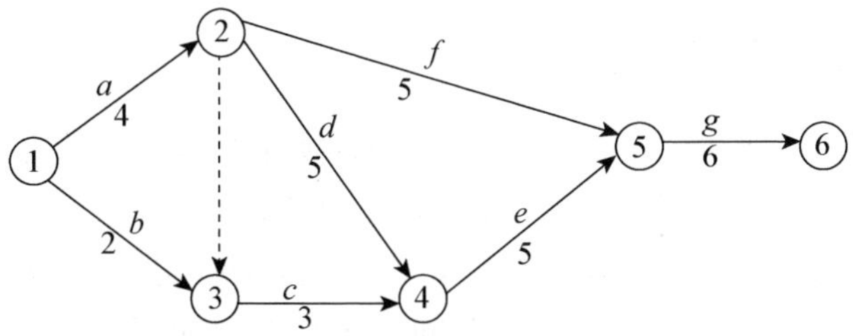

图 8-9　某工程工序作业网络图

第 3 节　关键路线法

在网络图中，从始结点开始，作业按照工艺流程顺序或工作逻辑关系，到达终结点的路称为线路。这样的线路往往有多条，其中时间最长的线路称为关键线路（critical path，CP)，或称为主要矛盾线。关键线路上的作业称为关键作业。关键路线法是在网络图的基础上，通过计算时间参数，确定关键路线，从而对工程项目进行更有效的协调与计划。关键路线法适用于常规性生产项目的计划安排，各项工作重复发生，有确定的操作规程和时间定额，有较完备的统计资料。关键路线法相当于我们经常说的确定性模型。为了编制网络计划并找出关键路线，首先需要计算网络图中各个结点及各项作业的有关时间。

一、结点的时间参数

（一）结点的最早时间 $t_E(j)$

结点的最早时间 $t_E(j)$ 指从该结点开始的各项作业最早可能的开工时刻，它等于从始结点起到本结点的最长路线上各项作业时间之和。

从始结点开始，自左向右，顺着箭线方向逐个计算，直到终点。显然，始结点的最早时间为零，即 $t_E(1)=0$。其计算公式为：

$$\begin{cases} t_E(1)=0 \\ t_E(j)=\max\limits_{i}\{t_E(i)+t(i,j)\} \end{cases}$$

式中，$t(i,j)$ 为作业时间；$t_E(i)$ 为箭尾结点最早时间；$t_E(j)$ 为箭头结点最早时间（如图 8-10 所示）。

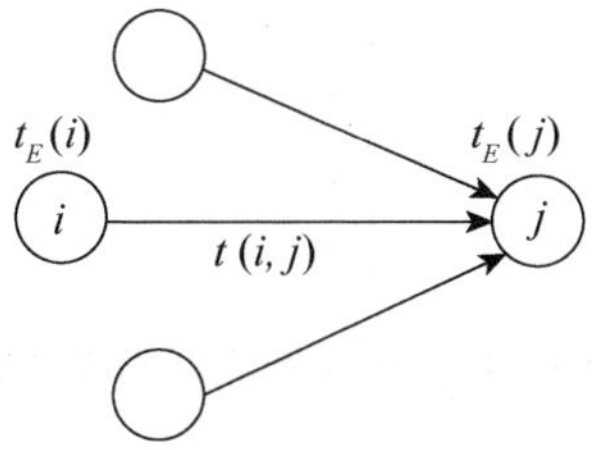

图 8-10　结点最早时间关系图

（二）结点的最迟时间 $t_L(j)$

结点的最迟时间 $t_L(j)$ 指以该结点为结束的各项作业最迟必须完工的时刻，否则将会影响后续作业按时开工，以至推迟整个工程的完工时间。

计算时由网络的终结点开始，从右向左，逆箭线方向，逐个计算，直至始结点。很明显，终结点的最迟时间等于终结点的最早时间或工程最早完工时间，即 $t_L(n)=t_E(n)=T_E$。$t_L(j)$ 的计算公式如下：

$$\begin{cases} t_L(n)=t_E(n) \\ t_L(i)=\min\limits_{j}\{t_L(j)-t(i,j)\} \end{cases}$$

式中，$t_L(n)$ 为终结点的最迟时间；$t_L(i)$ 为箭尾结点的最迟时间；$t_L(j)$ 为箭头结点的最迟时间（如图 8－11 所示）。

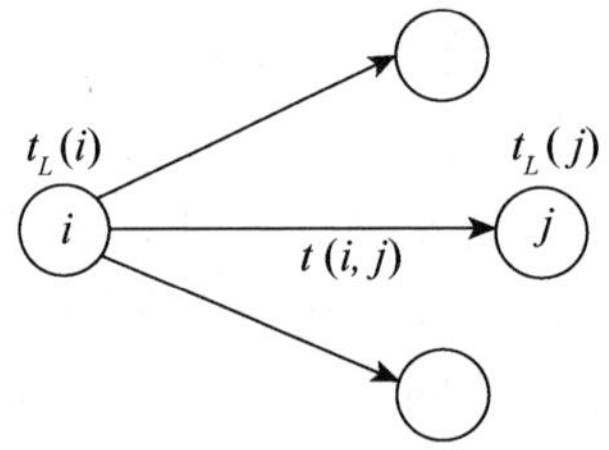

图 8－11　结点最迟时间关系图

根据上面结点时间的计算方法，我们可以计算出例 8－1 的结点时间参数。在图上计算结点时间参数时，可以用方框表示各工序的最早开始时间，并将计算的数值标注在各结点边的“□”内；同样，可以用三角形表示各工序最迟发生时间，并将计算的数值标注在各结点边的“△”内，如图 8－12 所示。

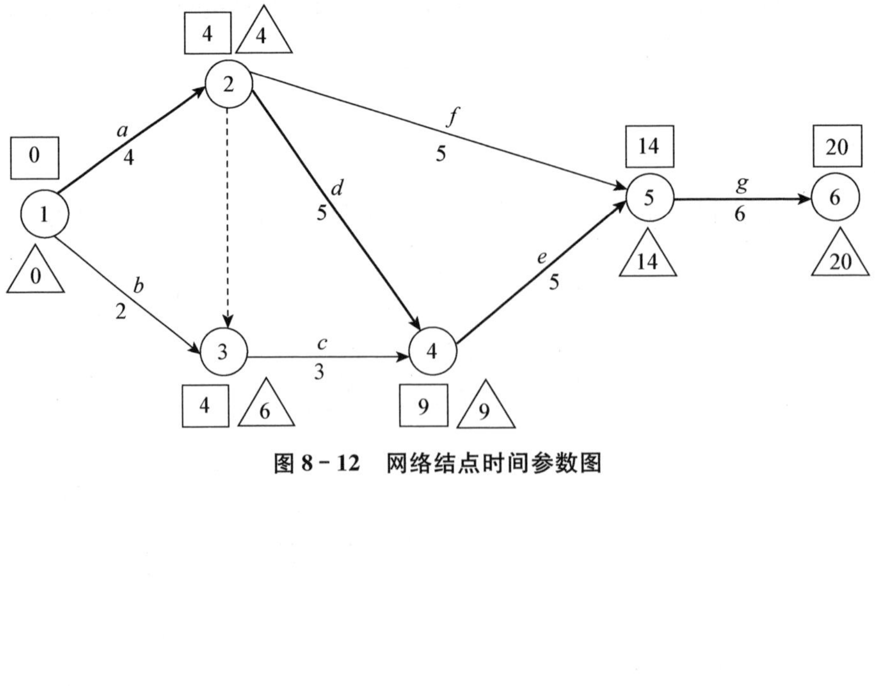

图 8－12　网络结点时间参数图

二、作业的时间参数

在理解结点时间的概念后，下面介绍作业时间参数的计算。

（一）最早可能开工时间 $t_{ES}(i, j)$

最早可能开工时间 $t_{ES}(i, j)$ 指一项作业必须在其各紧前作业都完工后才能开工，在此之前不具备开工条件的时刻。作业最早可能开工时间等于其所有紧前作业的最早可能开工时间与其作业时间之和的最大值，即它的箭尾结点的最早时间，其计算公式为：

$$t_{ES}(i,j)=t_E(i)$$

（二）最早可能完工时间 $t_{EF}(i, j)$

最早可能完工时间 $t_{EF}(i, j)$ 是指最早可能开工时间加上本作业的作业时间，即

$$t_{EF}(i,j)=t_{ES}(i,j)+t(i,j)$$

（三）最迟必须开工时间 $t_{LS}(i, j)$

最迟必须开工时间 $t_{LS}(i, j)$ 指在不影响整个工程如期完工的前提下，作业最迟必须开工的时刻。一般在网络中的非关键作业上可以允许有一定范围的推迟开工时间。作业的最迟必须开工时间等于它的箭头结点的最迟时间减去本作业的作业时间，即

$$t_{LS}(i,j)=t_L(j)-t(i,j)$$

（四）最迟必须完工时间 $t_{LF}(i, j)$

最迟必须完工时间 $t_{LF}(i, j)$ 是指作业的最迟必须开工时间加上完成本作业的作业时间，即

$$t_{LF}(i,j)=t_{LS}(i,j)+t(i,j)=t_L(j)$$

三、时差与关键路线

时差又称机动时间或宽裕时间，是指在不影响如期完成任务的条件下，各项作业可以机动使用的一段时间。时差反映了网络计划中各条路线上作业时间的不平衡，计算和利用时差可以挖掘潜力，采取应对措施，合理安排调配各种资源，使计划更趋合理。

（一）作业总时差 $R(i, j)$

作业总时差 $R(i, j)$ 是指在不影响其紧后作业最迟必须开工时间的前提下，本作业的完工时间可以推迟的时间。作业的总时差等于该作业的最迟必须完工时间减去作业最早可能完工时间，或者作业的最迟必须开工时间减去最早可能开工时间，即

$$R(i,j)=t_{LF}(i,j)-t_{EF}(i,j)=t_{LS}(i,j)-t_{ES}(i,j)$$
$$=t_L(j)-t_E(i)-t(i,j)$$

作业的总时差越大，表明该作业在整个网络中的机动时间越多，可以在一定范围内将该作业的人力、物力资源用到关键作业上去，以达到缩短工程工期的目的。

（二）作业单时差 $r(i, j)$

作业单时差 $r(i, j)$ 是指在不影响其紧后作业最早可能开工时间的前提下，本作业最早可能完工时间可以推迟的时间。它等于紧后作业最早可能开工时间 $t_{ES}(j, k)$ 减去本作业最早可能完工时间 $t_{EF}(i, j)$，即

$$r(i,j)=t_{ES}(j,k)-t_{EF}(i,j)$$
$$=t_E(j)-t_E(i)-t(i,j)$$

作业时差与作业时间参数之间的关系如图 8－13 所示。紧前作业为ⓘ→ⓙ，紧后作业为ⓙ→ⓚ。

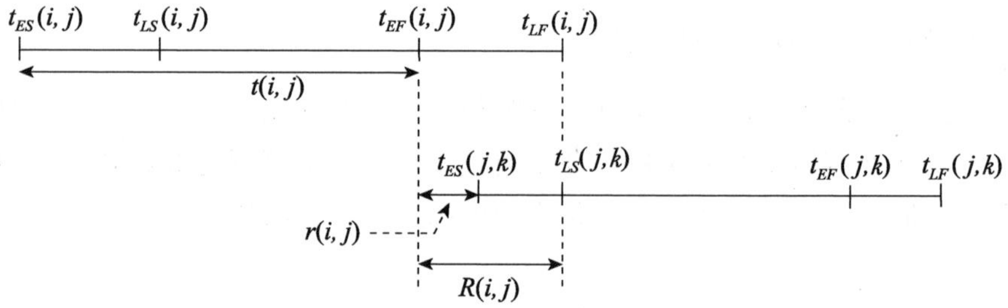

图 8－13　作业时差关系示意图

可见，某项工作的单时差小于等于其总时差。单时差为零时，总时差不一定等于零，而总时差为零时，单时差一定为零。

（三）关键路线

在图 8－12 中，从始结点开始，按照各项作业的顺序，到达终结点的通路共有 4 条。这 4 条路线的组成及所需要的时间如表 8－3 所示。

表 8－3　路线组成及路线长度

路线	路线组成	路线长度
1	①→②→⑤→⑥	4＋5＋6＝15
2	①→②→④→⑤→⑥	4＋5＋5＋6＝20
3	①→③→④→⑤→⑥	2＋3＋5＋6＝16
4	①→②→③→④→⑤→⑥	4＋3＋5＋6＝18

在图 8－12 中，关键路线为 $a \to d \to e \to g$。关键作业为 a，d，e，g。如果能够缩短关键作业所需的时间，就可以使工程的完工时间提前。而缩短非关键路线上的各项作业所需

要的时间，却不能使工程的完工时间提前。可见，关键路线是对工程工期起关键作用的路线，关键路线上作业时间之和就是工程的总工期。

编制网络计划的基本思想就是在一个庞大的网络图中找出关键路线。穷举法不易找出关键路线，可以通过如下两种方法计算得出。第一种是利用网络图上的结点时间参数。一般而言，最早时间和最迟时间相等的结点组成关键路线。第二种是总时差为零的作业称为关键作业，将关键作业连接起来就是关键路线。

四、时间参数计算举例

下面利用表格形式，计算总时差与单时差从而确定关键路线。仍以例 8－1 为例，首先将各结点的时间参数填到表 8－4 中。在表 8－4 中需要计算作业最早开始时间、最迟开始时间、最早结束时间、最迟结束时间以及时差，从表中寻找总时差为零的作业，即为关键作业，将其连接起来就是关键路线 $a \rightarrow d \rightarrow e \rightarrow g$。

表 8－4　时间参数表

作业	$t(i, j)$	$t_{ES}(i, j)$	$t_{EF}(i, j)$	$t_{LS}(i, j)$	$t_{LF}(i, j)$	$R(i, j)$	$r(i, j)$	关键作业
a	4	0	4	0	4	0	0	a
b	2	0	2	4	6	4	0	
c	3	4	7	6	9	2	2	
d	5	4	9	4	9	0	0	d
e	5	9	14	9	14	0	0	e
f	5	4	9	9	14	5	5	
g	6	14	20	14	20	0	0	g

调整和控制关键路线是网络计划技术的核心。延长或缩短关键路线上各作业的时间，则整个工程完工期就会相应地延迟或提前。对各关键作业，应优先安排资源，挖掘潜力，采取相应措施，尽量压缩需要的时间。而对非关键路线上的各作业，要在不影响工程完工时间的条件下，抽出适当的人力、物力等资源，用在关键作业上，以达到缩短工程工期，合理利用资源等目的。在执行计划过程中，工作重点是对各关键作业加以有效控制和调度。

关键路线有时不止一条，也不是固定不变的，通过调整作业时间，可使关键路线与非关键路线相互转化。

第 4 节　计划评审技术

应用关键路线法有一个重要的前提，即网络图中所有作业的时间都是确定的。然而，在实际工作中，许多工程项目的作业时间不是确定的，存在很多不可预知的影响因素，或者某些工程属于开拓性的工作，无法以经验数据为基础来准确地预计作业时间，关键路线法显然不适用。这时就需要寻求新的计划方法，如采用计划评审技术，对作业时间进行粗略的估计，而后绘制确定性网络图，借助关键路线法找出关键路线；再依据概率论的中心极限定理和大数定律，对工程完工期进行概率估计。关键路线法与计划评审技术是先后发展起来的两种计划技术，共同点是都基于确定性网络图寻求关键作业，但计划评审技术解决了关键路线法单点时间估计可靠性不高的问题，使用三点时间估计方法估计活动的作业时间，以此估计整个项目在规定时间完成的概率。

一、作业时间估计

计划评审技术使用三个时间估计值来估计出服从 β 分布的均值和方差。β 分布是连续的且没有预先确定的形状，与三个估计值较为接近，传统分析概率性网络图时间时均使用这种分布。作业时间的三种可能估计分别为最乐观时间、最悲观时间和最可能时间。

最乐观时间即在最理想的情况下完成作业所需时间，记为 a；最悲观时间为在最不利的情况下完成作业所需时间，记为 b；最可能时间为在正常情况下完成作业所需时间，记为 m。运用三角分布，将这三者加权平均就得到作业时间的期望值 t：

$$t=\frac{a+4m+b}{6}$$

其方差表示如下：

$$\sigma^2=\left(\frac{b-a}{6}\right)^2$$

二、计算期望工期

如前所述，工程期望工期等于关键路线上各项作业的时间之和。根据中心极限定理，关键路线的均值等于各关键作业的作业时间期望之和，关键路线的方差等于各关键作业时间的方差之和，即

$$\mu_E=\sum_k \mu_k=\sum_k \left(\frac{a_k+4m_k+b_k}{6}\right)$$

$$\sigma_E^2=\sum_k \sigma_k^2=\sum_k \left(\frac{b_k-a_k}{6}\right)^2$$

依据大数定律，任何分布均近似正态分布，即工期 $T\sim N(\mu_E，\sigma_E^2)$。

在关键作业 k 的平均作业时间 μ_k 和方差 σ_k^2 已知的条件下，可以计算出工程完工时间的概率，也可以算出具有一定概率的工程完工时间。

假设合同规定的工程完工时间为 T，对应置信度为 α 的标准正态分布值 $Z_\alpha=\dfrac{T-\mu_E}{\sigma_E}$，然后可反查标准正态分布表，求出 Z_α 值对应的完工概率 α。

三、计划评审技术应用举例

［**例 8－2**］ 某项目的作业以及相关时间参数如表 8－5 的前五列所示，依据三点时间估计方法，计算作业时间的期望和方差，如表 8－5 后两列所示。若合同规定的工期为 17，

求如期完工的概率；若要求有 90%的把握如期完工，求可接受的合同工期。

表 8-5　某项目的作业流程及其时间估计

作业	紧前作业	作业时间估计			作业时间	
		最乐观时间	最悲观时间	最可能时间	期望（μ）	方差（σ^2）
a	—	3	5	4	4	$\frac{1}{9}$
b	—	1	3	2	2	$\frac{1}{9}$
c	a，b	2	4	3	3	$\frac{1}{9}$
d	a	2	10	4.5	5	$\frac{16}{9}$
e	c，d	3	11	4	5	$\frac{16}{9}$
f	a	3	9	4.5	5	1
g	e，f	4	12	5	6	$\frac{16}{9}$

解　首先，根据表 8-5 绘制项目网络图，并在图中标出各结点的时间参数（见图 8-12），工程的关键作业为：$a \to d \to e \to g$。

再根据已经估计的作业时间求出相应作业的均值、方差填到表 8-5 中右边两列。工程工期的期望为关键作业期望时间之和：$\mu_E = \mu_a + \mu_d + \mu_e + \mu_g = 4+5+5+6=20$。工程工期的方差为关键作业时间的方差之和：$\sigma_E^2 = \sigma_a^2 + \sigma_d^2 + \sigma_e^2 + \sigma_g^2 = \frac{1}{9} + \frac{16}{9} + \frac{16}{9} + \frac{16}{9} = \frac{49}{9}$。

已知合同工期 $T=17$，则 $Z_\alpha = \frac{T-\mu_E}{\sigma_E} = -1.29$，反查标准正态分布表知 $\alpha = 9.9\%$。现有技术方案在合同工期为 17 时，完工的概率不足 10%。

若要求 $\alpha = 90\%$，查标准正态分布表得到 $Z_\alpha = 1.3$，则可接受的合同工期为：

$$T = \mu_E + Z_\alpha \sigma_E = 20 + 1.3 \times \frac{7}{3} = 23$$

第 5 节　网络计划优化

对一项工程项目，绘制网络图，计算出时间参数并确定关键路线，其初步计划方案就算基本完成。为了不断改进计划方案，使之达到最优或令人满意的结果，还要综合考虑时间进度、费用、资源等因素，对网络计划进行优化。

一、缩短工程工期

缩短工程工期是在现有资源允许条件下，尽量加快工程进度，减少所用时间。主要措施有：

（1）采取技术措施，不断改进工艺和技术装备，压缩关键作业的作业时间。

（2）采取组织措施，合理组织平行作业或交叉作业。平行作业是指两道以上相互独立的作业同时进行。交叉作业是指在条件允许时，将紧前作业完成的部分任务分期分批地转入下一项作业。平行作业和交叉作业都能加快工程进度，缩短工程周期，在工程计划中被普遍采用。

（3）利用作业时差，调配非关键作业的资源，突击优先完成关键作业。也就是说，分配项目作业资源时，优先考虑关键作业的资源需求。

二、工期-费用优化

在时间进度优化中，重点在于如何缩短工期，但工期的缩短与工程费用是密切相关的。在网络计划的优化中，应考虑不同的完工时间所对应的工程费用，找到工程费用最低的完工时间，这就是时间-费用优化问题，也称为最低成本日程。寻求时间费用的优化，应从时间与费用关系分析入手，协调工期与费用的合理结合，使得工期最短和总费用最低。

（一）工期与成本的关系

根据项目费用的特点，工程成本由直接费用和间接费用两部分组成。直接费用是指工程施工本身所需的直接材料、直接人工等费用支出；间接费用是指与工程工期有关的管理费用、设备租金等运营费用。

一般而言，缩短工期会引起直接费用增加和间接费用减少。反之，延长工期会引起直接费用减少和间接费用增加。严格来讲，直接费用与工期不是线性关系，越临近极限工期，直接费用增加率越高。工期-费用关系如图 8－14 所示。

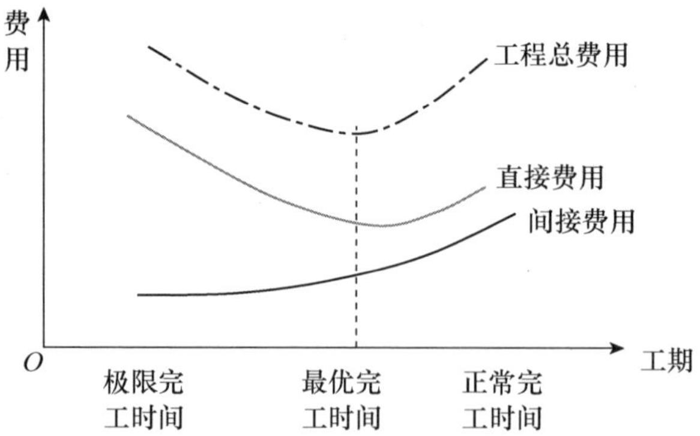

图 8－14　工期-费用关系图

在计划制订和优化的过程中，为简化起见，一般把作业的直接费用增加率作为线性处理，如图 8－15 所示。如果不是线性函数关系，则采取分段函数，近似线性化。

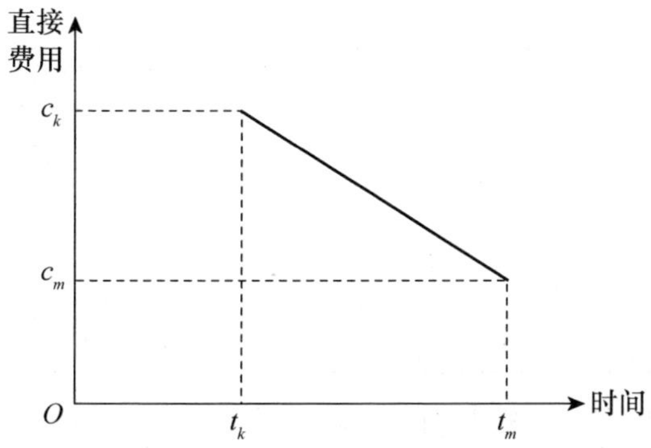

图 8－15　时间－直接费用关系图

在图 8－15 中，与直接费用 c_m 相对应的作业时间 t_m 称为正常完工的作业时间，与赶工费用 c_k 相对应的作业时间 t_k 称为极限完工的作业时间。从图 8－15 中，我们可近似计算出直接费用的费用率为：

$$e=\frac{c_k-c_m}{t_m-t_k}$$

式中，e 表示缩短作业的单位时间需要增加的直接费用。不同作业的费用率 e 是不同的，可以得到费用率的一般公式为：

$$\text{赶工单位时间增加的直接费用(费率)}=\frac{\text{赶工进度极限完工费用}-\text{正常完工费用}}{\text{正常完工作业时间}-\text{极限完工作业时间}}$$

（二）工期－费用优化案例

通常，工期－费用优化是从网络计划的关键路线着手，以工程费用最少为目的，有选择地缩短关键作业的作业时间，每次都按最小直接费用增加额进行方案改进，并比较不同方案，从中选择最优方案。这里通过例 8－3 来说明。

［**例 8－3**］　某工程的作业流程如表 8－6 所示，现要缩短工期，试寻求工期较短且费用最少的优化方案。

表 8－6　某工程作业流程及其费用统计资料

作业	紧前作业	作业时间（天）		作业直接费用（万元）		费率
		正常完工	极限完工	正常完工	极限完工	
a	—	4	3	8	12	4
b	—	2	1	16	17	1
c	a，b	3	2	20	21.2	1.2
d	a	5	2	10	13	1
e	c，d	5	3	15	19	2

续表

作业	紧前作业	作业时间（天）		作业直接费用（万元）		费率
		正常完工	极限完工	正常完工	极限完工	
f	a	5	3	10	12	1
g	e，f	6	4	9	17	4
合计				88 万元		
间接费用				2 万元/天		

解 首先，根据工程预算，分别确定每项作业正常完工的直接费用，然后再预算每项作业每赶工一个时间单位（可以是周、天、小时等）所需的费用（费用率 e），最后将工程间接费用平均分摊到相应的时间单位，如万元/天。而整个工程费用则是正常完工直接费用与赶工费用、间接费用之和。有关资料如表 8－5 所示，以此为依据，制订不同的方案。

方案Ⅰ：各项作业正常完工。

制订初始方案，各项作业以正常完工时间进行。根据表 8－6 画出网络图，如图 8－12 所示。计算结点时间参数，得出工程的关键作业为 $a \to d \to e \to g$。

$$\begin{aligned}\text{工程费用 } C(\text{Ⅰ}) &= \text{正常完工直接费用} + \text{间接费用} \\ &= 88 + 2 \times 20 = 128(\text{万元})\end{aligned}$$

方案Ⅱ：关键路线上赶进度。

确定赶进度作业：在关键路线上缩短时间，现有 a，d，e，g 四项关键作业，其中作业 d 赶工 1 天所增加的直接费用最少，所以选择关键作业 d 赶进度。

确定赶进度时间：赶进度的时间应考虑该作业本身最多能赶几天；同时保证赶进度后，原来的关键路线仍是关键路线。从表 8－6 中可以看出作业 d 最多能赶 3 天，为了保证原关键路线仍是关键路线，故计算非关键作业的总时差，$R(b)=4$，$R(c)=2$，$R(f)=5$。作业 d 赶进度时间 $\Delta T_d = \min\{3, 4, 2, 5\} = 2$，因此决定作业 d 赶进度 2 天。

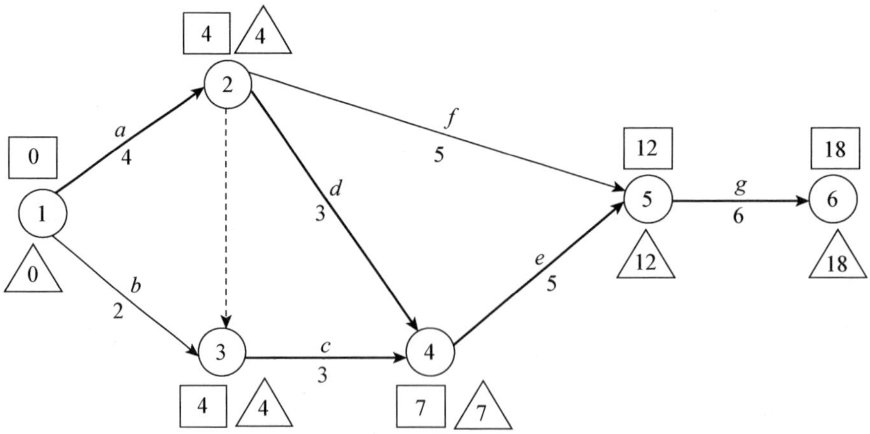

图 8－16 关键作业 d 赶工网络图

其网络图如图 8－16 示，这时出现了两条关键路线 $a \to d \to e \to g$ 和 $a \to c \to e \to g$。

$$工程费用\ C(\text{Ⅱ}) = 正常完工直接费用 + 赶进度增加的直接费用 + 间接费用$$
$$= 88 + 2 \times 1 + 2 \times 18 = 126(万元)$$

比较两个方案，方案Ⅱ比方案Ⅰ的工程周期缩短 2 天，同时工程费用降低 2 万元。

方案Ⅲ：关键路线上赶进度。

确定赶进度作业：再继续看关键路线 $a \to d \to e \to g$，其中作业 d 赶工 1 天所增加的直接费用最少（1 万元），但是如果选择作业 d 赶进度，那么关键路线 $a \to c \to e \to g$ 上关键作业 c 需要同时赶进度，c 赶工 1 天增加直接费用 1.2 万元，这样需要增加直接费用 2.2 万元才能缩短工程工期 1 天。然而，它们共有的关键作业 e 赶单位时间进度增加的直接费用更低（2 万元），故选择关键作业 e 赶进度。

确定赶进度时间：从表 8－6 中可以看出作业 e 最多能赶 2 天，为了保证原关键路线仍是关键路线，需要计算非关键作业 f 的总时差，$R(f)=3$，则作业 e 赶进度时间 $\Delta T_e = \min\{2, 3\} = 2$，因此决定赶 2 天。其网络图如图 8－17 所示。

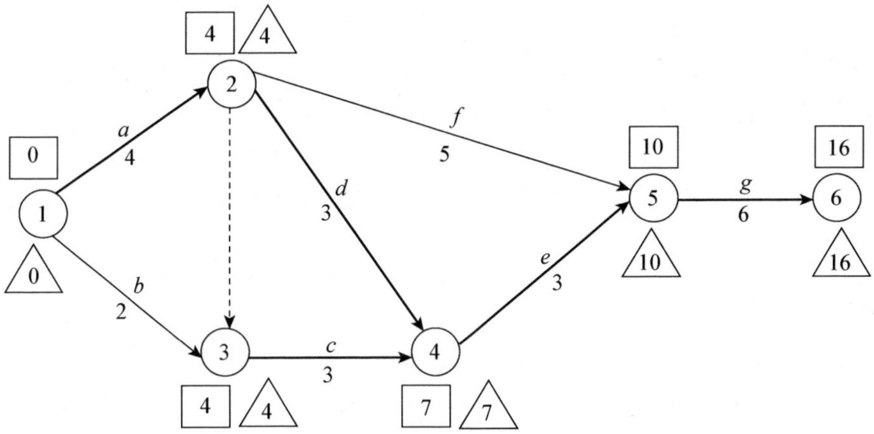

图 8－17　关键作业 e 赶工网络图

$$工程费用\ C(\text{Ⅲ}) = 正常完工直接费用 + 赶进度增加的直接费用 + 间接费用$$
$$= 88 + 2 \times 1 + 2 \times 2 + 2 \times 16 = 126(万元)$$

比较Ⅱ、Ⅲ两个方案，方案Ⅲ比方案Ⅱ的工程周期缩短 2 天，同时工程费用没有增加。

方案Ⅳ：关键路线上赶进度。

方案Ⅲ有两条关键路线，在关键路线 $a \to d \to e \to g$ 上赶进度增加直接费用最少的关键作业是 d，在 $a \to c \to e \to g$ 上为关键作业 c，故确定同时压缩关键作业 d，c 的作业时间。作业 d 本身最多只能再赶 1 天，作业 c 最多能赶 1 天；为保证关键路线仍是关键路线，计算非关键路线作业的总时差 $R(f)=1$，$R(b)=2$。所以作业 d，c 同时赶进度时间 $\Delta T_c = 1$，即只能同时各赶 1 天。其网络图如图 8－18 所示。

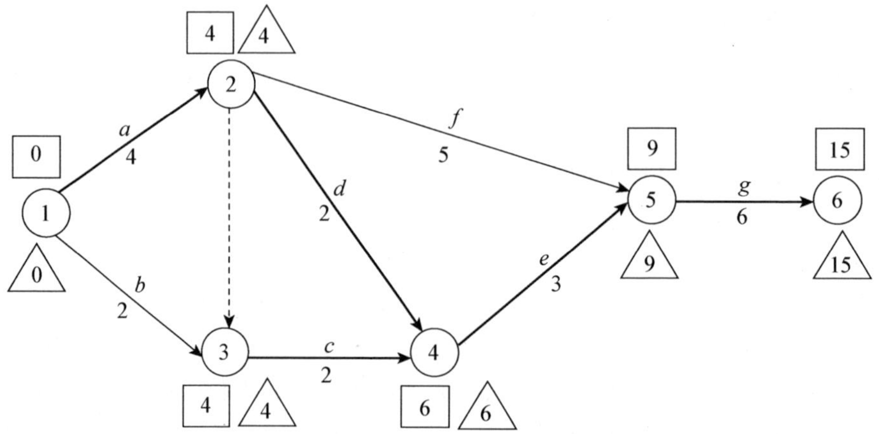

图 8-18　关键作业 c，d 同时赶工网络图

工程费用 C(Ⅳ)＝正常完工直接费用＋赶进度增加的直接费用＋间接费用

＝88＋2×1＋2×2＋1×(1＋1.2)＋2×15＝126.2(万元)

方案Ⅳ比方案Ⅲ的工程工期缩短 1 天，但工程费用增加了 2 000 元。如果继续压缩工期，工程总费用将急剧增加，因此认为方案Ⅲ为最优方案，最低成本对应的工期为 16 天。

当然，具体应该选择方案Ⅲ还是方案Ⅳ，需要结合其他信息才能作出判断，例如合同关于完工时间要求，以及延期完工惩罚、提前完工奖励的条款。如果因工期延误 1 天的惩罚或因工期提前 1 天的奖励的数目大于 2 000 元，则方案Ⅳ更好，这就体现了管理决策的艺术性。

三、工期-资源优化

在网络计划优化中，不仅要考虑工程进度和工程费用，还要同时考虑人员、材料、设备、动力、资金等资源的限制。实际上，网络计划的优化是一个系统优化问题。这需要综合考虑工期与资源限制的协调关系，而且需要多次反复综合平衡，选择最满意的方案。

（一）资源平衡准则

资源平衡涉及的内容广泛，每一种有限资源的合理安排方案不尽相同。但合理安排这些资源的基本要求比较一致。平衡资源的准则如下：

第一，在压缩工程时间及费用的同时，要分别考量每道作业所需资源的用量、供应能力及时间限制，以便确定每道作业可压缩时间的限度及其进度安排。

第二，优先保证关键路线上关键作业对资源的需求量。

第三，向非关键作业要资源，利用时差调整非关键作业的开工时间和完工时间，以达到与关键作业在占用资源时间上的错位，拉平资源需要量的高峰。

第四，当资源绝对受限制时，在保证不推迟或尽量少推迟工程完工时间的前提下，全面统筹安排，最大限度地利用资源。

（二）资源平衡举例

［**例 8－4**］　某工程作业一览表如表 8－7 所示，每天只有 13 台设备可供使用，计划 20 天内完成，试合理安排生产进度。

表 8－7　某工程作业一览表

作业	a	b	c	d	e	f	g
紧前作业	—	—	a，b	a	c，d	a	e，f
作业时间	4	2	3	5	5	5	6
每天所需设备数	13	7	8	5	6	7	12

解　其网络图如图 8－12 所示，计算结点时间参数，得到关键路线为 $a\to d\to e\to g$。

完成该工程共需设备数为 $4\times13+2\times7+3\times8+5\times5+5\times6+5\times7+6\times12=252$ 台，则 20 天内完成，平均每天需设备 12.6 台。因为平均每天所需的设备数小于现有设备数 13 台，所以适当安排各作业的开工时间和完工时间，整个工程可以在预计工期 20 天内完成。

（三）制订初始方案

各项作业以最早开工时间安排初始进度，如表 8－8 所示。

表 8－8　工程各项作业的初始进度表

作业	相关结点	作业时间	最早开工	总时差	工程进度																			
					1	2	3	4	5	6	7	8	9	10	11	12	13	14	15	16	17	18	19	20
a	①→②	4	0	0	13	13	13	13																
b	①→③	2	0	4	7	7																		
c	③→④	3	4	2					8	8	8													
d	②→④	5	4	0					5	5	5	5	5											
e	④→⑤	5	9	0										6	6	6	6	6						
f	②→⑤	5	4	5					7	7	7	7	7											
g	⑤→⑥	6	14	0															12	12	12	12	12	12
每天所需设备数合计（台）					20	20	13	13	20	20	20	12	12	6	6	6	6	6	12	12	12	12	12	12

从表 8－8 可知，各项作业按最早可能开工时间安排工程进度，每天所需设备数不平衡，有些天超过了现有设备数，而另外一些时间，设备需求又不足。为保证整个工程能如期完工，应调整非关键作业的开工和完工时间。

（四）调整开工时间

调整原则：一是保证关键作业的需求量；二是利用非关键作业的时差，调整非关键作业的开工和完工时间。

调整后的工程进度方案见表 8-9，其中非关键作业 b 延至第 5 天开工，非关键作业 c 延至第 7 天开工，非关键作业 f 延至第 10 天开工。

表 8-9　调整后的工程进度表

作业	相关结点	作业时间	最早开工	总时差	工程进度																			
					1	2	3	4	5	6	7	8	9	10	11	12	13	14	15	16	17	18	19	20
a	①→②	4	0	0	13	13	13	13																
b	①→③	2	0	4					7	7														
c	③→④	3	4	2							8	8	8											
d	②→④	5	4	0					5	5	5	5	5											
e	④→⑤	5	9	0										6	6	6	6	6						
f	②→⑤	5	4	5										7	7	7	7	7						
g	⑤→⑥	6	14	0															12	12	12	12	12	12
每天所需设备数合计（台）					13	13	13	13	12	12	13	13	13	13	13	13	13	13	12	12	12	12	12	12

第 6 节　缓冲时间设置

为了确保项目有绝对的把握能如期完工，在实际应用关键路线法的过程中，工序作业时间除了正常的平均作业时间之外，还有部分缓冲时间。如果大家都能按要求在第一时间就开始作业，一般而言能如期完工，但学生综合征是一种普遍现象。同学们提交作业、准备考试，往往快到最后期限时才匆忙动笔和复习，采取临阵磨枪策略。这个问题对项目管理的缓冲时间设置的启示是："留有余地"是不是有效的安排工作的方式？为了如期完工留有多少余地最好？在什么地方留有余地最好？

项目出现延期完工问题的大部分原因在于不可控的突发事件。如何对突发事件进行有效管理，便是项目管理面临的首要难题。以色列物理学家及企业管理大师高德拉特（E. Goldratt）在项目管理中考虑到人的这种行为因素突破了关键路线法的适用范围，于 1997 年提出了关键链方法。随后，关键链方法逐渐在各国的项目管理应用，大大缩短了工程时间。例如，以色列飞机工业有限公司运用关键链方法，将飞机维修施工期由 3 个月缩减到 2 个星期。美国宾夕法尼亚州计划建一个芯片厂，开始预计需要 28～36 个月才能建成；进行项目规划后，计划 18 个月内完成；运用关键链方法改进后，实际只使用了 13 个月。以色列政府规定，接国防研发订单，必须受过关键链方法的正式训练，否则不能参与竞标。

高德拉特在《关键链》中指出，一般项目经理在考虑到工程中的突发事件时，往往留有很长的安全时间，以应对实施工程时发生不可预测的情况，如图 8-19 所示。

传统的关键路线法中，为保证能如期完工，给每项作业都留有一定的安全缓冲时间。在图 8-19 中，作业时间估计值是大部分项目经理在作计划时会选择的预估时间，中间值（作业时间期望值）与选择的预估时间之间的差距，就是在进行项目计划时加的安全缓冲

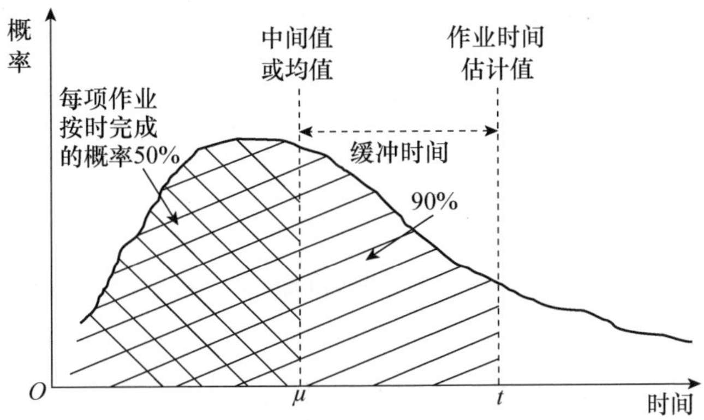

图 8-19　作业时间分布图

时间。而从图 8-19 中可以看出，项目作业时间估计值是作业时间期望值的 2 倍。也就是说，一般而言的安全缓冲时间大约是作业完工时间（理想情况下）的 1 倍。

项目的安全缓冲时间如此之长，主要是由于过去项目中突发事件使管理人员更保守，不愿承担太大的延期风险，而管理层次过多也使各层增加安全因素。但过长的安全缓冲时间在项目管理实践中并没能如愿地大大降低项目延期的风险。这是因为每项作业都留有安全缓冲时间，所以作业人员凭经验认为作业时间留有空余，时常是开始不急，而将作业的开工时间延后，导致作业经常被延迟完工；又由于前后作业之间的依存关系而导致完工延误的不断积累，前面作业完工的延误会全部转嫁给后面的系列作业。所以大部分的安全缓冲时间在项目进程的各个步骤中被人为地消耗了，根本没有起到预防突发事件的作用。

当管理者试图确保每一步都能按时、高质量完成的同时，就忽视了项目整体表现的重要性，即“单个步骤表现好，并不能保证项目整体表现好”。一个项目或工程的整体绩效的提高需要从瓶颈作业着手。而关键路线便是项目的瓶颈所在，关键路线上的任何延误都会拖累整个项目，所以管理者必须首先保证关键路线上作业的按时完成。

具体的思路是：削减每道作业的预估时间，不为单道作业设置安全缓冲时间，而将节省的时间建立一个任务缓冲（某项任务的总体安全时间）。也就是说，把安全缓冲时间设置在项目任务的末端，集中富留一定时间，来应对未来的不测。

当每项作业的预估时间减少，一般是由 90%的按时完成概率减少到 50%时，各项作业时间将会减半，再将减半的时间加总，将总减少时间的一半作为项目安全缓冲时间，这样使得项目管理可以更集中、更高效（如图 8-20 所示）。

图 8-20 表示将每项任务的预估时间减去一半，然后将减去时间之和的一半作为项目缓冲时间，这就是项目的共用缓冲时间，所需时间为原来的 3/4。

我们还需要进一步考虑资源冲突，使制约因素（瓶颈资源）不受非制约因素的影响，在每条衔接路径与关键路线汇合的地方插入衔接时间缓冲，例如零件的供货缓冲时间，如图 8-21 所示。

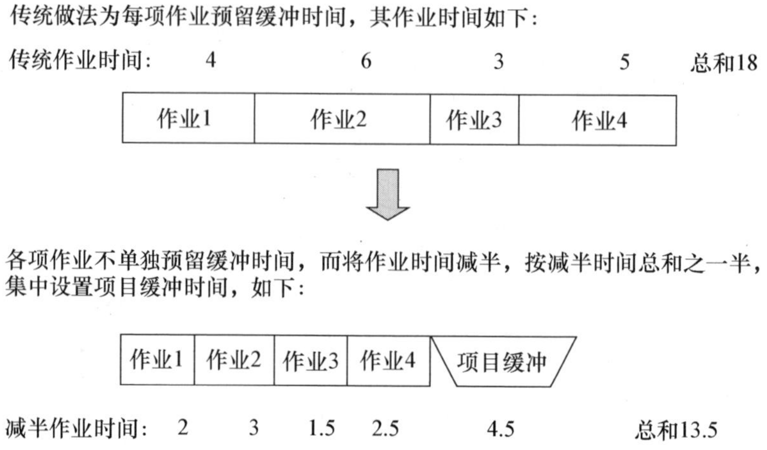

图 8-20 设置项目缓冲示意图

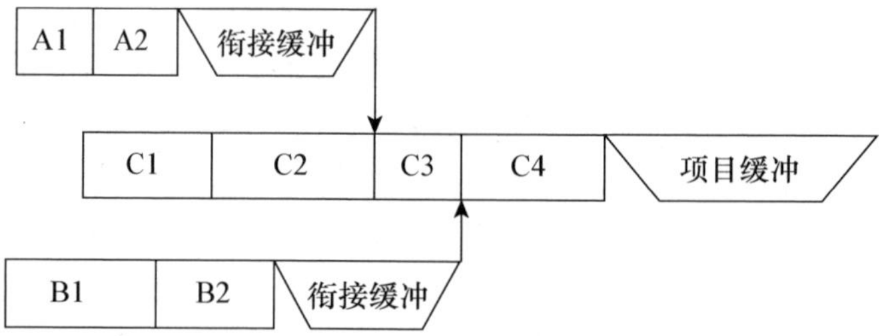

图 8-21 设置衔接缓冲时间示意图

在项目运行的过程中，管理者在关注关键路线的项目缓冲的同时，也要注意衔接路线中的缓冲时间，确保关键路线不被非关键路线的延误所阻碍。

案例分析

根据本章开篇提供的引入案例，首先绘制新建餐厅的项目施工网络图。此处我们绘制单代号网络图（见图 8-22）。

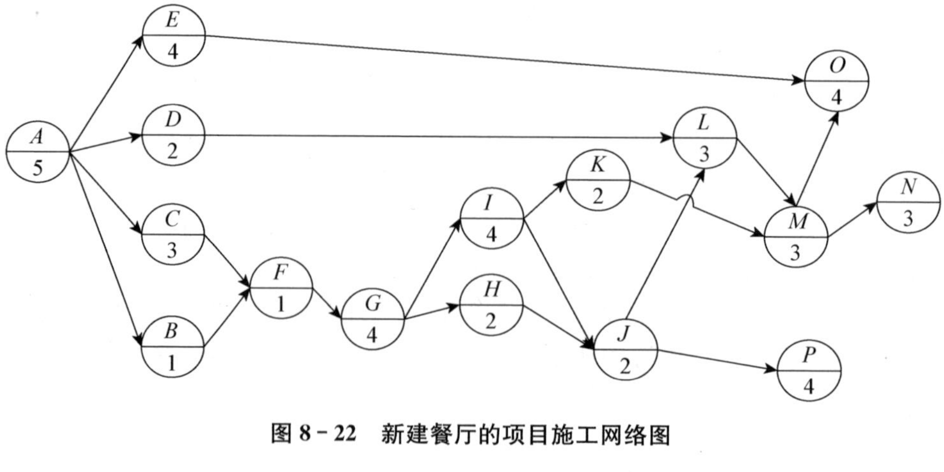

图 8-22 新建餐厅的项目施工网络图

通过网络图能够得到正常施工情况下的关键路线为 $A \to C \to F \to G \to I \to J \to L \to M \to O$，需要 29 周才能建设完成。因此，如果想要在 19 周内完成新餐厅的建设，需要调整作业时间，加快作业进度的最大减少时间及增加成本如表 8-10 所示。

表 8-10　新建餐厅加快作业进度的最大减少时间及增加成本

作业	最大减少时间（周）	增加成本（万美元）	费率（万美元/周）
A	2	11	5.5
B	0.5	5	10
C	1.5	4	2.67
D	1	4	4
E	2.5	7	2.8
F	0.5	3	6
G	1.5	10	6.67
H	0.5	5	10
I	1.5	8	5.33
J	0.5	6	12
K	1	4	4
L	1.5	8	5.33
M	1.5	8	5.33
N	2	3	1.5
O	1.5	6	4
P	1.5	8	5.33

如果想要缩短项目的工期，通常需要考虑几个因素：第一，只有当关键路径上的活动减少时，项目的完工时间才会提前；第二，每项作业能够减少的时间有限；第三，在非关键路径变为关键路径前，可以减少关键路径上的某项作业时间。通过本章介绍的计算方法可得新建餐厅最短可以 17 周完工，需要花费 300 万美元；如果在第 19 周完工，需要花费 248.75 万美元。

复习思考题

1. 指出图 8-23 中所示网络图的错误，并予以改正。

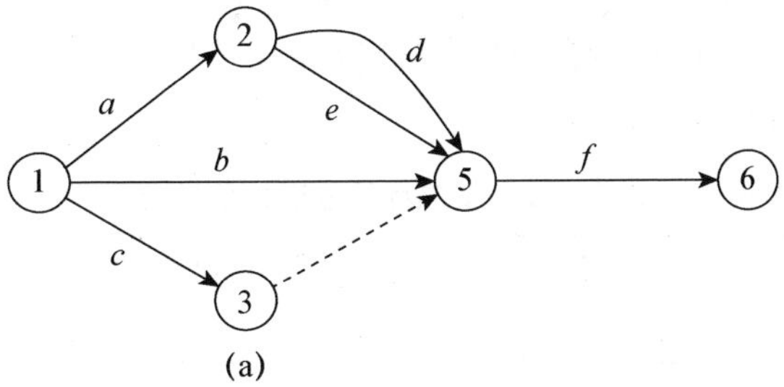

(a)

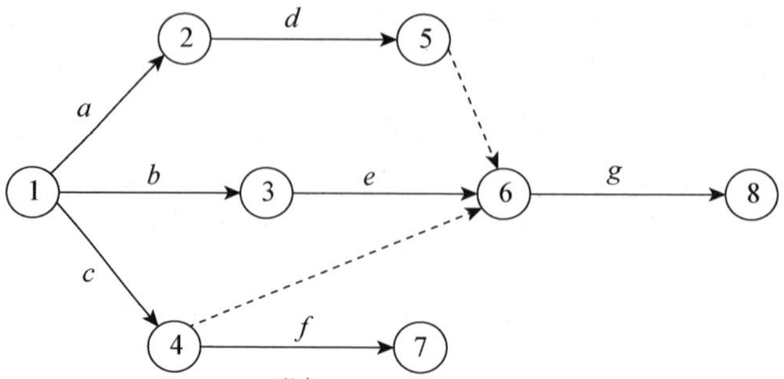

(b)

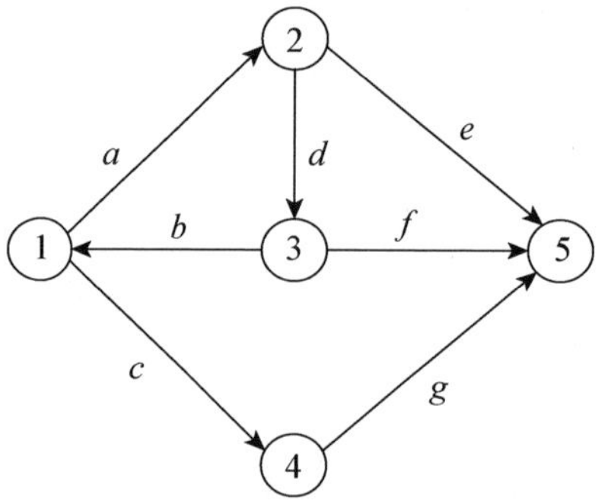

(c)

图 8-23　网络图

2. 已知表 8-11 所列资料：

表 8-11　作业资料表

作业	紧前作业	作业时间（周）	作业	紧前作业	作业时间（周）	作业	紧前作业	作业时间（周）
A	—	3	*E*	*B*	4	*I*	*H*，*L*	2
B	—	4	*F*	*H*	5	*K*	*F*，*I*，*E*	6
C	*A*	4	*G*	*C*，*B*	2	*L*	*B*，*C*	7
D	*L*	3	*H*	*G*，*M*	2	*M*	*B*	6

（1）绘制网络图。

（2）计算各作业的最早开工时间、最早完工时间、最迟开工时间、最迟完工时间及总时差，并指出关键作业。

（3）若要求工程工期缩短 2 天，缩短哪些作业时间为宜？

3. 某工程各项作业的作业时间及所需人数如表 8-12 所示，现有人数为 10 人，试确定工程工期最短的各项作业的进度计划。

表 8-12　某工程的各项作业情况

作业代号	紧前作业	作业时间（天）	需要人数
A	—	4	9
B	—	2	3

续表

作业代号	紧前作业	作业时间（天）	需要人数
C	—	2	6
D	—	2	4
E	*B*	3	8
F	*C*	2	7
G	*F*，*D*	3	2
H	*E*，*G*	4	1

4. 已知网络图有关数据如表 8－13 所示，设间接费用为 15 元/天，求最低成本日程。

表 8－13　某网络图有关数据

作业代号	正常时间		特急时间	
	工时（天）	费用（元）	工时（天）	费用（元）
①→②	6	100	4	120
②→③	9	200	5	280
②→④	3	80	2	110
③→④	0	0	0	0
③→⑤	7	150	5	180
④→⑥	8	250	3	375
④→⑦	2	120	1	170
⑤→⑧	1	100	1	100
⑥→⑧	4	180	3	200
⑦→⑧	5	130	2	220

5. 有一工程项目，作业关系如表 8－14 所示。

表 8－14　某工程项目作业关系

作业	紧前作业	需要天数		
		最乐观的（a）	最可能的（m）	最悲观的（b）
a	—	7	7	7
b	—	6	7	9
c	—	8	10	15
d	*b*，*c*	9	10	12
e	*a*	6	7	8
f	*d*，*e*	15	20	27
g	*d*，*e*	18	20	24
h	*c*	4	5	7
i	*g*，*f*	4	5	7
j	*i*，*h*	7	10	30

（1）绘制网络图并按平均作业时间计算有关时间。

（2）计算结点时间参数，标出关键路线。

（3）该计划项目在 60 天内完成的概率是多少？

09
Chapter

第9章
库存控制

学习要点

- 理解库存系统的构成、库存策略以及库存费用
- 掌握经济订货批量模型及经济生产批量模型
- 了解允许缺货或价格折扣的经济订货批量模型
- 理解单周期模型与多周期库存模型的应用前提
- 了解需求不确定下设置安全库存的目的和方法

引入案例

由于市场需求是有波动的，企业运营中的仓储便成为常见的现象。为保证生产加工过程的连续正常进行，企业的库存有产成品库存、零部件库存、原材料库存等。是什么原因引起了仓储现象呢？若供应与需求是协调的，则没有产成品库存的必要。由于供应与需求发生矛盾，所以产生了仓储这一环节。引发供求矛盾的原因在于：一是供求时间的不平衡，需求时没有供应，对于供需的季节性，存在季节性库存；二是供求空间的不平衡，供应者与需求者有一定的空间距离，需要渠道库存加以协调；三是供求数量的不平衡，为了实现规模效应需要周转库存，供需不确定需要安全库存。面对供求不匹配问题，必然需要设置库存来进行缓冲与协调。库存的主要作用在于平衡供求、防止中断、防止缺货，以及实现订货批量的规模效应。虽然库存是不可避免的，但库存占用大量的资金，仓储也需运营费用，库存成为成本之源，掩盖了潜在的管理问题。那么库存水平如何设置才是最经济的？相信通过本章的学习，一定会给你带来启发。

第 1 节　库存的相关概念

库存是一个企业所储备的物品和资源。如果仓储量过小，可能导致供需脱节，造成停工待料损失；但仓储量过大，又会延缓流动资金周转，还要支付大量的仓储运营费用。商业企业库存不足，则发生缺货，失去销售机会，造成机会损失；库存过多，又造成商品积压，导致滞销损失。库存控制就是依据储存物的动态供求过程，定量描述库存状态与费用之间的关系，建立库存优化模型，确定应维持的库存水平，决定补货时间和补货数量。

一、库存系统

库存是供应和需求的中间环节，是以供应为输入、以需求为输出的动态系统。

（一）库存状态

库存状态即储存物的库存数量水平，反映储存物随时间推移而发生的数量变化，库存量随需求过程而减少，又随供应过程而增加，如图 9－1 中的曲线所示。

（二）需求过程

需求是不可控制的外生变量，有几种表现形式：有的需求是连续的，有的则是间断的；有的需求是确定的，有的则是随机的，如生产活动中对原材料的需求一般是确定的，而营销活动中顾客对商品的需求则往往是随机的；有的是线性均匀的，有的是非线性不均匀的，如生产流水线对原料的需求是均匀的，而顾客对超市商品的需求则是不均匀的。需求过程的特征决定了库存控制模型的性质。

（三）供应过程

供应是库存的输入，供应的形式可以是对外订货，也可以是自行生产。从提出补货到货物进入库存状态所需的时间称为补货延迟。从另一角度看，为了在某一时刻补充库存，必须提前订货。从发出确认补货的订单至实际到货这段时间也可称为补货提前期（lead time）。补货延迟可能很长，也可能很短；可能是确定的，也可能是随机的。

二、库存类型

库存系统存在不同类型，根据物品之间的需求关系是否相关联，分为独立需求库存和相关需求库存；根据供需是确定的还是随机的，将库存系统分为确定性库存和随机性库存；根据对库存补充的订货是否重复，可以分为单周期需求库存和多周期需求库存。

（一）独立需求与相关需求库存

独立需求库存是指物品的需求不依赖于其他物品，直接来源于企业外部的需求。如企业的产成品或用于产品维护的备件，这类物品的需求相互独立，需求量取决于市场，具有不确定性，这是库存控制关注的重点。

相关需求库存是指不同物品的需求之间具有内在的相关性。如生产过程所用的物料，根据其相关性，可以精确计算其需求量和需求时间。

（二）确定性库存与随机性库存

确定性库存是指供应过程和需求过程都是确定性的，单位时间的需求量是固定不变的常数。

随机性库存是指供应过程的交货提前期或者需求过程的需求数量是不确定的，服从一定的概率分布。

（三）单周期与多周期需求库存

单周期库存是指易腐品（水果、蔬菜、海鲜等）以及短寿命产品（报纸、杂志、时装等）的有效期储存，未出售或未使用品不能不受损害地跨期持有。例如，当天没有卖掉的烤面包往往会降价出售，剩余的海鲜可能会被丢弃，过期的杂志则会廉价回收。

多周期需求库存则指在足够长的时间里对某种物品重复而连续的需求，其库存需要不断地补充。

三、库存策略

在库存系统中，独立需求取决于市场需求，是仓储服务的对象，企业本身不能施加控制，可以控制的只是入库补货的过程。企业控制补充库存的间隔时间（补货间隔期）和每次补充的数量（补货批量），正是库存控制要解决的主要问题，即间隔多长时间检查一次库存，何时提出补货，每次补货的数量，如图 9－1 所示。

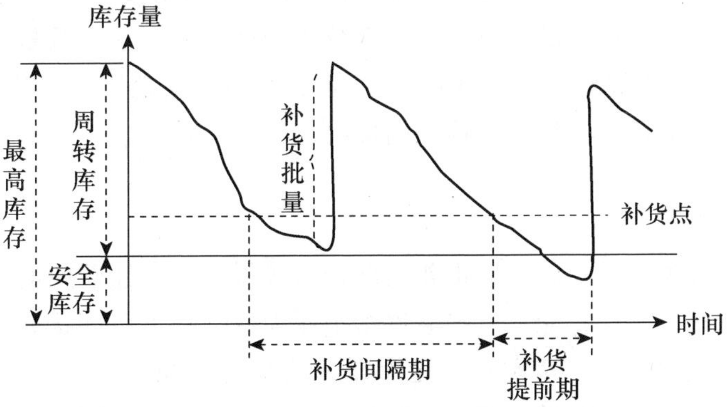

图 9－1　库存控制参数

补货间隔期 t、目标库存水平 S、补货点 s 和补货批量 Q 等库存参数的不同组合称为库存策略。常见的库存策略有四类。

（一）（s，Q）策略

（s，Q）策略是指事先设定补货点 s，连续检查库存量，在每次出库时，均盘点剩余量，检查库存量是否低于预先设定的补货点。当实际库存量 I 低于补货点 s 时，则考虑补货，且补货批量固定为 Q。这是定量库存控制策略（perpetual inventory control）。其优点在于仅设置补货提前期内所需的安全库存，而使保险储备定额较低，缺点在于连续地记录库存会产生巨大的工作量。

（二）（t，S）策略

（t，S）策略是指补充过程是每隔时间 t 补充一次，每次补充到目标库存水平 S。这是定期库存控制策略（periodic inventory control）。采用定期盘点库存的方法，每经过一个相同时间间隔 t 进行一次补货，补货批量通常是变化的。企业可以制订统一的采购计划，一次处理多种物品的补货，从而降低补货费用或获取价格折扣。

（三）（s，S）策略

事先设定最低（补货点 s）和最高（目标库存水平 S）库存标准，随时检查库存量。这是最大最小库存系统。当实际库存量 $I>s$ 时，则不补货；当 $I\leqslant s$ 时，则考虑补货，将库存量补充到最高库存量 S，补货量等于目标库存水平和当前库存量的差额，即 $S-I$。

（四）（t，s，S）策略

此策略是（t，S）策略和（s，S）策略的结合，即每隔时间 t 检查库存量一次，当库存量小于等于补货点时就提示补货，即当 $I>s$ 时，不补充库存；当 $I\leqslant s$ 时，补充库存使之达到 S。由于不一定在每次检查库存时都补货，因而补货次数减少。

对于盘点有难度的储存商品，一般把库存分为两堆存放。一堆数量小，存放量为补货点 s；另一堆数量大，为周转库存。平时从大堆中取用，当动用了 s 堆时，期末则补货；如果未动用 s 堆，期末就不补货，这称为两堆法。

四、库存费用

库存虽然可以解决供需矛盾，但也要为此付出代价。生产经营中的库存费用不可等闲视之，动辄几十万元、上百万元。近年来许多企业为资金匮乏所困扰，库存控制不当是重要原因之一。现在一些跨国公司实施“无库存运动”，它们依靠先进的通信、交通工具以及高度严密的计划和组织，把供应和需求有效地协调起来，尽可能减少仓储设施和库存货物的数量，从而加速资金的周转，取得了一定成效。

与库存有关的费用高低是衡量库存策略优劣的标准。这类费用包括货物价格、订购费、运输费、保管费、资金占用费等项目。为了便于分析问题，下面按性质将其分为三类：

（一）储存费

储存费是指货物在库存期间因储存和保管而发生的有关费用。具体包括仓库管理费、保险费、存货占用资金的利息，以及储存物的损坏、变质、报废等库存风险费用。储存费与库存量的大小和储存时间的长短直接相关，属于变动费用。企业要降低存货的储存费，则需要小批量采购，减少储存数量。

（二）订购费

订购费是指为订购货物所付出的手续费、差旅费、电信费等商务交易业务的费用支出。这项费用不随订购批量的大小变化，而与订购次数有关，属于固定费用。企业要降低订货成本，需要大批量采购，以减少订货次数。

订购费与进货费不能混淆，进货费除包含订购费之外，还包括所购货物本身的价值、价格折扣及其运费。

有的企业库存的补充不是外购，而是自行生产。这时订购费便以装配费的形式出现。自行生产就要对机器进行安装调试，生产完毕还要进行拆装等各项善后工作。这项费用只与生产的次数相关而与批量无关，它与订购费的性质类似。

（三）缺货费

缺货费是指库存未能完全满足需求，出现供不应求时所引起的损失。例如，失去销售机会的损失、停工待料的损失、不能履行合同而支付的违约金以及商誉下降所造成的无形损失等。

上述费用是评价库存策略优劣的主要因素。在制定短期库存策略时，主要考虑这几项费用就足够了，但在制定长期库存策略时，还要考虑折旧费和贴现率等因素。

第2节 确定性库存模型

对于确定性库存问题，从需求过程看，有的商品可以缺货，有的则不可以缺货；有的需求是连续的，有的是间断的。从补货过程看，当库存降为零时，有的能够实现立即完全补货，其补货时间很短，可以近似看作无补货延迟；而有的库存补货是逐渐进行的，其补货速度有限。

一、经济订货批量模型

独立需求库存的经典模型是哈里斯（F. W. Harris）于1915年提出的经济订货批量（economic order quantity，EOQ），每次补货都需要进行订货，模型的假设条件是：

（1）需求全年发生且为已知，需求率 D（单位时间的需求量）连续均匀且为常数；

（2）订货提前期为固定常量；

（3）补货时间为零，即当库存降为零时，立即补充至定额水平；

（4）每次订货批量 Q 相同；

（5）每次订购费（或装配费）K 不变，与批量大小无关；

（6）储存费用与库存量成正比，单位储存费 H（库存持有成本）不变；

（7）无价格折扣，货物单价为 c 且不随批量而变化；

（8）不允许缺货，缺货费用为无穷大；

（9）只涉及一种产品。

现根据上述假设条件，分析该库存系统的运行情况。任一时刻的库存状态以需求率 D 的速度减少，直至减少到零，此时立即补充到库存定额水平 Q，其库存量随时间变化情况如图 9－2 所示。

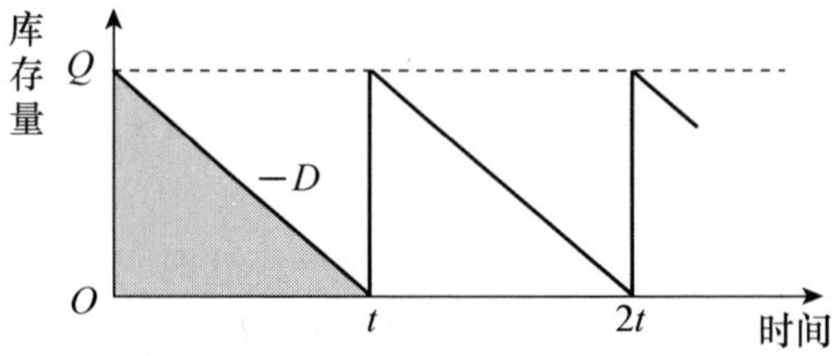

图 9－2　不允许缺货的库存量变化状态

由图 9－2 可知，当库存量降为零时，立即补充到定额水平 Q，因此不会缺货。

最优订货量反映了持有成本与订货成本之间的平衡：当订货量变化时，一种成本会上升同时另一种成本会下降。比如，假如订货量比较小，平均库存就会比较低，持有成本也相应较低。但是，小订货量必然导致经常性的订货，这又迫使年订货成本上升。相反，偶尔发生的大量订货使年订货成本缩减，但也会导致较高的平均库存水平，从而使持有成本上升。

因此，理想的解决方案是既不能订货次数太多又不能使订货次数太少，只能位于二者之间。具体订货量取决于持有成本与订货成本的大小。

在一个周期 t 内的平均库存量为阴影三角形的面积（$\frac{1}{2}Qt$），则单位时间的平均库存为$\frac{Q}{2}$，平均储存费用（年持有成本）$C_h=\frac{1}{2}QH$。

每次订货费用为 K，与订货次数有关但与批量大小无关。单位货物的售价不变为 c。

令 N 为年订货次数，D 为全年总需求量，易知 $N=\frac{D}{Q}$，H 为单位货物的年储存费，则年总费用＝储存费＋订货费＋货物成本，即

$$C(Q)=\frac{1}{2}QH+\frac{D}{Q}K+cD$$

库存费用与库存量之间的关系如图 9－3 所示。

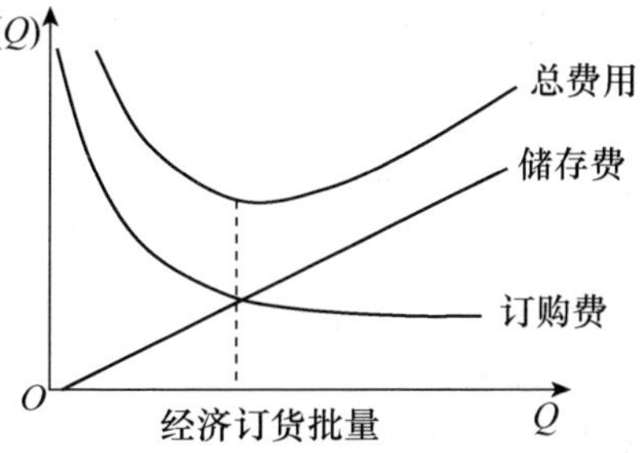

图9-3 库存费用与库存量之间的关系

为求 $C(Q)$ 的极小值，由一阶条件

$$\frac{\mathrm{d}C(Q)}{\mathrm{d}Q}=\frac{1}{2}H-\frac{DK}{Q^2}=0$$

解得经济订货批量 $Q^*=\sqrt{\frac{2DK}{H}}$。

据此，还可以求出最优订货次数。

［**例9-1**］ 某工厂全年需要某种元件2 000件，不允许缺货，每次采购均按经济批量订货。现知每次的订货费用为60元，每件年储存费用是6元，试计算其经济订货批量和最优订货次数。

解 根据经济订货批量公式和已知条件，经济订货批量 Q^* 为：

$$Q^*=\sqrt{\frac{2DK}{H}}=\sqrt{\frac{2\times 2\,000\times 60}{6}}=200(\text{件})$$

最优订货次数为：

$$N^*=\frac{D}{Q^*}=\frac{2\,000}{200}=10(\text{次})$$

请读者思考：如何更有效地降低库存总费用？每次补货量是否一定要等于订货量？在合作供货库存模式下，很多企业采取"一次订货，分次到货"模式，实现小批量多频次补货，把一个订单（价格-数量合同）分解成多个订单（批量-交期合同），每次的补货量（订货量）决定储存费的高低。这样既减少订货次数，又降低库存数量，从而既减少订购费又降低储存费。

二、经济生产批量模型

经济订货批量假设订货批量一次性达到，而在实际生产过程中，相邻环节的供需关系不满足这样的条件。在企业的生产过程中，相邻的环节或工序可以理解为供方和需方的关系，供方的生产率通常大于需方的需求率，二者之间的库存量是逐步增加的。经济生产批量（economic production quantity，EPQ）模型的假设条件是：

（1）需求是已知且连续均匀的，需求率 d（单位时间的需求量）均匀且为常数；

（2）供给是已知且连续均匀的，供给率 p（单位时间的供给量）均匀且为常数；

（3）每次生产批量 Q 相同；

（4）每次生产准备费用 K 不变，与批量大小无关；

（5）储存费用与库存量成正比，单位储存费 H（库存持有成本）不变；

（6）无价格折扣，单位产品生产变动成本为 c；

（7）不允许缺货，缺货费用为无穷大。

现根据上述假设条件，分析该仓储系统的运行情况，如图 9－4 所示。

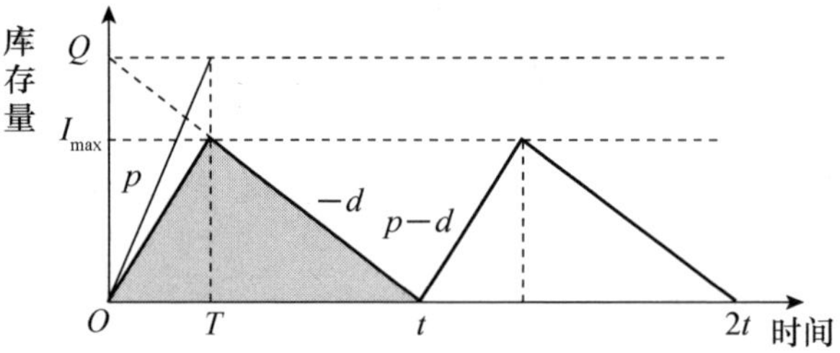

图 9－4　非即时补货的库存量变化状态

当库存水平为订货点时发出订货请求，经过一个提前期，当库存水平降为零时以补货率 p 开始生产补货。在生产周期中，库存的形成速度等于生产率和使用率之差。由图 9－4 可知，补货经过生产时间 T 结束，由于需求同时也在消耗，因补货率 p 大于需求率d，库存量以 $p-d$ 的速度上升。一次的生产量为 Q，然而库存水平却永远不能达到 Q。这是因为系统以 p 的均匀速率进行补货时，仍有速率恒为 d 的需求持续消耗。补货停止后，库存按需求率 d 下降。当库存减少到零时，开始新一轮的生产。

因为公司自行生产，所以不会发生订货成本。

由图 9－4 易知 $Q=pT$，因此库存水平的最大值为：

$I_{max}=\frac{Q}{p}(p-d)$ 在非即时补货下，平均库存量不是$\frac{Q}{2}$，而是$\frac{I_{max}}{2}$。

令 N 为年生产次数，H 为单位物料的年仓储费用，D 为全年总需求量，易知 $N=\frac{D}{Q}$。则年总费用为：

$$C(Q)=\frac{1}{2}\frac{Q}{p}(p-d)H+\frac{D}{Q}K+cD$$

为求 $C(Q)$ 的极小值，由一阶条件

$$\frac{dC(Q)}{dQ}=\frac{1}{2}\left(\frac{p-d}{p}\right)H-\frac{DK}{Q^2}=0$$

解得经济生产批量 $Q^*=\sqrt{\frac{2DK}{H}}\cdot\sqrt{\frac{p}{p-d}}$。

（1）当 $p\to\infty$时，$Q^*=\sqrt{\frac{2DK}{H}}$。经济订货批量是非即时补货的经济生产批量模型的

一个特例。

(2) 当 $p=d$ 时，$Q^* \to \infty$，对于规模化市场，Q^* 越大越好，对应的是大量生产方式。

[例9-2] 如果例9-1中所需元件是由工厂自己组织生产的，按每年250个工作日计算，平均日需求量为80件。若该厂的日生产量为90件，现知每次生产的准备费用为60元，每年每件的储存费用是6元，试计算其经济生产批量和最优生产次数。

解 根据经济生产批量公式和已知条件，经济生产批量 Q^* 为：

$$Q^*=\sqrt{\frac{2DK}{H}}\cdot\sqrt{\frac{p}{p-d}}=\sqrt{\frac{2\times2\,000\times60}{6}}\times\sqrt{\frac{90}{90-80}}$$
$$=600(件)$$

最优生产次数为：

$$N^*=\frac{D}{Q^*}=\frac{2\,000}{600}\approx4(次)$$

三、允许缺货批量模型

允许缺货的订货批量模型与EOQ模型相比，其差别在于是否分析可以出现缺货的情况。至于是否一定要出现缺货以及缺货多少，这正是需要决策的。如果某种物品的订购费或储存费很高，但缺货费较低时，企业就希望在一段时间内减少进货次数，或减少库存量来降低总费用。

如果企业在库存量降为零后不立即进货，而是再等一段时间进货，并在下次进货时满足前一周期缺货未能满足的那部分需求，这部分货物不需入库，这样就可以减少订购次数以及储存费用。允许缺货的库存量随时间变化情况如图9-5所示。

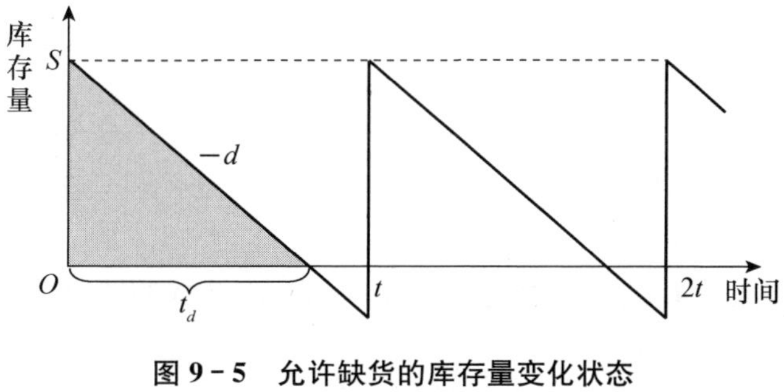

图9-5 允许缺货的库存量变化状态

假设条件：

(1) 顾客遇到缺货时会容忍等待补货，即缺货不会造成机会损失。

(2) 需求是连续均匀的，且设需求速率为常数 d。

(3) 每次订货费用为 K，单位储存成本为 H，单位缺货费用为 L。

(4) 每次订货量相同，均为 Q。

费用函数：

（1）库存。假设初始库存量为 S，满足 t_d 时间内的需求，即 $S=dt_d$，在一个周期 t 内的平均库存量为阴影三角形的面积，即$\frac{1}{2}St_d=\frac{1}{2}\frac{S^2}{d}$。

（2）缺货。在 $t-t_d$ 时间内，库存量为零，发生缺货，最大缺货量等于 $t-t_d$ 时间内的需求量，即 $d(t-t_d)$。则一个周期内的总缺货量为水平坐标轴下三角形的面积，即

$$\frac{1}{2}d(t-t_d)^2=\frac{1}{2d}(dt-S)^2=\frac{1}{2}\frac{(Q-S)^2}{d}$$

（3）订货。每次订货费用为 K，与订货次数有关但与批量大小无关。

单位时间平均库存费用（储存费＋缺货费＋订货费）为 t 和 S 的函数，即

$$C(t,S)=\frac{1}{t}\left[\frac{1}{2}\frac{S^2}{d}H+\frac{1}{2}\frac{(Q-S)^2}{d}L+\frac{KD}{Q}\right]$$

由于 $Q=dt$，则上式总库存费用为 Q 和 S 函数，即变为：

$$C(Q,S)=\frac{1}{2Q}[S^2H+(Q-S)^2L+2KD]$$

求 $C(Q，S)$ 的极小值，由一阶偏导数

$$\frac{\partial C}{\partial S}=\frac{S}{Q}H-\frac{(Q-S)}{Q}L=0$$

$$\frac{\partial C}{\partial Q}=-\frac{1}{2Q^2}[S^2H+(Q-S)^2L+2KD]+\frac{Q-S}{Q}L=0$$

解得最大库存量为：

$$S^*=\sqrt{\frac{2DK}{H}}\cdot\sqrt{\frac{L}{H+L}}$$

经济订货批量为：

$$Q^*=\sqrt{\frac{2DK}{H}}\cdot\sqrt{\frac{H+L}{L}}$$

可知，当缺货损失费 L 趋于无穷时，就变为不允许缺货的情况，得出与经济订货批量模型完全相同的结果。

［例 9－3］ 在例 9－1 中，如果允许缺货，每件的年缺货损失费为 2 元，试求最大库存量和最大缺货量。

解 最大库存量为：

$$S^*=\sqrt{\frac{2DK}{H}}\cdot\sqrt{\frac{L}{H+L}}=\sqrt{\frac{2\times2\,000\times60}{6}}\times\sqrt{\frac{2}{6+2}}=100(\text{件})$$

经济订货批量为：

$$Q^*=\sqrt{\frac{2DK}{H}}\cdot\sqrt{\frac{H+L}{L}}=\sqrt{\frac{2\times 2\,000\times 60}{6}}\times\sqrt{\frac{6+2}{2}}=400(\text{件})$$

最大缺货量为：

$$Q^*-S^*=400-100=300(\text{件})$$

同理，可以在经济生产批量模型的基础上，分析允许缺货的经济生产批量问题。如果企业在库存量降为零后允许缺货一段时间，并在下次生产补货时满足前一期缺货未能满足的那部分需求，读者可以自己进行库存状态分析，推导出其经济生产批量和最大库存量的表达式，经济生产批量 $Q^*=\sqrt{\frac{2DK}{H}}\sqrt{\frac{H+L}{L}}\sqrt{\frac{p}{p-d}}$，最大库存量 $S^*=\sqrt{\frac{2DK}{H}}\sqrt{\frac{L}{H+L}}\sqrt{\frac{p-d}{p}}$。

四、价格折扣的订货量

前述各库存模型的前提条件之一是货物单价不变，得到的库存策略与货物单价无关。事实上，商品有零售价、批发价和出厂价之分，即商品单价与订货量有关。现实中，厂家往往采取鼓励商家多订货的优惠政策，即订货越多折扣越多。也就是说，订购价是关于订货量 Q 的分段函数：

$$c(x)=\begin{cases}c_1, & Q\in[0,Q_1)\\ c_2, & Q\in[Q_1,Q_2)\\ \cdots & \\ c_n, & Q\in[Q_{n-1},\infty)\end{cases}$$

式中，$c_1>c_2>\cdots>c_n$，$Q_1<Q_2<\cdots<Q_n$。

由于不同的采购单价直接影响采购费用，而且单位产品的储存费用与采购单价也有关系，不再是常数，因此，不能简单地套用传统的经济订货批量模型。

针对不同的订货量有不同的价格，从而导致总库存费用的表达式不同，经济订货批量模型的总费用可以表示为：

$$C(Q_i)=\frac{1}{2}Q_iH+\frac{D}{Q_i}K+c_iD$$

如图 9-6 所示，总费用曲线是订货费用、商品本身的价值和储存费用三者之和，其中订货费用与批量的关系是非线性反比的关系。批量越小，订货次数越多，订货总费用越高；批量越大，订货次数越少，订货总费用越低。

虽然库存总费用是一条不连续的曲线，但经济订货批量仍然是总费用最低点的数量。由于总费用曲线不连续，总费用的最低点要么位于一阶导数为零的点，要么位于曲线的中断点。因此，计算有价格折扣的经济订货批量可按下面的步骤进行：

（1）取最低点价格代入基本经济订货批量模型，求出 Q^*。如果 Q^* 位于其最低价格

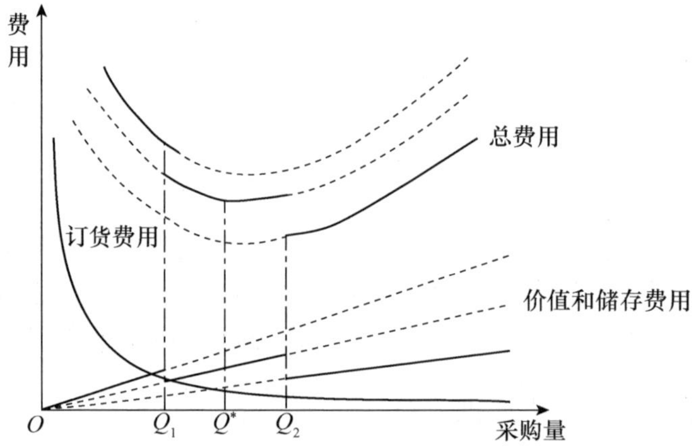

图 9-6　两个折扣点的价格与费用变化关系

区间，则 Q^* 即为最优订货批量。否则转步骤（2）。

（2）取次低价格代入基本经济订货批量模型并求出相应的 Q^*。如果 Q^* 可行，计算订货量为 Q^* 时的总费用和所有大于 Q^* 的数量折扣点所对应的总费用，取其中最小费用对应的数量，该数量即为最优订货批量，停止步骤。

（3）若 Q^* 不可行，则重复步骤（2），直至找到一个可行的最优订货批量为止。

［例 9-4］　某冰箱厂每年需要某种配件 2 000 个。该配件的售价为：1～499 个为 10 元，500～999 个为 9 元，1 000 个以上为 8 元。现知每次订货费用为 320 元，每个配件每年的储存费用为售价的 20%，试计算其最优订货批量以及总费用。

解　根据经济订货批量公式和已知条件：

第一步，取最低价格 8 元，有 $H=8\times0.2=1.6$ 元。

$$Q_8^*=\sqrt{\frac{2DK}{H}}=\sqrt{\frac{2\times2\,000\times320}{1.6}}\approx894(\text{件})$$

由于 894 位于 500～999 的区间，此时的售价是 9 元而不是 8 元。$Q_8^*\approx894$ 不是可行解。

第二步，取次低价格 9 元，有 $H=9\times0.2=1.8$ 元。

$$Q_9^*=\sqrt{\frac{2DK}{H}}=\sqrt{\frac{2\times2\,000\times320}{1.8}}\approx843(\text{件})$$

由于 843 位于 500～999 的区间，售价为 9 元，因此 $Q_9^*\approx843$ 是可行解。

由库存费用计算式可知：

$$C(843)=\frac{1}{2}\times843\times1.8+\frac{2\,000}{843}\times320+2\,000\times9=19\,517.89(\text{元})$$

$$C(1\,000)=\frac{1}{2}\times1\,000\times1.6+\frac{2\,000}{1\,000}\times320+2\,000\times8=17\,440(\text{元})$$

显然，总费用最低的订货批量为 1 000 件，此时的总费用为 17 440 元。

第3节 随机性库存模型

确定性库存模型中，为了简化，假设货品的需求率和补货提前期都是均匀且确定的常数，这只是一种理想假设。现实中，很多情况的需求或补货提前期是随机的，通过对历史需求数据或订单履约数据的资料统计，可以得到它们的概率分布。将需求率和补货提前期中的至少一个假设为随机变量的库存模型即为随机库存模型。本节仅讨论补货提前期是确定的，而需求是不确定的库存控制问题。对于需求为随机变量，但其概率分布已知的情形，既不想因缺货而失去市场销售机会，又不愿因滞销而过多积压资金，那么补货批量如何确定呢？这就是随机需求的库存控制策略。

一、单周期库存模型

单周期库存模型考虑这样的仓储问题：在一定时间间隔内，需求是一个随机变量，其概率分布是已知的；而且在需求全过程中，只考虑一次进货，即因需求使库存降为零时，不能补充进货，相邻两次进货之间无联系。其库存策略是定期定量订货，如报童问题、时装问题等，具有更新快、季节性强等特点，未出售或未使用商品不能跨期持有，至少不能无损失地持有。例如，一天没卖掉的烤面包往往会降价出售，剩余的海鲜可能会被丢弃，过期杂志则会廉价出售给旧书店。

（一）离散随机需求的库存模型

“报童问题”描述：报童每隔一定时间从邮局订购报纸后零售，其面临的需求是不确定的，用随机变量 r 表示需求量。每销售一份报纸盈利 v 元，如果未售出，则每件损失 u 元。基本假设如下：

（1）一个周期 T 内需求量 r 是非负随机变量，其概率 $P(r)$ 可以根据历史销售记录统计而得。

（2）每周期开始时进行一次订购决策，一次性供货，订购量为 Q。

（3）初始库存量为零。

（4）决策准则是使期望总费用达到最小或期望总收益达到最大。

解决此类问题需注意，如果期初订货过多而供过于求，因过剩致使资金积压，会造成滞销损失；如果期初订货过少而供不应求，则出现缺货而失去盈利机会，造成机会损失。那么订货量 Q 为多少时期望损失最小（期望利润值最大）？理想目标是能够实现供求平衡，这样可以使得滞销损失和机会损失之和最小。根据供求关系，存在如下两种情况：

（1）当产品供过于求时，即订货量 Q 大于需求量 r，此时因产品积压而导致滞销的数量为 $Q-r$，滞销损失期望值为：

$$C_u(Q)=\sum_{r\leqslant Q}u(Q-r)P(r)$$

（2）当产品供不应求时，即订货量 Q 小于需求量 r，此时因缺货而导致销售减少，此

时机会失去量为 $r-Q$，机会损失期望值为：

$$C_v(Q)=\sum_{r>Q}v(r-Q)P(r)$$

综合上面两种情况，当订货量为 Q 时，总损失的期望值为：

$$C(Q)=C_u(Q)+C_v(Q)=\sum_{r\leqslant Q}u(Q-r)P(r)+\sum_{r>Q}v(r-Q)P(r)$$

现在的问题就是确定 Q 的最优值，使得 $C(Q)$ 最小。由于需求量 r 是离散的，则订货量 Q 的取值是离散的，不能用导数法求解，可用差分方法解决。

若 $C(Q)$ 最小，则必有 $C(Q)\leqslant C(Q-1)$ 且 $C(Q)\leqslant C(Q+1)$ 成立。

由 $C(Q)\leqslant C(Q-1)$ 可知：

$$\sum_{r\leqslant Q}u(Q-r)P(r)+\sum_{r>Q}v(r-Q)P(r)$$
$$\leqslant\sum_{r\leqslant Q}u((Q-1)-r)P(r)+\sum_{r>Q}v[r-(Q-1)]P(r)$$

整理，有

$$\sum_{r\leqslant Q}uP(r)-\sum_{r>Q}vP(r)\geqslant 0$$

由 $\sum_{r>Q}P(r)=1-\sum_{r\leqslant Q}P(r)$，得

$$\sum_{r\leqslant Q}P(r)\leqslant\frac{v}{v+u}$$

同理，由 $C(Q)\leqslant C(Q+1)$ 可知：

$$\sum_{r\leqslant Q}P(r)\geqslant\frac{v}{v+u}$$

于是最优订货量 Q 应按下列不等式确定：

$$\sum_{r=0}^{r_{i-1}}P(r)<\frac{v}{v+u}\leqslant\sum_{r=0}^{r_i}P(r)$$

[例 9-5] 某报亭每月初购进一定数量的某种期刊出售，每本的进价为 2.20 元，售价为 2.80 元。若到月底还没有卖完，则剩余的期刊将以每本 1.00 元的价格处理掉。需求量 r 的概率分布如表 9-1 所示。问报亭从批发商那里购进多少本该期刊才能获利最大（损失最小）？

表 9-1　某期刊销售量的概率分布

需求量 r（本）	100	200	300	400	500	600	700	800
概率 $P(r)$	0.10	0.15	0.12	0.12	0.16	0.18	0.10	0.07
累积概率 $F(r)$	0.10	0.25	0.37	0.49	0.65	0.83	0.93	1.00

解　由已知条件可知 $v=2.80-2.20=0.60$，$u=2.20-1.00=1.20$，临界值为：

$$\frac{v}{v+u}=\frac{0.60}{0.60+1.20}=0.33$$

由表 9-1 中的数据可知：

$$F(200)=\sum_{r=0}^{200}P(r)=0.25,\quad F(300)=\sum_{r=0}^{300}P(r)=0.37$$

由于 $\sum_{r=0}^{200}P(r)=0.25<0.33<\sum_{r=0}^{300}P(r)=0.37$，所以，最优进货量为 300 本。

（二）连续随机需求的库存模型

离散型库存策略的分析方法同样适用于连续型随机库存模型。在模型构造上只用需求量的概率函数 $f(r)$ 替代 $p(r)$。订购量 Q 为连续值时，总的损失期望值由以下两部分构成：

（1）当订货批量 $Q\geqslant r$ 时产生库存，假设单位库存成本为 H，则持有成本期望值为：

$$\int_0^Q H(Q-r)f(r)\mathrm{d}r$$

（2）当订货批量 $Q\leqslant r$ 时发生缺货，假设单位缺货成本为 L，则缺货成本期望值为：

$$\int_Q^{\infty} L(r-Q)f(r)\mathrm{d}r$$

故总的损失费用为两者之和，即为：

$$E[F(Q)]=\int_0^Q H(Q-r)f(r)\mathrm{d}r+\int_Q^{\infty} L(r-Q)f(r)\mathrm{d}r$$

将上式对 Q 求导并令其等于零，即 $\frac{\mathrm{d}E[F(Q)]}{\mathrm{d}Q}=0$，可求出最佳订购量 Q^*。

根据莱布尼茨（Leibnitz）公式，可推导得：当 $\frac{\mathrm{d}E[F(Q)]}{\mathrm{d}Q}=0$ 时，$\int_0^Q f(r)\mathrm{d}r=\frac{L}{H+L}$。

如果 $R\sim N(u,\sigma^2)$ 符合正态分布，则可化为标准型，再根据正态分布表求得 Q^* 的值。

二、多周期库存模型

该模型的特点是订货机会周期出现，若供过于求，多余部分可以储存起来，供下阶段使用；若供不应求，发生缺货需承担缺货损失。其库存策略是定期订货但订货量不确定。

此模型的假设条件为：

（1）采用 (t,s,S) 策略，即每隔 t 时间检查库存量 I，当 $I>s$ 时，不订货；当

$I \leqslant s$ 时，则订货补充库存使之达到目标库存水平 S，补充量 $Q=S-I$。

（2）需求随机且每个固定周期 t 内的需求量的概率分布 $P(r)$ 已知。

令货物单位成本为 c，每次订购费用为 K，单位库存持有费用为 H，单位缺货费用为 L，目标库存量为 S，期初库存量为 I，订货量为 $Q=S-I$。下面建立阶段费用函数。

（一）目标库存量

1. 进货费

某阶段的进货费为订货费和货物成本，即 $K+cQ$。

2. 库存费

当需求 $r \leqslant S$ 时，未被需求部分进入仓库储存需付储存费，此时储存费的期望值函数为 $\sum\limits_{r \leqslant S} H(S-r)P(r)$。

3. 缺货费

当需求 $r>S$ 时，未被满足的需求要承担缺货损失，此时缺货费的期望值函数为 $\sum\limits_{r>S} L(r-S)P(r)$。

离散需求下本阶段总费用期望为：

$$C(S)=K+c(S-I)+\sum_{r \leqslant S} H(S-r)P(r)+\sum_{r>S} L(r-S)P(r)$$

现在的问题就是确定 S 的最优值，使得 $C(S)$ 最小，即满足 $C(S) \leqslant C(S-1)$ 且 $C(S) \leqslant C(S+1)$。利用差分法，将需求量 r 的随机值从小到大排列，同理可以推出：

$$\sum_{r \leqslant S_{i-1}} P(r)<\frac{L-c}{L+H} \leqslant \sum_{r \leqslant S_i} P(r)$$

目标库存水平 S 只从需求量 r_1，r_2，…，r_n 中取值，满足上式的 r_i 即为 S。

（二）订货点数量

下面讨论一个周期 t 后，库存数量 I 达到什么水平时，可以不需要订货。假设这一库存水平是 s，如何找到订货点 s 呢？

显然，s 点不需订货时的总费用期望值 $C(s)$ 为：

$$C(s)=cs+\sum_{r \leqslant s} H(s-r)P(r)+\sum_{r>s} L(r-s)P(r)$$

订货补充库存至 S 点时的总费用期望值 $C(S)$ 为：

$$C(S)=K+cS+\sum_{r \leqslant S} H(S-r)P(r)+\sum_{r>S} L(r-S)P(r)$$

$C(s)$ 和 $C(S)$ 的关系必为 $C(s) \leqslant C(S)$。订货点 s 也只从需求量 r_1，r_2，…，r_n 中取值，满足 $C(s) \leqslant C(S)$ 的最小 r_i 即为订货点 s。

［例 9-6］ 某机械厂生产某种产品，每月都不定量地需要螺钉，历史同期的每月需求

量及其概率如表9-2所示。

表9-2 历史同期的螺钉月需求量及其概率

需求量（筐）	30	40	50	60	70	80	90	100
概率	0.05	0.10	0.10	0.15	0.25	0.2	0.1	0.05
累积概率	0.05	0.15	0.25	0.4	0.65	0.85	0.95	1

每次订货费为5 000元；每千个螺钉一筐，每筐500元；每月每筐的保管费用为10元，缺货费用为900元。试求订货点和目标库存水平；若$I=30$筐，则月初进货多少为宜?

解 由题意和已知条件可知：$K=5\ 000$元/次，$c=500$元/筐，$H=10$元/（筐·月），$L=900$元/(筐·月)。

计算临界值$\frac{L-c}{L+H}=\frac{900-500}{900+10}=0.44$，由于累积概率$F(60)=0.40$，$F(70)=0.65$，所以目标库存水平$S=70$筐。

当$S=70$时，由$C(S)$计算得

$$
\begin{aligned}
C(70)=&5\ 000+500\times70+10\times((70-30)\times0.05+(70-40)\times0.1\\
&+(70-50)\times0.1+(70-60)\times0.15+(70-70)\times0.25)+900\\
&\times((80-70)\times0.2+(90-70)\times0.1+(100-70)\times0.05)\\
=&45\ 035
\end{aligned}
$$

故月初进货$Q=70-30=40$筐，可使期望费用达到最小。

再求s，当$s=30$时，由$C(s)$计算得

$$
\begin{aligned}
C(30)=&500\times30+10\times((30-30)\times0.05)+900\times((40-30)\times0.1\\
&+(50-30)\times0.1+(60-30)\times0.15+(70-30)\times0.25\\
&+(80-30)\times0.2+(90-30)\times0.1+(100-30)\times0.05)\\
=&48\ 300
\end{aligned}
$$

当$s=40$时，由$C(s)$计算得

$$
\begin{aligned}
C(40)=&500\times40+10\times((40-30)\times0.05+(40-40)\times0.1)\\
&+900\times((50-40)\times0.1+(60-40)\times0.15+(70-40)\times0.25\\
&+(80-40)\times0.2+(90-40)\times0.1+(100-40)\times0.05)\\
=&44\ 755
\end{aligned}
$$

因$C(s=40)<C(S=70)$，故知$s=40$。

多阶段连续需求的随机库存模型，除需求r是连续的以外，其余条件相同，只需用积分取代上述求和符号，即$P(r)$是连续性的概率分布函数，可得出类似表达式。

三、安全库存的设置

对于经典的经济订货批量模型，假设单位时间的需求量是固定的常数，寻求的订货批

量是周转库存。然而，现实中的需求不是固定不变的，我们以需求量的数学期望 $\overline{D}$ 作为单位时间的货物需求率 D，借助经济订货批量模型测算周转库存，即用经济订货批量匹配其平均需求，采用（s，Q）策略。但由于需求的不确定性，如何设置订货点 s，以保障在提前期内的库存服务水平（不缺货的概率）呢？

（一）需求变化程度的表示

首要问题是在需求不确定的情况下，需求变化程度如何表示？由概率论知识可知，随机变量的标准差可以度量其离散程度，因此需求 D 的变化可以用标准差 σ_D 来表示，而用安全库存保证库存的服务水平。这样安全库存就既与变化方差有关，又与服务水平有关。

可以用在订货提前期内满足客户需求的概率（不缺货的概率）来表示服务水平，把预期达到的服务水平记为 α，则可以计算出要达到这一服务水平所需确定的订货点，如图 9－7 所示。

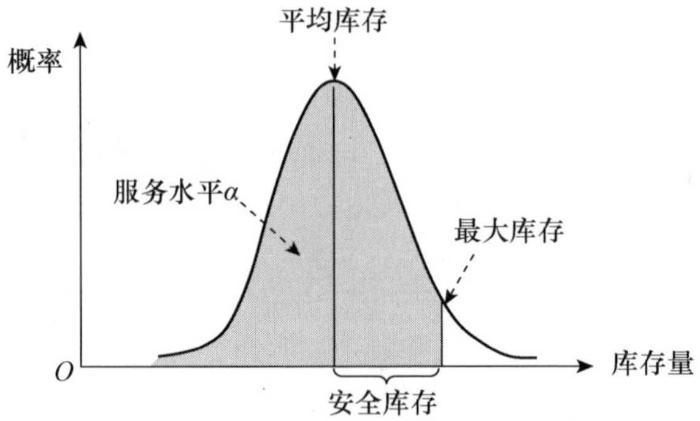

图 9－7　不确定性下的库存关系

（二）提前期的需求期望和方差

把订货提前期记为 L_T，其单位时间的需求 D（需求率）根据大数定理可知，对于足够多期的需求，需求率可以近似看作数学期望为 $\overline{D}$、方差为 σ_D^2 的正态分布，即把订货提前期划分成 L_T 个单位时间段（样本数为 L_T），每单位时间段的需求率 $D_i \in N(\overline{D}, \sigma_D^2)$。又由于各单位时间的需求之间是相互独立的，可以用单位时间段（样本）的需求期望和方差去推断订货提前期（总体）的需求期望和方差。由中心极限定理可知，总体的期望等于样本的期望之和，总体的方差等于样本的方差之和，因此提前期内的需求 s 可以看作数学期望为 $L_T\overline{D}$、方差为 $L_T\sigma_D^2$ 的正态分布，即 $s \in N(L_T\overline{D}, L_T\sigma_D^2)$。

（三）订货点与安全库存的测定

由预期的服务水平 α，可查表得标准正态分布的单侧百分位的检验值 Z_α，用 s 表示订货提前期内的需求（也就是订货点），将一般正态分布化为标准正态分布，则

$$P\left\{\frac{s-L_T\overline{D}}{\sigma_D\sqrt{L_T}} \leqslant Z_\alpha\right\}=\alpha$$

从而有订货点

$$s=L_T\overline{D}+Z_\alpha\sigma_D\sqrt{L_T}$$

式中，$L_T\overline{D}$ 为提前期内的需求期望值。则安全库存 $SS_D=Z_\alpha\sigma_D\sqrt{L_T}$。

同理，对于需求 D 是均匀而确定的但订货提前期 L_T 不确定的库存问题，订货提前期 L_T 的期望为 $\overline{L}_T$，方差为 $\sigma_{L_T}^2$。对于足够多次的订货，订货提前期可以近似看作期望为 $\overline{L}_T$ 和方差为 $\sigma_{L_T}^2$ 的正态分布。我们再次利用中心极限定理，则提前期内的需求可以看作数学期望为 $\overline{L}_TD$、方差为 $D^2\sigma_{L_T}^2$ 的正态分布。同理可得安全库存 $SS_{L_T}=Z_\alpha D\sigma_{L_T}$。

对于需求和订货提前期都不确定的安全库存 $SS=Z_\alpha\sqrt{\overline{L}_T\sigma_D^2+\overline{D}^2\sigma_{L_T}^2}$，订货点为 $s=\overline{L}_T\overline{D}+Z_\alpha\sqrt{\overline{L}_T\sigma_D^2+\overline{D}^2\sigma_{L_T}^2}$。

案例分析

一家玻璃钢产品制造企业，其原材料价格受石油和钢材市场价格的影响明显，因此原材料的安全库存管理非常重要。公司现在面临环氧树脂这一主要原材料库存积压严重的问题，导致库存积压的原因主要有两个方面：一是上游原材料供应商对订单需求响应延迟；二是与原材料管理和使用相关的部门由于管理能力的差异性，对原材料需求预测的准确度较低。而且采购部和生产部对原材料订货的需求关注点不同：生产部门的关注点是不能缺货，否则会停产，因此材料需求上报会留出余量；而采购部考虑的是订单数量和价格，导致采购部与生产部的原材料需求预测总是不一致。但由于这一原材料如果缺货会直接影响交货期，因此采购部也出于保守原则有意识地增加该原材料的订购量。这导致原材料的需求量在各个环节上报的过程中被逐级放大，长久库存积压使得该原材料的库存成本风险递增。

现在这家公司要求采购部制订一个经济订货批量计划。环氧树脂的供应商是这家公司的核心供应商，对订货批量的单次最低订货量要求是 100 千克，采购部只能根据预测决定订购时间和最优订货批次，以达到平均库存成本最小化的目的。目前已知该公司环氧树脂的年需求量为 210 吨，单次订货成本为 300 元，每吨环氧树脂价格为 18 000 元/吨，库存管理成本为总价值的 4%。

请你利用本章所学知识，求出该公司环氧树脂原材料的经济订货批量 Q、每年的最优订货次数、最优的经济订货周期以及年订货总成本。

复习思考题

1. 阳光设备厂今年需采购车床 600 台，每次采购均按经济批量订货。现知每次的订货费用为 2 000 元，每个车床的单价为 1 万元，每个车床每年的库存费用是 100 元，试计算其经济订货批量、最优订货次数和总费用。

2. 某厂为了满足生产的需要，定期外订购一种零件。这种零件平均需求量 $D=100$ 个/天，每个零件的储存费 $H=0.02$ 元/天，订购一次的费用 $K=100$ 元。假定不允许缺货，求最优订购量和单位时间总费用（假定订购后供货单位即时供货）。

3. 考虑第 2 题，假定允许缺货，每个零件缺货的损失费 L=0.08 元/天。求最优订购量、最大缺货量和单位时间总费用。

4. 考虑第 2 题，但此处假定供货单位不能即时供应，而是按一定的速度均匀供应，设供应量 P=200 个/天。求最优订购量和单位时间总费用。

5. 考虑第 2 题，已知需求的日方差 $\sigma_D^2=10$，且库存服务水平为 98%，如果供货单位要求工厂提前 12 天提交订单，才能及时一次性供货。求工厂仓库发出订单的零件储存量（求订货点 s）。

6. 某电视机厂自行生产所需的扬声器，已知生产准备费 K=12 000 元/次，储存费 H=0.3 元/(个·月)，需要量 D=8 000 个/月。生产成本随产量的多少发生变化，产量 Q 与单位成本 c_j 关系为 c_1=11 元/个，$0<Q<10\ 000$；c_2=10 元/个，$10\ 000\leqslant Q<80\ 000$；$c_3$=9.5 元/个，$Q\geqslant 80\ 000$。求最优的生产批量。

7. 某食品商店要决定每天牛奶的进货数。该店根据过去销售经验知需求量概率如下：需求量为 25，26，27，28 箱的概率分别为 0.1，0.3，0.5，0.1。若每箱进货价为 8 元，售价为 10 元，且若当天不能售出则会因牛奶变质而全部损失，试用报童模型确定最优的进货策略。

8. 某商店经销一种电子产品，为了减少与该产品储存有关的费用，商店请了一位管理科学工作者来咨询。这位工作者到商店后，收集了前几个月销量的数据，经整理分析后，他认为这种电子产品的销售量服从在区间［75，100］内的均匀分布。产品是外地生产的，通过铁路运来，每运一批的费用（运费、手续费、差旅费等）为 5 000 元，进货价格为 4 000 元。储存一台电子产品的费用，主要是因资金冻结在产品上而失去的利息，如果商店把一台电子产品的钱以 12%的年利投资出去，每年收进利息是 480 元（0.12×4 000），即每月 40 元。此外，还要支付仓库工人工资、保险费等 20 元，于是单位储存费为 60 元。如果商店无法马上将这种电子产品卖给顾客，那么商店为了信誉度就要立即以较贵的价格从本市的其他商店紧急进货，这时进货价格为 4 300 元。初始月的存货为零，这位管理科学工作者应提出怎样的建议？

进阶篇

10

Chapter

第 10 章

动态规划

学习要点

- 理解多阶段决策问题的基本特征和阶段划分
- 区分阶段变量、状态变量、决策变量等概念
- 理解过程决策、状态方程、指标函数的表述
- 理解动态规划的最优性原理和状态无后效性
- 了解动态规划逆序求解思路和递推求解方法

引入案例

在工业和交通运输企业中，经常碰到设备陈旧或部分损坏需要更新的问题：一种设备用多少年后进行更新比较恰当？例如某物流企业购进一批卡车进行运输活动，每年年初可对卡车资产更新进行决策，继续使用旧卡车，或出售部分旧卡车并购买新卡车。新卡车运输收入高，维修费用少；而旧卡车的维修费用随着时间的增长而增长。同时，卡车越旧越不值钱，变卖后所得的收入变少。如果该运输企业要制订一个 5 年的卡车更新计划，每年采取何种策略，可使得 5 年的总收益最大？

如果你是该物流企业的运输部门主管，在掌握不同车龄卡车的运营收入、维修费用、残值等详细数据的基础上，你会怎样分析这个问题？这份卡车资产报告如何写才能获得企业经理的认可和批准？

相信通过本章的学习，一定会给你带来启发。

动态规划（dynamic programming）是解决多阶段决策过程最优化问题的一种方法，

由数学家贝尔曼（Bellman）等人在 20 世纪 50 年代提出。他们针对多阶段决策问题的特点，提出了解决这类问题的最优化原理，并成功解决了生产管理、工程技术等方面的许多实际问题。可以解决管理中的最短路径、装载规划、库存管理、物流网络规划、资源分配问题，以及生产过程最优化、作业排序、设备更新、复合系统可靠性问题等等。一些用线性规划、非线性规划处理有困难的问题，往往可以用动态规划方便地求解。

本章将介绍动态规划的基本原理和建模方法，并用实例说明动态规划在管理中的应用，提供了动态规划在物流网络规划中的应用案例。

第 1 节　动态规划数学模型

在经济管理决策中，有些管理决策问题可以按时间顺序或空间演变划分成相互联系的多个阶段，在每一个阶段都需要作出决策（采取措施），从而确定一个过程的活动路线，并使整个过程达到最好的活动效果，这类决策问题称为多阶段决策问题。每个阶段决策的选取不是任意确定的，它依赖于当前的状态，又影响下一个阶段决策的状态发展，当各个阶段决策确定后，就组成一个决策序列。因此，多阶段决策问题的求解一般把原问题分解成相互联系的几个阶段，每个阶段即为一个子决策问题，这样原问题的求解就化为逐个求解几个简单的阶段子问题。当每一个阶段的决策子问题确定后，就组成了一个决策序列，每个阶段的决策一旦确定，整个决策过程也随之确定。多阶段决策问题是把一个问题看作一个前后关联具有明显阶段性的决策过程（见图 10 - 1）。

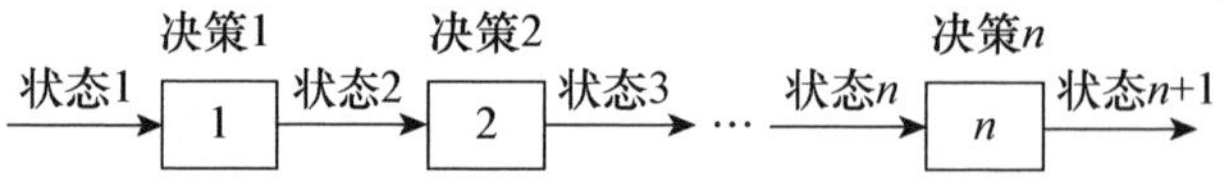

图 10 - 1　多阶段决策图

多阶段决策问题的求解一般可以按时间或者空间顺序划分为一系列单阶段问题，利用各阶段之间的关系，逐个求解。各个阶段的决策构成一个决策序列，由于每个阶段的决策依赖于当前的状态，又随即影响未来的状态转移，因此一个决策序列就是在变化的状态中形成的；同时，每一个阶段都有若干个决策可供选择，在可以选择的那些策略中选择最优或满意的方案的过程，具有一定的“动态”含义，所以这种求解方法被称为动态规划法。此外，一些原本与时间无关的静态规划（如线性规划、非线性规划等）问题，只要人为地引入“时间”因素，也可看作多阶段决策问题，可用动态规划方法解决。动态规划方法在企业管理中有许多重要的运用，例如企业生产物流可以按物流环节划分为物料供应、生产制造、分销零售等阶段，物流运输和配送中的最短路径问题则可以按空间顺序来划分阶段。

一、动态规划的基本概念

介绍动态规划的基本概念之前，让我们先看一个关于路径选择的问题，根据这个问题可以梳理动态规划的若干技术术语。

［**例 10 - 1**］　供应商 S_1 要运输一批货物到 S_T 公司，两公司中间有一个如图 10 - 2 所

示的运输网络，路线中间的结点表示要经过的港口或城市，路线上的数字表示两地间的距离，试找出一条运输路径，使所走距离最短。

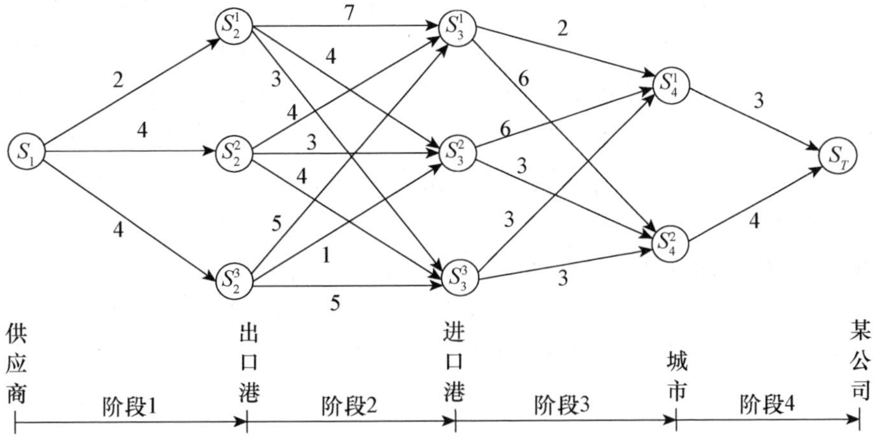

图 10-2　多阶段运输问题

解　这是一个多阶段决策问题，按照空间序列可分为 4 个阶段。阶段 1：从供应商到出口港；阶段 2：从出口港到进口港；阶段 3：从进口港到城市；阶段 4：从城市到某公司。每个阶段选取的路线不同（决策不同），相应地从 S_1 到 S_T 就有一系列不同的运输路线。从始结点 S_1 到终结点 S_T 共有 18 条（3×3×2×1）不同路线。现在的问题是如何选择一条距离最短的路线。

若是用枚举法，比较所有可能的运输路线的运输距离，可从中选出一条路程最短的路线。在计算中，每条路线分 4 段，需 3 次加法运算，18 条路线共需 54 次加法运算，最后还需要对 18 条路线进行 17 次比较，可见计算工作量不小。特别是路线复杂、阶段增多时，计算量将快速增大，难以计算，显然枚举法在求解此类问题时不可取。

但由于本题规模相对较小，经过枚举计算，可得到此问题的最短路径：$S_1 \to S_2^1 \to S_3^3 \to S_4^1 \to S_T$，该最短路径的长度为 11。按这一计划线路进行运输，就可使货物运输路径最短。

（一）阶段变量

处理多阶段决策问题时，需将问题的全过程恰当地划分为若干相互联系的阶段（stage），以便于求解。每个阶段进行一次抉择，各阶段按一定顺序连接在一起组成一个统一整体。过程不同，阶段数就可能不同。描述阶段的变量称为阶段变量，用 k 表示。

阶段编号可以是顺序编号，令初始阶段为 1，以后逐渐增大；也可以是逆序编号，令最后一个阶段为 1，由后向前逐渐增大。本书采用顺序编号。对于例 10-1，可以把其划分为 4 个阶段，每一阶段都要作一次决策，选择下一站应走的港口或者城市。

（二）状态变量

状态（state）表示每个阶段开始时面临的自然状况或客观条件，表示过程发展中每个阶段的起始状况。过程的发展可以通过各阶段状态的演变来描述。状态既反映前面各阶段决策的结果，又是本阶段决策的起点。状态可用一个或一组数来描述，称为状态变量，用 S_k 表示。S_k 表示第 k 阶段的所有状态。状态变量的选取因具体问题而异，但必须始终注意，选取的状态变量必须满足无后效性，即某阶段的状态给定后，过程未来发展不受该阶段以前各阶段状态的影响，所有各阶段都确定时，整个过程也就确定了。状态的这个性质意味着过程的历史只能通过当前的状态去影响它未来的发展。例 10－1 中由 S_1 出发应当走出口港 S_2^1，但是如果由于天气原因或不可抗力导致 S_2^1 出口港停港，而管理部门调整计划决定走出口港 S_2^2，这样我们把 S_2^2 看作状态，即 S_2^2 只对未来发展有影响，而之前已经走过的路线不影响未来的路径选择，称其为状态满足无后效性。

一个阶段可能有若干状态，用 S_k 表示在第 k 阶段的状态集合，$s_k(i)$ 表示第 k 阶段的第 i 个状态。于是第 k 个阶段的状态集合可表示为：

$$S_k=\{s_k(1),s_k(2),\cdots,s_k(i),\cdots,s_k(n)\}$$

例 10－1 中，阶段 1 只有一个状态 S_1，阶段 2 有三个状态 S_2^1，S_2^2，S_2^3，显然阶段 2 的状态集合为 $S_2=\{s_2(1),\ s_2(2),\ s_2(3)\}$。

（三）决策变量

从上一阶段某状态演变到下一阶段某状态要作一次选择（行动），称为决策（decision）。决策可用一个变量来描述，称为决策变量。决策变量的取值决定着过程在下一阶段处于哪个状态。通常决策变量的取值被限制在某一范围内，此范围称为允许决策集合。因状态满足无后效性，故在每个阶段选择决策时只需考虑当前的状态而无须考虑过程的历史。用 $x_k(S_k)$ 表示第 k 阶段状态为 S_k 时的决策变量，$D_k(S_k)$ 表示相应的允许决策集合。显然有 $x_k(S_k)\in D_k(S_k)$。

在例 10－1 中，从阶段 1 的 S_1 出发，可到阶段 2 的 S_2^1，S_2^2，S_2^3，则允许决策集合为 $D_1(S_1)=\{S_2^1,\ S_2^2,\ S_2^3\}$。从 S_1 出发，若下阶段选取的点为 S_2^1，这一决策用 $x_1(S_1)=S_2^1$ 表示。

（四）过程策略

在多阶段决策过程中，从初始状态开始到最终阶段结束，每一阶段均有一个决策。多阶段的决策所组成的一个决策序列称为一个策略（policy）。从第一阶段开始每个阶段的决策依序组合成一个全过程的决策序列，称为全过程策略。若一个全过程策略含 n 个阶段的决策过程，可写为：

$$P_{1,n}=\{x_1(S_1),x_2(S_2),\cdots,x_n(S_n)\}$$

在例 10－1 中选取一条从始点到终点的路线就是一个全过程策略，例如 $S_1\to S_2^1\to S_3^1\to S_4^1\to S_T$ 就是其中的一个全过程策略。在例 10－1 中总共有 18 个全过程策略。

从过程的某个阶段开始到最终阶段结束称为后部子过程，对应的决策序列称为后部子策略。从第 k 阶段开始的后部子策略可写为：

$$P_{k,n}(S_k)=\{x_k(S_k),x_{k+1}(S_{k+1}),\cdots,x_n(S_n)\}$$

每一个阶段有若干状态，从每一个状态出发可能有若干个不同的决策。因此在决策过程中从某个阶段出发会存在多个策略可供选择。这些可选策略全体构成允许策略集合，记为 $P_{k,n}(S_k)$。其中能使预期状态目标达到最优效果的策略称为最优策略 $P_{k,n}^*(S_k)$，简记为 $P_{k,n}^*(S_k)=\{x_k^*，x_{k+1}^*，\cdots，x_n^*\}$。构成最优策略的各阶段决策称为相应阶段的最优决策，记为 x_k^*。例 10－1 中，路线 $S_1\rightarrow S_2^1\rightarrow S_3^3\rightarrow S_4^1\rightarrow S_T$ 就是全过程最优策略。路线 $S_3^3\rightarrow S_4^1\rightarrow S_T$ 就是状态 S_3^3 的最优策略。

（五）状态转移方程

状态转移方程用来描述状态之间如何转移。下一阶段状态 S_{k+1} 是本阶段状态变量 S_k 和决策变量 $x_k(S_k)$ 的函数，即从状态 S_k 进行决策之后得到的结果为状态 S_{k+1}，状态转移方程记为：

$$S_{k+1}=T[S_k,x_k(S_k)]$$

或可写为：

$$s_{k+1}(i)=T[s_k(i),x_k(s_k(i))]$$

简写为 $S_{k+1}=T(S_k，x_k)$。这种从某状态出发到下一阶段某状态的转移规律称为状态转移方程或状态转移规律。

（六）指标函数

1. 阶段指标函数

每一阶段决策效果的优劣可以用一个数量指标来衡量，称为阶段指标，用 v_k 表示。阶段指标是对应某一阶段状态和从该状态出发的一个阶段决策的某种效益度量，因此阶段指标是特定状态和相应决策的函数，即 $v_k=v_k[s_k(i)，x_k(s_k(i))]$。由例 10－1 可知，对于阶段中的不同状态，采取不同的决策，其运输费用也不同，这里阶段指标就是指 k 阶段从状态 $s_k(i)$ 作出决策 $x_k(s_k(i))$ 的运输成本，也就是从 k 阶段的结点 i 到 $k+1$ 阶段某个结点的运输成本。

2. 过程指标函数

从第 k 阶段的状态 S_k 出发到最后阶段结束，各阶段效益综合起来反映这个后部子过程的效益，称为过程指标函数，记为 $V_{k,n}$。显然指标函数是用来衡量所实现过程优劣的一种数量指标，因此 $V_{k,n}$ 的大小取决于从第 k 阶段到最后阶段所采取的子策略，即

$$V_{k,n}=V_{k,n}(S_k,x_k,S_{k+1},x_{k+1},\cdots,S_n)$$

根据实际问题的性质，过程指标函数 $V_{k,n}$ 可以是各阶段指标的和或积，以及其他函数形式。例 10－1 中 $V_{k,n}$ 是第 k 阶段之后的各个阶段运输费用之和。实际上，多数管理决策的过程指标函数主要针对和式展开。

3. 最优指标函数

从状态 S_k 出发，选取最优策略后得到的指标函数值称为最优指标函数值。记为：

$$f_k(S_k)=\text{opt}\{V_{k,n}\}$$

式中，opt 表示最优化，根据数量指标的具体含义可以取 max 或 min。

二、动态规划的求解思路

（一）最优原理

动态规划最优原理是美国运筹学家贝尔曼提出的。最优原理的提出为多阶段决策问题的最优化奠定了基础，其主要思想为：“作为整个过程的最优策略应具有这样的性质，即无论过去的状态和决策如何，对前面的决策所形成的当前状态而言，余下的诸决策必须构成最优策略。”

例 10－1 中由 S_1 出发应当走出口港 S_2^1，但是如果由于天气原因或不可抗力导致 S_2^1 出口港停港，那管理部门就得重新选择最短路线。重新计算最短路线非常麻烦，而且计划总是跟不上变化。如果每一次变化都要重新计算，对管理的及时性是非常大的挑战。但在例 10－1 中我们发现，不管怎么走，一旦走到某一出口港或进口港或中转城市，那么由这个出发地开始，向后必须走出最佳路线。如果能得到每一结点向后的所有最佳路线，这样就能很好地应对突发的改变，很快找出改变之后的最佳路线。例如，一旦由于不可抗力走到出口港 S_2^2，那么由出口港 S_2^2 出发必须走最短路，即 $S_2^2\to S_3^1\to S_4^1\to S_T$。

（二）逆序算法

动态规划最优原理引出了它的解题思路，即将决策问题划分为若干个阶段，将全过程的优化问题分解为子过程的优化问题；逆着阶段顺序的方向，由后向前逐步倒推；各阶段求解都是在后部子过程最优策略基础上，再考虑本阶段的指标函数，求出本阶段的最优策略；由后向前推算直到第一阶段为止，最优化的子过程逐渐成为最优化的全过程。

例 10－1 中采取逆序的办法，先求出阶段 4 每一个状态的最优，再后推到阶段 3 每一个状态的最优，直到后推出阶段 1 的每一个状态的最优就可找出整条线路的最优，这就是动态规划方法的基本思路。

因此，作为全过程的最优策略 $P_{1,n}^*$ 的组成部分的任一子策略 $P_{k,n}^*(S_k)$，也一定是从状态 S_k 出发直至终点的最优策略（见图 10－3）。

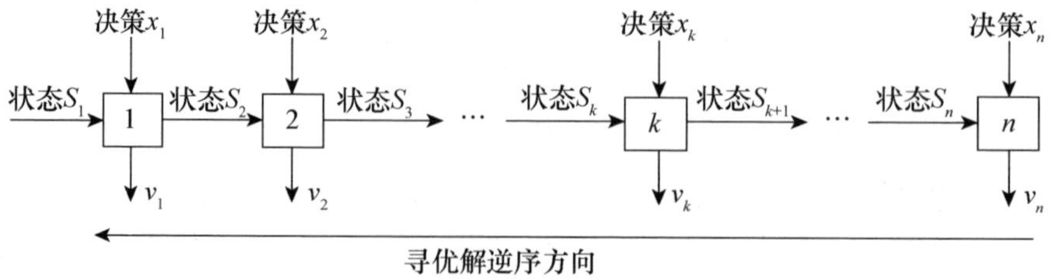

图 10－3　动态规划逆序算法示意图

（三）递推方程

依据最优原理，产生了动态规划的基本方程。

在多阶段决策过程中，本阶段状态随上阶段所采取的决策而变化。状态转移规律由状态转移方程 $S_{k+1}=T[S_k, x_k(S_k)]$ 给出。随状态转移而完成的过程（或后部子过程）的效果优劣由指标函数描述。根据最优原理，把本阶段的阶段指标值加上（或乘以）从下一阶段开始到过程结束的最优过程指标函数值，然后从所有的组合中选出最优的，便是本阶段从特定状态出发到全过程结束的最优过程指标函数值。

1. 加法合成

若 $V_{k,n}=\sum_{i=k}^{n}V_i(S_i, x_i)$，即过程指标等于各阶段指标之和时，则有

$$f_k(S_k)=\underset{x_k\in D_k(S_k)}{\text{opt}}\{v_k(S_k,x_k)+f_{k+1}(S_{k+1})\},\quad k=1,2,\cdots,n$$

边界条件 $f_{n+1}(S_{n+1})=0$。

2. 乘法合成

若 $V_{k,n}=\prod_{i=k}^{n}V_i(S_i, x_i)$，即全过程指标等于各阶段指标之积时，则有

$$f_k(S_k)=\underset{x_k\in D_k(S_k)}{\text{opt}}\{v_k(S_k,x_k)f_{k+1}(S_{k+1})\},\quad k=1,2,\cdots,n$$

边界条件 $f_{n+1}(S_{n+1})=1$。

上述两式便是动态规划的基本递推方程，简称递推方程。式中，$f_{n+1}(S_{n+1})=0$ 和 $f_{n+1}(S_{n+1})=1$ 称为边界条件，意指第 n 阶段过程结束后，第 $n+1$ 阶段不会产生任何效果。

三、动态规划的数学模型

实际上，写出了动态规划问题的基本递推方程，便基本上建立了此问题的动态规划的数学模型。

（一）动态规划建模过程

为了写出基本递推方程，首先要对问题进行阶段划分，然后确定状态变量、决策变量、允许决策集合、状态转移方程、基本递推方程及其边界条件。写出基本递推方程的过程就是建立动态规划模型的全过程步骤。建立模型过程中，应注意以下几点：

（1）所确定的状态变量除了保证具有无后效性，还应具有过程的演变特性。

（2）确定决策变量后，要能方便写出状态转移方程。

（3）确定的指标函数要有阶段递推性，即 $V_{k,n}=V_k(S_k, x_k)+V_{k+1,n}$ 或 $V_{k,n}=V_k(S_k, x_k)V_{k+1,n}$。

（4）边界条件是指过程开始或结束时指标函数值。在逆序算法中是指 $k=n$ 时，方程中 $f_{k+1}(S_{k+1})$ 这一项。一般过程的效果指标等于各阶段指标之和或积时，分别是

$f_{n+1}(S_{n+1})=0$ 或 $f_{n+1}(S_{n+1})=1$。

（二）动态规划模型分类

状态转移演进的路径过程可能是确定性的，也可能是随机性的；决策变量取值可能是离散取值，也可能是连续取值。由此，可以把动态规划模型作如表 10－1 所示的分类。

表 10－1　动态规划模型分类

决策变量	演进过程	
	确定过程	随机过程
离散取值	离散确定型	离散随机型
连续取值	连续确定型	连续随机型

状态演进过程如果是随机的，需要借助概率论中关于期望的概念和性质，即为随机动态规划。本书为了突出应用特色，结合企业案例重点讨论确定性状态演进过程。

第 2 节　逆序求解递推过程

关于例 10－1 中满足多阶段决策问题的条件，在前面叙述中我们已将其划分为四个阶段，找到满足无后效性的状态，而且很容易看出过程指标函数 $V_{k,n}$ 是加法合成关系，所以递推方程为：

$$\begin{cases} f_k(S_k)=\underset{x_k\in D_k(S_k)}{\text{opt}}\{v_k(S_k,x_k)+f_{k+1}(S_{k+1})\}, \quad k=1,2,3,4 \\ f_5(S_5)=0 \end{cases}$$

下面用动态规划的逆序法求解。

一、逆序标号

首先，从终点开始标号，给某公司 S_T 标上（S_T，0），前一个标号是路径标识，后一个标号是路长，如图 10－4 所示。

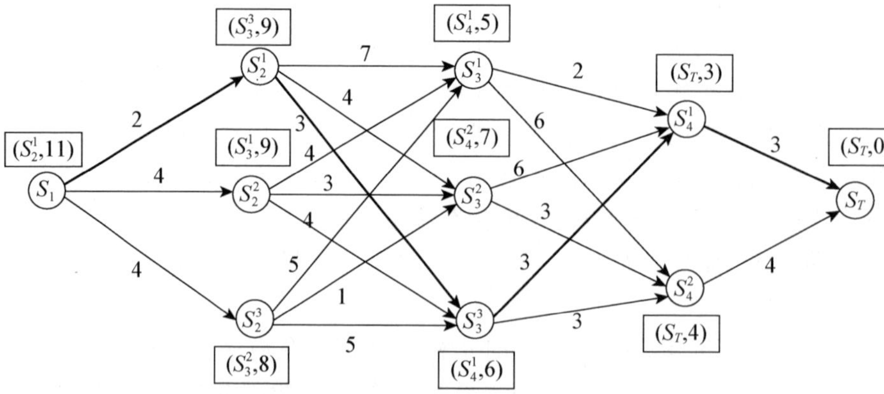

图 10－4　逆序标号寻求多阶段运输的最优路线

其次，给中转城市标号（阶段 4 的状态 S_4^1，S_4^2），分别寻求“各个中转城市→公司 S_T”的最短路径和路长。显然，如果从状态 S_4^1 出发，最短路径是从 S_4^1 直接到公司 S_T，最短路长为 3；如果从状态 S_4^2 出发，最短路径是从 S_4^2 直接到公司 S_T，最短路长为 4。因此，给中转城市 S_4^1 标上（S_T，3），给 S_4^2 标上（S_T，4）。

同理，给进口港标号（阶段 3 的状态 S_3^1，S_3^2，S_3^3），分别寻求进口港→中转城市→某公司 S_T 的最短路线和路长。如果从状态 S_3^1 出发，最短路长为 $\min\{2+3, 6+4\}=5$；如果从状态 S_3^2 出发，最短路长为 $\min\{6+3, 3+4\}=7$；如果从状态 S_3^3 出发，最短路长为 $\min\{3+3, 3+4\}=6$。因此，给进口港 S_3^1 标上（S_4^1，5），给 S_3^2 标上（S_4^2，7），给 S_3^3 标上（S_4^1，6）。

然后，再给出口港标号（阶段 2 的状态 S_2^1，S_2^2，S_2^3），分别寻求出口港→进口港→中转城市→某公司 S_T 的最短路线和路长。如果从状态 S_2^1 出发，最短路长为 $\min\{7+5, 4+7, 3+6\}=9$；如果从状态 S_2^2 出发，最短路长为 $\min\{4+5, 3+7, 4+6\}=9$；如果从状态 S_2^3 出发，最短路长为 $\min\{5+5, 1+7, 5+6\}=8$。因此，给进口港 S_2^1 标上（S_3^3，9），给 S_2^2 标上（S_3^1，9），给 S_2^3 标上（S_3^2，8）。

最后，给始点 S_1 标号（阶段 1 的状态是已知的），分别寻求供应商 S_1→出口港→进口港→中转城市→某公司 S_T 的最短路径和路长。最短路长为 $\min\{2+9, 4+9, 4+8\}=11$，则给供应商 S_1 标上（S_2^1，11）。

顺序追踪寻求从 S_1 到 S_T 最短路径为 $S_1 \to S_2^1 \to S_3^3 \to S_4^1 \to S_T$，组成最佳策略，如图 10-4 中的粗箭线所示。在图 10-4 中不仅能看到从 S_1 到 S_T 的最短路线及其路长，而且从其他任何点到 S_T 的最小费用及其路径也一目了然，这有利于我们分析问题并根据实际变化情况调整路径。

二、递推算法

当 $k=4$ 时，$f_4(S_4)=\underset{x_4 \in D_4}{\text{opt}}\{v_4[S_4, x_4(S_4)]+f_5(S_5)\}$，有

$$f_4(S_4^1)=\min_{x_4 \in D_4}\{v_4(S_4^1, S_T)+f_5(S_5)\}=\min\{3+0\}=3, \quad x_4^*(S_4^1)=S_T$$

$$f_4(S_4^2)=\min_{x_4 \in D_4}\{v_4(S_4^2, S_T)+f_5(S_5)\}=\min\{4+0\}=4, \quad x_4^*(S_4^2)=S_T$$

当 $k=3$ 时，$f_3(S_3)=\underset{x_3 \in D_3}{\text{opt}}\{v_3[S_3, x_3(S_3)]+f_4(S_4)\}$，有

$$f_3(S_3^1)=\min\begin{Bmatrix} v_3(S_3^1, S_4^1)+f_4(S_4^1) \\ v_3(S_3^1, S_4^2)+f_4(S_4^2) \end{Bmatrix}=\min\begin{Bmatrix} 2+3 \\ 6+4 \end{Bmatrix}=5, \quad x_3^*(S_3^1)=S_4^1$$

$$f_3(S_3^2)=\min\begin{Bmatrix} v_3(S_3^2, S_4^1)+f_4(S_4^1) \\ v_3(S_3^2, S_4^2)+f_4(S_4^2) \end{Bmatrix}=\min\begin{Bmatrix} 6+3 \\ 3+4 \end{Bmatrix}=7, \quad x_3^*(S_3^2)=S_4^2$$

$$f_3(S_3^3)=\min\begin{Bmatrix} v_3(S_3^3, S_4^1)+f_4(S_4^1) \\ v_3(S_3^3, S_4^2)+f_4(S_4^2) \end{Bmatrix}=\min\begin{Bmatrix} 3+3 \\ 3+4 \end{Bmatrix}=6, \quad x_3^*(S_3^3)=S_4^1$$

说明一旦走到 S_3^1，下一步必选择走 S_4^1；如果走到 S_3^2，下一步必选择走 S_4^2；如果走到 S_3^3，下一步必选择走 S_4^1；这样就会走出最短路径。

当 $k=2$ 时，$f_2(S_2)=\underset{x_2\in D_2}{\text{opt}}\{v_2[S_2, x_2(S_2)]+f_3(S_3)\}$，有

$$f_2(S_2^1)=\min\begin{Bmatrix}v_2(S_2^1,S_3^1)+f_3(S_3^1)\\v_2(S_2^1,S_3^2)+f_3(S_3^2)\\v_2(S_2^1,S_3^3)+f_3(S_3^3)\end{Bmatrix}=\min\begin{Bmatrix}7+5\\4+7\\3+6\end{Bmatrix}=9,\quad x_2^*(S_2^1)=S_3^3$$

$$f_2(S_2^2)=\min\begin{Bmatrix}v_2(S_2^2,S_3^1)+f_3(S_3^1)\\v_2(S_2^2,S_3^2)+f_3(S_3^2)\\v_2(S_2^2,S_3^3)+f_3(S_3^3)\end{Bmatrix}=\min\begin{Bmatrix}4+5\\3+7\\4+6\end{Bmatrix}=9,\quad x_2^*(S_2^2)=S_3^1$$

$$f_2(S_2^3)=\min\begin{Bmatrix}v_2(S_2^3,S_3^1)+f_3(S_3^1)\\v_2(S_2^3,S_3^2)+f_3(S_3^2)\\v_2(S_2^3,S_3^3)+f_3(S_3^3)\end{Bmatrix}=\min\begin{Bmatrix}5+5\\1+7\\5+6\end{Bmatrix}=8,\quad x_2^*(S_2^3)=S_3^2$$

说明一旦走到 S_2^1，下一步必选择走 S_3^3；如果走到 S_2^2，下一步必选择走 S_3^1；如果走到 S_2^3，下一步必选择走 S_3^2；这样才会走出最短路径。

当 $k=1$ 时，$f_1(S_1)=\underset{x_1\in D_1}{\text{opt}}\{v_1[S_1, x_1(S_1)]+f_2(S_2)\}$，有

$$f_1(S_1)=\min\begin{Bmatrix}v_1(S_1,S_2^1)+f_2(S_2^1)\\v_1(S_1,S_2^2)+f_2(S_2^2)\\v_1(S_1,S_2^3)+f_2(S_2^3)\end{Bmatrix}=\min\begin{Bmatrix}2+9\\4+9\\4+8\end{Bmatrix}=11,\quad x_1^*(S_1)=S_2^1$$

由于出发点的位置是确知的，即初始状态 S_1 是确定的，从点 S_1 出发走通过 S_2^1 的这条路，可以找出全局最短路径。

通过顺序寻找，可知决策序为：$x_1^*(S_1)=S_2^1$，$x_2^*(S_2^1)=S_3^3$，$x_3^*(S_3^3)=S_4^1$，$x_4^*(S_4^1)=S_T$，即 S_1 到 S_T 的最短路径为 $S_1\to S_2^1\to S_3^3\to S_4^1\to S_T$，这时总路长为 11。

以上计算过程是逆着阶段顺序的方向，由后向前推算，称为逆序算法。动态规划问题一般用逆序算法求解，或者说寻优方向是逆序而行的。

第 3 节　动态规划应用案例

一、资源分配问题

所谓的资源分配问题就是把有限的资源（如资金、材料、设备、人力等）分配给若干使用者，而使总效益最优的问题。

[例 10-2]　某公司有 4 台设备，准备分配给 3 个小组，各小组获得该设备后预测可创造的利润如表 10-2 所示，问如何分配设备，可使获利最大？

表 10-2　各小组的盈利性预测　　单位：万元

小组	设备台数				
	0	1	2	3	4
G_1	0	3	5	6	7
G_2	0	4	6	7	8
G_3	0	2	5	8	9

解　(1) 模型建立。

将 3 个小组看作 3 个阶段，即阶段变量 $k=1,2,3$。

第 k 阶段初尚未被分配出去的设备是其决策的起点，则状态变量 S_k 表示第 k 阶段初可分配的设备台数，$S_k \geqslant 0$，且初始状态已知 $S_1=4$。

决策变量 x_k 表示第 k 阶段初分配给小组 G_k 的设备台数，允许决策集合 $X_k(S_k)=\{0 \leqslant x_k \leqslant S_k\}$。

状态转移方程为：$S_{k+1}=S_k-x_k$。

阶段指标 $V_k(S_k, x_k)$ 表示第 k 阶段从 S_k 台设备中分配给第 k 小组 x_k 台设备的阶段效益。

最优指标函数 $f_k(S_k)$ 表示第 k 阶段初从状态 S_k 开始到最后阶段采用最优分配策略取得的最大收益，递推方程函数式为：

$$\begin{cases}\text{基本方程}: f_k(S_k)=\max\limits_{x_k \in X_k(S_k)}\{v_k(S_k, x_k)+f_{k+1}(S_{k+1})\} \\ \text{边界条件}: f_4(S_4)=0\end{cases}$$

(2) 逆序求解。

当 $k=3$ 时，求解过程如表 10-3 所示。

表 10-3　$k=3$ 时求解过程

S_3	$v_3(S_3, x_3)+f_4(S_4)$					$f_3(S_3)$	x_3^*
	$x_3=0$	$x_3=1$	$x_3=2$	$x_3=3$	$x_3=4$		
0	0+0	—	—	—	—	0	0
1	0+0	2+0	—	—	—	2	1
2	0+0	2+0	5+0	—	—	5	2
3	0+0	2+0	5+0	8+0	—	8	3
4	0+0	2+0	5+0	8+0	9+0	9	4

当 $k=2$ 时，求解过程如表 10-4 所示。

表 10－4 $k=2$ 时求解过程

S_2	$v_2(S_2, x_2)+f_3(S_3)$					$f_2(S_2)$	x_2^*
	$x_2=0$	$x_2=1$	$x_2=2$	$x_2=3$	$x_2=4$		
0	0+0	—	—	—	—	0	0
1	0+2	4+0	—	—	—	4	1
2	0+5	4+2	6+0	—	—	6	1，2
3	0+8	4+5	6+2	7+0	—	9	1
4	0+9	4+8	6+5	7+2	8+0	12	1

当 $k=1$ 时，求解过程如表 10－5 所示。

表 10－5 $k=1$ 时求解过程

S_1	$v_1(S_1, x_1)+f_2(S_2)$					$f_1(S_1)$	x_1^*
	$x_1=0$	$x_1=1$	$x_1=2$	$x_1=3$	$x_1=4$		
4	0+12	3+9	5+6	6+4	7+0	12	0，1

顺序递推，得出结论，有两种方案：第一种方案 G_1 小组 0 台，G_2 小组 1 台，G_3 小组 3 台；第二种方案 G_1 小组 1 台，G_2 小组 1 台，G_3 小组 2 台，这两种方案都能得到最高的总盈利 12 万元。

二、生产储存问题

在生产经营管理中，决策者经常要考虑合理安排生产和储存问题。由于市场需求的多样性，规模化的大市场逐步分化成细分市场，企业组织产成品的生产往往也就分期分批进行。组织每批产品的生产，都要花费一些生产准备费和储存费用。若某一时期增大生产批量则可减少生产批次，从而降低生产运营成本；若生产批量增大，超过当期市场需求的部分必然进入库存，供未来期的消费，从而使储存费用增加。决策者既要考虑每期生产批次的规模化问题，又要尽量降低各期的储存成本。

在企业产品的单位生产成本、单位储存费用、市场需求量等参数确定的情况下，正确计划各时期的生产量，既满足市场需求，又使计划期总支出最少。这种统筹考量各期的生产批量、库存数量和市场需求的问题就是典型的多期生产与储存决策问题。

［**例 10－3**］ 某企业与客户签订未来 4 个月的交货合同如表 10－6 所示，该企业的最大生产能力为每月 4 千件，其仓库的最大存货能力为 3 千件。据以往生产数据统计，单位生产变动成本 $c_v=5\ 000$ 元/千件，每期的生产固定运营费用 $F=4\ 000$ 元，每月仓库保管费用 $H=300$ 元/千件。

表 10－6 交货合同需求表

月	1	2	3	4
订货量（千件）	2	3	2	2

企业现有存货 3 千件，未来 4 月底交货后的计划存货 2 千件，试问应在每月各生产多少件产品，才能既满足交货合约，又使总费用最小？

解　(1) 模型建立。

多阶段性的月度生产决策，可以按月划分阶段，即阶段变量 $k=1$，2，3，4 分别表示这 4 个月。

上期未需求的产品将会进入仓库存放，供下期需求消费；下期生产与否，视期初库存数量和当期需求量而定，第 k 月的期初库存反映出其状态特征。因此，状态变量 S_k 表示第 k 月期初的产品库存量，因为仓库的最大存货能力为 3 千件，则 $0\leqslant S_k\leqslant 3$。

决策变量 x_k 表示第 k 月的实际生产量，允许决策集合 $X_k(S_k)=\{0\leqslant x_k\leqslant 4\}$。

第 k 月的订货量记为 d_k，而供给量为 S_k+x_k，则状态转移方程为：$S_{k+1}=S_k+x_k-d_k$。

阶段指标 $v_k(S_k, x_k)$ 表示第 k 月的费用。本月若不安排生产，则仅需支出存货费；若安排生产，则需支出生产成本和固定运营费，同时需支出存货费。为了将储存问题简化，忽略本月生产和需求产品的短期存货费。因此当 $x_k=0$ 时，$v_k(S_k, x_k)=H*S_k=300S_k$；当 $x_k>0$ 时，$v_k(S_k, x_k)=F+c_v x_k+H*S_k=4\,000+5\,000x_k+300S_k$。

最优指标函数 $f_k(S_k)$ 表示第 k 阶段从期初库存 S_k 开始到最后阶段采用最优生产策略实现的最低生产和存储费用。

$$\begin{cases}\text{基本方程}: f_k(S_k)=\min\limits_{x_k\in X_k(S_k)}\{v_k(S_k,x_k)+f_{k+1}(S_{k+1})\}\\ \text{边界条件}: f_5(S_5)=0\end{cases}$$

(2) 逆序求解。

当 $k=4$ 时（见表 10-7），因为 4 月末交货后的计划存货 2 千件，则 $S_5=2$；第 4 月的订单需求 $d_4=2$ 千件，则由状态转移方程 $S_5=S_4+x_4-d_4$ 知：$S_4+x_4=4$。

表 10-7　$k=4$ 时的求解

S_4	$4\,000+5\,000x_4+300S_4$				$f_4(S_4)$	x_4^*
	$x_4=1$	$x_4=2$	$x_4=3$	$x_4=4$		
0	—	—	—	24 000	24 000	4
1	—	—	19 300	—	19 300	3
2	—	14 600	—	—	14 600	2
3	9 900	—	—	—	9 900	1

当 $k=3$ 时（见表 10-8），第 3 月的订单需求 $d_3=2$ 千件，则满足需求有 $S_3+x_3\geqslant 2$；而仓库的最大存货能力为 3 千件，$0\leqslant S_4\leqslant 3$，则由状态转移方程 $S_4=S_3+x_3-d_3$，有 $S_3+x_3\leqslant 5$。

表 10-8　$k=3$ 时的求解

S_3	$300S_3+f_4(S_4)$	$4\,000+5\,000x_3+300S_3+f_4(S_4)$				$f_3(S_3)$	x_3^*
	$x_3=0$	$x_3=1$	$x_3=2$	$x_3=3$	$x_3=4$		
0	—	—	38 000	38 300	38 600	38 000	2
1	—	33 300	33 600	33 900	34 200	33 300	1
2	24 600	28 900	29 200	29 500	—	24 600	0
3	20 200	24 500	24 800	—	—	20 200	0

当 $k=2$ 时（见表 10-9），第 2 月的订单需求 $d_2=3$ 千件，则满足需求有 $S_2+x_2\geqslant 3$；而仓库的最大存货能力为 3 千件，$0\leqslant S_3\leqslant 3$，则由状态转移方程 $S_3=S_2+x_2-d_2$，有 $S_2+x_2\leqslant 6$。

表 10-9　$k=2$ 时的求解

S_2	$300S_2+f_3(S_3)$	$4\,000+5\,000x_2+300S_2+f_3(S_3)$				$f_2(S_2)$	x_2^*
	$x_2=0$	$x_2=1$	$x_2=2$	$x_2=3$	$x_2=4$		
0	—	—	—	57 000	57 300	57 000	3
1	—	—	52 300	52 600	48 900	48 900	4
2	—	47 600	47 900	44 200	44 800	44 200	3
3	38 900	43 200	39 500	40 100	—	38 900	0

当 $k=1$ 时（见表 10-10），企业现有存货 3 千件，即 $S_1=3$，第 1 月的订单需求 $d_1=2$ 千件，则不生产也能满足需求；而仓库的最大存货能力为 3 千件，$0\leqslant S_2\leqslant 3$，则由状态转移方程 $S_2=S_1+x_1-d_2$，有 $x_1\leqslant 2$。

表 10-10　$k=1$ 时的求解

S_1	$300S_1+f_2(S_2)$	$4\,000+5\,000x_1+300S_1+f_2(S_2)$		$f_1(S_1)$	x_1^*
	$x_1=0$	$x_1=1$	$x_1=2$		
3	49 800	54 100	53 800	49 800	0

顺序递推，得出结论：第 1 个月不生产；由状态转移方程 $S_2=S_1+x_1-d_1$ 知，$S_2=1$，则第 2 个月生产 4 千件；再由状态转移方程 $S_3=S_2+x_2-d_2$ 知，$S_3=2$，则第 3 个月生产 0 件；再由状态转移方程 $S_4=S_3+x_3-d_3$ 知，$S_4=0$，则第 4 个月生产 4 千件。

三、采购计划制订

采购计划是决定何时、何地购买何种材料或产品的决策，这也是企业非常关注的问题。对于企业而言，采购计划涉及大量的物流和供应链活动，是影响企业运营成功与否的重要因素。采购计划衔接着供应和生产，必须以有效性为前提，收集并分析有关未来的需求信息，为企业后续生产和销售提供指导。

［**例 10-4**］　某公司需要在未来 4 周内采购一批原材料，估计在未来 4 周内价格会有一定波动。假设价格有 50 元、60 元、70 元和 80 元 4 种状态，其概率分别为 0.2，0.3，

0.4 和 0.1。试确定该公司的最佳采购计划，以使期望采购成本最小。

解　(1) 模型建立。

将每一周作为一个阶段，阶段变量 $k=1$，2，3，4 分别表示这 4 周。

状态变量 S_k 代表第 k 周该原材料的市场价格。

决策变量 x_k 代表第 k 周是否采购，$x_k=1$ 代表第 k 周采购；$x_k=0$ 代表第 k 周决定等待。

阶段指标 v_k 代表第 k 周决定等待 ($x_k=0$) 的情况下，以后采取采购策略时的采购价格期望值。

$$v_k=E(f_{k+1}(S_{k+1}))=0.2f_{k+1}(50)+0.3f_{k+1}(60)+0.4f_{k+1}(70)+0.1f_{k+1}(80)$$

最优指标函数：是否采购取决于目前市场价格 S_k 与等待价格期望值 v_k 的相对大小。如果前者大于后者，应决定等待；如果前者小于后者，则应决定采购，于是 $f_k(S_k)=\min\{S_k, v_k\}$。

边界条件：对于第 4 周，因为没有继续等待的余地，所以 $f_4(S_4)=S_4$，即 $f_4(S_4=50)=50$，$f_4(S_4=60)=60$，$f_4(S_4=70)=70$，$f_4(S_4=80)=80$。

$$x_k=\begin{cases}1, & \text{当 } f_k(S_k)=S_k \\ 0, & \text{当 } f_k(S_k)=v_k\end{cases}$$

(2) 逆序求解。

当 $k=4$ 时：只有一种采购选择，即

$$f_4(S_4=50)=50,\quad f_4(S_4=60)=60,\quad f_4(S_4=70)=70,\quad f_4(S_4=80)=80$$

当 $k=3$ 时：如果第 3 周决定等待，而此后的采购的价格期望值为：

$$\begin{aligned}v_3&=0.2\times f_4(S_4=50)+0.3\times f_4(S_4=60)+0.4\times f_4(S_4=70)+0.1\times f_4(S_4=80)\\&=0.2\times 50+0.3\times 60+0.4\times 70+0.1\times 80=64\end{aligned}$$

于是

$$f_3(S_3)=\min\{S_3, v_3\}=\min\{S_3, 64\}=\begin{cases}50, & \text{当 } S_3=50\\ 60, & \text{当 } S_3=60\\ 64, & \text{当 } S_3=70\\ 64, & \text{当 } S_3=80\end{cases}$$

即第 3 周的最佳决策为：

$$x_3=\begin{cases}1, & \text{当 } S_3=50,60\\ 0, & \text{当 } S_3=70,80\end{cases}$$

当 $k=2$ 时：如果第 2 周决定等待，而此后的采购的价格期望值为：

$$\begin{aligned}v_2&=0.2\times f_3(S_3=50)+0.3\times f_3(S_3=60)+0.4\times f_3(S_3=70)+0.1\times f_3(S_3=80)\\&=0.2\times 50+0.3\times 60+0.4\times 64+0.1\times 64=60\end{aligned}$$

于是

$$f_2(S_2)=\min\{S_2,v_2\}=\min\{S_2,60\}=\begin{cases}50, & \text{当 } S_2=50\\ 60, & \text{当 } S_2=60\\ 60, & \text{当 } S_2=70\\ 60, & \text{当 } S_2=80\end{cases}$$

即第 2 周的最佳决策为：

$$x_2=\begin{cases}1, & \text{当 } S_2=50,60\\ 0, & \text{当 } S_2=70,80\end{cases}$$

当 $k=1$ 时：如果第 1 周决定等待，而此后的采购的价格期望值为：

$$\begin{aligned}v_1&=0.2\times f_2(S_2=50)+0.3\times f_2(S_2=60)+0.4\times f_2(S_2=70)+0.1\times f_2(S_2=80)\\&=0.2\times50+0.3\times60+0.4\times60+0.1\times60=58\end{aligned}$$

于是

$$f_1(S_1)=\min\{S_1,v_1\}=\min\{S_1,58\}=\begin{cases}50, & \text{当 } S_1=50\\ 58, & \text{当 } S_1=60\\ 58, & \text{当 } S_1=70\\ 58, & \text{当 } S_1=80\end{cases}$$

即第 1 周的最佳决策为：

$$x_1=\begin{cases}1, & \text{当 } S_1=50\\ 0, & \text{当 } S_1=60,70,80\end{cases}$$

由以上计算可知，最佳采购策略为：第 1 周只有价格为 50 时才采购，否则就等待；第 2、3 周，只要价格不超过 60 就要采购，否则继续等待；如果已经等到了第 4 周，那么无论什么价格都只有采购，别无选择。

依照上面的最优策略进行采购时，价格的数学期望是：

$$\begin{aligned}v&=0.2\times f_1(S_1=50)+0.3\times f_1(S_1=60)+0.4\times f_1(S_1=70)+0.1\times f_1(S_1=80)\\&=0.2\times50+0.3\times58+0.4\times58+0.1\times58=58\\&=56.4\end{aligned}$$

四、设备负荷分配

合理分配设备是生产运营中的基本任务，要求设备既能够满负荷运行，又要充分考虑到设备的生产能力、磨损与故障规律等因素，追求设备的使用与企业生产计划相协调，与设备的维护相适应，以实现设备资源利用的最大化。

［例 10－5］ 企业拥有挖土机 100 台，用于挖土作业，每天可安排一个班次，也可安排两个班次。在一个班次下作业时，年收益（单位：万元）与投入挖土设备数 Q 的关系

为 $5Q$，年损坏率 β 为 5%；在两个班次下作业时，年收益与投入挖土设备数 Q 的关系为 $10Q$，设备的年损坏率 α 为 30%。要求制订一个 5 年计划，在每年初时应决定如何重新安排作业班次的设备分配，使得 5 年内产品的总收益达到最大？

解　(1) 模型建立。

每年为一个阶段，即阶段变量 $k=1，2，3，4，5$。

状态变量 S_k 表示第 k 年初所拥有的完好机器台数，已知 $S_1=100$。

决策变量 x_k 表示第 k 年投入两个班次生产的设备数，则剩余设备 S_k-x_k 投入一个班次的生产作业，允许决策集合 $0\leqslant x_k\leqslant S_k$。

状态转移方程为 $S_{k+1}=(1-\alpha)x_k+(1-\beta)(S_k-x_k)=0.95S_k-0.25x_k$。

阶段指标 $v_k(S_k，x_k)$ 表示第 k 年的收益，即 $v_k(S_k，x_k)=10x_k+5(S_k-x_k)=5S_k+5x_k$。

最优指标函数 $f_k(S_k)$ 表示第 k 年从 S_k 开始到 5 年末采用最优分配策略实现的最大收益。

基本递推方程为：

$$\begin{aligned}f_k(S_k)&=\max_{x_k\in X_k(S_k)}\{v_k(S_k,x_k)+f_{k+1}(S_{k+1})\}\\&=\max_{0\leqslant x_k\leqslant S_k}\{5S_k+5x_k+f_{k+1}(0.95S_k-0.25x_k)\}\end{aligned}$$

边界条件为：

$$f_6(S_6)=0$$

(2) 逆序求解。

当 $k=5$ 时，$f_5(S_5)=\max\limits_{0\leqslant x_5\leqslant S_5}\{v_5(S_5，x_5)+f_6(S_6)\}=\max\limits_{0\leqslant x_5\leqslant S_5}\{5S_5+5x_5\}$，由于 $f_5(S_5)$ 是关于 x_5 的单调增函数，故 $x_5^*=S_5$ 时，$f_5(S_5)$ 最大，$f_5(S_5)=10S_5$。

当 $k=4$ 时，有

$$\begin{aligned}f_4(S_4)&=\max_{0\leqslant x_4\leqslant S_4}\{v_4(S_4,x_4)+f_5(S_5)\}\\&=\max_{0\leqslant x_4\leqslant S_4}\{5S_4+5x_4+10S_5\}\\&=\max_{0\leqslant x_4\leqslant S_4}\{5S_4+5x_4+10(0.95S_4-0.25x_4)\}\\&=\max_{0\leqslant x_4\leqslant S_4}\{14.5S_4+2.5x_4\}\end{aligned}$$

由于 $f_4(S_4)$ 是关于 x_4 的单调增函数，故 $x_4^*=S_4$ 时，$f_4(S_4)$ 最大，$f_4(S_4)=17S_4$。

当 $k=3$ 时，有

$$\begin{aligned}f_3(S_3)&=\max_{0\leqslant x_3\leqslant S_3}\{v_3(S_3,x_3)+f_4(S_4)\}\\&=\max_{0\leqslant x_3\leqslant S_3}\{5S_3+5x_3+17S_4\}\\&=\max_{0\leqslant x_3\leqslant S_3}\{5S_3+5x_3+17(0.95S_3-0.25x_3)\}\\&=\max_{0\leqslant x_3\leqslant S_3}\{21.15S_3+0.75x_3\}\end{aligned}$$

由于 $f_3(S_3)$ 是关于 x_3 的单调增函数，故 $x_3^*=S_3$ 时，$f_3(S_3)$ 最大，$f_3(S_3)=21.9S_3$。

当 $k=2$ 时，有

$$\begin{aligned} f_2(S_2) &= \max_{0\leqslant x_2\leqslant S_2}\{v_2(S_2,x_2)+f_3(S_3)\} \\ &= \max_{0\leqslant x_2\leqslant S_2}\{5S_2+5x_2+21.9S_3\} \\ &= \max_{0\leqslant x_2\leqslant S_2}\{5S_2+5x_2+21.9(0.95S_2-0.25x_2)\} \\ &= \max_{0\leqslant x_2\leqslant S_2}\{25.805S_2-0.475x_2\} \end{aligned}$$

由于 $f_2(S_2)$ 是关于 x_2 的单调减函数，故 $x_2^*=0$ 时，$f_2(S_2)$ 最大，$f_2(S_2)=25.805S_2$。

当 $k=1$ 时，有

$$\begin{aligned} f_1(S_1) &= \max_{0\leqslant x_1\leqslant S_1}\{v_1(S_1,x_1)+f_2(S_2)\} \\ &= \max_{0\leqslant x_1\leqslant S_1}\{5S_1+5x_1+25.805S_2\} \\ &= \max_{0\leqslant x_1\leqslant S_1}\{5S_1+5x_1+25.805(0.95S_1-0.25x_1)\} \\ &= \max_{0\leqslant x_1\leqslant S_1}\{29.51475S_1-1.45125x_1\} \end{aligned}$$

由于 $f_1(S_1)$ 是关于 x_1 的单调减函数，故 $x_1^*=0$ 时，$f_1(S_1)$ 最大，$f_1(S_1)=29.51475S_1$。

最优作业安排策略是前两年将挖土机全部按一个班次进行作业，后 3 年把全部完好挖土机按两个班次进行作业。这样 5 年总收益达到最大 2 951.147 5 万元。

根据状态转移方程可以预测每年年初完好的设备数量，如下：

$S_1=100$，而 $x_1^*=0$，得 $S_2=0.95S_1-0.25x_1=95$ 台。

同理，由 $x_2^*=0$，得 $S_3=0.95S_2-0.25x_2=90$ 台。

由 $x_3^*=S_3$，得 $S_4=0.95S_3-0.25x_3=63$ 台。

由 $x_4^*=S_4$，得 $S_5=0.95S_4-0.25x_4=44$ 台。

由 $x_5^*=S_5$，得 $S_6=0.95S_5-0.25x_5=30$ 台，即 5 年后完好设备数只有 30 台。

如果要求 5 年末完好设备数不低于 70 台，则由状态转移方程可知 $0.95S_5-0.25x_5\geqslant 70$，即有允许决策集合 $0\leqslant x_5\leqslant 3.8S_5-280$。当 $x_5^*=3.8S_5-280$ 时，$f_5(S_5)$ 最大为 $5S_5+5x_5^*=24S_5-1400$；与上述类似的递推求解，可得最优作业安排为前 4 年将挖土机全部按一个班次进行作业，第 5 年才把完好挖土机的 35%按两个班次进行作业，65%按一个班次进行作业。

案例分析

通过学习本章的内容，我们再来回顾一下引入案例：如果你是运输部门主管，被要求拿出一份卡车资产使用更新报告书，进行市场分析，并结合不同车龄卡车的运营收入、维修费用、残值等撰写卡车资产使用更新报告。分析的问题包括：该问题可以分为几个阶段？每个阶段有哪几个状态？每个阶段的决策变量是什么？阶段指标是什么？边界条件是什么？状态转移方程怎么设计？

现在可知，分析思路如下：第 k 年年初，卡车的车龄用 t_k 表示，$r_k(t_k)$ 表示车龄为 t_k 的车子使用一年的收入，$u_k(t_k)$ 表示车龄为 t_k 的车子使用一年的维修费用，$c_k(t_k)$ 表示车龄为 t_k 的卡车更新成新车的费用。

（1）阶段变量：按照时间分为 5 个阶段，$k=1, 2, \cdots, 5$，表示第 k 年的决策过程。

（2）状态变量：t_k 表示第 k 年卡车车龄。

（3）决策变量：$x_k=\begin{cases}1, & \text{第 } k \text{ 年更新}\\ 0, & \text{第 } k \text{ 年不更新}\end{cases}$，每年年初对卡车作出更新或继续使用的决定，可用 0－1 变量表示更新与否。

（4）状态转移方程：$t_k=t_k(1-x_k)+1$

（5）阶段指标：$v_k=r_k[t_k(1-x_k)]-u_k[t_k(1-x_k)]-x_k c_k(t_k)$

（6）指标函数：$v_k=\sum_{k}^{5} v$

基本方程：$\begin{cases}f_k=\max\{v_k+f_{k+1}\}\\ f_6=0\end{cases}$

根据以上方程和实际参数，运输部门主管可以得出第 1 年至第 5 年的最佳更新决策策略，以使得 5 年内获得最大收益。

结合本章所学习的内容，可以掌握如何来界定多阶段决策问题的阶段变量、分析每个阶段的状态变量、设定决策变量，最后得到状态转移方程，从而制定最优的过程策略。动态规划方法求解多阶段决策问题可以使决策者既能得到整个阶段最佳收益的策略，同时也能得到从其中任何一个阶段某个状态往后的最佳决策，供决策者根据现实变化情况快速作出调整。

复习思考题

1. 试述生产、工程以及管理中的多阶段决策问题。

2. 试述动态规划逆序求解思路。

3. 某公司打算向它的 3 个营业区 A、B、C 增设 6 个销售点，每个营业区至少增设 1 个。各营业区每年增加的利润与增设的销售点个数有关，具体关系如表 10－11 所示。试规划各营业区应增设销售点的个数，以使增设 6 个销售点后公司总利润增加额最大。

表 10－11 销售点增设情况 单位：万元

增设销售点个数	营业区 A	营业区 B	营业区 C
1	100	120	150
2	160	150	165
3	190	170	175
4	200	180	190

4. 某工厂与用户签订了 4 个月的交货合同数量情况如表 10－12 所示，该厂仓库的存货能力为 4 万件，每万件的生产费用为 20 000 元，在进行生产的月份，工厂每月要支出固定费用 6 000 元，仓库的保管费每万件每月 1 500 元，假定开始时及 4 个月交货后无存货，试问应在每月各生产多少件产品，才能满足交货任务，同时使总的生产和仓储费用最小？

表 10 - 12　某工厂交货合同数量情况

月	合同数量（万件）
1	2
2	3
3	5
4	1

5. 某公司有某种设备 200 台，准备 5 年后全部由新设备取代。该设备在高负荷下工作年损坏率为 45%，年利润为 12 万元；如在低负荷下工作，年损坏率为 15%，年利润为 8 万元。问应如何安排这些设备的生产负荷，才能使得 5 年内获得的总利润最大？

实验：软件求解动态规划

动态规划求解的迭代过程是比较复杂的，用 LINGO 软件来求解动态规划问题可以节省大量时间，但使用前要对问题进行转化，让 LINGO 知道我们的目的。

为了完成模型的转化，有必要对最短路径问题的本质进行探讨。其实最短路径问题用数学语言来表示就变成如下问题：给定 n 个点 $v_i(i=1, 2, \cdots, n)$ 组成集合 $\{v_i\}$，由集合中任一点 v_i 到另一点 v_j 的距离用 d_{ij} 表示，两点之间没有路则设 $d_{ij}=\infty$，显然 $d_{ii}=0$。指定出发点为 v_1，终点 v_n，求从点 v_1 出发到点 v_n 的最短路线。下面对例 10 - 1 进行转化。

（1）描述点。

例 10 - 1 的图 10 - 2 中，城市和点的对应关系如表 10 - 13 所示。

表 10 - 13　图 10 - 2 中城市和结点的对应关系

城市	S_1	S_2^1	S_2^2	S_2^3	S_3^1	S_3^2	S_3^3	S_4^1	S_4^2	S_T
结点	v_1	v_2	v_3	v_4	v_5	v_6	v_7	v_8	v_9	v_{10}

（2）确定 n，可见 $n=10$。

（3）确定 d_{ij}，如表 10 - 14 所示，空白处为∞。

表 10 - 14　图 10 - 2 中城市之间的直接距离

结点	v_1	v_2	v_3	v_4	v_5	v_6	v_7	v_8	v_9	v_{10}
v_1	0	2	4	4						
v_2		0			7	4	3			
v_3			0		4	3	4			
v_4				0	5	1	5			
v_5					0			2	6	
v_6						0		6	3	
v_7							0	3	3	
v_8								0		3
v_9									0	4
v_{10}										0

（4）递推方程。在这里，定义 $f(i)$ 为由点 v_i 出发至终点 v_n 的最短路程，则有

$$\begin{cases} f(i)=\min\limits_{j}\{d_{ij}+f(j)\}, & i=1,2,\cdots,n-1 \\ f(n)=0 \end{cases}$$

这是一个简单的函数递推方程，逆序求解用 LINGO 可以很方便地解决。

第一步，在 LINGO 的命令窗口中输入此动态规划的模型，程序的源代码如下：

```
data:
  n=10;          ! 定义城市的个数
enddata
sets:
  v/1..n/:f;! n个城市的结构类型名为v,包含n个成员
    ! 结构变量是f,即f(1),…,f(n),其中f(i)表示从城市i到城市n的最短路线
  Link(v,v)/! Link类型中有n×n个成员,分别表示两城市之间是否直接相连
    1,2  1,3  1,4    ! 表示城市1和城市2,3,4之间直接相连,下同
    2,5  2,6  2,7
    3,5  3,6  3,7
    4,5  4,6  4,7
    5,8  5,9
    6,8  6,9
    7,8  7,9
    8,10
    9,10
      /:d,P;  ! d(i,j)将表示城市i到城市j的距离,P(i,j)表示城市i到城市j的路线
endsets
data:
  d=2  4  4
    7  4  3
    4  3  4
    5  1  5
    2  6
    6  3
    3  3
    3
    4;
enddata
```

```
f(@SIZE(v)) = 0;! 其实"@SIZE(v)"就等于 n
                ! 计算到城市 n 的最短路,则城市 n 到城市 n 的距离或费用是 0
@FOR(v(i)|i#LT#@SIZE(v):
  f(i) = @MIN(Link(i,j):d(i,j) + f(j))  ! 城市 i 到城市 n 最短距离一定是与 i 相
                                        连的所有城市 j 到城市 n 的最短距离 f(j)与城
                                        市 i 到城市 j 直接距离 d(i,j)之和的最小值
);
@for(Link(i,j):
P(i,j) = @if(f(i)#eq#d(i,j) + f(j),1,0)     ! 显然,如果 P(i,j) = 1,则点 i 到点 n
                                            的最短路径的第一步是 i-->j,否
                                            则就不是。由此,就可方便地确定出
                                            最短路径
);
End
```

然后，可以单击 File 菜单下的 Save，将模型保存，供以后使用。

第二步，单击 LINGO 菜单下的 Solve 菜单项，对模型进行求解。结果如表 10－15 所示。

表 10－15　LINGO 求解图 10－2 城市间的最短距离

Variable	Value	Variable	Value	Variable	Value
$f(1)$	11.000 00	$P(1,\ 2)$	1.000 000	$P(4,\ 6)$	1.000 000
$f(2)$	9.000 000	$P(1,\ 3)$	0.000 000	$P(4,\ 7)$	0.000 000
$f(3)$	9.000 000	$P(1,\ 4)$	0.000 000	$P(5,\ 8)$	1.000 000
$f(4)$	8.000 000	$P(2,\ 5)$	0.000 000	$P(5,\ 9)$	0.000 000
$f(5)$	5.000 000	$P(2,\ 6)$	0.000 000	$P(6,\ 8)$	0.000 000
$f(6)$	7.000 000	$P(2,\ 7)$	1.000 000	$P(6,\ 9)$	1.000 000
$f(7)$	6.000 000	$P(3,\ 5)$	1.000 000	$P(7,\ 8)$	1.000 000
$f(8)$	3.000 000	$P(3,\ 6)$	0.000 000	$P(7,\ 9)$	0.000 000
$f(9)$	4.000 000	$P(3,\ 7)$	0.000 000	$P(8,\ 10)$	1.000 000
$f(10)$	0.000 000	$P(4,\ 5)$	0.000 000	$P(9,\ 10)$	1.000 000

第三步，对结果进行分析，得出结论。第一，$f(1)$，$f(2)$，…，$f(10)$ 分别显示了从点 v_1，v_2，…，v_{10} 到终点 v_{10} 的最短距离，可以看出从始点到终点的最短距离为 11，与前述手工求解结果一样。第二，$d(i,\ j)$ 显示的是 v_i 到 v_j 的直接距离，这些值是在模型初始化时设定的，表 10－15 未列出。第三，$P(i,\ j)$ 显示的是从点 v_i 到终点的最短路

径中是否经过 v_j 的路径，如 $P(1, 2)=1.000\,000$ 表示从点 v_1 到终点的最短路径要经过 v_2，而 $P(1, 3)=P(1, 4)=0.000\,000$ 表示从点 v_1 到终点的最短路径不经过 v_3，v_4。注意这里的某点 v_i 不一定是始点。由此追踪路径可以得

$$v_1 \to v_2 \to v_7 \to v_8 \to v_{10}$$

$$v_3 \to v_5 \to v_8 \to v_{10}$$

$$v_4 \to v_6 \to v_9 \to v_{10}$$

11

Chapter

第 11 章

非线性规划

学习要点

- 掌握非线性规划模型结构与建模
- 掌握非线性规划模型的求解方法
- 了解非线性规划模型的转换方法
- 了解非线性规划模型的管理应用

引入案例

Par 公司是一家生产高尔夫器材的小公司，计划生产高尔夫包，产品定位为标准和豪华，对应中等价位和高等价位。分销商虽然对新产品十分感兴趣，但需求与价格之间存在反向关系。随着价格升高，需求数量会下降。令 P_S 表示 Par 公司标准包的单价，P_D 表示豪华包的单价。假定标准包 S 需求和豪华包 D 的需求分别为 $S=2\ 250-15P_S$，$D=1\ 500-5P_D$。据统计，生产一个中等价位标准高尔夫包需要用 7/10 工时切割与印染，1/2 工时缝合，1 工时成型，1/10 工时检查与包装。生产一个豪华包则需要 1 工时切割与印染，5/6 工时缝合，2/3 工时成型，1/4 工时检查与包装。生产成本统计，标准包 70 美元/个、豪华包 150 美元/个。Par 公司的生产受到各部门生产时间限制。生产主管估计未来 3 个月每个部门可用的最大生产时间分别是：切割与印染 630 工时，缝合 600 工时，成型 708 工时，检查与包装 135 工时。Par 公司应如何安排生产以获得最大的利润？

相信通过本章的学习，一定会给你带来启发。

第 1 节　非线性规划的数学模型

由前面几章可知，在管理科学领域中，很多实际问题可以归结为静态规划问题。线性规划是目标函数和约束条件都为决策变量的线性函数的最优化数学模型。但是，线性规划有很大的局限性，管理实践中相当多的问题，其目标函数和（或）约束条件很难全部用线性函数表达。为了解决这类问题和提高求解实际问题的精度，人们提出了非线性规划。非线性规划自 20 世纪 70 年代以来得到了长足的发展，已成为管理运筹学静态规划的一个重要分支，在管理科学、最优设计、系统控制等许多领域得到了广泛的应用。

一般来讲，非线性规划问题的求解比线性规划问题的求解困难得多，也不像线性规划问题那样具有通用的单纯形算法。本章重点介绍非线性规划问题的一些经典求解方法。

非线性规划是指目标函数和约束条件至少有一个是非线性函数的数学规划问题。

非线性规划数学模型的一般形式为：

$$\min f(X)$$
$$\text{s.t.}\begin{cases}h_i(X)=0, & i=1,2,\cdots,l\\ g_j(X)\geqslant 0, & j=1,2,\cdots,m\end{cases}$$

式中，$X=(x_1,\ x_2,\ \cdots,\ x_n)^{\mathrm{T}}$ 是 n 维欧氏空间 E^n 中的向量（点）。

由于等式约束 $h_i(X)=0$ 等价于以下两个不等式约束：

$$h_i(X)\geqslant 0$$
$$-h_i(X)\geqslant 0$$

因此，非线性规划的数学模型可写成：

$$\min f(X)$$
$$g_j(X)\geqslant 0, \quad j=1,2,\cdots,m$$

式中，$X=(x_1,\ x_2,\ \cdots,\ x_n)^{\mathrm{T}}$。

若某约束条件是“$\leqslant$”不等式，只需约束条件的两端同乘“-1”，即可将这个约束条件变为“$\geqslant$”的形式。

由于 $\max f(X)=-\min f(X)$，当目标函数为求极大值时，只需使其负值极小化即可，因而仅考虑极小化问题。

一、极值问题

由第 1 章可知，由于线性规划的目标函数和约束条件都是线性函数，所以其可行域为凸集。如果其最优解存在，最优解只能在其可行域的边界上达到（特别是在可行域的顶点上达到），该最优解就一定是整个可行域上的全局最优解；而如果非线性规划的最优解存在，则可能在其可行域的任意一点达到，且局部最优解未必一定是全局最优解。

（一）局部最优和全局最优

定义 1　设 $f(X)$ 为定义在 n 维欧氏空间 E^n 的某一区域 R 上的 n 元实函数，其中 $X=((x_1,\ x_2,\ \cdots,\ x_n))^{\mathrm{T}}$。对于 $X^*\in R$，如果存在某个 $\varepsilon>0$，使所有与 X^* 的距离小于 ε 的 $X\in R$（$X\in R$ 且 $\|X-X^*\|<\varepsilon$）均满足 $f(X^*)\leqslant f(X)$，则称 X^* 为非线性规划问

题的局部最优解，称 $f(X^*)$ 为局部最优值。如果对于所有 $X \neq X^*$ 且与 X^* 的距离小于 ε 的 $X \in R$，$f(X^*) < f(X)$，则称 X^* 为非线性规划问题的严格局部最优解，称 $f(X^*)$ 为严格局部最优值

若点 $X^* \in R$，对于所有 $X \in R$ 都有 $f(X^*) \leqslant f(X)$，$X \in E^n$，则称 X^* 为非线性规划问题的全局最优解，称 $f(X^*)$ 为全局最优值。如果有 $f(X^*) < f(X)$，$X \in E^n$，且 $X \neq X^*$，则称 X^* 为非线性规划问题的严格全局最优解，称 $f(X^*)$ 为严格全局最优值。

求解非线性规划问题就是希望找到它的全局最优解和全局最优值。但在很多情况下，只能求出它的局部最优解和局部最优值，甚至只能得到满足一定条件的解。

（二）最优解存在的条件

下面说明最优解存在的必要条件和充分条件。

定理 1（必要条件） 设 R 是 n 维欧氏空间 E^n 的某一开集，$f(X)$ 在 R 上有一阶连续偏导数，且在点 $X^* \in R$ 取得局部极值，则必有：

$$\frac{\partial f(X^*)}{\partial \mathrm{x}_1} = \frac{\partial f(X^*)}{\partial x_2} = \cdots = \frac{\partial f(X^*)}{\partial x_n} = 0 \tag{1}$$

或

$$\nabla f(X^*) = 0 \tag{2}$$

式中：

$$\nabla f(X^*) = \left(\frac{\partial f(X^*)}{\partial x_1} = \frac{\partial f(X^*)}{\partial x_2} = \cdots = \frac{\partial f(X^*)}{\partial x_n}\right)^{\mathrm{T}}$$

为函数 $f(X)$ 在点 X^* 处的梯度。

由高等数学知识可知，$\nabla f(X)$ 的方向为 $f(X)$ 的等值面（等值线）的法线（在点 x 处）方向，沿这个方向函数值增加最快。

满足式（1）或式（2）的点称为平稳点或驻点。在区域内部，极值点必为平稳点，但平稳点不一定是极值点。

定理 2（充分条件） 设 R 是 n 维欧氏空间 E^n 的某一开集，$f(X)$ 在 R 上有二阶连续偏导数，$X^* \in R$，若 $\nabla f(X^*) = 0$ ，且对任何非零向量 $Z \in E^n$ 有

$$Z^{\mathrm{T}} \nabla^2 f(X^*) Z > 0$$

则 X^* 为 $f(X)$ 的严格局部极小点。此处 $\nabla^2 f(X^*)$ 为 $f(X)$ 在点 X^* 处的海赛（Hessen）矩阵。

$$\nabla^2 f[X^*) = \begin{bmatrix} \dfrac{\partial^2 f(X^*)}{\partial x_1^2} & \dfrac{\partial^2 f(X^*)}{\partial x_1 \partial x_2} & \cdots & \dfrac{\partial^2 f(X^*)}{\partial x_1 \partial x_n} \\ \dfrac{\partial^2 f(X^*)}{\partial x_1 \partial x_2} & \dfrac{\partial^2 f(X^*)}{\partial x_2^2} & \cdots & \dfrac{\partial^2 f(X^*)}{\partial x_2 \partial x_n} \\ \vdots & \vdots & & \vdots \\ \dfrac{\partial^2 f(X^*)}{\partial x_n \partial x_1} & \dfrac{\partial^2 f(X^*)}{\partial x_n \partial x_2} & \cdots & \dfrac{\partial^2 f(X^*)}{\partial x_n^2} \end{bmatrix}$$

（三）凸函数和凸规划

定义 2　若对任意 x_1，x_2，$x_1 \neq x_2$ 及 $\lambda \in (0,\ 1)$，都有

$$f(\lambda x_1+(1-\lambda)x_2) \leqslant \lambda f(x_1)+(1-\lambda)f(x_2)$$

则称 $f(x)$ 为凸函数。若上式以严格不等式成立，则称 $f(x)$ 为严格凸函数。

直观地看，对任意 x_1，x_2，过点 $(x_1,\ f(x_1))$ 和 $(x_2,\ f(x_2))$ 的线段总在曲线 $f(x)$ 之上。

若 $-f(x)$ 为（严格）凸函数，则 $f(x)$ 称为（严格）凹函数。

考虑非线性规划问题

$$\begin{aligned}&\min f(X)\\&g_j(X) \geqslant 0,\quad j=1,2,\cdots,m\\&X=(x_1,x_2,\cdots,x_n)^{\mathrm{T}}\end{aligned}$$

定义可行解集合（可行域）为：

$$R=\{X \mid g_j(X) \geqslant 0\quad j=1,\ 2,\ \cdots,\ m\}$$

定义 3　若 $f(x)$ 为凸函数，$g_j(X)$ $(j=1,\ 2,\ \cdots,\ m)$ 为凹函数，则称以上规划问题为凸规划。

可以证明凸规划有如下性质：

（1）可行解集合 $R=\{X \mid g_j(X) \geqslant 0\quad j=1,\ 2,\ \cdots,\ m\}$ 为凸集；

（2）水平集 $\{X \mid f(X) \leqslant 常数\}$ 为凸集；

（3）若 $f(x)$ 为严格凸函数，则规划问题的最优解（若存在）是唯一的。

二、下降迭代算法

为了求某可微函数（假定无约束）的最优解，根据前面的分析，可令该函数的梯度等于零，由此求得平稳点；然后用充分条件判别，求出最优解。对某些较简单的函数，这样做有时是可行的。但是对于一般 n 元函数 $f(X)$ 来说，由条件 $\nabla f(X)=0$ 得到的常是一个非线性方程，求解相当困难。因此，常使用迭代法。

迭代法的基本思想：为了求函数 $f(X)$ 的最优解，首先给定一个初始估计 $X^{(0)}$，然后按某种规则（算法）找出比 $X^{(0)}$ 更好的解 $X^{(1)}$，如此递推即可得到一个解的序列 $\{X^{(k)}\}$，若这个序列有极限 X^*，即

$$\lim_{k \to \infty} \| X^{(k)} - X^* \| = 0$$

则称它收敛于 X^*。在选择某一算法时，要求其产生的序列 $\{X^{(k)}\}$ 中某一点或序列的极限值为非线性规划问题的最优解。

对于极小化问题，只要选择的某种算法产生的解序列 $\{X^{(k)}\}$ 能使目标函数 $f(X^{(k)})$ 逐步减小，就称算法为下降迭代算法。

假定已经迭代到点 $X^{(k)}$，若从 $X^{(k)}$ 出发沿任何方向移动都不能使目标函数值下降，则 $X^{(k)}$ 是一局部极小点，迭代停止。若从 $X^{(k)}$ 出发至少存在一个方向可使目标函数值有所下降，则可选定能使目标函数值下降的某方向 $Z^{(k)}$，沿此方向迈进适当的一步，得到下一个迭代点 $X^{(k+1)}$，并使 $f(X^{(k+1)})<f(X^{(k)})$。相当于在射线

$$X=X^{(k)}+\lambda Z^{(k)}$$

上选定新点

$$X^{(k+1)}=X^{(k)}+\lambda_k Z^{(k)}$$

式中，$Z^{(k)}$ 称为搜索方向；λ_k 称为步长。确定搜索方向 $Z^{(k)}$ 是关键的一步，各种算法的区别主要在于搜索方向 $Z^{(k)}$ 的确定方法不同。

下降迭代算法的步骤总结如下：

（1）选定某一初始点 $X^{(0)}$，并令 $k=0$。

（2）确定搜索方向 $Z^{(k)}$。

（3）从 $X^{(k)}$ 出发，沿方向 $Z^{(k)}$ 求步长 λ_k，产生下一个迭代点 $X^{(k+1)}$。

（4）检查求得的新点 $X^{(k+1)}$ 是不是极小点或近似极小点。若是，停止迭代。否则，令 $k=k+1$，转回（2）继续进行迭代。

确定步长 λ_k 一般是以目标函数在搜索方向上下降最多为依据，即沿射线 $X=X^{(k)}+\lambda Z^{(k)}$）求目标函数 $f(X)$ 的极小 λ_k：$\min f(X^{(k)}+\lambda Z^{(k)})$。在上述过程中，由于确定步长是求以 λ 为变量的一元函数 $\min f(X^{(k)}+\lambda Z^{(k)})$ 的极小点 λ_k，所以这一过程为一维搜索，这样确定的步长为最佳步长。

一维搜索中有个非常重要的性质：在搜索方向是所得最优点处的梯度和该搜索方向正交。

因为真正的最优解事先并不知道，只能根据相继两次迭代的结果来建立终止迭代的准则。一般采用目标函数梯度的模足够小 $\|\nabla f(X)\|<\varepsilon$，其中，$\varepsilon$ 为事先给定的足够小的正数。

第 2 节　无约束最优化问题解法

本节考虑问题

$$\min f(X), X\in E^n$$

式中 $f(X)$ 一阶连续可微。

本节介绍两个方法：梯度法和牛顿法。考虑到理论背景的复杂性，这里只给出两种方法的原理和迭代步骤。

一、梯度法

梯度法（gradient method）又称最速下降法，其迭代过程简单，使用方便，而且是理

解其他方法的基础，所以先对梯度法进行说明。

（一）梯度法原理

假设无约束极值问题的目标函数有一阶连续偏导数，且具有极小点 X^*，以 $X^{(k)}$ 表示极小点的第 k 次近似，为了求其第 $k+1$ 次近似点 $X^{(k+1)}$，在 $X^{(k)}$ 点沿方向 $Z^{(k)}$ 作射线 $X=X^{(k)}+\lambda Z^{(k)}$，在此 λ 为步长，$\lambda \geqslant 0$。

现将 $f(X)$ 在 $X^{(k)}$ 处展开成泰勒级数：

$$f(X)=f(X^{(k)}+\lambda Z^{(k)})=f(X^{(k)})+\lambda \nabla f(X^{(k)})^{\mathrm{T}} Z^{(k)}+o(\lambda)$$

式中，$o(\lambda)$ 是 λ 的高阶无穷小。对于充分小的 λ，只要

$$\nabla f(X^{(k)})^{\mathrm{T}} Z^{(k)}<0$$

即可保证 $f(X^{(k)}+\lambda Z^{(k)})<f(X^{(k)})$。此时，若下一个点为：

$$X^{(k+1)}=X^{(k)}+\lambda Z^{(k)}$$

就能使目标函数值得到改善。

为了较快达到极小点，梯度法一般取负梯度方向 $Z^{(k)}=-\nabla f(X^{(k)})^{\mathrm{T}}$ 为搜索方向。在选定搜索方向后，还要确定步长 λ，通过在 $X^{(k)}$ 负梯度方向上的一维搜索，来确定可以使 $f(X^{(k+1)})=f(X^{(k)}+\lambda Z^{(k)})$ 最小的 λ_k，这种梯度法就是最速下降法。

（二）梯度法计算步骤

（1）取初始点 $X^{(0)} \in E^n$，允许误差 $\varepsilon>0$，令 $k=0$。

（2）计算搜索方向 $Z^{(k)}=-\nabla_x f(X^{(k)})^{\mathrm{T}}$。

（3）检验是否满足条件 $\| Z^{(k)} \|<\varepsilon$。若满足，则迭代停止，得点 $X^{(k)}$。否则，转入下一步。

（4）求单变量极值问题的最优解

$$\min_{\lambda \geqslant 0} f(X^{(k)}+\lambda Z^{(k)})$$

（5）令

$$X^{(k+1)}=X^{(k)}+\lambda Z^{(k)}$$

$k=k+1$，转到（2），如此迭代下去，直到达到要求的精度。

用梯度法求解无约束最优化问题时，具有以下优点：程序简单，计算量及占用的存储空间均较小；迭代初期目标函数 $f(X)$ 下降很快；具有全局收敛性。

但理论分析和计算实践表明：梯度法也有很大的缺点，用梯度法极小化目标函数时，相邻两次的搜索方向是正交的。这表明迭代产生的序列 $\{X^{(k)}\}$ 是“之”字形的。当 $X^{(k)}$ 接近极小点时，每次迭代移动的步长很小，呈现出锯齿现象，影响了收敛效率。因此，常将梯度法和其他方法联合起来应用，在前期使用梯度法，而在接近极小点时，使用收敛较快的其他方法。

［例 11 - 1］ 某企业生产甲乙两种产品，一定期限内产量分别为 x_1 和 x_2，产量不受资源限制，已知甲产品的成本为 $2x_1^2$，乙产品的成本为 x_2^2。应如何安排生产，使其成本最小?

解 由题意可知此规划问题的数学模型为：

$$\min f(X)=2x_1^2+x_2^2$$
$$\text{s. t. } x_1,x_2\geqslant 0$$

取初始点 $X^{(0)}=(1,\ 1)^{\mathrm{T}}$，得出 $Z^{(0)}=-\nabla f(X^{(0)})=(-4,\ -2)^{\mathrm{T}}$，进行一维搜索，即求解

$$\min\varphi(\lambda)=f(X^{(0)}+\lambda Z^{(0)})$$

而

$$X^{(0)}+\lambda Z^{(0)}=\begin{pmatrix}1-4\lambda\\1-2\lambda\end{pmatrix}$$
$$\varphi(\lambda)=2(1-4\lambda)^2+(1-2\lambda)^2$$

由 $\varphi(\lambda)=0$，求得 $\lambda_0=\dfrac{5}{18}$。于是

$$X^{(1)}=X^{(0)}+\lambda_0 Z^{(0)}=\left(-\frac{1}{9},\frac{4}{9}\right)^{\mathrm{T}}$$

算出

$$\nabla f(X^{(1)})=\left(-\frac{4}{9},\frac{8}{9}\right)^{\mathrm{T}}$$

再从 $X^{(1)}$ 出发，沿 $Z^{(1)}=\nabla f(X^{(1)})=\left(-\dfrac{4}{9},\ \dfrac{8}{9}\right)^{\mathrm{T}}$ 进行一维搜索，即求解

$$\min\varphi(\lambda)=f(X^{(1)}+\lambda Z^{(1)})$$

因

$$\varphi(\lambda)=\frac{2}{81}(-1+4\lambda)^2+\frac{16}{81}(1-2\lambda)^2$$

令 $\varphi(\lambda)=0$，故 $\lambda_1=\dfrac{5}{12}$。于是

$$X^{(2)}=X^{(1)}+\lambda_1 Z^{(1)}=\left(\frac{2}{27},\frac{2}{27}\right)^{\mathrm{T}}$$

算出

$$\nabla f(X^{(3)})=\left(\frac{8}{27},\frac{4}{27}\right)^{\mathrm{T}}$$

按上述过程继续下去，直到满足收敛准则为止，得到该问题的最优解为：

$$X^{*}=(0,0)^{\mathrm{T}}f(X^{*})=0$$

二、牛顿法

鉴于梯度法在求解无约束非线性规划时的不足，需对其核心，即下降搜索方向做一些修正。

（一）牛顿法原理

由高等数学相关知识可知，非二次函数如果在极小点的海赛矩阵是正定的，则该函数在极小点附近近似于一个正定二次函数。牛顿法（Newton's method）的基本思想是：从 $X^{(k)}$ 到 $X^{(k+1)}$ 的迭代中，在 $X^{(k)}$ 处用与 $f(X)$ 最接近的二次函数来近似 $f(X)$，即取 $f(X)$ 在 $X^{(k)}$ 点的泰勒展开式的前三项：

$$f(X)\approx f(X^{(k)})+\nabla f(X^{(k)})^{\mathrm{T}}\Delta X+\frac{1}{2}\Delta X^{\mathrm{T}}\ \nabla^{2}f(X^{(k)})\Delta X \tag{3}$$

则其梯度为：

$$\nabla f(X)\approx\nabla f(X^{(k)})+\nabla^{2}f(X^{(k)})\Delta X$$

如果 $X^{(k)}$ 为非线性目标函数的某一近似极小点，则下式成立：

$$\nabla f(X^{(k)})+\nabla^{2}f(X^{(k)})\Delta X=0$$

从而　$\Delta X=X-X^{(k)}=-(\nabla^{2}f(X^{(k)}))^{-1}\ \nabla f(X^{(k)})$

即

$$X=X^{(k)}-(\nabla^{2}f(X^{(k)}))^{-1}\ \nabla f(X^{(k)}) \tag{4}$$

如果 $f(X)$ 是二次函数，则其海赛矩阵 $\nabla^{2}f(X^{(k)})$ 为常数，式（3）是精确的。如果海赛矩阵是正定的，则从任意一点出发，用式（4）只要一步即可求出 $f(X)$ 的极小点。

如果 $f(X)$ 不是二次函数，式（3）仅是一个近似表达式。此时，按式（4）求得的极小点只是 $f(X)$ 的近似极小点。在这种情况下，搜索方向为：

$$Z^{(k)}=-(\nabla^{2}f(X^{(k)}))^{-1}\ \nabla f(X^{(k)}) \tag{5}$$

$$X^{(k+1)}=X^{(k)}+\lambda Z^{(k)}$$

$$\lambda_{k}:\min f(X^{(k)}+\lambda Z^{(k)})$$

这种求函数 $f(X)$ 极小点的方法称为牛顿法。式（5）所示的搜索方向称为牛顿方向。

牛顿法的优缺点几乎与梯度法相反。

牛顿法的主要优点有：收敛速度快，可证明它属二阶收敛算法；接近 x^{*} 时，推进能力相当强。

牛顿法的主要缺点有：计算量太大，每做一次迭代，都需要计算一次海赛矩阵的逆，n 较大时，计算量急剧增加；具有局部收敛性。

（二）牛顿法举例

［例 11-2］ 试用牛顿法求 $f(X)=2(x_1+x_2)^2+2(x_1^2+x_2^2)$ 的极小值，给定初始点 $X^{(0)}=(5,2)^{\mathrm{T}}$。

解 $\nabla f(X)=(4(x_1+x_2)+4x_1, 4(x_1+x_2)+4x_2)^{\mathrm{T}}$，$\nabla^2 f(X)=\begin{bmatrix}8 & 4\\4 & 8\end{bmatrix}$是正定矩阵。

在初始点 $X^{(0)}=(5,\ 2)^{\mathrm{T}}$ 处：

$$\nabla f(X^{(0)})=(48,\ 36)^{\mathrm{T}}$$

$$(\nabla^2 f(X^{(0)}))^{-1}=\begin{bmatrix}\frac{1}{6} & -\frac{1}{12}\\ -\frac{1}{12} & \frac{1}{6}\end{bmatrix}$$

$$X^{(1)}=X^{(0)}-(\nabla^2 f(X^{(0)}))^{-1}\nabla f(X^{(0)})=(0,0)^{\mathrm{T}}$$

即 $f(X^{(1)})=(0,\ 0)^{\mathrm{T}}$，故 $X^{(1)}=(0,\ 0)^{\mathrm{T}}$ 为 $f(X)$ 的极小点，极小值是 0。

案例分析

学习完本节的内容，我们来分析引入案例。

由于生产一个标准包的成本是 70 美元，因此生产和销售 S 个标准包的利润是 P_SS-70S。假定标准包 S 的需求 $S=2\ 250-15P_S$，标准包的利润 $P_SS-70S=80S-\frac{1}{15}S^2$。

由于生产一个豪华包的成本是 150 美元，因此生产和销售 D 个豪华包的利润是 $P_DD-150D$。假定豪华包 D 的需求 $D=1\ 500-5P_D$，豪华包的利润 $P_DD-150D=150D-\frac{1}{5}D^2$。

因此，总利润$=80S-\frac{1}{15}S^2+150D-\frac{1}{5}D^2$。

此规划问题的数学模型为：

$$\max f(X)=80S-\frac{1}{15}S^2+150D-\frac{1}{5}D^2$$

$$\text{s. t. } S,D\geqslant 0$$

求解该无约束优化问题后可知，使利润函数达到最大的最优解是：$S=600$ 和 $D=375$。

第 3 节 带约束最优化问题解法

在解决实际管理问题的过程中，绝大多数的最优化问题都要受到某些条件的限制，这种限制是通过约束条件来实现的。求解带有约束的优化问题比无约束优化问题困难得多。

有约束非线性规划的求解算法大部分是由为解无约束问题设计的算法发展而来的。从发展的不同途径看，可以分为两大类：一类是把有约束问题化为无约束问题，再用无约束问题的方法去解；另一类是改进无约束问题的方法，使之能用于有约束的问题。

一、库恩-塔克条件

库恩-塔克（Kuhn-Tucker）条件是非线性规划领域中最重要的理论成果之一，是确定某点为最优点的必要条件。只要是最优点（而且该点起作用约束的梯度线性无关，满足此要求的点称为正则点），就必须满足这个条件，但一般说来，它并不是充分条件，因而满足这个条件的点不一定是最优点。当非线性规划是凸规划时，库恩-塔克条件既是最优点存在的必要条件，也是最优解存在的一个充分条件。

考虑非线性规划问题：

$$\min f(X) \quad X \in E^n$$
$$g_j(X) \geqslant 0, \quad j=1,2,\cdots,m$$

设 X^* 是非线性规划的可行解，f、g 在 X^* 可微，再假设$\nabla g_j(X^*)$（$j=1, 2, \cdots, m$）线性无关。如果 X^* 是局部最优解，则存在 u_j（$j=1, 2, \cdots, m$）使得

$$\begin{cases} \nabla f(X^*) - \sum_{j=1}^{m} u_j \nabla g_j(X^*) = 0 \\ u_j \nabla g_j(X^*) = 0, \quad j=1,2,\cdots,m \\ u_j \geqslant 0, \quad j=1,2,\cdots,m \end{cases}$$

通常称上式为库恩-塔克条件。

定理 3 设 X^* 是非线性规划问题的可行解，f 和 g_j（$j=1, 2, \cdots, m$）是凸函数，且在 X^* 可微，X^* 满足库恩-塔克条件，则 X^* 是非线性规划问题的最优解。

考虑

$$\min\ (2x_1+x_2+x_3)$$
$$\begin{cases} x_1 \geqslant x_3^2 \\ x_2 \geqslant x_3^2 \end{cases}$$

易知，相应的库恩-塔克条件为：

$$\begin{cases}\begin{bmatrix}2\\1\\1\end{bmatrix}^{\mathrm{T}}-u_1\begin{bmatrix}1\\0\\-2x_3\end{bmatrix}^{\mathrm{T}}-u_2\begin{bmatrix}0\\1\\-2x_3\end{bmatrix}^{\mathrm{T}}=0\\ u_1,u_2\geqslant 0\\ u_1(x_1-x_3^2)=0\\ u_2(x_2-x_3^2)=0\end{cases}$$

解得 $u_1=2$，$u_2=1$，$x_1=\dfrac{1}{36}$，$x_2=\dfrac{1}{36}$，$x_3=-\dfrac{1}{6}$

故 $X=\left(\dfrac{1}{36},\ \dfrac{1}{36},\ -\dfrac{1}{6}\right)^{\mathrm{T}}$ 为非线性规划问题最优解。

二、罚函数法

带有约束的最优化问题受到某些条件的限制，能否将这种非线性规划问题的求解转换为求解一系列无约束优化问题呢？通过无约束极小化技术来解决含等式与不等式约束非线性规划的方法称为序列无约束极小化技术，其核心思路就是利用目标函数和约束函数来构造新的目标函数，从而把约束问题转化为一系列无约束的极值问题。常用的方法有两类：一是罚函数法（penalty function method），又称外点法；二是障碍函数法（又称内点法）。

（一）罚函数法原理

从适用性来说罚函数法是一种求解非线性规则的“万能”方法，适用于凸规划与非凸规划、线性与非线性约束，其突出的优点是冲破了通常必须在可行域内进行搜索的束缚。通过构造一个由目标函数和约束函数组成的函数，对违反约束的点在目标函数中加入相应的惩罚，而对可行点则不予惩罚。迭代点通常在可行域外部移动，随着迭代的进行，惩罚也不断加大，迫使迭代点成为可行点，进而再寻求最优点。

考虑约束优化问题：

$$\begin{aligned}&\min f(X)\\&\text{s. t. } X\in R,\quad R=\{X\mid g_j(X)\geqslant 0\quad j=1,2,\cdots,m\}\end{aligned}\tag{6}$$

仿照拉格朗日乘子法，将目标函数 $f(X)$ 与约束函数 $g_j(X)\geqslant 0$（$j=1$，2，$\cdots$，m）结合在一起，构成一个新的函数，从而实现带有约束的规划问题向一系列无约束极值问题的转化。为此，引入广义函数：

$$\varphi(t)=\begin{cases}0, & t\geqslant 0\\ \infty, & t<0\end{cases}$$

取 $t=g_j(X)$，则有

$$\varphi(g_j(X))=\begin{cases}0, X\in R\\ \infty, X\notin R\end{cases},\quad j=1,2,\cdots,m$$

于是，函数的两种状态刻画了点 X 在可行域上或是在可行域外的两种情况。

再做辅助函数：

$$P(X)=f(X)+\sum_{j=1}^{m}\varphi[g_j(X)]$$

考察无约束极值问题：

$$\begin{aligned}&\min P(X)\\&\text{s. t. } X\in E^n\end{aligned}\tag{7}$$

设式（7）的最优解为 X^*，因 $\varphi(g_j(X))$ 只取 0 与∞两值，故唯有取 0 才能使 $\min P(X)$ 有意义，从而有 $\varphi(g_j(X))=0$（$j=1, 2, \cdots, m$）。同时，可推知 $\min P(X)=\min f(X)=f(X^*)$ 及 $X^*\in R$。于是，转化的目的达到并获得约束优化问题式（6）的最优解。

但是，由于广义函数无连续可微等良好性质，不便作数学处理，为此，可将 $\varphi(t)$ 改善为经典函数并基本保持转化的功能，可取：

$$\varphi(t)=\begin{cases}0, & t\geqslant 0\\ t^2, & t<0\end{cases}$$

不难证明，$\varphi(t)$ 一阶连续可微，有

$$\varphi'(t)=\begin{cases}0, & t\geqslant 0\\ 2t, & t<0\end{cases}$$

取 $t=g_j(X)$，则有

$$\begin{aligned}\varphi(g_j(X))&=\begin{cases}0, & X\in R\\ {g_j}^2(X), & X\notin R\end{cases}\\&=[\min(0,g_j(X))]^2, \quad j=1,2,\cdots,m\end{aligned}$$

当 $X\in R$，有

$$\sum_{j=1}^{m}\varphi[g_j(X)]=0$$

当 $X\notin R$，有

$$0<\sum_{j=1}^{m}\varphi[g_j(X)]<\infty$$

相应地，修正辅助函数 $P(X)$。为此，取一个充分大的数 $M>0$，令

$$P(X,M)=f(X)+M\sum_{j=1}^{m}[\min(0,g_j(X))]^2$$

从而可使 $\min P(X, M)$ 的解 $X(M)$ 为原约束优化问题（6）的极小解或近似极小解。若求得的 $X(M)\in R$，则它必是原约束优化问题（6）的极小解。事实上，对于所有 $X\in R$，有

$$f(X)+M\sum_{j=1}^{m}[\min(0,g_j(X))]^2=P(X,M)\geqslant P(X(M),M)=f(X(M))$$

即当 $X\in R$ 时，有 $f(X)\geqslant f(X(M))$。

函数 $P(X,M)$ 称为（惩）罚函数，M 为（惩）罚因子，$M\sum_{j=1}^{m}[\min(0,g_j(X))]^2$ 为惩罚项。

随着 M 的逐渐增大，（惩）罚函数中的（惩）罚项所起的作用随之增大，$\min P(X,M)$ 的解 $X(M)$ 与约束集 R 的“距离”就越来越近。当 $0<M_1<M_2<\cdots<M_k<\cdots$ 趋于无穷大时，点列 $\{X(M_k)\}$ 就从可行域 R 的外部趋于原约束最优化问题（6）的极小点。（此处假设点列 $\{X(M_k)\}$ 收敛）。

罚函数法的管理学意义：

若把目标函数 $f(X)$ 看作企业生产的成本，约束条件 $g_j(X)\geqslant 0$ 视为技术规范约束，带约束的非线性规划问题（6）是在满足技术规范要求的条件下使成本最小的问题。对违反技术规范要求制定了一种“罚款”政策，若符合技术规范要求（$X\in R$），则罚款为 0；若违反规定（$X\notin R$），则罚款巨大，为 $M\sum_{j=1}^{m}[\min(0,\ g_j(X))]^2$。于是，自然得到总代价是成本和罚款的总和。约束最优化问题的目标是总代价最小，这就是上述无约束问题。当罚因子充分大时，违反规定的罚款是难以承担的，从而永远达不到总代价最小的目标，这就迫使人们必须在技术规范条件下生产，即想方设法去掉罚款项，一旦获得使代价最小的解，此解当然符合技术规范，也就成为问题式（6）的解并且也是其最优解。

（二）罚函数法计算步骤

罚函数法计算步骤如下：

（1）取 $M_1>0$（比如可取 $M_1=1$），允许误差 $\varepsilon>0$，令 $k=0$。

（2）求无约束极值问题：

$$\min P(X,M_k)=P(X^{(k)},M_k)$$

$$P(X,M_k)=f(X)+M_k\sum_{j=1}^{m}[\min(0,g_j(X))]^2$$

（3）当有 j（$1\leqslant j\leqslant m$），使得 $g_j(X^{(k)})\geqslant\varepsilon$，则取 $M_{k+1}>M_k$（可取 $M_{k+1}=cM_k$，$c=5$ 或 10）。.

令 $k=k+1$，转（2）。否则，停止迭代，取 $X^{(k)}=X^*$。

[例 11-3] 某企业生产甲、乙两种产品，一定期限内产量分别为 x_1 和 x_2，产量受技术规范要求的条件如下：

$$x_2-1\geqslant 0$$

已知甲产品的成本为 $(x_1-2)^2$，乙产品的成本为 x_2^2。应如何安排生产，使其成本最小？

解 由题意可知此规划问题的数学模型为：

$$\min f(X)=(x_1-2)^2+x_2^2$$

$$\text{s. t.}\begin{cases}x_2-1\geqslant 0\\ x_1,x_2\geqslant 0\end{cases}$$

构造罚函数 $P(X,\ M_k)=f(X)+M_k[\min(0,\ g(X))]^2=(x_1-2)^2+x_2^2+M_k[\min(0,\ x_2-1)]^2$

$$P(X,M_k)=\begin{cases}(x_1-2)^2+x_2^2, & x_2\geqslant 1\\ (x_1-2)^2+x_2^2+M_k(x_2-1)^2, & x_2<1\end{cases}$$

本题可以用解析法求罚函数的无约束极小点。

因为 $\dfrac{\partial P}{\partial x_1}=2(x_1-2)$，$\dfrac{\partial P}{\partial x_2}=\begin{cases}2x_2, & x_2\geqslant 1\\ 2x_2+2M_k\ (x_2-1), & x_2<1\end{cases}$

令 $$\frac{\partial P}{\partial x_1}=\frac{\partial P}{\partial x_2}=0$$

即 $$2(x_1-2)=0$$

$$\begin{cases}2x_2=0, & x_2\geqslant 1(\text{舍去})\\ 2x_2+2M_k(x_2-1)=0, & x_2<1\end{cases}$$

故 $X=\left(2,\ \dfrac{M_k}{1+M_k}\right)^{\mathrm{T}}$，$M_k$ 取值从 $1\to\infty$ 逐渐增加时，罚函数的一系列无约束极小点是从可行域外部趋向 X^* 的。$X^*=(2,\ 1)^{\mathrm{T}}$，$f(X^*)=1$。

三、应用案例

某商业银行在全国范围内拥有 300 多家分行和 8 个区域商业中心，且在国外主要金融中心拥有多家分支机构、办事处和子公司。其主要业务是为客户提供投资顾问，为了在行业中保持领先地位，管理层组建了一个运筹研究小组，开始实施一项重组计划，以便为投资顾问提供最先进的方法和技术。研究小组得出结论，需要为投资顾问开发一个灵活的决策支持系统，可根据每位客户的不同需求量身定制服务，要求每位客户提供其全面的需求信息，包括从多个投资选项中确定其投资目标、投资范围、力争超越的指数、货币和流动性偏好等，同时还要求客户回答一系列问题，以确定该客户的风险承受能力类别。

此类决策支持系统模型通常就是典型的投资组合，选择非线性规划模型，建立该问题的非线性规划模型，假设考虑将 n 只股票（证券）纳入投资组合中，且令决策变量 x_j $(j=1,\ 2,\ \cdots,\ n)$ 表示组合中所包含的股票 j 的数量。令 μ_j 和 σ_{jj} 分别为（预估）股票 j 每股收益的均值和方差，其中 σ_{jj} 为可测定该股票的风险。对于 $i=1,\ 2,\ \cdots,\ n$ $(i\neq j)$，令 σ_{ij} 为股票 i 和股票 j 的每股收益的协方差（由于很难预估所有 σ_{ij} 的值，通常的做法是对市场行为作某种假设，从而可直接根据 σ_{ii} 和 σ_{jj} 计算 σ_{ij}），则整个投资组合的总回报预期值 $R(x)$ 和 $V(x)$ 可分别用以下公式表示：

$$R(x)=\sum_{j=1}^{n}\mu_j X_j$$

$$V(x)=\sum_{i=1}^{n}\sum_{j=1}^{n}\sigma_{ij}x_i x_j$$

式中，$V(x)$ 用于测定投资组合相关的风险。对于这两个因素进行权衡的方法之一就是将 $V(x)$ 作为需要最小化的目标函数，再规定约束条件，即 $R(x)$ 不得小于最低可接受预期回报，则完整的非线性规划模型为：

$$\min V(x)=\sum_{i=1}^{n}\sum_{j=1}^{n}\sigma_{ij}x_i x_j$$

$$\text{s. t.}\begin{cases}\sum_{j=1}^{n}\mu_j x_j \geqslant L\\ \sum_{j=1}^{n}P_j x_j \leqslant B\\ x_j \geqslant 0, \quad j=1,2,\cdots,n\end{cases}$$

式中，L 为可接受的最低预期回报；P_j 为股票 j 的每股价格；B 为投资组合预算资金。该公式的一个不足是，较难选择适当的 L 值以达到 $R(x)$ 和 $V(x)$ 之间的最佳平衡。因此，与其只能选择一个 L 值，更常见的做法是使用一个参数（非线性）规划方法来生成最优解，作为一系列 L 值的 L 函数。下一步要检验部分 L 最优解的 $R(x)$ 和 $V(x)$ 值，然后，选择似乎能达到两个量之间最佳平衡的解。这通常也是在 $R(x)$ 和 $V(x)$ 二维图上各点的有效边界，对可行的 x 生成解的过程。原因是一个最优 x（对于部分 L）的（$R(x)$ 和 $V(x)$）点落在可行点的前沿（边界）上。此外，从以下角度看，每个最优 x 都是有效的，因为对一个参数而言（R 或 V）没有别的可行解至少一样好，且该解对另一个参数值（更小的 V 或更大的 R）来说更好。

案例分析

学习完本节的内容，我们再来分析引入案例：在上节中没有考虑生产过程的技术要求，这在实际生产过程中是不现实的。接下来我们考虑加入各个部门生产时间的限制，这时该规划问题的数学模型为：

$$\max f(S,D)=80S-\frac{1}{15}S^2+150D-\frac{1}{5}D^2$$

$$\text{s. t.}\begin{cases}\frac{7}{10}S+D\leqslant 630\\ \frac{1}{2}S+\frac{5}{6}D\leqslant 600\\ S+\frac{2}{3}D\leqslant 708\\ \frac{1}{10}S+\frac{1}{4}D\leqslant 135\\ S,D\geqslant 0\end{cases}$$

求解该约束优化问题后可知，使利润函数达到最大的最优解是 $S=459$，$D=308$。

复习思考题

1. 给出函数 $f(x)=48x-60x^2+x^3$，请找到 $f(x)$ 的局部最大值和局部最小值，并使用一阶和二阶导数证明 $f(x)$ 既没有全局最大值，也没有全局最小值（因为它在两个方向上都是无界的）。

2. 指出以下各函数为凸函数、凹函数还是两个都不是。

(a) $f(x)=10x-x^2$；

(b) $f(x)=x^4+6x^2+12x$；

(c) $f(x)=2x^3-3x^2$；

(d) $f(x)=x^4+x^2$；

(e) $f(x)=x^3+x^4$。

3. 对以下非线性规划问题：

$$\max f(x)=x_1+x_2$$

$$\text{s.t.}\begin{cases}x_1^2+x_2^2\leqslant 1\\ x_1\geqslant 0,\quad x_2\geqslant 0\end{cases}$$

(a) 证明这是一个凸规划问题。

(b) 以图形方式求解该问题。

4. 对于约束优化问题：

$$\max f(x)=-6x+3x^2-2x^3$$

$$\text{s.t. } x\geqslant 0$$

使用 $f(x)$ 的一阶和二阶导数，推导出最优解。

5. 无约束优化 $\max f(x)=2x_1x_2+x_2-x_1^2-2x_2^2$，从初始解 $(x_1, x_2)=(1, 1)$ 开始，交互式运用梯度搜索程序（$\varepsilon=0.25$）获得逼近解，假设 $\nabla f(x)=0$，请求解所得线性方程组，获得精确解。

12

Chapter

第12章
对策理论

学习要点

- 理解对策模型的三要素
- 了解矩阵对策的基本定理
- 知晓纯策略和混合策略
- 掌握矩阵对策方程组法
- 理解纳什定理和平衡偶
- 掌握双矩阵对策的求解

引入案例

在市场上已有一家垄断企业，另一家新企业虎视眈眈想要进入。垄断企业希望能保持自己的垄断地位，想要阻挠新企业的进入。新企业有两种策略可以选择：进入或不进入。垄断企业也有两种策略可以选择：竞争或默许。

对于新企业来说，最理想的情况是进入市场而垄断企业默许它的市场份额。对于垄断企业来说，最理想的情况是新企业不进入市场并延续自己的垄断地位。新企业和垄断企业都希望能避免互相斗争而两败俱伤的情况。

现在，垄断企业在得知新企业的战略计划后，向新企业表示自己将采取强硬手段。如果你是新企业的负责人，你会相信这一威胁吗?

相信通过本章的学习，一定会给你带来启发。

对策论也称竞赛论或博弈论（game theory），是研究具有竞争性质现象的数学理论和方法。对策论研究的问题与政治、经济、军事活动乃至一般的日常生活等有着密切联系，处理问题的方法有明显特色，引起广泛关注。

第 1 节　对策论简介

一、对策的概念

具有竞争或对抗性质的行为称为对策行为。在这类行为中，参加争斗或竞争的各方具有不同的目标和利益。为了达到各自的目标和利益，各方必须考虑对手的各种可能行动方案，并力图选取对自己最有利或最合理的方案。对策论就是研究对策行为中竞争各方是否存在最合理行动方案，以及如何找到最合理行动方案的管理优化理论和方法。

对策与决策的不同之处在于，对策论是研究多个决策主体的行为在相互作用下产生的决策行为以及这种竞争性行为的最终结局。而决策论可以理解为一个决策主体在面对不确定环境下的收益最大化行为。

二、对策模型三要素

以下称具有对策行为的模型为对策模型或对策。对策模型的种类千差万别，但本质上都包括以下三个基本要素。

（一）局中人

在一个对策行为（或一局对策）中，有权决定自己行动方案的对策参加者，称为局中人，他们也是决策主体，根据自己的利益要求决定自己的行为。通常用 I 表示局中人的集合。如果有 n 个局中人，则 $I=\{1, 2, \cdots, n\}$。一般要求一个对策中至少有两个局中人。

对策中关于局中人的概念具有广义性。局中人除了可理解为个人外，还可理解为某一集体，如球队、交战国、企业等。特别地，当研究在不确定的条件下进行某项决策时，可把大自然当作一个局中人。需要强调的一点是，在对策中总是假定每个局中人都是“理智的”决策者或竞争者，即所有局中人均以追求自身赢得最大化为原则，不存在利用其他局中人决策的失误来扩大自身赢得的可能性。

（二）策略集

在对策论中有两种策略概念，最基本的称为纯策略，指一局对策中，可供局中人选择的实际、可行、完整的行动方案。参加对策的每个局中人 $i(i\in I)$ 都有自己的策略集 S_i，也称为策略空间。策略集是指局中人所有纯策略的集合。一般地，每个局中人的策略集中至少包括两个纯策略。

另一种策略概念为在纯策略基础上形成的混合策略，局中人的混合策略就是其纯策略集合上的一种概率分布，表示局中人在实际对策过程中根据这种概率在纯策略中随机选择并加以实施。纯策略是混合策略的特例。

（三）赢得函数

在一局对策中，各局中人选定的策略形成的策略组称为一个局势，即若 s_i 是第 i 个局中人的一个策略，则 n 个局中人的策略组 $s=(s_1, s_2, \cdots, s_n)$ 就是一个局势。全体局势的集合 S 可用各局中人策略组的笛卡儿积表示，即 $S=S_1\times S_2\times\cdots\times S_n$。

当一个局势出现后，对策的结果也就确定了。也就是说，对任一局势 $s\in S$，局中人 i 可以得到一个赢得值 $H_i(s)$。显然，$H_i(s)$ 是局势 s 的函数，称为第 i 个局中人的赢得函数（或支付函数）。

以上讨论了局中人、策略集和赢得函数这三个概念。当这三个基本要素确定后，一个对策模型也就给定了。

三、对策问题的分类

为了便于对不同的对策问题进行研究，可以根据不同方式进行分类，通常的分类方式有：

（1）根据局中人的个数，分为二人对策和多人对策。

（2）根据各局中人的赢得函数的代数和是否为零，分为零和对策与非零和对策。

（3）根据各局中人之间是否允许合作，分为合作对策和非合作对策。

（4）根据局中人的策略集中的策略个数，分为有限对策和无限对策。

（5）根据局中人的决策顺序，分为动态对策和静态对策。

（6）根据局中人对信息的掌握情况，分为完全信息对策和非完全信息对策。

此外，根据对策模型的数学特征，可分为矩阵对策、连续对策、微分对策、阵地对策、凸对策、随机对策等。

因为篇幅有限，本章研究的对策模型均为完全信息的静态对策模型。我们将先对最简单的二人有限零和对策（finite two-person zero-sum game，又称矩阵对策）进行介绍，然后将赢得总和为零的约束放松，研究静态对策的一般形式（又称双矩阵对策）。静态对策可以说是一类最简单的对策模型，其研究思想和方法十分具有代表性，体现了对策论的一般思想和方法，且矩阵对策的基本结果也是研究其他对策模型的基础。

第 2 节　矩阵对策

矩阵对策，即二人有限零和对策，是指只有两个参加对策的局中人，每个局中人都只有有限个策略可供选择。在任一局势下，两个局中人的赢得总和等于零，即双方的利益是激烈对抗的，双方不存在合作的可能性。

一、矩阵对策的数学模型

（一）矩阵对策的基本模型

在矩阵对策中，一般用Ⅰ、Ⅱ分别表示两个局中人，并设局中人Ⅰ有 m 个纯策略 α_1，α_2，…，α_m，局中人Ⅱ有 n 个纯策略 β_1，β_2，…，β_n，则局中人Ⅰ、Ⅱ的策略集分别为 $S_1=\{\alpha_1, \alpha_2, \cdots, \alpha_m\}$，$S_2=\{\beta_1, \beta_2, \cdots, \beta_n\}$。

当局中人Ⅰ选定纯策略 α_i 和局中人Ⅱ选定纯策略 β_j 后，就形成了一个纯局势（α_i，β_j）。可见这样的纯局势共有 $m \times n$ 个。对任一纯局势（α_i，β_j），记局中人Ⅰ的赢得值为 a_{ij}，并称

$$A=\begin{bmatrix} a_{11} & a_{12} & \cdots & a_{1n} \\ a_{21} & a_{22} & \cdots & a_{2n} \\ \vdots & \vdots & & \vdots \\ a_{m1} & a_{m2} & \cdots & a_{mn} \end{bmatrix}$$

为局中人Ⅰ的赢得矩阵（或为局中人Ⅱ的支付矩阵）。由于矩阵对策是一种零和对策，故局中人Ⅱ的赢得矩阵就是 $-A$。

当局中人Ⅰ、Ⅱ及其对应的策略集 S_1、S_2 和赢得矩阵 A 确定后，一个矩阵对策也就给定了。通常，将一个矩阵对策记成

$$G=\{\text{Ⅰ},\text{Ⅱ};S_1,S_2;A\} \text{ 或 } G=\{S_1,S_2;A\}$$

［例 12－1］ 田忌赛马

战国时期，齐王与大将田忌赛马，双方约定从各自的上、中、下三个等级的马中各选一匹参赛，每匹马只能参赛一次，每一次比赛双方各出一匹马，负者要付给胜者一千金。在同等级的马中，田忌的马不如齐王的马，而如果田忌的马比齐王的马高一等级，则田忌的马可取胜。

解 （1）局中人，即参与决策的竞争者。本例中有齐王和田忌两个局中人，他们各自独立决策并承担相应风险。

（2）策略集。在本例中，如果用（上，中，下）表示以上等马、中等马、下等马依次参赛这样一个次序，这就是一个完整的行动方案，即为一个策略。可见，局中人齐王和田忌各自都有 6 个策略：（上，中，下）、（上，下，中）、（中，上，下）、（中，下，上）、（下，中，上）、（下，上，中），可分别用 $S_1=\{\alpha_1，\alpha_2，\alpha_3，\alpha_4，\alpha_5，\alpha_6\}$ 和 $S_2=\{\beta_1，\beta_2，\beta_3，\beta_4，\beta_5，\beta_6\}$ 表示。

（3）赢得函数。齐王的任一策略 α_i 和田忌的任一策略 β_j 就形成了一个局势 s_{ij}。如果 $\alpha_1=$(上，中，下)，$\beta_1=$(上，中，下)，则在局势 s_{11} 下齐王的赢得值为 $H_2(s_{11})=3$，如表 12－1 所示。一局对策结束后，齐王的所得必为田忌的所失，反之亦然，这就是所谓的零和对策。

表 12－1 齐王的赢得矩阵

	上中下	上下中	中上下	中下上	下上中	下中上
上中下	3	1	1	1	−1	1
上下中	1	3	1	1	1	−1
中上下	1	−1	3	1	1	1
中下上	−1	1	1	3	1	1
下上中	1	1	1	−1	3	1
下中上	1	1	−1	1	1	3

（二）矩阵对策的纯策略

对于一般矩阵对策，有如下定义。设 $G=\{S_1, S_2; A\}$ 为矩阵对策。其中 $S_1=\{\alpha_1, \alpha_2, \cdots, \alpha_m\}$，$S_2=\{\beta_1, \beta_2, \cdots, \beta_n\}$，$A=(a_{ij})_{m\times n}$。若等式

$$\max_i \min_j a_{ij}=\min_j \max_i a_{ij}=a_{i^*j^*}$$

成立，记 $V_G=a_{i^*j^*}$。则称 V_G 为对策 G 的值，称 V_G 对应的纯局势（α_{i^*}，β_{j^*}）为对策 G 的平衡局势，又称解（或鞍点），α_{i^*} 与 β_{j^*} 分别称为局中人Ⅰ，Ⅱ的最优纯策略。

一个平衡局势（α_{i^*}，β_{j^*}）应具有这样的性质，当局中人Ⅰ选择了纯策略 α_{i^*} 后，局中人Ⅱ为了使其损失最少，只有选择纯策略 β_{j^*}，即“大中求小”，否则就可能失去更多；反之，当局中人Ⅱ选择了纯策略 β_{j^*} 后，局中人Ⅰ为了得到更大的赢得也只能选取纯策略 α_{i^*}，即“小中求大”，否则就会赢得更少。双方的竞争在局势（α_{i^*}，β_{j^*}）下达到了一个平衡状态。在矩阵对策中，两个局中人都采取平衡状态下的最优纯策略（如果最优纯策略存在）才是理智的行动。

矩阵对策 $G=\{S_1, S_2; A\}$ 在纯策略意义下有解的充分必要条件是：存在纯局势（α_{i^*}，β_{j^*}）使得对一切 $i=1, 2, \cdots, m$；$j=1, 2, \cdots, n$，均有 $a_{ij^*}\leqslant a_{i^*j^*}\leqslant a_{i^*j}$。

直观的解释是：如果 $a_{i^*j^*}$ 既是矩阵 $A=(a_{ij})_{m\times n}$ 中第 i^* 行的最小值，又是矩阵 A 中第 j^* 列的最大值，则 $a_{i^*j^*}$ 即为对策的值，且（α_{i^*}，β_{j^*}）就是对策的解。

[例 12-2] 求解矩阵对策 $G=\{S_1, S_2; A\}$，其中：

$$A=\begin{bmatrix}-7 & 1 & -8\\ 3 & 2 & 4\\ 16 & -1 & -3\\ -3 & 0 & 5\end{bmatrix}$$

解 根据矩阵 A 分析，局中人Ⅰ如果选择策略 α_1（第一行），局中人Ⅱ会作出最优反应，选择使自己赢得最大的策略，即 β_3（注意局中人Ⅰ和Ⅱ的支付刚好相反）。从数学上讲，就相当于局中人Ⅱ的最优反应使局中人Ⅰ只能获得每一行中的最小值。局中人Ⅰ的支付变成以下矩阵：

Ⅰ \ Ⅱ	β_1	β_2	β_3	$\min_j a_{ij}$
α_1	−7	1	−8	−8
α_2	3	2	4	2*
α_3	16	−1	−3	−3
α_4	−3	0	5	−3

对于局中人Ⅰ来说，理性选择就是在−8、2、−3、−3 中选择收益最大的策略，即 α_2。

类似地，对于局中人Ⅱ来说，如果他选择策略 β_1（第一列），局中人Ⅰ就会选择策略

α_3 使自己得到 16 的收益，也就是说针对局中人Ⅱ的策略，局中人Ⅰ会选择每一列中的最大值，使自己收益最大。因此，局中人Ⅱ要在这些值中选择最小的一个，有

Ⅰ \ Ⅱ	β_1	β_2	β_3	$\min\limits_j a_{ij}$
α_1	−7	1	−8	−8
α_2	3	2	4	2^*
α_3	16	−1	−3	−3
α_4	−3	0	5	−3
$\max\limits_i a_{ij}$	16	2^*	5	

于是$\max\limits_i \min\limits_j a_{ij}=\min\limits_j \max\limits_i a_{ij}=a_{22}=2$，根据矩阵对策的定义，$V_G=2$，$G$ 的解为(α_2, β_2)，α_2 与 β_2 分别是局中人Ⅰ和Ⅱ的最优纯策略。在上例中，(α_2, β_2)就是对策 G 的鞍点。

我们用下面的例题说明矩阵对策可能有多个鞍点存在。

［例 12-3］ 求对策 G 的解：设矩阵对策 $G=\{S_1, S_2; A\}$，其中 $S_1=\{\alpha_1, \alpha_2, \alpha_3, \alpha_4\}$，$S_2=\{\beta_1, \beta_2, \beta_3, \beta_4\}$，赢得矩阵为：

$$A=\begin{bmatrix}6 & 5 & 6 & 5\\ 1 & 4 & 2 & -1\\ 8 & 5 & 7 & 5\\ 0 & 2 & 6 & 2\end{bmatrix}$$

解　直接在 A 提供的赢得表上计算，有

$$\begin{array}{c|cccc|c} & \beta_1 & \beta_2 & \beta_3 & \beta_4 & \min\\ \alpha_1 & 6 & 5 & 6 & 5 & 5^*\\ \alpha_2 & 1 & 4 & 2 & -1 & -1\\ \alpha_3 & 8 & 5 & 7 & 5 & 5^*\\ \alpha_4 & 0 & 2 & 6 & 2 & 0\\ \max & 8 & 5^* & 7 & 5^* & \end{array}$$

于是$\max\limits_i \min\limits_j a_{ij}=\min\limits_j \max\limits_i a_{ij}=a_{i^*j^*}=5$，其中 $i^*=1, 3$；$j^*=2, 4$，故(α_1, β_2)，(α_1, β_4)，(α_3, β_2)，(α_3, β_4)四个局势都是对策的解或者鞍点，且对策值唯一，$V_G=5$。

（三）矩阵对策的混合策略

1. 矩阵对策的混合策略概念

从上面讨论可知，对矩阵对策 $G=\{S_1, S_2; A\}$来说，局中人Ⅰ有把握的至少赢得是 $v_1=\max\limits_i \min\limits_j a_{ij}$；局中人Ⅱ有把握的至多损失是 $v_2=\min\limits_j \max\limits_i a_{ij}$。一般，局中人Ⅰ的赢得值不会多于局中人Ⅱ的所失值，即总有 $v_1 \leqslant v_2$。

当 $v_1=v_2$ 时，矩阵对策 G 存在纯策略意义下的解，且 $V_G=v_1=v_2$。然而，一般情形

并非如此，实际更常见情形是 $v_1<v_2$，这时根据矩阵对策的定义，对策不存在纯策略意义下的解。

例如，对于赢得矩阵为 $A=\begin{bmatrix}3 & 6\\5 & 4\end{bmatrix}$的对策来说：

$$v_1=\max_i \min_j a_{ij}=4,\quad i^*=2$$

$$v_2=\min_j \max_i a_{ij}=5,\quad j^*=1$$

$$v_2=a_{21}=5>4=v_1$$

于是，当双方各根据从最不利情形中选取最有利结果的原则选择纯策略时，应分别选取 α_2 和 β_1，此时局中人Ⅰ将赢得 5，比其预期赢得 $v_1=4$ 还多，原因就在于局中人Ⅱ选择了 β_1，使他的对手多得了原来不该得的赢得。故 β_1 对局中人Ⅱ来说并不是最优的，因而他会考虑出 β_2。

局中人Ⅰ亦会采取相应的办法，改出 α_1 使赢得为 6，而局中人Ⅱ又可能仍采取策略 β_1 来应对局中人Ⅰ的策略 α_1。这样，局中人Ⅰ出 α_1 或 α_2 的可能性以及局中人Ⅱ出 β_1 或 β_2 的可能性都不能排除。对两个局中人来说，不存在一个双方均可接受的平衡局势，或者说当 $v_1<v_2$ 时，矩阵对策 G 不存在纯策略意义下的解。

在这种情况下，一个比较自然且合乎实际的想法是：既然各局中人没有最优策略可出，是否可以给出一个选取不同策略的概率分布。如在上例中，局中人Ⅰ可以制定如下策略：分别以概率 1/4 和 3/4 选取纯策略 α_1 和 α_2，这种策略是局中人Ⅰ的策略集 $\{\alpha_1, \alpha_2\}$上的一个概率分布，称之为混合策略。同样，局中人Ⅱ也可制定这样一种混合策略：分别以概率 1/2、1/2 选取纯策略 β_1、β_2。下面给出矩阵对策混合策略的定义：

设有矩阵对策 $G=\{S_1, S_2; A\}$，其中 $S_1=\{\alpha_1, \alpha_2, \cdots, \alpha_m\}$，$S_2=\{\beta_1, \beta_2, \cdots, \beta_n\}$，$A=(a_{ij})_{m\times n}$，记

$$S_1^*=\left\{x\in E^m \mid x_i\geqslant 0,\quad i=1,\cdots,m;\sum_{i=1}^m x_i=1\right\}$$

$$S_2^*=\left\{y\in E^m \mid y_j\geqslant 0,\quad j=1,\cdots,n;\sum_{j=1}^m y_j=1\right\}$$

则 S_1^* 和 S_2^* 分别称为局中人Ⅰ和Ⅱ的混合策略集（其中 E^m 为 m 维欧氏空间）；$x\in S_1^*$ 和 $y\in S_2^*$ 分别称为局中人Ⅰ和Ⅱ的混合策略；对 $x\in S_1^*$ 和 $y\in S_2^*$，称(x, y)为一个混合局势，局中人Ⅰ的赢得函数记成 $E(x, y)=x^{\mathrm{T}}Ay=\sum\limits_i \sum\limits_j a_{ij}x_i y_j$，这样得到的一个新的策略记成 $G^*=\{S_1^*, S_2^*, E\}$，称 G^* 为对策 G 的混合扩充。

2. 矩阵对策混合策略的解

设两个局中人仍像前面一样进行有理智的对策。当局中人Ⅰ采取混合策略 x 时，坏中取好，在最不利当中达到最有利结果，也就是局中人Ⅰ可保证自己的赢得期望值不少于 $v_1=\max\limits_{x\in S_1^*} \min\limits_{y\in S_2^*} E(x, y)$。同理可知，局中人Ⅱ可保证自己的所失期望值至多是

$v_2=\min\limits_{y\in S_1^*}\max\limits_{x\in S_2^*}E(x,\ y)$。

设$G^*=\{S_1^*,\ S_2^*;\ E\}$是矩阵对策$G=\{S_1,\ S_2;\ A\}$的混合扩充，若$\max\limits_{x\in S_1^*}\min\limits_{y\in S_2^*}E(x,\ y)=\min\limits_{y\in S_2^*}\max\limits_{x\in S_1^*}E(x,\ y)$，记其值为$V_G$。则称$V_G$为对策$G^*$的值，称使上式成立的混合局势$(x^*,\ y^*)$为$G$在混合策略意义下的解（或简称解），$x^*$和$y^*$分别称为局中人Ⅰ和Ⅱ的最优混合策略（或简称最优策略）。

现约定，以下对$G=\{S_1,\ S_2;\ A\}$及其混合扩充$G^*=\{S_1^*,\ S_2^*;\ E\}$一般不加区别，通常都用$G=\{S_1,\ S_2;\ A\}$来表示。当$G$在纯策略意义下解不存在时，自动认为讨论的是在混合策略意义下的解，相应的局中人Ⅰ的赢得函数为$E(x,\ y)$。

［例 12-4］　考虑矩阵对策$G=\{S_1,\ S_2;\ A\}$，其中：

$A=\begin{bmatrix}3 & 6\\ 5 & 4\end{bmatrix}$，$S_1$和$S_2$的混合策略是什么？

解　由前面的讨论已知G在纯策略意义下的解不存在，于是设$x=(x_1,\ x_2)$为局中人Ⅰ的混合策略，$y=(y_1,\ y_2)$为局中人Ⅱ的混合策略，则

$$S_1^*=\{(x_1,x_2)\mid x_1,x_2\geqslant 0,x_1+x_2=1\}$$
$$S_2^*=\{(y_1,y_2)\mid y_1,y_2\geqslant 0,y_1+y_2=1\}$$

局中人Ⅰ的赢得期望值如下：

$$\begin{aligned}E(x,y)&=3x_1y_1+6x_1y_2+5x_2y_1+4x_2y_2\\&=3x_1y_1+6x_1(1-y_1)+5(1-x_1)y_1+4(1-x_1)(1-y_1)\\&=-4(x_1-1/4)(y_1-1/2)+9/2\end{aligned}$$

取$x^*=(1/4,\ 3/4)$，$y^*=(1/2,\ 1/2)$，则$E(x^*,\ y^*)=9/2$，$E(x^*,\ y)=E(x,\ y^*)=9/2$，即有$E(x,\ y^*)\leqslant E(x^*,\ y^*)\leqslant E(x^*,\ y)$。

故$x^*=(1/4,\ 3/4)$和$y^*=(1/2,\ 1/2)$分别为局中人Ⅰ和Ⅱ的最优策略，对策值（局中人Ⅰ的赢得期望值）$V_G=9/2$。

二、矩阵对策的基本原理

下面主要讨论矩阵对策解的存在性及解的性质。

（一）混合策略解的不等式表达方式

先给出如下两个记号：当局中人Ⅰ取纯策略α_i时，记其相应的赢得函数为$E(i,\ y)$，于是$E(i,\ y)=\sum\limits_j a_{ij}y_j$；当局中人Ⅱ取纯策略$\beta_j$时，记其相应的赢得函数为$E(x,\ j)$，于是$E(x,\ j)=\sum\limits_i a_{ij}x_i$。则

$$E(x,y)=\sum_i\sum_j a_{ij}x_iy_j=\sum_i\Big(\sum_j a_{ij}y_j\Big)x_i=\sum_i E(i,y)x_i$$

$$E(x,y)=\sum_i\sum_j a_{ij}x_iy_j=\sum_j\Big(\sum_i a_{ij}x_i\Big)y_j=\sum_j E(x,j)y_j$$

根据上面的记号，可给出混合策略解的另一种等价表示：

设 $x^*\in S_1^*$，$y^*\in S_2^*$，则(x^*, y^*)是 G 的解的充要条件是：对任意 $i=1, 2, \cdots, m$ 和 $j=1, 2, \cdots, n$，有 $E(i, y^*)\leqslant E(x^*, y^*)\leqslant E(x^*, j)$。

不难证明，混合策略解的充要条件也可表述为如下等价的形式，而这一形式在求解矩阵对策时是特别有用的。

设 $x^*\in S_1^*$，$y^*\in S_2^*$，则 (x^*, y^*) 是 G 的解的充要条件是：存在数 v，使得 x^* 和 y^* 分别是不等式组（Ⅰ）和（Ⅱ）的解，且 $v=V_G$。

$$
(\text{Ⅰ})\begin{cases}\sum_i a_{ij}x_i \geqslant v, & j=1,2,\cdots,n\\ \sum_i x_i=1 \\ x_i\geqslant 0, & i=1,2,\cdots,m\end{cases}
$$

$$
(\text{Ⅱ})\begin{cases}\sum_i a_{ij}y_j \leqslant v, & i=1,2,\cdots,m\\ \sum_j y_j=1 \\ y_j\geqslant 0, & j=1,2,\cdots,n\end{cases}
$$

（二）矩阵对策及其解的性质

下面给出矩阵对策的基本定理。

定理 1 对任一矩阵 $G=\{S_1, S_2; A\}$，一定存在混合策略意义下的解。

定理 2 设 (x^*, y^*) 是矩阵对策 G 的解，$v=V_G$，则

(1) 若 $x_{i^*}>0$，则 $\sum_j a_{ij}y_{j^*}=v$；

(2) 若 $y_{j^*}>0$，则 $\sum_i a_{ij}x_{i^*}=v$；

(3) 若 $\sum_j a_{ij}y_{j^*}<v$，则 $x_{i^*}=0$；

(4) 若 $\sum_i a_{ij}x_{i^*}>v$，则 $y_{j^*}=0$。

记矩阵对策 G 的解集为 $T(G)$，关于对策解集的性质有如下三个定理：

定理 3 设有两个矩阵对策

$$G_1=\{S_1,S_2;A_1\}$$
$$G_2=\{S_1,S_2;A_2\}$$

其中 $A_1=(a_{ij})$，$A_2=(a_{ij}+L)$，L 为任一常数，则

(1) $V_{G_2}=V_{G_1}+L$；

(2) $T(G_1)=T(G_2)$。

定理 4 设有两个矩阵对策

$$G_1=\{S_1,S_2;A\}$$
$$G_2=\{S_1,S_2;\alpha A\}$$

其中 $\alpha>0$ 为任一常数。则

(1) $V_{G_2}=\alpha V_{G_1}$；

(2) $T(G_1)=T(G_2)$。

定理 5　设 $G=\{S_1,\ S_2;\ A\}$ 为一矩阵对策，且 $A=-A^{\mathrm{T}}$ 为斜对称矩阵（亦称对称对策），则

(1) $V_{G_2}=0$；

(2) $T(G_1)=T(G_2)$，其中 $T(G_1)$ 和 $T(G_2)$ 分别为局中人Ⅰ和Ⅱ的最优策略集。

（三）矩阵对策的优超策略

1. 优超策略的定义

设有矩阵对策 $G=\{S_1,\ S_2;\ A\}$，其中 $S_1=\{\alpha_1,\ \alpha_2,\ \cdots,\ \alpha_m\}$，$S_2=\{\beta_1,\ \beta_2,\ \cdots,\ \beta_n\}$，$A=(a_{ij})$，如果对一切 $j=1,\ 2,\ \cdots,\ n$，都有 $a_{i^0j}\geqslant a_{k^0j}$，即矩阵 A 的第 i^0 行元素均不小于第 k^0 行的对应元素，则称局中人Ⅰ的纯策略 a_{i^0} 优超于 a_{k^0}。若不等式为严格不等式，则称纯策略 a_{i^0} 严格优超于 a_{k^0}。同样，若对一切 $i=1,\ 2,\ \cdots,\ m$，都有 $a_{ij^0}\leqslant a_{il^0}$，即矩阵 A 的第 l^0 列元素均不小于第 j^0 列的对应元素，则称局中人Ⅱ的纯策略 β_{j^0} 优超于 β_{l^0}。若不等式为严格不等式，则称纯策略 β_{j^0} 严格优超于 β_{l^0}。

2. 优超原则

设 $G=\{S_1,\ S_2;\ A\}$ 为矩阵对策，其中 $S_1=\{\alpha_1,\ \alpha_2,\ \cdots,\ \alpha_m\}$，$S_2=\{\beta_1,\ \beta_2,\ \cdots,\ \beta_n\}$，$A=(a_{ij})$，如果纯策略 α_1 被其余纯策略 $\alpha_2,\ \alpha_3,\ \cdots,\ \alpha_m$ 中之一严格优超，由 G 可得到一个新的矩阵对策 G'，$G'=\{S_1',\ S_2;\ A'\}$，其中：

$$S_1'=\{\alpha_2,\alpha_3,\cdots,\alpha_m\}$$
$$A'=(a_{ij}{}')_{(m-1)\times n}$$
$$a_{ij}=a_{1j},\quad i=2,\cdots,m\ j=1,\ 2,\cdots,n$$

于是有：

(1) $V_G{}'=V_G$；

(2) G' 中局中人Ⅱ的最优策略就是其在 G 中的最优策略；

(3) 若 G 是 G' 中局中人Ⅰ的最优策略，则 $x^*=(0,\ x_2^*,\ \cdots,\ x_m^*)^{\mathrm{T}}$ 便是其在 G 中的最优策略。

若 α_1 不是被纯策略 $\alpha_2,\ \alpha_3,\ \cdots,\ \alpha_m$ 中之一严格优超，而是被 $\alpha_2,\ \alpha_3,\ \cdots,\ \alpha_m$ 的某个凸线性组合优超，定理的结论仍然成立。

上述介绍实际给出了一个化简赢得矩阵 A 的原则，称为优超原则。根据这个原则，当局中人Ⅰ的某纯策略 α_i 被其他纯策略或纯策略的凸线性组合所优超时，可在矩阵 A 中划去第 i 行而得到一个与原对策 G 等价但赢得矩阵阶数较小的对策 G'，而 G' 的求解往往

比 G 的求解容易些，通过求解 G' 而得到 G 的解。类似地，对局中人Ⅱ来说，可以在赢得矩阵 A 中划去被其他列或其他列的凸线性组合所优超的那些列。下面举例说明优超原则的应用。

［**例 12－5**］ 设赢得矩阵为 A，求解这个矩阵对策：

$$A=\begin{bmatrix}3 & 2 & 0 & 3 & 0\\5 & 0 & 2 & 5 & 9\\7 & 3 & 9 & 5 & 9\\4 & 6 & 8 & 7 & 5.5\\6 & 0 & 8 & 8 & 3\end{bmatrix}$$

解 由于第 4 行优超于第 1 行，第 3 行优超于第 2 行，故可划去第 1 行和第 2 行，得到新的赢得矩阵 A_1：

$$A_1=\begin{bmatrix}7 & 3 & 9 & 5 & 9\\4 & 6 & 8 & 7 & 5.5\\6 & 0 & 8 & 8 & 3\end{bmatrix}$$

对于 A_1，第 1 列优超于第 3 列，第 2 列优超于第 4 列，1/3×(第 1 列)＋2/3×(第 2 列）优超于第 5 列，因此去掉第 3 列、第 4 列和第 5 列，得到 A_2：

$$A_2=\begin{bmatrix}7 & 3\\4 & 6\\6 & 0\end{bmatrix}$$

这时，第 1 行优超于第 3 行，故从 A_2 中划去第 3 行，得到 A_3：

$$A_3=\begin{bmatrix}7 & 3\\4 & 6\end{bmatrix}$$

对于 A_3，易知无鞍点存在，根据混合策略解的充要条件，求解不等式组（Ⅰ）和（Ⅱ）：

$$(\text{Ⅰ})\begin{cases}7x_3+4x_4\geqslant v\\3x_3+6x_4\geqslant v\\x_3+x_4=1\\x_3,x_4\geqslant 0\end{cases}$$

$$(\text{Ⅱ})\begin{cases}7y_1+3y_2\leqslant v\\4y_1+6y_2\leqslant v\\y_1+y_2=1\\y_1,y_2\geqslant 0\end{cases}$$

首先考虑满足

$$\begin{cases}7x_3+4x_4=v\\3x_3+6x_4=v\\x_3+x_4=1\end{cases} \text{和} \begin{cases}7y_1+3y_2=v\\4y_1+6y_2=v\\y_1+y_2=1\end{cases}$$

的非负解。求得解为 $x_3^*=1/3$，$x_4^*=2/3$；$y_1^*=1/2$，$y_2^*=1/2$；$v=5$。

于是，原矩阵对策的一个解为 $x^*=(0,\ 0,\ 1/3,\ 2/3,\ 0)^{\mathrm{T}}$，$y^*=(1/2,\ 1/2,\ 0,\ 0,\ 0)^{\mathrm{T}}$，$V_G=5$。

三、矩阵对策的解法

如前所述，一般矩阵对策在纯策略下的解往往是不存在的。但一般矩阵对策在混合策略下的解却是存在的，并且引出求解矩阵对策的基本方法——方程组法和线性规划法。

（一）方程组法

根据矩阵对策定理 2，如果假设最优策略中的 x_i^* 和 y_j^* 均不为零，可将对策矩阵的求解问题转化成求解下面两个方程组的问题：

$$(\text{Ⅰ})\begin{cases}\sum\limits_i a_{ij}x_i=v, & j=1,2,\cdots,n\\ \sum\limits_i x_i=1\end{cases}$$

$$(\text{Ⅱ})\begin{cases}\sum\limits_j a_{ij}y_j=v, & i=1,2,\cdots,m\\ \sum\limits_j y_j=1\end{cases}$$

如果上述两个方程组存在非负解 x^* 和 y^*，便求得了对策的一个解（x^*，y^*）。

如果上述两个方程组求出的 x^* 和 y^* 有负的分量，则可视具体情况，将方程组中的某些等式改成不等式，继续试算求解，直至求出对策的解。这种方法由于事先假定 x^* 和 y^* 均不为零，故当 x^* 和 y^* 的实际分量中有些为零时，上面两个式子一般无非负解，而下面的试算过程则是无固定规程可循的。因此，这种方法在实际应用中具有一定的局限性。

［例 12-6］　求解矩阵对策——“田忌赛马”。

解　已知齐王的赢得矩阵为：

$$A=\begin{bmatrix}3&1&1&1&1&-1\\1&3&1&1&-1&1\\1&-1&3&1&1&1\\-1&1&1&3&1&1\\1&1&-1&1&3&1\\1&1&1&-1&1&3\end{bmatrix}$$

易知，A 没有鞍点，即对齐王和田忌来说都不存在最优纯策略。

设齐王和田忌的最优混合策略为 $x^*=(x_1^*,\ x_2^*,\ x_3^*,\ x_4^*,\ x_5^*,\ x_6^*)^{\mathrm{T}}$ 和 $y^*=(y_1^*,\ y_2^*,\ y_3^*,\ y_4^*,\ y_5^*,\ y_6^*)^{\mathrm{T}}$，从矩阵 A 的元素来看，每个局中人选取每个纯策略的可能性都是存在的，故可事先假定 $x_i^*>0$ 和 $y_j^*>0$（$i=1,\ 2,\ \cdots,\ 6$；$j=1,\ 2,\ \cdots,\ 6$），于是求解线性方程组

$$
(\mathrm{I})\begin{cases}3x_1+x_2+x_3-x_4+x_5+x_6=v\\x_1+3x_2-x_3+x_4+x_5+x_6=v\\x_1+x_2+3x_3+x_4-x_5+x_6=v\\x_1+x_2+x_3+3x_4+x_5-x_6=v\\x_1-x_2+x_3+x_4+3x_5+x_6=v\\-x_1+x_2+x_3+x_4+x_5+3x_6=v\\x_1+x_2+x_3+x_4+x_5+x_6=1\end{cases}
$$

$$
(\mathrm{II})\begin{cases}3y_1+y_2+y_3+y_4+y_5-y_6=v\\y_1+3y_2+y_3+y_4-y_5+y_6=v\\y_1-y_2+3y_3+y_4+y_5+y_6=v\\-y_1+y_2+y_3+3y_4+y_5+y_6=v\\y_1+y_2-y_3+y_4+3y_5+y_6=v\\y_1+y_2+y_3-y_4+y_5+3y_6=v\\y_1+y_2+y_3+y_4+y_5+y_6=1\end{cases}
$$

得到 $x_i=1/6$，$y_j=1/6$（$i,\ j=1,\ 2,\ \cdots,\ 6$）；$v=1$。

故齐王和田忌的最优混合策略为 $V_G=1$。这与我们的设想相符，即双方都以 1/6 的概率选取每个纯策略，或者说每个纯策略被选取的机会应是均等的，则总的结局应该是：齐王有 5/6 的机会赢田忌，赢得的期望是一千金。但是，如果齐王在每出一匹马前将自己的选择告诉了对方，这实际上等于公开了自己的策略，如齐王选取出马次序为（上，中，下），则田忌根据谋士的建议便以（下，上，中）对之，结果田忌反而可得一千金。因此，在矩阵对策不存在鞍点时，竞争的双方在开局前均应对自己的策略（实际上是纯策略）加以保密，否则不保密的一方是要吃亏的。

（二）线性规划法

由于任一矩阵对策 $G=\{S_1,\ S_2;\ A\}$ 的求解均等价于一对互为对偶的线性规划问题的求解，则对策值 G 的解 x^* 和 y^* 等价于下面两个不等式组的解。

$$
(\mathrm{I})\begin{cases}\sum\limits_i a_{ij}x_i\geqslant v, & j=1,2,\cdots,n\\\sum\limits_i x_i=1\\x_i\geqslant 0, & i=1,2,\cdots,m\end{cases}
$$

$$(\text{Ⅱ})\begin{cases}\sum_j a_{ij}y_j \leqslant v, & i=1,2,\cdots,m \\ \sum_j y_j = 1 \\ y_j \geqslant 0, & j=1,2,\cdots,n\end{cases}$$

其中 $v=\max_{x\in S_1^*}\min_{y\in S_2^*}E(x, y)=\min_{y\in S_2^*}\max_{x\in S_1^*}E(x, y)$ 就是对策的值 V_G。

下面给出求解矩阵对策的线性规划方法：

不妨设 $v>0$，可作变换 $x_i{}'=x_i/v$（$i=1, 2. \cdots, m$），则上面不等式组变为：

$$(\text{Ⅰ})\begin{cases}\sum_i a_{ij}x_i' \geqslant 1, & j=1,2,\cdots,n \\ \sum_i x_i' = 1/v \\ x_i' \geqslant 0, & i=1,2,\cdots,m\end{cases}$$

那么，$v=\max_{x\in S_1^*}\min_{1\leqslant j\leqslant n}\sum_i a_{ij}x_i$，这样，不等式组（Ⅰ）即等价于线性规划问题：

$$(P)\quad \begin{aligned}&\min z=\sum_i x_i' \\ &\text{s. t.}\begin{cases}\sum_i a_{ij}x_i' \geqslant 1, & j=1,2,\cdots,n \\ x_i' \geqslant 0, & i=1,2,\cdots,m\end{cases}\end{aligned}$$

同理，做变换 $y_j'=y_j/v$（$j=1, 2, \cdots, n$），相应地，有

$$(\text{Ⅱ})\begin{cases}\sum_j a_{ij}y_j' \leqslant 1, & i=1,2,\cdots,m \\ \sum_j y_j' = 1/v \\ y_j' \geqslant 0, & j=1,2,\cdots,n\end{cases}$$

式中，$v=\min_{y\in S_2^*}\max_{1\leqslant x\leqslant m}\sum_j a_{ij}y_j$。与之等价的线性规划问题是：

$$(D)\quad \begin{aligned}&\max w=\sum_j y_j' \\ &\text{s. t.}\begin{cases}\sum_j a_{ij}y_j' \leqslant 1, & i=1,2,\cdots,m \\ y_j' \geqslant 0, & j=1,2\cdots,n\end{cases}\end{aligned}$$

显然，问题（P）和（D）是互为对偶的线性规划，可以利用单纯形、对偶单纯形或 LINDO 软件、Excel 软件求解。

[例 12-7]　利用线性规划方法求解赢得矩阵为 A 的矩阵对策。

$$A=\begin{bmatrix}3&2&3\\2&3&4\\5&4&2\end{bmatrix}$$

求最优解及值。

解 此题无鞍点。设局中人Ⅰ、局中人Ⅱ的混合策略分别为 $X=(x_1,\ x_2,\ x_3)$，$Y=(y_1,\ y_2,\ y_3)$，并记对策的值为 V。则此问题可化为：

$$\min Z(X')=\sum_{i=1}^{3}x_i'=x_1'+x_2'+x_3'$$

$$(D)\quad \text{s. t.}\begin{cases}3x_1'+2x_2'+5x_3'\geqslant 1\\2x_1'+3x_2'+4x_3'\geqslant 1\\3x_1'+4x_2'+2x_3'\geqslant 1\\x_i'\geqslant 0,\quad i=1,2,3\end{cases}$$

$$\max Z(Y')=\sum_{i=1}^{3}y_i'=y_1'+y_2'+y_3'$$

$$(P)\quad \text{s. t.}\begin{cases}3y_1'+2y_2'+3y_3'\leqslant 1\\2y_1'+3y_2'+4y_3'\leqslant 1\\5y_1'+4y_2'+2y_3'\geqslant 1\\y_j'\geqslant 0,\quad j=1,2,3\end{cases}$$

求解（D）或（P），可得：

$$x_1'=0,\quad x_2'=\frac{3}{16},\quad x_3'=\frac{2}{16},\quad Z(X')=\frac{5}{16}$$

$$y_1'=\frac{2}{16},\quad y_2'=0,\quad y_3'=\frac{3}{16}$$

由于 $\frac{1}{V}Z(X')=\frac{5}{16}$，　$x_i'=\frac{x_i}{V}$，　$y_j'=\frac{y_j}{V}$（i，$j=1$，2，3），故有

$$x_1=0,\quad x_2=\frac{3}{5},\quad x_3=\frac{2}{5},\quad Z(X)=V=\frac{15}{6}$$

$$y_1=\frac{2}{5},\quad y_2=0,\quad y_3=\frac{3}{5}$$

即原问题的解为：

$$X^*=\left(0,\frac{3}{5},\frac{2}{5}\right),\quad Y^*=\left(\frac{2}{5},0,\frac{3}{5}\right),\quad V=\frac{15}{6}$$

最后，强调一点：矩阵对策直接化为线性规划（求解）的必要条件是 $V>0$，即不是任何一个矩阵对策都可以使用线性规划法求解。

第 3 节　双矩阵对策

本章第 1～2 节讨论的矩阵对策中，局中人Ⅰ的所得就是局中人Ⅱ的所失，即零和矩阵，对策的结果可用一个矩阵表示。在非零和对策中，情况就不是这样了，局中人的所得要用一对数字来表示，也就是双矩阵对策。

一、双矩阵对策的数学模型

局中人Ⅰ选择 $\alpha_i \in S_1$，局中人Ⅱ选择 $\beta_j \in S_2$，则对策局势为（α_i，β_j），与这个局势相应的局中人Ⅰ的收入为 a_{ij}，局中人Ⅱ的收入不再是 $-a_{ij}$，而是 b_{ij}，记作（a_{ij}，b_{ij}）。对这种对策，通常用 $G=\{I, II; S_1, S_2; A, B\}$ 表示，其中 $A=(a_{ij})$，$B=(b_{ij})$ 分别是局中人Ⅰ与Ⅱ的支付矩阵，或简记为 $G=\{S_1, S_2; A, B\}$。由于对策的赢得（或收入）必须用两个矩阵 $A=(a_{ij})$ 及 $B=(b_{ij})$ 给出，故也称二人有限非零和对策为双矩阵对策。

在矩阵对策中，由于甲方的赢得就是乙方的损失，反之亦然，二人处于完全竞争的非合作状态。而在双矩阵对策中，由于甲方的得并不一定等于乙方的失，二人可以同时得，故二人之间可能合作，从而得到更多的利益。双矩阵对策与矩阵对策也存在一定的转化关系，即当 $A+B=0$ 时，双矩阵对策即转化为矩阵对策。

二、双矩阵对策的解法

（一）平衡偶

把非零和有限对策分解成两个零和对策，其中一个只考虑Ⅰ的赢得，另一个只考虑Ⅱ的赢得。根据矩阵对策的定理，这两个对策总是有解的。Ⅰ的最大最小策略是他的最优策略，最大最小值 v_{I} 是他的对策值。同样，Ⅱ的最大最小策略也是他的最优策略，最大最小值 v_{II} 也是他的对策值。但Ⅰ与Ⅱ各作为理性人来参加对策时，对策的结果（v_{I}，v_{II}）不一定是最佳结果。为此，需要对非零和对策引进新的平衡局势与解的概念。

在非零和对策中，设 $E_{\mathrm{I}}(X, Y)$ 与 $E_{\mathrm{II}}(X, Y)$ 分别是局中人Ⅰ与Ⅱ的收入，这里，$X\in S_1$，$Y\in S_2$ 为任意策略。如果存在一对策略 $X^*\in S_1$，$Y^*\in S_2$，使得

$$E_{\mathrm{I}}(X,Y^*)\leqslant E_{\mathrm{I}}(X^*,Y^*),\quad E_{\mathrm{I}}(X^*,Y)\leqslant E_{\mathrm{I}}(X^*,Y^*)$$

对任意的 $X\in S_1$ 与 $Y\in S_2$ 均成立，则称策略（X^*，Y^*）为双矩阵对策 G 的一个平衡偶。

（二）纳什定理

美国数学家纳什于 1950 年证明了冯·诺依曼的最大最小值定理可以推广到一般的非零和对策，这就是著名的纳什定理，叙述如下：

任何具有有限个纯策略的二人对策（包括零和对策与非零和对策），至少有一个平衡偶。

纳什定理的思想很简单，双矩阵对策的理想结局是这样一种策略组合，其中每一个局

中人都不能因为单方面改变自己的策略而获利，也称为纳什均衡。

对于非退化的双矩阵对策 $G=(S_1, S_2; A, B)$，前人已经证明其平衡偶的个数为奇数。其中 A、B 均为 $m\times n$ 矩阵，策略集 $S_1=\{\alpha_1, \alpha_2, \cdots, \alpha_m\}$，$S_2=\{\beta_1, \beta_2\cdots, \beta_m\}$，定义 A_{i*} 表示 A 的第 i 行，B_{*j} 表示 B 的第 j 列。(x^*, y^*) 为 $G=(S_1, S_2; A, B)$ 的纳什平衡偶的充要条件为：

$$\begin{cases} xAy \geqslant A_{i*}y, & i=1,2,\cdots,m \\ xBy \geqslant xB_{*j}, & j=1,2,\cdots,n \end{cases}$$

纳什定理最重要的性质就是自我强制性，即纳什平衡偶的出现不需要任何外力的帮助，它自身就蕴含着保障实现的力量。任何非纳什平衡偶的结局要成为协定都需要外在强制力量（如法律、道德等）的帮助，否则有的局中人将会有动机背叛协定。纳什定理也可以推广到多人非合作对策中，同样具有重要意义。

（三）求解双矩阵对策的纯策略均衡

根据纳什定理，可以对双矩阵对策进行求解。下面介绍纯策略纳什均衡的划线法步骤：

首先，对于局中人Ⅱ的每一个特定策略，也就是在双变量矩阵的每一列中，找出该列双变量矩阵的第一个分量中最大者，在其下方画一道横线；如果一列中的第一分量同时有几个相等的最大值，那么要在它们下方都画线。

然后，类似地，在双变量矩阵的每一行中，找出该行中第二个分量中的最大者，在其下方画线；如果一行中的第二分量同时有几个相等的最大值，在它们下方都要画线。

最后，双矩阵中某个单元的两个赢得值下方都画了横线，那么，这个单元对应的策略组合就是该双矩阵对策的一个纯策略的纳什平衡偶。

［**例 12-8**］ 下面以智猪博弈为例，说明纯策略下的纳什均衡的求取。

笼子里面有两只猪，一只大一只小。笼子很长，一头有一个踏板，另一头是饲料的出口和食槽。每踩一下踏板，在远离踏板的一边的投食口就会落下少量的食物。如果有一只猪去踩踏板，另一只猪就有机会抢先吃到另一边落下的食物。按一下按钮会有 10 个单位的猪食进槽，但是谁按按钮就会首先付出 2 个单位的成本。若大猪先到槽边，大猪和小猪吃到食物的比例是 9∶1；若同时到槽边进食，大猪和小猪吃到食物的比例是 7∶3；若小猪先到槽边，大猪和小猪吃到食物的比例是 6∶4（如表 12-2 所示）。那么，在两只猪都有智慧的前提下，最终结果是什么呢？

表 12-2 智猪博弈双矩阵

		小猪	
		按	等待
大猪	按	(5，1)	(4，4)
	等待	(9，−1)	(0，0)

解 (1) 当小猪选择按按钮时，如果大猪也选择按按钮，大猪的赢得是 5；如果大猪

选择等待，大猪的赢得是 9，所以在第一列的 9 下面画线。

（2）当小猪选择等待时，如果大猪选择按按钮，大猪的赢得是 4；如果大猪也选择等待，大猪的赢得是 0，所以在第二列的第一个分量 4 下面画线。

（3）当大猪选择按按钮时，如果小猪选择按按钮，小猪的赢得是 1；如果小猪选择等待，小猪的赢得是 4，所以在第一行的第二个分量的 4 下面画线。

（4）当大猪选择等待时，如果小猪选择按按钮，小猪的赢得是 −1；如果小猪选择等待，小猪的赢得是 0，所以在第二行的第二个分量 0 下面画线。

因此，如表 12－3 所示，本例中存在唯一的纯策略纳什平衡偶（4，4），即大猪按按钮，小猪选择等待是唯一可能出现的结局。这意味着小猪将选择“搭便车”策略，也就是舒舒服服地等在食槽边；而大猪则为一点残羹不知疲倦地奔忙于踏板和食槽之间。“智猪博弈”的结论揭示了在竞争中弱者的策略和优势，但同时又预示着强势一方即使在一个公平、公正、合理和共享的竞争环境中，其最终出现的结果也可能有悖于其初始理性。

表 12－3　智猪博弈双矩阵的平衡偶

		小猪	
		按	等待
大猪	按	（5，1）	（$\underline{4}$，$\underline{4}$）
	等待	（$\underline{9}$，−1）	（0，$\underline{0}$）

（四）求解双矩阵对策的混合策略均衡

一个对策的混合策略纳什平衡偶一定满足以下性质：

在混合策略组合（X，Y）中，令 $S_i^+ \subset S_i$ 为参与人 i 以正概率选择的纯策略集合。则（X，Y）是一个纳什平衡偶，当且仅当：

（1）$E_1(s_1, Y)=E_1(s_1', Y)$，$E_2(X, s_2)=E_2(X, s_2')$，　对所有 s_i，$s_i' \in S_i^+$；

（2）$E_1(s_1, Y) \geqslant E_1(s_1', Y)$，$E_2(X, s_2) \geqslant E_2(X, s_2')$，　对所有 $s_i \in S_i^+$ 和所有 $s_i' \notin S_i^+$。

简单说，纳什平衡偶的混合策略会使对方不偏好任何赋予正概率的行动，即对于任何赋予正概率的行动，对方的赢得相等。以上性质给了我们求解混合策略纳什平衡偶的思路，即支付等值法：首先找到所有纯策略的纳什平衡偶，然后寻找所有为两个纯策略赋予正概率的纳什平衡偶。依此类推，直至寻找到为所有纯策略赋予正概率的纳什平衡偶。至此，我们找齐了所有纳什平衡偶。

［例 12－9］　针对表 12－4 寻找所有的纳什均衡（包括纯策略均衡和混合策略均衡）：

表 12－4　双矩阵对策

	L	R
U	10，1	0，4
M	4，2	4，3
D	0，5	10，2

解 （1）由上一节的方法，可知该对策模型不存在纯策略纳什均衡。

（2）下面考虑局中人Ⅰ采用为两个纯策略赋予正概率的混合策略，局中人Ⅱ采用为两个纯策略赋予正概率的混合策略的解：

1）若局中人Ⅰ为 U 和 M 赋予正概率，则对于局中人Ⅱ来说，R 严格优超于 L。因此不存在这样的纳什均衡。

2）若局中人Ⅰ为 U 和 D 赋予正概率，设局中人Ⅰ选择 U 的概率为 p，则选择 D 的概率为 $1-p$；局中人Ⅱ选择 L 的概率为 q，则选择 R 的概率为 $1-q$。若局中人Ⅰ选择 U，则他的赢得为 $10q+0\times(1-q)=10q$；若局中人Ⅰ选择 D，则他的赢得为 $0\times q+10(1-q)=10-10q$。则有 $10q=10-10q$，解出 $q=\frac{1}{2}$。同理，对局中人Ⅱ进行分析，有 $1p+5(1-p)=4p+2(1-p)$，解出 $p=\frac{1}{2}$。因此 $\left(\left(\frac{1}{2}, 0, \frac{1}{2}\right), \left(\frac{1}{2}, \frac{1}{2}\right)\right)$ 是一组纳什均衡。

3）若局中人Ⅰ为 M 和 D 赋予正概率，设局中人Ⅰ选择 M 的概率为 p，则选择 D 的概率为 $1-p$；局中人Ⅱ选择 L 的概率为 q，则选择 R 的概率为 $1-q$。若局中人Ⅰ选择 M，则他的赢得为 $4q+4(1-q)=4$；若局中人Ⅰ选择 D，则他的赢得为 $0\times q+10(1-q)=10-10q$。则有 $4=10-10q$，解出 $q=\frac{3}{5}$。同理，对局中人Ⅱ进行分析，有 $2p+5(1-p)=3p+2(1-p)$，解出 $p=\frac{3}{4}$。因此 $\left(\left(0, \frac{3}{4}, \frac{1}{4}\right), \left(\frac{3}{5}, \frac{2}{5}\right)\right)$ 是一组纳什均衡。

（2）下面考虑局中人Ⅰ采用为三个纯策略赋予正概率的混合策略，局中人Ⅱ采用为两个纯策略赋予正概率的混合策略的解：

若局中人Ⅱ选择 L 的概率为 q，则选择 R 的概率为 $1-q$。则局中人Ⅰ选择 U 的赢得为 $10q+0\times(1-q)=10q$，选择 M 的赢得为 $4q+4(1-q)=4$，选择 D 的赢得为 $0\times q+10(1-q)=10-10q$。以上方程组无解，故不存在这样的纳什均衡。

综上所述，该对策模型的解为 $\left(\left(\frac{1}{2}, 0, \frac{1}{2}\right), \left(\frac{1}{2}, \frac{1}{2}\right)\right)$ 和 $\left(\left(0, \frac{3}{4}, \frac{1}{4}\right), \left(\frac{3}{5}, \frac{2}{5}\right)\right)$。

案例分析

通过本章的学习我们了解到，垄断企业会作何种决策取决于它和新企业竞争过程中的收益是多少，若垄断企业采取强硬手段，即当新企业选择进入时，垄断企业选择竞争，当新企业选择不进入时，垄断企业选择默许，那么垄断企业究竟是否会采取强硬手段取决于垄断企业的收益矩阵，因为新进企业也总是想要达到自身收益最大化，因此二者之间最终会达到一种均衡。

我们再来看一个例子：

两名竞选者正在竞争一个议员席位，现要为最后两天的竞选活动制订计划，竞选计划对于选情结果至关重要，因此，两名竞选者都想将这两天的竞选活动安排在两个重点城市：B 城市和 M 城市。为了避免浪费竞选时间，两名竞选者把旅程安排在晚间，以便能够在每个城市度过一整天或者在其中一个城市度过两个整天。但因为安排必须事先进行，且两名竞选者在确定自己的竞选行程之前均不清楚对手的竞选日程，因此，每位竞选者都要求其在各城市的竞选负责人对自己及对手在相应城市度过的天数的可能性组合所产生的影响（赢得或失去选票）进行评估，进而决定自己在最后两天时间里的最优决策。将该问题按零和博弈建模，两名竞选者即为两名玩家，每名玩家的策略有三种：每个城市各停留一天时间、在 B 城市停留两天、在 M 城市停留两天。

可给出两名玩家的收益表，玩家 1（竞选者 1）收益表的每一个条目代表两名玩家采用的相应策略所产生的结果对玩家 1 的效用（或对玩家 2（竞选者 2）产生的负效用），从竞选者的角度来看，他们的目的是赢得选票，每增加一票（知道选举结果之前）对他们来说都具有同等价值。因此，竞选者 1 收益表的相关条目是这两天竞选活动从对手手中赢得的竞选票总数（两座城市的竞选票数变化的总数），表中以 1 000 票为单位。假设两个玩家均使用相同的方式（包括与玩家 1 相同的收益）选择策略。我们给出玩家的收益表，如表 12－5 所示。

表 12－5　收益表

		玩家 2		
		策略 1	策略 2	策略 3
玩家 1	策略 1	−3	−2	6
	策略 2	2	0	2
	策略 3	5	−2	−4

就玩家 1 而言，选择策略 1 时，他可能赢得 6 个收益值，也可能输掉 3 个收益值，因为玩家 2 是理性的，所以他会选择一个可以保护自己的收益值不被玩家 1 赢取的策略。因此，玩家 1 采用策略 1 可能会导致损失，同理，如果玩家 1 选择策略 3，可以赢得 5 个收益值，但很有可能他的对手十分理性，不但能避免损失，相反还会让玩家 1 损失多达 4 个收益值。如果玩家 1 选择策略 2，他可以保证不会有任何损失，甚至还可以赢得一些票数。因此策略 2 可以提供最优保证（0 收益），似乎是玩家 1 与理性对手竞争的一个“理性”选择。（该推理思路的假设条件是，如果没有必要，两名玩家都不愿冒险遭受更大的损失，与热衷于赌博的人不同，他们更着眼于长期收益，而不仅仅是眼前利益。）

就玩家 2 而言，如果采用策略 1 或策略 3，可能失去 5 或 6 个收益值，但策略 2 至少能保证与对方打平，因此通过同样的推理，选策略 2 是其对付理性对手的最优保证方案。

如果两位玩家都选策略 2，结果就是二人打成平手，在这种情况下，两名玩家都未改善自身的最优保证，但都迫使对手与自己处于相同的境地，即使对手推断出另一方所采取的策略，也无法改善自己的处境，这就是“僵局”。

该推理思路的最终结果是每名玩家都应以这样的方式开展竞选，即无论何时，对手都不能利用最终选择的策略改善自身处境。

复习思考题

1. 求表 12 - 6 中所列矩阵表示的对策的最优混合策略。

表 12 - 6 对策矩阵

	L	*R*
L	2，1	0，2
R	1，2	3，0

2. 求解下列矩阵对策，其中赢得矩阵 A 分别为：

(1) $\begin{bmatrix} 5 & 6 & 9 \\ -2 & 3 & -5 \\ 4 & 8 & 10 \end{bmatrix}$；(2) $\begin{bmatrix} 6 & 3 & 2 \\ 7 & 4 & 5 \\ -2 & 0 & 6 \end{bmatrix}$；(3) $\begin{bmatrix} 7 & 5 & 9 & 10 & 6 \\ 6 & 4 & 1 & -3 & 2 \\ 3 & 2 & -1 & 4 & -5 \\ 2 & 3 & 4 & 6 & 7 \\ 5 & 5 & 7 & 8 & 6 \end{bmatrix}$

3. 利用优超原则求解下列矩阵对策：

(1) $\begin{bmatrix} 1 & 3 & 9 & -2 \\ 2 & 5 & 7 & 6 \\ 3 & 0 & 2 & 5 \\ 2 & -2 & 4 & 0 \end{bmatrix}$；(2) $\begin{bmatrix} 2 & 3 & -4 & -3 & 5 \\ 6 & 4 & 1 & -3 & 2 \\ 4 & 2 & -1 & 4 & -5 \\ 7 & 3 & 4 & 6 & -4 \\ 5 & 4 & 1 & 2 & 6 \end{bmatrix}$

4. 用线性规划法求解矩阵对策：

$$\begin{bmatrix} 7 & 3 & 2 \\ 6 & 4 & -5 \\ -3 & 0 & 7 \end{bmatrix}$$

5. 求下列矩阵对策的最优混合策略：

(1) $A=\begin{bmatrix} 2 & 4 \\ 5 & 3 \end{bmatrix}$；(2) $A=\begin{bmatrix} 2 & 3 & 6 \\ 2 & 4 & 4 \\ 5 & 3 & 5 \end{bmatrix}$；(3) $A=\begin{bmatrix} a & 0 & 0 \\ 0 & b & 0 \\ 0 & 0 & c \end{bmatrix}$，$a$，$b$，$c>0$

6. 求下列双矩阵对策的纳什均衡解。

(1) $\begin{bmatrix} (2,\ 2) & (3,\ 3) \\ (1,\ 1) & (4,\ 4) \end{bmatrix}$；(2) $\begin{bmatrix} (2,\ 1) & (4,\ 2) \\ (6,\ 2) & (3,\ 1) \end{bmatrix}$

7. 某空调生产厂家要决定夏季空调产量。已知在正常的夏季气温条件下该空调可卖出 12 万台，在较热与降雨量较大的条件下市场需求分别为 15 万台和 10 万台。假定该空调价格随天气情况有所变化，在降雨量较大、正常、较热的天气条件下空调价格分别为 1 300 元、1 400 元和 1 500 元，已知每台空调成本为 1 100 元。如果夏季没有售完每台空调损失 300 元。在没有关于气温准确预报的条件下，生产多少空调能使该厂家收益最大？

8. 对表 12 - 7 求纳什平衡偶。

表 12 - 7　数据表

甲	乙			
	b_1	b_2	b_3	b_4
a_1	(1, −1)	(4, −4)	(8, −8)	(7, −7)
a_2	(3, −3)	(2, −2)	(3, −3)	(7, −7)
a_3	(0, 0)	(3, −3)	(5, −5)	(1, 3)
a_4	(0, 0)	(4, −4)	(3, −3)	(7, −7)

实验：软件求解非合作双矩阵对策

一般的双矩阵对策 $G=(X, Y; A, B)$，当 A、B 均为 2×2 矩阵时，可用手工计算，但是，一般地，3 阶以上的双矩阵对策用此方法求解比较困难，尤其是当矩阵的阶数很大时，人工几乎不能求解。因此，本节给出在 LINGO 软件包中，求解 2 人非零和矩阵对策的平衡解的详细过程，并给出相应的 LINGO 程序。

```
model:
sets:
set1/1..m/:x;
set2/1..n/:y;
link(set1,set2):a,b;
endsets
@for(set1(i):@sum(set1(k):x(k)) = 1);
@for(set2(j):@sum(set2(k):y(k)) = 1);
@for(link(i,j):@sum(link(p,q):x(p) * a(p,q) *
y(q)) >= @sum(link(i,q):a(i,q) * y(q)));
@for(link(i,j):@sum(link(p,q):x(p) * b(p,q) *
y(q)) >= @sum(link(i,j):x(t) * b(t,j)));
@for(set1:x(1) > d1);
@for(set1:x(1) < d2);
data:
a =…;
b =…;
enddata
end
```

其中，a，b 根据具体值输入；$d1$、$d2$ 为控制界限，由人为决定。注意，这个程序可以求解大数据量的 2 人非零和矩阵对策问题。

我们以下面的例子说明问题。考虑下列 5×5 双矩阵对策问题：

$$A=\begin{bmatrix}4 & 5.5 & 3 & 3 & 3\\ 4 & 7 & 4 & 4 & 4\\ 3 & 0.5 & 6 & 3 & 3\\ 3 & 0.5 & 3 & 7 & 3\\ 3 & 0.5 & 3 & 3 & 3.5\end{bmatrix};\quad B=\begin{bmatrix}4 & 4 & 3 & 3 & 3\\ 5.5 & 7 & 0.5 & 0.5 & 0.5\\ 3 & 4 & 6 & 3 & 3\\ 3 & 4 & 3 & 3.5 & 3\\ 3 & 4 & 3 & 3 & 7\end{bmatrix}$$

将 x_1 限制在 10 个区间段中求解：$k\times\frac{1}{10}\leqslant x_1\leqslant(k+1)\times\frac{1}{10}(k=0，1，\cdots，9)$。在 LINGO 软件包中编程如下：

```
model:
sers:
set/1…5/:x;
set2/1…5/:y;
endsets
@for(set1(i):@sum(set1(k):x(k)) = 1);
@for(set2(i):@sum(set2(k):x(k)) = 1);
@for(link(i,j):@sum(link(p,q):x(p) * a(p,q) *
y(q)) >= @sum(link(i,q):a(i,q) * y(q)));
@for(link(i,j):@sum(link(p,q):x(p) * b(p,q) *
y(q)) >= @sum(link(t,j):x(t) * b(t,j)));
@for(ser1:x(1) > 0);
@for(set1:x(1) < 0.1);
data:
a = 4   5.5  3    3    3
    4   7    4    4    4
    3   0.5  6    3    3
    3   0.5  3    7    3
    3   0.5  3    3    3.5;
b = 4   4    3    3    3
    5.5 7    0.5  0.5  0.5
    3   4    6    3    3
    3   4    3    3.5  3
    3   4    3    3    7;
enddata
end
```

具体求解情况如表 12－8 所示。

表 12－8　具体求解情况

区间	纳什平衡解
$0 \leqslant x_1 \leqslant 0.1$	$x=(0, 0.2352941, 0.7647059, 0, 0)$ $y=(0, 0.2352941, 0.7647059, 0, 0)$
$0.1 \leqslant x_1 \leqslant 0.2$	无解
$0.2 \leqslant x_1 \leqslant 0.3$	无解
$0.3 \leqslant x_1 \leqslant 0.4$	无解
$0.4 \leqslant x_1 \leqslant 0.5$	无解
$0.5 \leqslant x_1 \leqslant 0.6$	无解
$0.6 \leqslant x_1 \leqslant 0.7$	无解
$0.7 \leqslant x_1 \leqslant 0.8$	无解
$0.8 \leqslant x_1 \leqslant 0.9$	无解
$0.9 \leqslant x_1 \leqslant 1$	$x=(1,0,0,0,0)$ $y=(1,0,0,0,0)$

根据定理，双矩阵对策的纳什平衡解有奇数个，所以至少还有一个解。于是在下列区间中再求解（见表 12－9）：

表 12－9　求解区间

区间	纳什平衡解
$0 \leqslant x_1 \leqslant 1$	$x=(0, 0, 1, 0, 0)$ $y=(0, 0, 1, 0, 0)$

LINGO 软件包求出的是近似到小数点后面第 7 位的近似小数。于是，得到这个双矩阵对策的 3 组纳什平衡解：

$$\begin{cases} x=(0,0,1,0,0) \\ y=(0,0,1,0,0) \end{cases}$$

$$\begin{cases} x=(1,0,0,0,0) \\ y=(1,0,0,0,0) \end{cases}$$

$$\begin{cases} x=(0,0.235,0.765,0,0) \\ y=(0,0.235,0.765,0,0) \end{cases}$$

13
Chapter

第 13 章 排队理论

学习要点

- 理解排队系统中相关的排队规则以及服务规则
- 理解顾客输入过程和服务过程的时间分布函数
- 明确排队问题的求解步骤及运行指标间的关系
- 掌握标准 $M/M/1$ 模型的状态方程及运行指标
- 理解标准 $M/M/c$ 与 c 个 $M/M/1$ 模型的差别
- 了解典型排队系统的结构优化和运行优化问题

引入案例

某维修中心在周末只安排一名员工为顾客提供服务。新来维修的顾客到达后，若已有顾客正在接受服务，则需要排队等待。排队现象由两方构成，一方要求得到服务，另一方设法给予服务。我们把要求得到服务的人或物（设备）统称为顾客，给予服务的服务人员或机构统称为服务员或服务台。顾客与服务台就构成一个排队系统，或称为随机服务系统。显然缺少顾客或服务台任何一方都不会形成排队系统。

对于任何一个排队服务系统，每一名顾客通过排队服务系统总要经过如下过程：到达、排队等待、接受服务和离去。排队服务系统中，若排队的人数过多，势必会造成顾客抱怨，会影响到公司产品的销售；若维修人员多，则会增加维修中心的支出。如何调整两者的关系，使得系统达到最优？

相信通过本章的学习，一定会给你带来启发。

日本一项销售额来源调查得出结论，80%的销售额来自现有的顾客，而 60%的新顾客来自现有顾客的热情推荐。有学者研究发现开发一个新客户的费用至少是维系一个现有客户成本的 5 倍。可见，服务经济时代，企业利润的增长来源于忠诚的顾客，而顾客的满意度又导致忠诚度的提高，因此要为顾客提供满意的服务。现实中，排队等待时常导致顾客抱怨，但排队又是日常生活中经常遇到的现象，如顾客到商店购买物品、病人到医院就诊、汽车到加油站加油、轮船进港停靠码头、电话订票等常常要排队。如何有效解决排队问题？人们提出排队理论。所谓排队理论（queuing theory），又称随机服务理论，是研究排队系统的数学理论和方法。具体地说，就是在研究各种排队系统的概率规律性的基础上，解决有关排队系统的最优设计和最优运营问题。目前，排队理论在工业生产、通信、运输、港口泊位设计、机器维修、计算机设计等诸多领域中都得到广泛应用。

第 1 节　排队系统分析

由于顾客到达和服务时间是随机的，因而排队现象几乎是不可避免的。如果增设服务机构，就要增加投资，可能产生空闲浪费；如果减少服务机构，排队现象将会加重，如何在需要服务的顾客数与服务机构（服务台、服务员等）容量之间取得平衡，是排队理论所要解决的问题。要解决问题，首先需要认识排队系统典型结构的类型以及排队系统的规则。

一、排队系统简介

若要求服务的顾客数量超过服务机构的容量，即顾客不能立即得到服务，就出现了排队现象。首先介绍排队系统的一般结构及其组成。

（一）排队系统一般结构

排队服务过程可以描述为：顾客作为独立的个体，由顾客源出发，以随机的时间到达服务机构前排队等待接受服务，服务完成后离去。排队系统一般结构如图 13－1 所示。

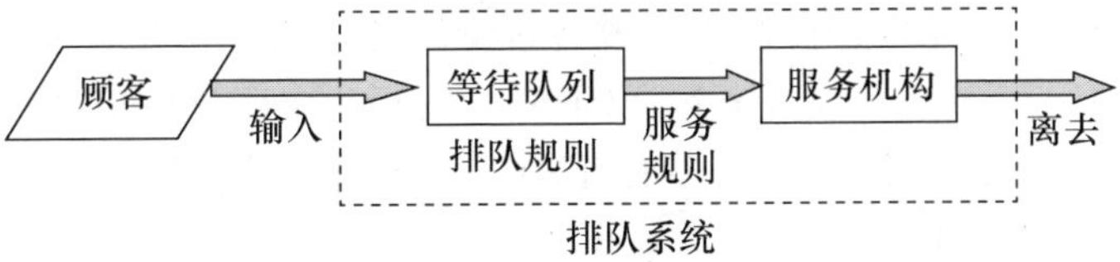

图 13－1　排队系统一般结构

现实中的排队现象是各种各样的，这里所说的顾客和服务机构是广义的。顾客和服务机构可以是人，如顾客是病人、就餐者，相应的服务机构是医生、服务员；也可以是物，如顾客是驶入港口的船只，相应的服务机构是码头（泊位）；顾客还可以是需处理的信息，如顾客是文稿，相应的服务机构是打字员；服务机构还可以是一个系统，如顾客是消费者，相应的服务机构是商场。

（二）排队系统的组成

一般排队系统都有三个基本组成部分：输入过程、排队规则和服务过程。

1. 输入过程

输入指顾客按照怎样的规律到达排队系统，主要包括下列三种要素：顾客源容量、顾客到达方式以及顾客到达时间分布。

（1）顾客源容量。顾客源可能是无限的，也可能是有限的。如到售票处购票的顾客可以近似认为是无限的，工厂内停机待修的机器则是有限的。

（2）顾客到达方式。顾客到达方式可能是单个的，也可能是成批的。如去医院就诊的病人可以认为是单个到达的，入库物资则往往是成批到达的。

（3）顾客到达时间分布。顾客相继到达的间隔时间可能是确定的，也可能是随机的。如装配线上的零件就是以确定的时间间隔到达装配点，但到商场购物的顾客、去医院就诊的病人等却是随机的。常见的输入分布有定长分布、泊松分布、爱尔朗分布（Erlang distribution）等。

2. 排队规则

排队规则指顾客按照一定规则排队等待服务，主要包括以下三种要素：队列数目、队列排列方式、服务规则。

（1）队列数目。队列的数目可以是有限的，也可以是无限的。如限定挂号数的挂号门诊是有限的，在银行等待办理业务的人则可以是无限的。

（2）队列排队方式。队列可以是有形的，也可以是无形的。如排队看病、买票是有形的，向电话交换台要求通话的请求、银行叫号排队则是无形的。

（3）服务规则。排队服务规则是描述顾客到达系统后，按什么次序接受服务的。一般可分为即时制、等待制和混合制三大类。

1）即时制。当顾客到达系统时，若所有服务台都已被先来的顾客占用，就随即离去，称为即时制，或者损失制。如电话拨号后出现忙音，顾客不愿等待而自动挂断电话。

2）等待制。当顾客到达系统时，所有服务台已被占用，就加入队列等待服务，称为等待制。如排队就医、故障设备待修等。顾客接受服务的次序，又可遵循如下规则：

先到先服务（first come first serve，FCFS）：按到达次序先后接受服务。

后到先服务（last come first serve，LCFS）：按照排队序列，后来的顾客却先接受服务。如仓库叠放物资的出库。

随机性服务（random serve）：不按到达先后而随机选取一等待顾客进行服务。如电话交换台要求通话的请求。

优先权服务（priority serve）：按顾客的优先权接受服务。如病情严重的病人优先就诊。

3）混合制。这是等待制和即时制相结合的一种排队服务规则。又可分为：

队长有限：系统容量有限，当排队等待服务的顾客数超过系统容量时，后来的顾客就自动离去，另求服务。如酒店的房间数目有限，客满后酒店就不能接待新的客户。

时间有限：等待时间有限或逗留时间有限，当顾客排队等待的时间超过一定时间时，顾客就自动离去。其中，等待时间有限指顾客在系统中的等待时间不超过某一给定的时间长度 T，当等待时间超过 T 时，顾客将自动离去。如顾客到饭馆就餐，等待一定时间后不愿再等而自动离去。逗留时间有限中的逗留时间是指等待时间与服务时间之和。如用高射炮射击敌机，当敌机飞越高射炮射击有效区的时间为 T 时，若在这个时间段内敌机未被击落，就不可能再被击落了。

3. 服务过程

从服务机构的数量和服务工作情况来看可能有以下几种情况。

（1）服务机构数目。服务机构（服务台）数目可能是一个，也可能是多个。多服务台可能是平行并列的，也可能是前后排列的。

（2）接受服务方式。可能是单个接受服务，也可能是成批接受服务。

（3）服务时间分布。可能是确定的，也可能是随机的。如自动装配线上，装配时间就是确定的，但大多数情况的服务时间是随机的，常见的服务时间分布有定长分布、负指数分布、爱尔朗分布、一般独立分布等。

排队理论所要讨论的是输入时间分布和服务时间分布至少有一个是随机分布的情况。

二、典型的排队系统

在一般排队系统中，队列数目可以是单队，也可以是多队；服务机构的数目可以是单服务台，也可以是多服务台。对于多服务台，可能是串联的，也可能是并列的，或者是串并结合的。因此，排队结构和服务结构不同，使得排队系统的结构多样，常见的有如下三类。

1. 单队-单服务台

这是最简单的排队结构，是本章排队模型讨论的重点，其结构如图 13-2（a）所示。

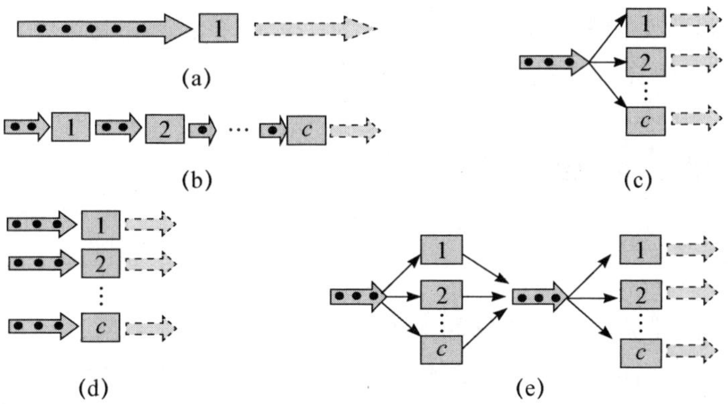

图 13-2　排队系统结构

2. 单队-多服务台

服务台不止一个，其排列方式可能是串列（前后排列）的，如病人去医院就诊看病，先后要经过挂号、检查、处方、交费、取药等服务台，可组合成单队-多服务台串列的情况，如图 13 - 2（b）所示；也可能是并列（平行排列）的，如旅客下车出站，可以近似看作一个队列，但出站验票口（服务台）不止一个，旅客依次从不同验票口出站，形成单队-多服务台并列的情况，如图 13 - 2（c）所示。

3. 多队-多服务台

多个服务台平行排列，各服务台的功能相同，每个服务台前排一个等待列，这也是常见的排队结构，如图 13 - 2（d）所示。此外，还有多队-多服务台串并结合的混合结构，如图 13 - 2（e）所示。

三、排队问题的模型

较为广泛采用的分类方法是柯恩达尔（D. G. Kendall）于 1953 年提出的，该方法根据输入过程时间分布、服务时间分布和服务台数量特征为主来进行分类，可表示为 X/Y/Z，其中，X 处填写表示输入过程分布；Y 处填写表示服务时间分布；Z 处填写表示服务台的数目。

表示输入时间分布和服务时间分布的符号如下：

D：定长分布

M：泊松分布或负指数分布

E_k：k 阶爱尔朗分布

GI：一般独立分布

G：一般分布

1971 年排队理论符号标准化会议决定，将柯恩达尔符号扩充为 X/Y/Z/A/B/C。其中，前三项含义不变；A 处填写系统容量限制 N；B 处填写顾客源数目 m；C 处填写服务规则。例如，$M/M/1/\infty/\infty/FCFS$，表示输入过程服从泊松分布、服务时间服从负指数分布、单服务台、系统容量无限、顾客源无限、先到先服务的排队模型；M/G/c/N/m/FCFS，表示输入过程为泊松分布、服务时间为一般分布、c 个服务台、系统容量有限为 N、顾客源有限为 m、先到先服务排队模型；等等。

第 2 节　排队问题求解

一、求解步骤

求解一个实际的排队问题，遵循如下步骤：

（1）首先要根据统计数据资料推断顾客输入过程和服务时间的经验分布；然后，按照数理统计中曲线拟合（χ^2 检验）确定适合的理论分布，确定输入过程分布和服务时间分布。

（2）估计参数值。常用参数符号有：平均到达率 λ，即单位时间内到达的平均顾客数；平均服务率 μ，即单位时间内服务完成的平均顾客数；服务强度 ρ，即系统利用率，表示服务机构的繁忙程度。

(3) 给定服务台数、系统容量和服务规则，按 X/Y/Z/A/B/C 分类法确定它属于哪个模型；分析服务系统状态演进关系，系统状态 n 是指系统中的顾客数，若系统中有 n 个顾客则系统的状态为 n；推算 t 时刻系统状态为 n 的概率 $P_n(t)$；系统处于稳定状态的任意时刻，状态为 n 的概率为 P_n，得到平衡方程。

(4) 求出有关判断排队系统运行优劣的数量指标，以便研究其运行效率，评定系统是否合理，研究设计改进措施等。

二、分布函数

在排队理论中，研究最多、应用最广的理论分布是输入过程服从泊松分布（间隔时间服从负指数分布）、服务时间服从负指数分布。

（一）泊松分布

1. 泊松输入过程满足的条件

输入流的平稳性：在时间区间 $[t, t+\Delta t]$ 内有 n 个顾客到达的概率与时间 t 无关，只与 n 和 Δt 长短有关。对充分小的 Δt，在 Δt 时间内有 1 个顾客到达的概率为：$P_1(t, t+\Delta t)=\lambda\Delta t+o(\Delta t)$。式中，$o(\Delta t)$ 为当 $\Delta t\to 0$ 时，关于 Δt 的高阶无穷小；$\lambda>0$，是平均到达率。

输入流无后效性：在不相重叠的时间区间内到达的顾客数是相互独立的。

输入流的普通性：对于充分小的时间间隔 Δt 内，有 $n\geqslant 2$ 个顾客到达的概率极小，可忽略不计，即

$$\sum_{n\geqslant 2}P_n(t,t+\Delta t)=o(\Delta t)$$

输入流的有限性：任意有限区间内到达有限个顾客的概率为 1，即

$$\sum_{n}P_n(t)=1$$

同时具有平稳性、无后效性、普通性和有限性的输入称作最简单流。

2. 泊松输入过程的基本性质

在长度为 t 的时间内到达 n 个顾客的概率为：

$$P_n(t)=\frac{(\lambda t)^n}{n!}e^{-\lambda t},\quad t>0;n=0,1,2,\cdots,m$$

其期望为 λt，方差为 λt。

输入过程服从泊松分布，顾客相继到达的间隔时间 T 服从负指数分布。期望值 $\frac{1}{\lambda}$ 表示顾客相继到达的平均间隔时间。

（二）负指数分布

设 v 是任一顾客的服务时间，若 v 具有概率密度

$$f(v)=\begin{cases}\mu \mathrm{e}^{-\mu v}, & v \geqslant 0 \\ 0, & v<0\end{cases}$$

则称 v 服从以 μ 为参数的负指数分布，且分布函数为：

$$F(v)=\begin{cases}1-\mathrm{e}^{-\mu v}, & v \geqslant 0 \\ 0, & v<0\end{cases}$$

式中，μ 为平均服务率，表示单位时间能被服务完成的顾客数；而期望 $E(v)=\frac{1}{\mu}$，表示一个顾客的平均服务时间。

三、运行指标

判断排队系统的数量指标主要有以下三个：顾客数量、排队时间以及服务效率。

（一）顾客数量

平均队长 L_s 是指服务系统中顾客数的期望值。

平均队列长 L_q 是指服务系统中排队等待服务的顾客数的期望。

$$L_s=L_q+E(\text{正被服务的顾客})$$

这是系统设计者和顾客都关心的，但 L_s（或 L_q）越大，就排队成龙，这是顾客最讨厌的。

（二）排队时间

排队服务过程如图 13 - 3 所示。顾客从到达至离去，在系统中停留的时间称为逗留时间。从到达系统排队等待至开始接受服务的时间称为等待时间；从开始接受服务到服务后离去的时间称为服务时间。因此，逗留时间等于等待时间加上服务时间。

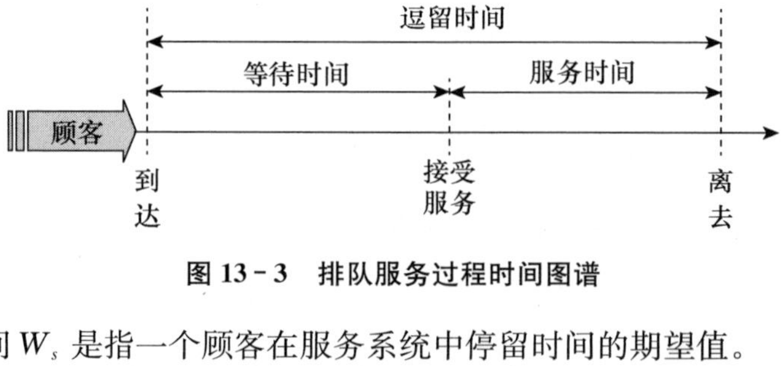

图 13 - 3　排队服务过程时间图谱

平均逗留时间 W_s 是指一个顾客在服务系统中停留时间的期望值。

平均等待时间 W_q 指一个顾客在服务系统中排队等待时间的期望值。

顾客在系统中平均逗留时间，由在队列中等待的时间和在服务台中接受服务的时间组成，即

$$W_s=W_q+E(\text{服务时间})$$

在机器故障中，等待修理和正在修理都使工厂受到停工损失，所以逗留时间（停工损失时间）是主要的；但医院就诊中患者所关心的仅是等待时间，希望愈短愈好。

（三）服务效率

服务效率体现服务人员的工作强度。一方面，忙期是指服务机构连续繁忙工作的时间；另一方面，一个忙期中平均完成服务的顾客数，这都是衡量服务机构效率的指标。

第 3 节　标准 M/M/1 模型

标准的 $M/M/1$ 排队模型即 $M/M/1/\infty/\infty/FCFS$ 排队模型，如图 12－2（a）所示，即输入过程服从泊松分布、服务时间服从负指数分布、单服务台、系统容量无限、顾客源无限、先到先服务的排队模型。

一、模型特征

（一）输入过程

（1）顾客源无限；

（2）顾客到达方式是单个到达，且相互独立；

（3）输入过程服从参数为 λ 的泊松分布，到达过程是平稳的。

（二）排队规则

（1）队列为单队；

（2）队长无限，即系统容量无限；

（3）系统按先到先服务的等待规则进行服务，当顾客来到系统时，若服务台已被占用，就排队等待。

（三）服务过程

（1）只有一个服务台；

（2）服务方式为单个服务，服务时间相互独立；

（3）服务时间服从相同参数为 μ 的负指数分布。

二、状态方程

在分析标准的 $M/M/1$ 模型时，首先要求出在任意时刻 t 系统状态为 n 的概率，即 t 时刻系统中有 n 个顾客的概率 $P_n(t)$。

在任意时刻，服务系统中已有 n 个顾客（包括排队和接受服务的顾客），则在时间 $[t, t+\Delta t]$ 内：

（1）又有一个顾客到达的概率为 $\lambda\Delta t+o(\Delta t)$；没有顾客到达的概率为 $1-\lambda\Delta t+$

$o(\Delta t)$。

(2) 当 $n>0$ 时，有一个顾客离去的概率为 $\mu\Delta t+o(\Delta t)$；没有顾客离去的概率是 $1-\mu\Delta t+o(\Delta t)$。

(3) 有 2 个或 2 个以上顾客同时到达或同时离去的概率为 $o(\Delta t)$，可以忽略不计。

（一）系统状态 $n>0$

在 $t+\Delta t$ 时刻，系统中有 n 个顾客（$n>0$）存在四种情况：

(1) t 时刻系统状态为 n 时的概率为 $P_n(t)$；一个顾客到达，概率为 $\lambda\Delta t$；且有一个顾客离去，概率为 $\mu\Delta t$；$t+\Delta t$ 时刻系统状态 n 的概率为 $\lambda\Delta t\mu\Delta tP_n(t)$。

(2) t 时刻系统状态为 n 时的概率为 $P_n(t)$；没有一个顾客到达，概率为 $1-\lambda\Delta t$；也没有一个顾客离去，概率为 $1-\mu\Delta t$；则 $t+\Delta t$ 时刻系统状态 n 的概率为 $(1-\lambda\Delta t)(1-\mu\Delta t)P_n(t)$。

(3) t 时刻系统状态为 $n-1$ 的概率为 $P_{n-1}(t)$；有一个顾客到达，概率为 $\lambda\Delta t$；没有顾客离去，概率为 $1-\mu\Delta t$；则 $t+\Delta t$ 时刻系统状态 n 的概率为 $\lambda\Delta t(1-\mu\Delta t)P_{n-1}(t)$。

(4) t 时刻系统状态为 $n+1$ 的概率为 $P_{n+1}(t)$；没有一个顾客到达，概率为 $1-\lambda\Delta t$；而一个顾客离去，概率为 $\mu\Delta t$；则 $t+\Delta t$ 时刻系统状态 n 的概率为 $(1-\lambda\Delta t)\mu\Delta tP_{n+1}(t)$。这四种情况如表 13-1 所示，略去 $o(\Delta t)$。

表 13-1　M/M/1 状态概率分布表

t 时刻		$(t,\ t+\Delta t)$ 时间				$t+\Delta t$ 时刻	
系统状态	概率	到达	概率	离去	概率	系统状态	概率
n	$P_n(t)$	1个	$\lambda\Delta t$	1个	$\mu\Delta t$	n	$\lambda\Delta t\mu\Delta tP_n(t)$
n	$P_n(t)$	没有	$1-\lambda\Delta t$	没有	$1-\mu\Delta t$	n	$(1-\lambda\Delta t)(1-\mu\Delta t)P_n(t)$
$n-1$	$P_{n-1}(t)$	1个	$\lambda\Delta t$	没有	$1-\mu\Delta t$	n	$\lambda\Delta t(1-\mu\Delta t)P_{n-1}(t)$
$n+1$	$P_{n+1}(t)$	没有	$1-\lambda\Delta t$	1个	$\mu\Delta t$	n	$(1-\lambda\Delta t)\mu\Delta tP_{n+1}(t)$

这四种情况互不相容，由全概率公式，$P_n(t+\Delta t)$ 应是这四种情况之和，即

$$\begin{aligned}P_n(t+\Delta t)&=\lambda\Delta t\mu\Delta tP_n(t)+(1-\lambda\Delta t)(1-\mu\Delta t)P_n(t)+\lambda\Delta t(1-\mu\Delta t)P_{n-1}(t)\\&\quad+(1-\lambda\Delta t)\mu\Delta tP_{n+1}(t)\\&=(1-\lambda\Delta t-\mu\Delta t)P_n(t)+\mu\Delta tP_{n+1}(t)\\&\quad+\lambda\Delta tP_{n-1}(t)+o(\Delta t)\end{aligned}$$

$$\begin{aligned}\frac{\mathrm{d}P_n(t)}{\mathrm{d}t}&=\lim_{\Delta t\to 0}\frac{P_n(t+\Delta t)-P_n(t)}{\Delta t}\\&=-(\lambda+\mu)P_n(t)+\mu P_{n+1}(t)+\lambda P_{n-1}(t),\quad n>0\end{aligned}$$

（二）系统状态 n=0

当 $n=0$ ，只有如表 13-2 所示的两种情况，即为在 $t+\Delta t$ 时刻，系统中有 $n=0$ 个顾

客的概率为 $P_0(t+\Delta t)$。

表 13－2　$n=0$ 时概率分布

t 时刻		$(t,\ t+\Delta t)$ 时间				$t+\Delta t$ 时刻	
系统状态	概率	到达	概率	离去	概率	系统状态	概率
0	$P_0(t)$	没有	$1-\lambda\Delta t$	没有	1	0	$(1-\lambda\Delta t)P_0(t)$
1	$P_1(t)$	没有	$1-\lambda\Delta t$	1 个	$\mu\Delta t$	0	$(1-\lambda\Delta t)\mu\Delta tP_1(t)$

(1) t 时刻系统状态为 0 的概率为 $P_0(t)$；没有一个顾客到达，概率为 $1-\lambda\Delta t$；也没有一个顾客离去，概率为 1；则 $t+\Delta t$ 时刻系统状态 0 的概率为 $(1-\lambda\Delta t)P_0(t)$。

(2) t 时刻系统状态为 1 的概率为 $P_1(t)$；没有一个顾客到达，概率为 $1-\lambda\Delta t$；而一个顾客离去，概率为 $\mu\Delta t$；则 $t+\Delta t$ 时刻系统状态 0 的概率为 $(1-\lambda\Delta t)\mu\Delta tP_1(t)$，即有

$$P_0(t+\Delta t)=(1-\lambda\Delta t)P_0(t)+(1-\lambda\Delta t)\mu\Delta tP_1(t)$$

类似求得

$$\begin{aligned}\frac{\mathrm{d}P_0(t)}{\mathrm{d}t}&=\lim_{\Delta t\to 0}\frac{P_0(t+\Delta t)-P_0(t)}{\Delta t}\\&=-\lambda P_0(t)+\mu P_1(t),\quad n=0\end{aligned}$$

三、稳态解

上述状态方程是标准的 $M/M/1$ 模型的微分方程组。这组状态方程中，系统状态 n 值随时间变化的过程称为生灭过程。求解这些状态方程非常麻烦，由于系统状态 n 随时间而变化，其解是瞬态解，也不便于应用。

下面研究服务系统达到了统计平衡，或者说达到了稳态的情况。也就是说，当 $t\to\infty$ 时，$P_n(t)$ 与 t 无关，可写成 P_n，即

$$\lim_{t\to\infty}P_n(t)=P_n,\quad n=0,1,2,\cdots$$

令导数为 0，由状态方程有平衡方程式：

$$\begin{cases}-\lambda P_0+\mu P_1=0, & n=0\\ \lambda P_{n-1}+\mu P_{n+1}-(\lambda+\mu)P_n=0, & n\geqslant 1\end{cases}$$

这是关于 P_n 的差分方程，这些指数排队模型是连续时间马尔科夫链的特例，它表明了各种状态间的转移关系，用马尔科夫链表示如图 13－4 所示。

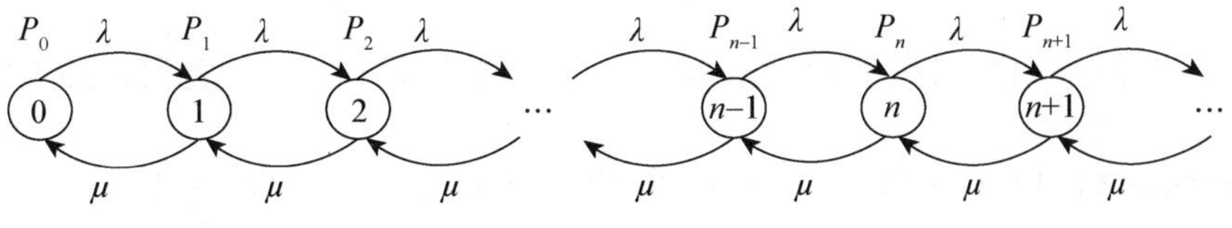

图 13－4　$M/M/1$ 状态转移示意图

由图 13-4 可见，状态 0 的转出率为 λP_0，转入率为 μP_1，对状态 0 必须满足平衡方程；同样，对任何 $n\geqslant 1$ 的状态，必须满足平衡方程式。由平衡方程式，得

$$P_1=\frac{\lambda}{\mu}P_0$$

$$P_2=-\frac{\lambda}{\mu}P_0+(1+\frac{\lambda}{\mu})P_1=\frac{\lambda}{\mu}^2 P_0$$

同理，依次推得

$$P_n=(\frac{\lambda}{\mu})^n P_0,\quad n=1,2,\cdots$$

设 $\rho=\frac{\lambda}{\mu}<1$（保证队长不会越排越长以至于无限长），则 $P_n=\rho^n P_0$。

又由 $\sum\limits_{n=0}^{\infty}P_n=1$，即 $\sum\limits_{n=0}^{\infty}P_n=\sum\limits_{n=0}^{\infty}\rho^n P_0=1$，则得

$$\begin{cases}P_0=1-\rho, & \rho<1\\ P_n=(1-\rho)\rho^n, & n\geqslant 1\end{cases}$$

这是统计平衡状态下，系统状态为 n 的概率。式中 ρ 有其实际意义，根据表达式不同，有不同的含义。

$\rho=\frac{\lambda}{\mu}$：为平均服务水平的服务员在为一位顾客服务的时间内，到达系统的顾客数。

$\rho=\frac{1/\mu}{1/\lambda}$：服务员为一个顾客服务的平均服务时间占顾客到达平均时间间隔的比，称 ρ 为服务强度。

$\rho=P(n>0)=1-P_0$：系统服务机构的利用率，刻画了系统服务机构繁忙程度。

$\rho=L_s-L_q$：在服务台上被服务顾客的平均数。

$\rho=W_q/W_s$：顾客等待服务的时间占在系统中逗留时间的比例。

四、运行指标

系统中的平均顾客数：$L_s=\sum\limits_{n=0}^{\infty}nP_n=\sum\limits_{n=0}^{\infty}n\rho^n(1-\rho)=\frac{\rho}{1-\rho}=\frac{\lambda}{\mu-\lambda}$

队列中的平均顾客数：$L_q=\sum\limits_{n=1}^{\infty}(n-1)P_n=\sum\limits_{n=1}^{\infty}(n-1)\rho^n(1-\rho)=\frac{\rho^2}{1-\rho}=\rho L_s$

平均逗留时间是顾客到达平均间隔时间 $1/\lambda$ 与平均逗留数 L_s 之积，即 $W_s=\frac{1}{\lambda}L_s=\frac{1}{\mu-\lambda}$，因此标准 $M/M/1$ 情形下，逗留时间 W 服从参数 $\mu-\lambda$ 的负指数分布。

平均等待时间等于逗留时间的期望值减去接受服务时间的期望值，即 $W_q=W_s-E($服

务时间)$=W_s-\dfrac{1}{\mu}=\dfrac{\rho}{\mu-\lambda}=\rho W_s$，忙期概率 $P_{忙}=1-P_0=\rho$。

系统各运行指标的相互关系为：

$$\begin{cases} L_s=\lambda W_s \\ W_s=W_q+\dfrac{1}{\mu} \\ L_q=\lambda W_q \\ L_s=L_q+\rho=L_q+\dfrac{\lambda}{\mu} \end{cases}$$

［例 13－1］ 为了评价某单人理发馆随机服务系统，记录了 100 个工作小时，每小时来理发的顾客数 n 的统计情况。又记录了 100 次理发所用的时间 v，如表 13－3 所示。

表 13－3　理发馆服务统计记录

到达顾客数（n）（人/小时）	出现频率（f_n）	理发时间（v）（分钟）	出现频率（f_v）
0	0.01	10 以下	0.35
1	0.08	10～15	0.25
2	0.27	15～20	0.15
3	0.30	20～25	0.11
4	0.24	25～30	0.08
5	0.08	30～35	0.06
6 以上	0.02	35 以上	0

试求顾客平均到达率及该理发员的平均服务率，服务强度及顾客来理发馆不必等待的概率以及系统运行指标。如果顾客在店内平均逗留时间超过 1.25 小时，则店主将考虑增加设备及人员，问平均到达率提高到多少时店主才作这样的考虑？

解　(1) 顾客平均到达率 λ 为：

$$\lambda=\sum_n nf_n=3(人/小时)$$

理发时间平均值 $\bar{v}$ 为：

$$\bar{v}=\sum_v vf_v=15(分钟/人)$$

该理发员的平均服务率 μ 为：

$$\mu=\frac{1}{\bar{v}}=\frac{60}{15}=4(人/小时)$$

(2) 通过统计检验，认为顾客到达服从参数为 $\lambda=3$ 的泊松分布，理发时间服从参数 $\mu=4$ 的负指数分布，则服务强度 $\rho=\dfrac{\lambda}{\mu}=\dfrac{3}{4}=0.75$，说明理发馆 75% 的时间是繁忙的

（被利用），25%的时间是空闲的，顾客来理发馆不必等待的概率为 0.25。

（3）系统运行指标：

理发馆内顾客的平均数 L_s 为：

$$L_s=\frac{\lambda}{\mu-\lambda}=\frac{3}{4-3}=3(\text{人})$$

排队等待顾客的平均数 L_q 为：

$$L_q=L_s-\frac{\lambda}{\mu}=3-\frac{3}{4}=2.25(\text{人})$$

顾客在理发馆内平均逗留时间 W_s 为：

$$W_s=\frac{L_s}{\lambda}=\frac{3}{3}=1(\text{小时})$$

顾客平均排队等待时间 W_q 为：

$$W_q=W_s-\frac{1}{\mu}=1-0.25=0.75(\text{小时})$$

（4）顾客在店内平均逗留时间超过 1.25 小时，即 $W_s>1.25$ 时，店主将考虑增加设备及人员，有 $W_s=\frac{1}{4-\lambda}>1.25$，解得 $\lambda>3.2$ 人/小时，即平均到达率提高到每小时 3.2 人，店主将作这样的考虑。

第 4 节　标准 $M/M/c$ 模型

标准的 $M/M/c$ 排队模型即 $M/M/c/\infty/\infty$/FCFS 排队模型，如图 13－2（c）所示，输入过程服从泊松分布、服务时间服从负指数分布、多服务台、系统容量无限、顾客源无限、先到先服务的排队模型。

一、模型特征

（一）输入过程

（1）顾客源无限；

（2）顾客到达方式是单个到达，且相互独立；

（3）输入过程服从参数为 λ 的泊松分布，到达过程是平稳的。

（二）排队规则

（1）队列为单队；

（2）队长无限；

（3）当顾客到达系统时，若服务台被占用，则排队等待，服务规则是先到先服务。

（三）服务过程

（1）有 c 个（$c>1$）服务台的排队系统；

（2）各服务台的服务方式是单个服务，且各服务台相互独立不搞协作；

（3）各服务台的服务时间服从参数为 μ 的负指数分布，则整个服务机构的平均服务率为 $c\mu$（当 $n\geqslant c$）或 $n\mu$（当 $n<c$），系统服务强度（服务机构平均利用率）$\rho=\dfrac{\lambda}{c\mu}$。

二、平衡方程

首先分析该排队系统状态间的转移关系，如图 13-5 所示。

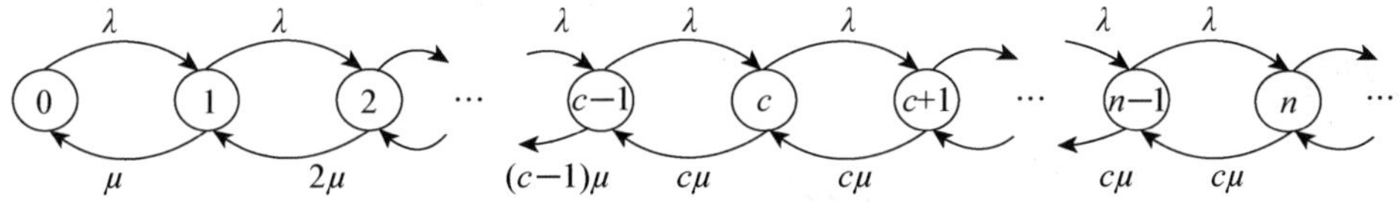

图 13-5　*M/M/c* 状态转移示意图

从状态 n 到 $n+1$ 的转移率为 λ。从状态 n 到 $n-1$ 的转移率需分别讨论：当 $n<c$ 时，系统中的 n 个顾客都在接受服务，有 n 个服务台在工作，系统服务率为一个服务台的 n 倍，即 $n\mu$，则由状态 n 到 $n-1$ 的转移率为 $n\mu P_n$；当 $n\geqslant c$ 时，由于系统只有 c 个服务台，n 个顾客中的 c 个在接受服务，$n-c$ 个顾客在等候，系统服务率为一个服务台的 c 倍，即 $c\mu$，则由状态 n 到 $n-1$ 的转移率为 $c\mu P_n$。得平衡方程如下：

$$\begin{aligned}
&\mu P_1=\lambda P, && n=0\\
&(n+1)\mu P_{n+1}+\lambda P_{n-1}=(\lambda+n\mu)P_n, && 1\leqslant n<c\\
&c\mu P_{n+1}+\lambda P_{n-1}=(\lambda+c\mu)P_n, && n\geqslant c
\end{aligned}$$

三、稳态解

1. 系统状态 $n<c$

当 $n=0$ 时，$\mu P_1=\lambda P_0$，有 $P_1=\dfrac{\lambda}{\mu}P_0$；

当 $n=1<c$ 时，$2\mu P_2+\lambda P_0=(\lambda+\mu)P_1$，有 $P_2=\dfrac{\lambda^2}{2!\mu^2}P_0$；

当 $n=2<c$ 时，$3\mu P_3+\lambda P_1=(\lambda+2\mu)P_2$，有 $P_3=\dfrac{\lambda^3}{3!\mu^3}P_0$；

同理可得 $P_n=\dfrac{\lambda^n}{n!\mu^n}P_0$。

2. 系统状态 $n\geqslant c$

当 $n=c$ 时，$c\mu P_{c+1}+\lambda P_{c-1}=(\lambda+c\mu)P_c$，有 $P_{c+1}=\dfrac{\lambda^{c+1}}{cc!\mu^{c+1}}P_0$；

当 $n \geqslant c$ 时，得 $P_n = \dfrac{\lambda^n}{c^{n-c} c! \mu^n} P_0$。

由 $\sum\limits_{n=1}^{\infty} P_n = 1$，得状态概率为：

$$P_0 = \left[\sum_{n=0}^{c-1} \frac{\lambda^n}{n!\ \mu^n} + \frac{1}{c!} \left(\frac{\lambda}{\mu} \right)^c \left(\frac{1}{1-\rho} \right) \right]^{-1}$$

$$P_n = \begin{cases} \dfrac{\lambda^n}{n!\ \mu^n} P_0, & n < c \\ \dfrac{\lambda^n}{c^{n-c} c!\ \mu^n} P_0, & n \geqslant c \end{cases}$$

四、运行指标

系统中的平均顾客数：$L_q = \dfrac{\lambda^c \rho P_0}{\mu^c c!(1-\rho)^2}$；

队列中的平均顾客数：$L_s = L_q + \dfrac{\lambda}{\mu}$；

系统中顾客平均逗留时间：$W_s = \dfrac{L_s}{\lambda}$；

队列中顾客平均等待时间：$W_q = \dfrac{L_q}{\lambda}$。

［**例 13-2**］ 某售票厅有 3 个窗口，顾客以每分钟 4 人的平均速率按泊松分布到达，排成一队依次到空闲窗口购票；售票时间服从负指数分布，均值为 0.5 分钟，试求系统的运行指标。

解 $c=3$，$\lambda=4$ 人/分钟，$\mu=2$ 人/分钟，则 $\dfrac{\lambda}{\mu}=2$，$\rho=\dfrac{\lambda}{c\mu}=\dfrac{4}{2\times 3}<1$，这是一个标准 $M/M/c$ 排队模型。

售票厅空闲的概率 P_0 为：

$$P_0 = \left[\sum_{n=0}^{3-1} \frac{4^n}{n!\ 2^n} + \frac{1}{3!} \times \left(\frac{4}{2} \right)^3 \times \left(\frac{1}{1-4/6} \right) \right]^{-1} \approx 0.111$$

平均队列长 L_q 为：

$$L_q = \frac{2^3 \times 2 \times 0.111}{2^3 \times 3 \times 3!\ \times (1-4/6)^2} = 0.888(\text{人})$$

平均队长 L_s 为：

$$L_s = L_q + 2 = 2.888(\text{人})$$

平均逗留时间 W_s 为：

$$W_s=\frac{L_s}{\lambda}=\frac{2.888}{4}=0.722(\text{分钟})$$

平均等待时间 W_q 为：

$$W_q=\frac{L_q}{\lambda}=\frac{0.888}{4}=0.222(\text{分钟})$$

顾客到达后必须等待的概率即系统中各售票口都没空闲的概率为：

$$P(n\geqslant 3)=1-P_0-P_1-P_2=1-0.111-\frac{4}{2}\times 0.111-\frac{4^2}{2\times 2^2}\times 0.111=0.45$$

如果顾客到达后在每个窗口前各排成一队，且进入队列后不换队，这样就形成了 3 队并列的情况，即 3 个标准 $M/M/1$ 型系统，每个队列平均到达率为 $\lambda_1=\lambda_2=\lambda_3=4/3$ 人/分钟。$M/M/3$ 型系统和 3 个 $M/M/1$ 型系统的比较如表 13－4 所示。

表 13－4　$M/M/3$ 型系统与 $M/M/1$ 型系统比较

运行指标	排队模型	
	$M/M/3$	$M/M/1$
售票厅空闲概率（P_0）	0.111	0.33（每个售票口）
顾客必须等待概率	$P_{(n\geqslant 3)}=0.45$	0.67
平均队列长（L_q）	0.888 人	1.33 人（每个售票口）
平均队长（L_s）	2.888 人	6 人（售票厅）
平均逗留时间（W_s）	0.722 分钟	4.25 分钟
平均等待时间（W_q）	0.222 分钟	1 分钟

第 5 节　其他排队模型介绍

本节讨论两种具有泊松到达和固定服务时间或一般分布的单服务器排队系统，即 $M/D/1$ 和 $M/G/1$ 排队模型。在现实生活中，一些情况下顾客或设备是按照固定的周期进行处理的，例如自动洗车机、游乐园的游乐设施、医院门诊收费窗口等，它们的服务时间是固定的；也有服从一般分布的，如修车服务、医生给病人看病等。在这种服务速率确定的排队系统中，其他条件一样的情况下，平均队列长 L_q、平均队长 L_s、平均逗留时间 W_s、平均等待时间 W_q 的值总是小于具有可变服务时间的 $M/M/s$ 系统。事实上，在固定服务速率的排队模型中，队列的平均长度和平均等待时间都减少了一半。

一、$M/D/1$ 排队模型

（一）运行指标

$M/D/1$ 排队模型中的运行指标如下：

系统平均服务器利用率：$\rho=\dfrac{\lambda}{\mu}$

平均排队等候服务的顾客数：$L_q=\dfrac{\lambda^2}{2\mu(\mu-\lambda)}$

系统中顾客的平均数量：$L_s=L_q+\dfrac{\lambda}{\mu}$

顾客排队等候的平均时间：$W_q=\dfrac{L_q}{\lambda}=\dfrac{\lambda}{2\mu(\mu-\lambda)}$

顾客在系统中逗留的平均时间：$W_s=W_q+\dfrac{1}{\mu}$

系统中恰好有 0 个顾客的概率：$P_0=1-\dfrac{\lambda}{\mu}$

（二）应用案例

某回收公司在纽约收集和压缩铝罐和玻璃瓶。该公司的卡车司机来这里卸货进行回收，目前他们平均要等 15 分钟才能将货物清空。司机和卡车在排队时浪费的时间价值为每小时 60 美元。该公司正在考虑购买一台新的自动压实机。新的压实机将能够以恒定的速度处理卡车货物，每小时能够处理 12 辆卡车（其成本将按每辆卡车 3 美元的比例摊销）。卡车按泊松分布到达，平均速度为每小时 8 辆，这家回收公司应该购买新的压实机吗？

从案例中我们可以得知平均到达率 λ 是每小时 8 辆卡车，目前司机在清空卡车前平均需要等待 15 分钟，每小时等待的时间价值为 60 美元，那么司机每次的等待费用为 $\dfrac{15}{60}\times 60=15$ 美元，如果使用新的自动压实机，固定的服务率 $\mu=12$ 辆/小时，由此可得 $W_q=\dfrac{\lambda}{2\mu(\mu-\lambda)}=\dfrac{8}{2\times 12(12-8)}=0.083$ 小时，此时司机每次的等待费用为 $0.083\times 60\approx 5$ 美元。通过使用新的自动压实机能够为每位司机每次节约 $15-5=10$ 美元的等待成本，除去每辆卡车 3 美元的成本，使用新设备为每位司机节约的净成本为 $10-3=7$ 美元/次，因此这家回收公司应该购买新的压实机。

二、 *M/G/1* 排队模型

到目前为止，我们已经研究了服务时间要么是指数分布要么是常数的系统。然而，在许多情况下，服务时间可能遵循某种具有均值 μ 和标准差 σ 的任意或一般分布。在这种情况下，我们将该模型称为一般服务时间模型。一般服务时间的实际例子包括在汽车修理店为车辆提供服务所需的时间（例如换油服务）和商店职员完成销售交易所需的时间。

这里介绍的单服务器系统假设到达遵循泊松概率分布，与之前的模型一样，在 $M/G/1$ 模型中，我们还假设服务是先到先得的，没有延迟或违约，平均服务速率大于平均到达速率。

和 $M/M/c$ 模型一样，对于 $M/G/1$ 模型，λ 和 μ 必须在相同的时间间隔内定义。同样重要的是要注意到，虽然 λ 和 μ 是速率（在指定的时间间隔内出现的次数），σ 为服务时间的标准差，但是，σ 的单位应与 λ 和 μ 保持一致。例如，如果 λ 和 μ 表示为每小时的平均费率，σ 也应以小时计算。

（一）运行指标

$M/G/1$ 排队模型中的运行指标如下：

系统平均服务器利用率：$\rho=\dfrac{\lambda}{\mu}$

平均排队等候服务的顾客数：$L_q=L_s-\lambda\sigma$

系统中顾客的平均数量：$L_s=\rho+\dfrac{\rho^2+\lambda^2\sigma}{2(1-\rho)}$

顾客排队等候的平均时间：$W_q=\dfrac{L_q}{\lambda}$

顾客在系统中逗留的平均时间：$W_s=W_q+\dfrac{1}{\mu}$

系统中恰好有 0 个顾客的概率：$P_0=1-\dfrac{\lambda}{\mu}$

（二）应用案例

某大学的一位教授在每学期的固定时间与学生会面，决定下个学期的课程，并讨论他们可能关心的任何问题。该教授喜欢在会面期间每天留出两个小时，让学生们非正式地来拜访他，而不是给学生们安排具体的见面时间。他认为，这种方式能够让学生和他在一起时感到更自在。

根据该教授的经验判断得知，平均每 12 分钟就有一个人来拜访他（每小时 5 人），即 $\lambda=5$ 人/小时。同时，他认为泊松分布适合建立到达过程的模型。咨询会面平均持续时间为 10 分钟，也就是说，他的服务率是每小时 6 人，即 $\mu=6$ 人/小时。然而，因为谈话内容不同，所以每名同学的谈话时间不同，该教授估计，服务时间的标准差（会面时长）为 5 分钟，即 $\sigma=\dfrac{5}{60}=0.083$ 小时。因此可知 $\rho=\dfrac{\lambda}{\mu}=\dfrac{5}{6}=0.833$，表示该教授 83.3%的咨询时间内是忙碌的，$L_q=\rho+\dfrac{\rho^2+\lambda^2\sigma}{2(1-\rho)}-\lambda\sigma=2.6$ 人，也就是说平均有 2.6 名学生在排队等待，$W_q=\dfrac{L_q}{\lambda}=0.52$ 小时，每名学生平均等待 0.52 小时（约 31 分钟）。如果该教授能将他的服务效率提高到每小时 6.92 名学生，那么，平均等待时间将缩短到 15 分钟左右。也就是说，这位教授需要将他的平均咨询时间减少到大约$\dfrac{60}{6.92}=8.67$ 分钟。

第 6 节　排队系统的优化

排队系统的最优化问题涉及排队系统的最优设计和最优运营。前者称为静态优化问题，目的是在一定服务质量水平下要求系统最为经济。后者称为动态优化问题，对一个给定的系统，如何运营可使某个目标得到最优，即进行动态最优控制。

动态控制模型大体研究两类问题：一是根据系统的实际情况，假定一个合理的或实际可行的控制策略，然后分析系统，确定系统运行的最佳参数。例如，对 $M/M/c$ 系统采取这样的服务策略：当队长达到 k 时，增加一个服务台，而一旦队长小于 k 时，再取消增设的服务台，对于某个确定的目标函数，确定最佳的 k 值；二是对一个具体的系统，研究一个最佳的控制策略。

本节只讨论静态最优化问题。最优设计的主要研究内容是在输入参数给定的条件下，确定系统的参数，如在 $M/M/c$ 模型中，给定到达率 λ、服务率 μ，确定服务台数 c，使得系统最经济。一般而言，提高服务水平（如服务率 μ、服务台数 c 等）会降低顾客的等待损失（等待费用），但常常使服务系统的运行成本（服务费用）增加。最优化的目标之一是使等待费用和服务费用之和为最小，或者是使服务收入与服务费用之差为最大。在稳定情况下，各种费用都按单位时间费用考虑，可以根据统计的经验资料来估计，下面介绍标准的 $M/M/1$ 和 $M/M/c$ 模型的静态优化问题。

一、标准 M/M/1 模型中的最优服务率 μ

设 C_s 为单位时间服务费用，C_w 为一个顾客在系统中停留单位时间的逗留费用，取目标函数为单位时间总费用的期望，即

$$\min Z(\mu)=C_s\mu+C_wL_s$$

将 $L_s=\dfrac{\lambda}{\mu-\lambda}$ 代入，得

$$\min Z(\mu)=C_s\mu+C_w\frac{\lambda}{\mu-\lambda}$$

μ 取何值时 $Z(\mu)$ 为最小？可用微积分求极值的方法，即

$$\frac{\mathrm{d}Z}{\mathrm{d}u}=C_s-C_w\frac{\lambda}{(\mu-\lambda)^2}=0$$

解得 $\mu^*=\lambda+\sqrt{\dfrac{C_w}{C_s}\lambda}$，为保证 $\mu>\lambda$，使 $\rho<1$，根号前取正号。

［例 13－3］ 设配送车辆按照泊松流到达配送中心，每半小时到达一辆。假定每辆车的卸货时间服从负指数分布，且每辆车在配送中心停留一天的费用为 0.1 万元（每天按 12 小时计算），一辆车每天的卸货费用为 0.2 万元。试确定该服务系统的最优服务率。

解 根据已知可得 $\lambda=24$，$C_w=0.1$ 万元，$C_s=0.2$ 万元。则有

$$\mu^*=24+\sqrt{\frac{0.1}{0.2}24}=28(\text{辆/天})$$

二、标准 $M/M/c$ 模型中最优服务台数 c

设 C_s 是每个服务台的单位时间服务费用，C_w 为一个顾客在系统中停留单位时间的逗留费用，c 为服务台数，$L(c)$ 是系统中顾客平均数 L_s 或队列中等待的顾客平均数 L_q，如第 4 节所述，L_s 或 L_q 随 c 值不同而变化；取目标函数为单位时间和费用的期望，即

$$\min Z(c)=C_s c+C_w L(c)$$

由于 c 只取整数值，因此 $Z(c)$ 不是连续变量函数，下面用边际分析法求最佳 c^* 的值。

$Z(c^*)$ 为最小，则必须满足 $Z(c^*)\leqslant Z(c^*-1)$ 和 $Z(c^*)\leqslant Z(c^*+1)$，即

$$C_s c^*+C_w L(c^*)\leqslant C_s(c^*-1)+C_w L(c^*-1)$$
$$C_s c^*+C_w L(c^*)\leqslant C_s(c^*+1)+C_w L(c^*+1)$$

简化得

$$L(c^*)-L(c^*+1)\leqslant\frac{C_s}{C_w}\leqslant L(c^*-1)-L(c^*)$$

依次求 $c=1, 2, 3, \cdots$ 时 $L(c)$ 的值，满足上式的 c 值就是最优服务台数。

[例 13-4]　某厂仓库负责向全厂工人发放材料。已知领料工人按泊松流到达，平均每小时来 20 人，发放时间服从平均值为 4 分钟的负指数分布。每个工人去领料所造成的停工损失为每小时 60 元，仓库管理员每人每小时的服务成本为 5 元。问该仓库应配备几名管理员才能使总费用的期望值为最小?

解　根据已知可得，$\lambda=20$ 人/小时，$\mu=\frac{60}{4}=15$ 人/小时，$C_w=60$ 元，$C_s=5$ 元，系统单位时间的总费用的期望值为 $Z(c)=C_s c+C_w L(c)=5c+60L(c)$。

为保证系统能达到稳态，必须使 $\rho=\frac{\lambda}{c\mu}<1$，因此，服务台的数目 c 应大于等于 2。计算过程与结果如表 13-5 所示。由表 13-5 可见，应该取 $c^*=4$，即应配备 4 名管理员，相应的最小平均总费用为每小时 101.54 元。

表 13-5　例 13-5 的计算结果

c	$L(c)$	$C_w L(c)$	$C_s c$	$Z(c)$
2	2.399	143.94	10	153.94
3	1.478	88.68	15	103.68
4	1.359	81.54	20	101.54
5	1.338	80.28	25	105.28

在排队系统中经常出现特殊情况的变体，例如，到达时间可能不服从泊松分布。在大学注册系统中，高年级学生比其他年级学生有优先选择课程和时间的权利，这是一个先到

先得的优先队列原则的例子；体检是一个多相系统的例子，它不同于本章讨论的单相模型，被体验者在第一站排队采血，然后等着在下一站做视力检查，在第三站与精神科医生交谈，在第四站接受医生的体检，在每个阶段，被体验者必须进入另一个队列，等待轮到他们；拥有有限数量电话线路的航空公司预订系统就是队列长度有限的系统的一个例子。

事实证明，对于许多更复杂的排队系统，决策建模者也开发了分析模型来计算它们的运行特性，这些计算的数学表达式比本章所述的要复杂一些。然而，如前所述，现实世界的排队系统往往非常复杂，根本无法进行分析建模。当这种情况发生时，决策建模者通常会转向另一种方法，即利用计算机模拟来分析这些系统的性能。

案例分析

在现实生活中对于如何平衡顾客的等待时间与企业的运营成本问题，可以利用排队理论的相关知识来解决。比如在新奥尔良的阿诺德消声器店，需要新消声器的顾客平均每小时有两位，阿诺德的机械师布兰克能够以每 20 分钟一次的平均速度完成这项服务，这家消声器商店的排队情况满足单服务器排队模型的所有条件，即属于 $M/M/1$ 排队模型。在这个模型中，平均到达率 λ 是每小时两辆车，即 $\lambda=2$，平均服务率是每小时 3 个消声器，即 $\mu=3$。因此可以得到，机械师的忙碌程度 $\rho=\frac{\lambda}{\mu}=\frac{2}{3}=66.7\%$，车辆排队等待的平均队长 $L_q=\frac{\rho^2}{1-\rho}=1.33$ 辆车，商店中平均逗留车辆 $L_s=\frac{\lambda}{\mu-\lambda}=\frac{2}{3-2}=2$ 辆，每辆车平均排队等待的时间 $W_q=\frac{L_q}{\lambda}=\frac{1.33}{2}=0.665$ 小时，即大约 40 分钟，每辆车平均在商店的逗留时间 $W_s=W_q+\frac{1}{\mu}=0.998$ 小时，平均逗留时间约 1 小时，商店中恰好有 0 辆车的概率 $P_0=1-\rho=33.3\%$，也就是说在只有一位机械师的情况下，到达车辆有 33.3%的概率不用等待。

既然已经计算了排队系统的运行特性，商店老板阿诺德决定对其影响进行经济分析。排队模型在预测潜在的等待时间、队列长度、空闲时间等方面很有价值。但它没有确定最优决策或考虑成本因素。如前所述，排队问题的解决方案可能要求管理人员在提供更好服务导致成本增加和提供该服务导致的等待成本降低之间进行权衡。

阿诺德估计，顾客等待时间的成本为每小时 10 美元。请注意，这个时间包括客户的汽车在队列中等待服务的时间，以及汽车实际接受服务的时间。阿诺德唯一能确定的提供服务的成本就是机械师布兰克的工资，他的工资是每小时 12 美元。此时我们定义等待成本与服务成本之和为总成本，即 $C_T=C_wL_s+C_SC$，其中 C_w 为单位时间内客户的等待成本，L_s 为系统中客户的平均数量，C_S 为每台服务器单位时间内提供服务的成本，C 为服务器的个数。在这个例子中，$C_w=10$ 美元/小时，$L_s=2$ 人，$C_S=12$ 美元/小时，$C=1$ 人，由此可知总成本 $C_T=32$ 美元。

现在阿诺德面临一个决定，他通过小道消息发现另一家消声器商店（跨镇的竞争对手）雇佣了一个名叫史密斯的机械师，他能以每小时 4 个的速度安装新的消声器。阿诺德联系了史密斯，询问他是否有兴趣跳槽。史密斯说他会考虑离开那家消声器商店，但前提是给他每小时 15 美元的工资，此时 $\mu=4$，$C_S=15$，通过计算可知，$W_s=0.5$ 小时，$W_q=0.252$ 小时，$L_s=1$ 辆，客户在系统中的平均数量由两辆车减少到一辆车，此时 $C_T=10\times1+15\times1=25$ 美元。

很明显，史密斯较快的服务速度（每小时 4 个消声器相比布兰克的每小时 3 个消声器）将实现更短的排队和等待时间。例如，一个客户现在在系统中平均只花费 0.5 小时（$W_s=0.5$），在队列中平均等待 0.25 小时（$W_q=0.25$），之前雇佣布兰克时，顾客平均在系统中等待 1 小时，在队列中平均等待 0.67 小时。系统中客户的平均数量（L_s）从两辆车减少到一辆车。用布兰克作为机械师的总成本是每小时 32 美元，用史密斯的总成本是每小时 25 美元，商店老板阿诺德很可能会决定雇佣史密斯，使每小时成本降低 7 美元。

商店老板阿诺德现在探索第三种选择。他可以在不解雇第一位机械师的基础上再请一位机械师同时安装消声器，第二个机械师辛普森能够以相同的平均速度（$\mu=3$）安装消声器，并获得和布兰克相同的薪水（每小时 12 美元）。顾客们仍然以平均每小时 $\lambda=2$ 的速度到达，他们会排成单行等待，直到能够接受服务。为了了解这个选项与单服务器排队系统相比如何，阿诺德计算了 $M/M/2$ 系统的运行指标。平均排队时间 $W_q=0.042$ 小时，即 2.5 分钟，相比之前的 40 分钟和 15 分钟，顾客的平均排队时间大大缩短，商店中平均逗留车辆 $L_s=0.75$ 辆，数量也有所降低，这是否意味着聘请两位机械师同时安装消声器是最佳选择呢？当然，我们还需要考虑成本，顾客的等待成本依然为 10 美元/小时，机械师的人工成本为 12 美元/小时，$L_s=0.75$，因此总成本 $C_T=10\times0.75+12\times2=31.5$ 美元/小时。

比较三种情况下的成本我们能够发现，虽然请两位机械师同时工作可能对商店的声誉有正面的影响，但是这种情况的总成本要高于速度快但成本高的史密斯独自工作的成本，通过分析，商店老板阿诺德决定用更快的史密斯取代他目前的机械师布兰克，并且不开设第二个服务台。

复习思考题

1. 顾客按泊松分布到达一个服务台，假设到达率为单位时间 20 个，在 $t=0$ 时系统是空闲的。

（1）已知在 $t=15$ 时系统中有 10 个顾客，求在 $t=30$ 时系统中有 20 个顾客的概率；

（2）在 $t=10$ 时和 $t=20$ 时系统中的平均顾客数。

2. 某商场有一台自动售货机，顾客按泊松分布到达，平均每小时到达 24 人，假定顾客每次购买商品的时间服从负指数分布，平均购买时长为 2 分钟，求该系统空闲的概率、平均队长、平均队列长、平均逗留时间、平均等待时间。

又若顾客到达情况与购买时间的概率分布均不变，而自动售货机增加为 2 台，此时系统的各项指标又会发生什么变化？

3. 某食品杂货铺设一个收款台，配有一名专职出纳员。顾客到达该收款台服从泊松分布，平均速率为每小时 30 人。在收款台前仅有 1 个顾客时，由出纳员接待，平均服务时间为 1.5 分钟；当台前多于 1 个顾客时，管理员帮助出纳员包装货物使接待顾客时间缩减至 1 分钟。两种服务时间都服从负指数分布。

（1）作出此排队系统的速率图；

（2）求出在收款台顾客数的概率分布；

（3）导出此系统的 L_s，使用该资料确定 L_q，W_s 及 W_q。

4. 一家银行有 3 名出纳员为顾客服务，顾客以每分钟 4 人的平均速率按泊松分布到达，排成一队等待服务。出纳员为顾客服务的时间服从负指数分布，均值为 0.5 分钟。

（1）画出此排队系统的速率图；

（2）求 L_q，L_s，W_q 及 W_s。

5. 在 $M/M/c$ 的标准模型中，到达率为 λ，每个服务台的服务率为 μ，则 $L_s=L_q+\frac{\lambda}{\mu}$，即与单服务台情况下的公式相同而与 c 无关，试就 $c=2$，$c=3$ 的情况给予验证。

6. 考虑某个只有一个服务员的排队系统，输入参数为 λ 的泊松流，假定服务时间的概率分布未知，但期望值已知为 $1/\mu$。

（1）比较每个顾客在队伍中的期望等待时间，如服务时间的分布分别为负指数分布和定长分布；

（2）如 λ 与 μ 值均增大为原来的 2 倍，σ 值也相应变化，求上述两种分布情况下顾客在队伍中期望等待时间的改变情况。

7. 某铁路局为经常油漆使用的车厢考虑了两个方案：方案一是设置一个手工油漆场，年总开支费用为 20 万元，每节车厢油漆时间服从均值 6 小时的负指数分布；方案二是建一个喷漆车间，年总开支费用为 45 万元，每节车厢油漆时间服从均值 3 小时的负指数分布。设要油漆的车厢按泊松流到达，平均每 8 小时一节车厢，油漆场昼夜常年开工（每年工作时间为 365×24=8 760 小时），每节车厢闲置时间的损失为每小时 15 元，该铁路局应采用哪个方案比较经济合算？

参考文献

[1] 郝英奇，谢家平，冯惠军. 运筹学. 北京：地震出版社，1998.

[2] 韩大卫. 管理运筹学. 6版. 大连：大连理工大学出版社，2010.

[3] 安德森，斯威尼，威廉斯，等. 数据、模型与决策：原书第12版. 北京：机械工业出版社，2009.

[4] 谢金星，薛毅. 优化建模与LINDO/LINGO软件. 北京：清华大学出版社，2005.

[5] 钱颂迪. 运筹学. 北京：清华大学出版社，1990.

[6] 谢家平，迟琳娜. 供应链管理. 2版. 上海：上海财经大学出版社，2012.

[7] 韩伯棠. 管理运筹学. 3版. 北京：高等教育出版社，2010.

[8] 薛声家，左小德. 管理运筹学. 4版. 广州：暨南大学出版社，2010.

[9] 希利尔，利伯曼. 数据、模型与决策：适用电子表格建模与案例研究. 北京：中国财政经济出版社，2001.

[10] 蒋绍忠. 管理运筹学教程. 杭州：浙江大学出版社，2005.

[11] 王金山，谢家平. 系统工程基础与应用. 北京：地质出版社，1996.

[12] 谢家平. 生产方式变革. 上海：上海财经大学出版社，2007.

[13] 胡运权，郭耀煌. 运筹学教程. 3版. 北京：清华大学出版社，2007.

[14] 李成标，刘新卫. 运筹学. 北京：清华大学出版社，2012.

[15] 牛映武. 运筹学. 2版. 西安：西安交通大学出版社，2006.

[16] 李荣钧. 运筹学导论. 北京：科学出版社，2009.

[17] 希利尔，利伯曼. 运筹学导论：第8版. 北京：清华大学出版社，2007.

[18] 李珍萍，等. 管理运筹学. 北京：中国人民大学出版社. 2011.

[19] 龙子泉，陆菊春. 管理运筹学. 武汉：武汉大学出版社. 2010.

[20] 刘洪伟. 管理运筹学. 北京：科学出版社. 2010.

[21] 徐选华. 管理运筹学. 武汉：武汉理工大学出版社. 2010.

[22] 岳宏志，蔺小林. 运筹学. 大连：东北财经大学出版社. 2012.

[23] 邱启荣，吕蓬. 运筹学及其应用. 北京：中国电力出版社. 2009.

[24] 塔哈. 运筹学导论. 北京：人民邮电出版社. 2008 .

[25] 希利尔. 运筹学导论：第10版. 北京：国防工业出版社，2018.

[26] 孟丽莎. 管理运筹学. 2版. 北京：清华大学出版社，2011.

[27] LAWRENCE J A，PASTERNACK B A，Jr. Applied Management Science. New Jersey：Wiley & Sons，2001.

中国人民大学出版社　管理分社

教师教学服务说明

中国人民大学出版社管理分社以出版工商管理和公共管理类精品图书为宗旨。为更好地服务一线教师，我们着力建设了一批数字化、立体化的网络教学资源。教师可以通过以下方式获得免费下载教学资源的权限：

★ 在中国人民大学出版社网站 www.crup.com.cn 进行注册，注册后进入“会员中心”，在左侧点击“我的教师认证”，填写相关信息，提交后等待审核。我们将在一个工作日内为您开通相关资源的下载权限。

★ 如您急需教学资源或需要其他帮助，请加入教师 QQ 群或在工作时间与我们联络。

中国人民大学出版社　管理分社

教师 QQ 群： 648333426（工商管理）　1057207274（财会）　648117133（公共管理）
教师群仅限教师加入，入群请备注（学校＋姓名）

联系电话： 010-62515782，82501868，82501048，62514760

电子邮箱： glcbfs@crup.com.cn

通讯地址： 北京市海淀区中关村大街甲 59 号文化大厦 1501 室（100872）

管理书社　　人大社财会　　公共管理与政治学悦读坊